Willem Strank
Twist Endings
Umdeutende Film-Enden

Marburger Schriften zur Medienforschung 54
ISSN 1867–5131

Mein herzlichster Dank gebührt meinen Betreuern Hans Jürgen Wulff und Albert Meier, meiner geliebten Anna, meinen Eltern Ulrike und Wilhelm Strank, den unermüdlichen Helfern Lars Lorenzen, Julia Bork, Julian Lucks, Tom Burgundy, Corinna Haug und Nikolai Rohmann, meinen Freunden und Unterstützern Sven Sonne, Tarek Krohn, Claus Woschenko, Wolfgang Biesterfeld, Ingo Irsigler, Birgitta Kumrey und Claus-Michael Ort, meinen Freunden und ‹Lehrern fürs Leben› Siegfried Lange, Dieter «Botti» Fichtel und Jochim Selzer sowie Erik Schüßler vom Schüren Verlag für seine gewissenhafte Umsetzung und seine klugen Ratschläge.

Der Autor

Willem Strank, Studium der Medienwissenschaft, Neueren deutschen Literaturwissenschaft, Musikwissenschaft und deutschen Philologie in Kiel; 2010 Magisterarbeit über *Christliche Elemente in späteren Filmen Luis Buñuels*; 2013 Promotion zum Thema *Twist Endings. Umdeutende Film-Enden*; derzeit Wissenschaftlicher Mitarbeiter am Institut für Neuere deutsche Literatur und Medien der Christian-Albrechts-Universität zu Kiel; Mitbegründer der Kieler Gesellschaft für Filmmusikforschung und Mit-Herausgeber der *Kieler Beiträge zur Filmmusikforschung, Rock and Pop in the Movies* sowie der Buchreihe *Filmmusik*. Arbeitsschwerpunkte: Clint Eastwood, amerikanischer ‹Autorenfilm›, Filmmusik, avancierte Erzählstrategien im Film; Publikationen (Auswahl): (2014) (Hg. mit Claus Tieber) *Jazz im Film. Beiträge zu Geschichte und Theorie eines intermedialen Phänomens.* Münster/Berlin/Wien; (2014) (Hg. mit Guido Heldt, Tarek Krohn u. Peter Moormann) *FilmMusik: Ennio Morricone.* München; (2014) (Hg. mit Ingo Irsigler und Gerrit Lembke) *Actionkino. Moderne Klassiker des populären Films.* Berlin; (2012) (Hg. mit Tarek Krohn) *Film und Musik als multimedialer Raum.* Marburg.

Willem Strank

Twist Endings

Umdeutende Film-Enden

Bibliografische Information der Deutschen Nationalbibliothek
Die Deutsche Nationalbibliothek verzeichnet diese Publikation in der Deutschen Nationalbibliografie; detaillierte bibliografische Daten sind im Internet über http://dnb.d-nb.de abrufbar.

WARNING!
This book may contain spoilers!

Schüren Verlag GmbH
Universitätsstr. 55 · D-35037 Marburg
www.schueren-verlag.de
© Schüren 2014
Alle Rechte vorbehalten
Lektorat: Renate Warttmann
Gestaltung: Erik Schüßler
Umschlaggestaltung: Wolfgang Diemer, Köln
Umschlagfoto aus SHUTTER ISLAND (USA 2010,
Regie: Martin Scorsese)
Druck: winterwork, Borsdorf
Printed in Germany
ISBN 978-3-89472-891-5

Inhalt

Einleitung	9
1 Theoretische Grundlagen des Begriffs	**15**
1.1 Das Ende im Spielfilm	15
1.1.1 Klassische Film-Enden	18
a. Offene und geschlossene Enden	18
b. *Happy Ending*	18
c. *Sad Ending*	20
d. *Open Ending*	21
e. Sonstige Typen	22
1.1.2 Selbstreflexivität	23
1.1.3 *Surprise Ending*	26
1.1.4 *Plot Point*	30
1.1.5 *Plot Twist*	31
1.1.6 *Final Plot Twist*	34
1.1.7 Unzuverlässiges Erzählen	35
1.1.8 Wann ist ein Schluss ein Schluss? Zum Timing des Film-Endes	38
1.2 *Twist Endings*	40
1.2.1 Definitorische Grundlagen	40
a. Vorbemerkungen	40
b. Mögliche Ursprünge des Ausdrucks	40
c. Online-Quellen	42
d. Handbücher und Ratgeber	46
e. Wissenschaftliche Quellen	48
f. Schlussfolgerungen	50
1.2.2 Schichtenbau der Diegese	51

1.2.3	*Twist Ending* als intratextueller Verweis	57
1.2.4	*Twist Ending* als dramaturgische Kategorie	58
1.2.4.1	*Anagnorisis*	58
1.2.4.2	*Peripetie*	58
1.2.5	*Twist Ending* als narratologische Kategorie	61
1.2.5.1	Moduswechsel	62
1.2.5.2	Gattungswechsel	64
1.2.5.3	Genrewechsel	66
1.2.5.4	*Mindfuck*	67
1.2.6	*Twist Ending* als wirkungsästhetische Kategorie	69
1.2.6.1	Primäreffekt und *Priming*	69
1.2.6.2	Kommunikativer Pakt	73
1.2.7	Fazit	75

2 Historische Entwicklung des *Twist Endings*   77
2.1 Korpus und Geschichte   77
   2.1.1 *Twist Endings* in der Literatur   77
      a. Vorbemerkungen   77
      b. Maupassant und O. Henry   78
      c. Ambrose Bierce: *An Occurrence at Owl Creek Bridge* (1890)   80
      d. Leo Perutz: *Zwischen neun und neun* (1918)   84
   2.1.2 *Twist Endings* zur Stummfilmzeit (1900–1927)   85
      A. Das Cabinet des Dr. Caligari (D 1920, Robert Wiene)   91
   2.1.3 Der klassische Hollywood-Film (1927–1945)   94
      B. Dead of Night (Traum ohne Ende; GB 1945, Alberto Cavalcanti u. a.)   97
   2.1.4 Der klassische Animationsfilm (1927–1945)   103
      C. Who Killed Who? (USA 1943, Tex Avery)   106
   2.1.5 Hollywood und Europa zur Nachkriegszeit, Beginn der Neuen Wellen (1945–1968)   109
      a. Alfred Hitchcock Presents (Alfred Hitchcock präsentiert; USA 1955–1962)   113
      b. The Twilight Zone (Unglaubliche Geschichten; USA 1959–1964)   115
      D. Les Diaboliques (Die Teuflischen; F 1955, Henri-George Clouzot)   118
   2.1.6 Das New-Hollywood-Kino und seine Erben (1968–1987)   120
      E. Planet of the Apes (Planet der Affen; USA 1968, Franklin J. Schaffner)   124
   2.1.7 Vom Kunstkino zum *Mainstream* (1987–1999)   127
      F. Angel Heart (Angel Heart; USA 1987, Alan Parker)   129

	2.1.8 Nach der Konventionalisierung (1999–2009)	134
	G. THE SIXTH SENSE (SIXTH SENSE; USA 1999, M. Night Shyamalan)	136
	2.1.9 Status quo und Ausblick (2010–2012)	140
	H. SHUTTER ISLAND (SHUTTER ISLAND; USA 2010, Martin Scorsese)	140
2.2	Darstellungskonventionen des *Twist Endings*	149
	2.2.1 *Lying Flashback*	150
	2.2.2 *Flashback Tutorial*	152
	2.2.3 Weitere visuelle Konventionen	159
	2.2.4 Filmmusik in Filmen mit *Twist Ending*	161
3	**Typen des *Twist Endings***	**167**
3.1	Typologie des *Twist Endings*	167
	3.1.1 Prämissen der Analyse	167
	3.1.2 *Wake-up Twist*	167
	3.1.2.1 ABRE LOS OJOS (ÖFFNE DIE AUGEN aka VIRTUAL NIGHTMARE – OPEN YOUR EYES; E/F/I 1997, Alejandro Amenábar)	169
	3.1.2.2 JACOB'S LADDER (JACOB'S LADDER – IN DER GEWALT DES JENSEITS; USA 1990, Adrian Lyne)	177
	3.1.3 *Set-up Twist*	182
	3.1.3.1 ANGER MANAGEMENT (DIE WUTPROBE; USA 2003, Peter Segal)	183
	3.1.3.2 THE WICKER MAN (THE WICKER MAN; GB 1973, Robin Hardy)	185
	3.1.3.3 THE GAME (THE GAME – DAS GESCHENK SEINES LEBENS; USA 1997, David Fincher)	187
	3.1.4 *Perzeptiver Twist*	192
	3.1.4.1 THE UNINVITED (DER FLUCH DER 2 SCHWESTERN; USA 2009, Charles Guard, Thomas Guard)	193
	3.1.4.2 THE OTHERS (THE OTHERS; USA/E/F/I 2001, Alejandro Amenábar)	196
	3.1.4.3 THE MACHINIST (DER MASCHINIST; E 2004, Brad Anderson)	200
	3.1.5 *Narrativer Twist*	204
	3.1.5.1 TRAIN DE VIE (ZUG DES LEBENS; F/B/NL u. a. 1998, Radu Mihaileanu)	204
	3.1.5.2 THE VILLAGE (THE VILLAGE – DAS DORF; USA 2004, M. Night Shyamalan)	208
	3.1.5.3 LES MAÎTRES DU TEMPS (HERRSCHER DER ZEIT; F 1982, René Laloux)	212
	3.1.6 Mischformen	214
	3.1.7 Multiple Twists: THE DEVIL'S ADVOCATE (IM AUFTRAG DES TEUFELS; USA/D 1997, Taylor Hackford)	215

3.1.8	Sonderformen	216
	a. Experimentalfilmaffine Spielfilme	216
	b. Dokumentarfilm	217
	c. *Selbstreflexiver Twist*	218
3.2	Randbereiche und Grenzgänge	219
3.2.1	Verwandte Phänomene	219
3.2.2	Zeitreise-Filme: TWELVE MONKEYS (12 MONKEYS; USA 1995, Terry Gilliam)	221
3.2.3	*Set-up Twist* ohne *Twist Ending*: BODY DOUBLE (DER TOD KAM ZWEIMAL; USA 1984, Brian De Palma)	221
3.2.4	*Twist Ending* als Möglichkeit: LE ORME (SPUREN AUF DEM MOND; I 1975, Luigi Bazzoni)	223
3.2.5	Bruch mit dem Diskurs: GRAN TORINO (GRAN TORINO; USA/D 2008, Clint Eastwood)	226
3.3	*Twist Ending* als intertextuelles Phänomen	227
3.3.1	Informationsvergabe und Kontextualisierung	227
3.3.2	Erzählkonventionen (Genre, Muster, Schema)	227
3.3.3	Erzählerische Varianten: Literatur-Adaptionen und Remakes	229
	a. Drei Adaptionen von *An Occurrence at Owl Creek Bridge*	229
	b. Remakes: PLANET OF THE APES (PLANET DER AFFEN; USA 2001, Tim Burton)	234
3.4	Schluss: Zur Reichweite des *Twist Endings*	236

Kommentierte Filmografie 241
A Stummfilmzeit (1900–1929) 241
B Der Hollywood-Tonfilm bis zum Ende des II. Weltkriegs (1928–1945) 245
C Hollywood und Europa zur Nachkriegszeit, Beginn der Neuen Wellen (1946–1967) 253
D Das New-Hollywood-Kino und seine Erben, europäische B-Movies (1968–1986) 262
E Der Weg der Konventionalisierung (1987–1998) 273
F Nach der Konventionalisierung (1999–2009) 280
G Status Quo (2010–2012) 292
Literaturverzeichnis 295

Einleitung

Das *Twist Ending*[1] hat sich in den vergangenen Jahren zu einem beliebten Schlagwort in der Online-Community entwickelt. Zahlreiche Listen und Review-Sammlungen nehmen sich des Themas an, ohne dass schon eine größere medienwissenschaftliche Untersuchung darüber vorläge. Der Ausdruck steht für eine Form des Film-Endes und schließt zumeist eine Vielfalt überraschender Enden ein. Das übliche Korpus der ‹*Twist-Ending*-Sammler› umfasst Filme seit Beginn der 1990er-Jahre; nur gelegentlich wird mit der Nennung vereinzelter Vorläufer darauf hingewiesen, dass das Phänomen erheblich älter ist.[2] Gleichwohl hat sich auch in der vorliegenden Untersuchung die Annahme einer Häufung von *Twist Endings* seit den späten 1990er-Jahren bestätigt (vgl. Wilson 2006, 81; Kapitel 2.1.7 bis 2.1.9). Dies hängt möglicherweise mit neuen Vermarktungsmöglichkeiten und der damit einhergehenden Option der Mehrfachsichtung auf VHS und später DVD zusammen (vgl. Elsaesser 2009, 38), vermutlich jedoch auch mit einer Popularisierung avancierter Erzählmuster im Hollywood-Kino (vgl. z. B. Helbig 2005, 135; Lahde 2005, 293; Tieber 2012). Die Zunahme von Remakes älterer Filme mit *Twist Ending* (z. B. THE WICKER MAN

---

1   Die Kursivsetzung in dieser Arbeit orientiert sich an Begriffsgruppen. Der englische Ausdruck *Twist* und alle seine Zusammensetzungen (*Plot Twist*, *Final Plot Twist*, *Twist Ending*, *Wake-up Twist* usw.) werden kursiv geschrieben; ebenfalls alle Zusammensetzungen mit *Ending* (*Surprise Ending*, *Happy Ending* usw.), weitere zweigliedrige englische Ausdrücke (*Flashback Tutorial*), englische Einzelwortbegriffe (*Scope*, *Script*, *Frame*, *Mindfuck* usw.; auch *Plot* aus Analogiegründen – *Plot*, *Plot Point*, *Plot Twist*, außer in deutschen Wörtern: Hauptplot, Subplot) sowie die aus dem Altgriechischen adaptierten Begriffe *Anagnorisis* und *Peripetie*. In der Medienwissenschaft etablierte englische Begriffe sind nicht gekennzeichnet (Flashback, Reaction-Shot usw.) Die große Anzahl englischer Ausdrücke erklärt sich aus der Anknüpfung an den Rezeptionsdiskurs des *Twist Endings*, der größtenteils auf englischsprachige Termini zurückgreift.
2   Üblicherweise fällt die Wahl auf DAS CABINET DES DR. CALIGARI (D 1920, Robert Wiene) und/oder PLANET OF THE APES (PLANET DER AFFEN; USA 1968, Franklin J. Schaffner), vgl. Kapitel 1.2.1.

[Wicker Man – Ritual des Bösen; USA 2006, Neil LaBute], Planet of the Apes [Planet der Affen; USA 2001, Tim Burton]; Kapitel 3.3.3) bestätigt die Suche der Produzenten nach Stoffen, die an den aktuellen Trend anknüpfen können.

Ein *Twist Ending* ist – vorläufig formuliert – ein Film-Ende, das den gesamten Film bzw. seine Diegese durch eine oder mehrere Informationen umdeutet und somit nachträglich innerhalb der eigenen Form neu interpretiert. Dies macht eine bisher verborgene Ebene des Films (Diegese-Ebene D) sichtbar. Sie umfasst den umgedeuteten filmischen Text bis zum Zeitpunkt der überraschenden Wendung (Diegese-Ebene D(t))[3] und darüber hinaus. Diese spezielle Strategie, einen Film zum Abschluss zu bringen, ist in vielerlei Hinsicht interessant für eine genauere Betrachtung, da sie repräsentativ für Film-Enden und weitere theoretische Fragestellungen der Filmwissenschaft sein kann.

Zum *Twist Ending* existieren neben den Online-Quellen, die bestenfalls informativ, keinesfalls aber wissenschaftlich sind, nur vereinzelte Aufsätze (Hartmann 2005, Lavik 2006, Wilson 2006, Barratt 2009). Überhaupt liegt zum Thema des Spielfilm-Endes allgemein bisher nur sehr wenig Literatur vor. Thomas Christen (2001) erstellt in seiner Dissertation einen systematischen Überblick, lässt dabei jedoch das *Twist Ending* gänzlich außer Acht. Auch bei Richard Neupert (1995) findet es keine Erwähnung (Kapitel 1.1.1). Neben theoretischen Überlegungen zu Film-Enden sind für die Untersuchung auch Texte zur Selbstreflexivität im Film (vgl. Stam 1985; Kapitel 1.1.2), zum Primäreffekt (Kapitel 1.2.6.1) und dem kommunikativen Pakt zwischen Film und Zuschauer (Kapitel 1.2.6.2), der sich zum Beispiel in der Genrekonstitution niederschlägt, relevant. Sie können im Rahmen der vorliegenden Arbeit allerdings nur am Rande behandelt werden.

Im **Kontext der Filmwissenschaft** gehört das *Twist Ending* einerseits zum Forschungsfeld des Film-Endes, andererseits zum Bereich der plötzlichen Wendung (*Plot Twist*; Kapitel 1.1.5). Es ist eine (Sub-)Kategorie des überraschenden Endes (*Surprise Ending*; Kapitel 1.1.3), im weiteren Sinne häufig auch eine Variante der Zusammenführung oder Auflösung. Seine Wirkmechanismen können z. T. mit tradierten dramaturgischen Begriffen, beispielsweise *Anagnorisis* und *Peripetie*, umschrieben werden (Kapitel 1.2.4.1 und 1.2.4.2). Die Art und Weise der semantischen Neubewertung (Re-Evaluation) durch das *Twist Ending* erinnert zudem an ein *Cliffhanger*-Ende, mit dem ein *Plot Twist* zusammenfällt, der die narrative Spannung über das Film-Ende hinaus erhält.[4]

Das *Twist Ending* sorgt gewissermaßen für eine ‹Textüberschreitung›: Der filmische Text muss unter der Prämisse der neuen Information(en) uminterpretiert wer-

---

3 Die Diegese-Ebene D(t) bezeichnet die vorläufige filmische Diegese, die bis zum *Twist* t dominant ist. Durch den *Twist* t wird die ‹korrekte› Diegese-Ebene D sichtbar.

4 Eines der seltenen Beispiele für einen *Cliffhanger* mit *Twist Ending* ist der erste Teil des BBC-TV-Zweiteilers Fingersmith (GB 2005, Aisling Walsh).

den. Dafür ist eine zweite Sichtung nicht zwangsläufig notwendig, denn die neue Lesart gilt ebenfalls retrospektiv für den *Plot* bis zur Wendung. Der Film verweist also einerseits auf sich selbst zurück, andererseits auf eine Variation seiner selbst. Diese Als-ob-Intertextualität wird mithilfe eines dynamischen Diegese-Modells beschrieben, um bei den Filmanalysen spekulative Aussagen zur Wirkungsästhetik des *Twist Endings* zu vermeiden (Kapitel 1.2.2).

Da zum *Twist Ending* bisher keine umfassende Studie vorliegt, findet sich im zweiten Teil der Untersuchung ein **filmhistorischer Überblick**. Die dazugehörige Filmografie im Anhang resultiert aus einer Recherche von über 3000 und Sichtung von über 400 Filmen und kann daher als relativ vollständig gelten. Die Titel stammen aus den Jahren 1900 bis 2012 und lassen zumindest allgemeine Rückschlüsse auf die historische Entwicklung des überraschenden Endes zu. Dabei ist eine Häufung des *Twist Endings* seit den späten 1980er-Jahren zu beobachten, die dazu führt, dass die vorher ambitionierteren Projekten vorbehaltene Technik mittlerweile weitläufig eingesetzt wird und im Mainstream-Kino ihren festen Platz hat. Spätestens nach dem enormen Erfolg von THE SIXTH SENSE (SIXTH SENSE; USA 1999, M. Night Shyamalan) und FIGHT CLUB (FIGHT CLUB; USA 1999, David Fincher) kann das *Twist Ending* als standardisierte Konvention gelten, deren Varianten im vergangenen Jahrzehnt vermutlich deshalb noch weiter ausdifferenziert wurden. Bei der neueren Spielart des *Twist Endings* sind häufig subjektive Abweichungen der Grund für die Täuschung: Die fokalisierte Hauptfigur leidet an Amnesie, an einer fehlerhaften Erinnerung oder an einer psychischen Krankheit. Außerdem stellt ein von Ellipsen unterbrochenes Syuzhet[5] den Wahrheitsgehalt der filmischen Informationen infrage und sorgt so für Ergänzungs- und Klarstellungsbedarf. Frühere Typen des *Twist Endings* sind häufig einfacher konzipiert: Im Regelfall wacht der implizite Erzähler aus einem Traum auf, oder es wird eine Verschwörung gegen die fokalisierte Hauptfigur aufgedeckt.

Im Zuge der Korpusanalyse wurden insgesamt vier Kerntypen des *Twist Endings* ausgemacht, die in einer **systematischen Typologie** im dritten Teil der Arbeit erläutert werden. Beispielanalysen prototypisch angelegter Filme legen die Funktionsweisen der verschiedenen Spielarten des *Twist Endings* offen und ermöglichen intertextuelle Rückschlüsse. Die Typologie konzentriert sich also auf die auffälligsten Prototypen des *Twist Endings*, anhand derer sich sämtliche Mischformen problemlos klassifizieren lassen. Vier Grundtypen wurden im Anschluss an die Korpusanalyse herausgestellt: der *Wake-up Twist*, der *Set-up Twist*, der *perzeptive*

---

5   Die hier verwendeten neoformalistischen Begrifflichkeiten gehen auf David Bordwell zurück. Er beschreibt das ‹Syuzhet› als die filmspezifische Präsentation der Geschichte (vgl. Bordwell 1985). Der Begriff ist analog zu ‹Plot› verwendbar und ein Pendant zu Gérard Genettes ‹Discours›. In Abgrenzung dazu bezeichnet ‹Fabula› die chronologische Abfolge der Ereignisse, die vom Zuschauer aus dem, was er sieht, konstruiert wird. Der zuletzt genannte Begriff ist damit analog zu ‹Story› und ein Pendant zu ‹Histoire›.

Twist und der *narrative Twist*. Ferner kann der *selbstreflexive Twist* als eine dem *Twist Ending* verwandte Form gelten. Für die zuerst genannten Typen gilt, dass sich die bisherige Diegese-Ebene als Traum (*Wake-up Twist*) oder Inszenierung (*Set-up Twist*) erweist. Die anderen Typen beschreiben eine abweichende Wahrnehmungsfähigkeit der Erzähler- bzw. Hauptfigur (*perzeptiver Twist*) bzw. eine fingierte Narration (*narrativer Twist*). Der *selbstreflexive Twist* bezeichnet einen Wechsel des Repräsentationsmodus am Ende des Films, der formal dem *Twist Ending* sehr ähnlich ist.

Eine ausgiebige Beschäftigung mit *Twist Endings* hat nicht nur den hermetischen Nutzen einer Systematisierung des Gegenstandsfeldes und seines Kontextes. Sie ermöglicht darüber hinaus eine **Instrumentalisierung theoretisch affiner Konzepte**. So ist die auf Aristoteles zurückzuführende *Peripetie* – ein Umschlag in der Handlung – ein dramaturgisches Konzept, das eine strukturelle Ähnlichkeit zur finalen Schlusspointe und damit zum *Surprise Ending* aufweist. Auch jüngere benachbarte Forschungsfelder – wie etwa der *Mindfuck*-Film (Kapitel 1.2.5.4), unzuverlässiges Erzählen (Kapitel 1.1.7) und filmische Moduswechsel (Kapitel 1.2.5.1) – werden auf die neoformalistische Ausrichtung der Arbeit abgestimmt, diskutiert und ggf. integriert.

Eine strukturelle Affinität zu *Twist Endings* scheint Niklas Luhmanns Konzept des *Re-Entry* aufzuweisen. Dieses fußt auf der Überlegung, dass die Unterscheidung von Medium und Form selbst wieder eine Form ist. Sinn ist demnach als «Medium eine Form, die Formen konstituiert, damit sie Form sein kann» (Luhmann 1997, 174). Dieses systemtheoretische Konzept, nach welchem der Eintrag der Form in sich selbst eine neue Form zum Ergebnis haben kann, mag ein dem *Twist Ending* verwandtes Phänomen beschreiben. Kurz gesagt: Der Sinn, der die ursprüngliche Form (vor der Wendung) konstituiert, unterscheidet sich von dem Sinn der neu interpretierten Form. Letztere muss somit eine neue Form sein, die dennoch Teil der alten Form oder deren Teil die alte Form ist. Der filmische Text unterzieht sich keiner Mutation, sondern lediglich einer zweiten Konstitution, die wiederum die erste beeinflusst. Die zirkuläre Struktur gibt in etwa wieder, was oben vorläufig mit «Als-ob-Intertextualität» umschrieben wird. Luhmanns Definition bezieht sich allerdings – wie ihr aus der Naturwissenschaft entlehnter Ursprung – auf ein Sozialsystem, während die für den Einzelfilm abgewandelte Deutung einen abgeschlossenen Text zum Gegenstand hat. Auch deshalb ist keine theoretische Gleichsetzung sinnvoll, sondern allenfalls die Erwähnung der Analogie mit dem Luhmann'schen Gedanken.

Die formale Ähnlichkeit der Konzepte deutet bereits darauf hin, dass nicht nur im Medium des Films ein *Twist Ending* möglich ist. Folglich verwundert es nicht, dass das Phänomen auch in der Literatur vorkommt (z. B. bei Ian McEwans *Atonement* [*Abbitte*; 2001], Ambrose Bierce' *An Occurrence at Owl Creek Bridge* [1890] und Leo Perutz' *Zwischen neun und neun* [1918]). Auch in anderen narrativen

Medien kann es eine Rolle spielen, so z. B. in Computerspielen oder Comics.[6] Ein mögliches Pendant aus der bildenden Kunst sind anamorphe Strukturen und Kippfiguren, wobei die Ebene der Zeitlichkeit hier anders verhandelt werden müsste.[7]

Ein weiterer wichtiger Aspekt ist die Kategorie der Überraschung oder gar des epistemischen Schocks.[8] Das *Twist Ending* kann vorbereitet oder unvorbereitet sein: Bei einem expliziten Wissensrückstand wird Spannung aufgebaut, die im Regelfall eine Auflösung erwartbar macht. Diese kann durch die überraschende Wendung am Ende überboten werden. Wird der Wissensrückstand nicht expliziert, erfolgt die Überraschung des *Twist Endings* unvermittelt. Es kann z. B. die Funktion eines narrativen Epilogs haben, der sich an die Konfliktlösung anschließt und diese unzureichend erscheinen lässt. Oder das Ende unterbricht die Narration im Moment der Eskalation und macht die Auflösung damit überflüssig.

Auch die Differenz fiktiver und faktualer Elemente des Films kann überwunden werden, indem ein *Twist Ending* im Film einen Ebenenwechsel auslöst. Dieser hat eine hierarchische Implikation: Durch die neue Information wird der ehemalige Hauptdiskurs des Films zum Nebendiskurs, während die neue Lesart des ursprünglichen Hauptdiskurses den neuen Hauptdiskurs konstituiert. Die neue Ebene besitzt mehr Validität als die ursprüngliche Narration bis zum *Twist Ending*. Dieses löst also nicht nur eine Um-Deutung, sondern eine Neu-Deutung des Gesehenen aus.

Durch die zahlreichen Berührungspunkte mit zentralen theoretischen Konzepten könnte eine Arbeit über *Twist Endings* Gefahr laufen, ein synkretistisches Gebilde von Interpretationsansätzen zu sein; demgegenüber ist jedoch der Nutzen einer Arbeit herauszustellen, die viele relevante **Ideen der zeitgenössischen Forschung** implementiert. Die Themenkreise der Selbstreflexivität und der Intertextualität von Film-Enden bilden eine Art Rahmen, welcher mit der deduktiven Analysearbeit synthetisiert wird. Außerdem mögen die Ergebnisse wiederum Ansatzpunkte für Weiterentwicklungen der diskutierten Theorien liefern und dadurch nicht nur in Bezug auf die filmischen Texte und ihren historischen Kontext, sondern auch im Hinblick auf übergreifende Konzepte von Film- und Medientheorie von Interesse sein.

Die **Anknüpfung an den wissenschaftlichen Diskurs** erfolgt durch die Erarbeitung eines größtenteils unerforschten Themengebietes und den Gewinn neuer

---

6   In *Monkey Island 2: LeChuck's Revenge* (1992, LucasArts, Ron Gilbert) wird am Ende deutlich, dass sich die gesamte Handlung beider Teile des Spiels als Kinderfantasie deuten lässt. *Dead Man Fall*, die zwölfte Ausgabe der Comic-Serie *The Invisibles* (1995, Grant Morrison), nutzt die Spielart der ‹Totenbettfantasie› (vgl. Kapitel 3.1.2.2).

7   Bei beiden läge der ‹Twist› gewissermaßen im Auge des Betrachters: Je nach Perspektive ändert sich die formale und semantische Auflading des Kunstwerks, wodurch Umdeutungsprozesse möglich werden (vgl. die Grafiken von Joseph Egan oder die Schröder-Treppe).

8   Der Begriff «Chok» wurde dabei von Walter Benjamin für die unmittelbare Wahrnehmung, mit der zu seiner Zeit neue Medien wie Fotografie und Film den Zuschauer überforderten und konditionierten, gebraucht (vgl. Benjamin 1963, 93).

Erkenntnisse über die Textstruktur verschiedener Filme, die mindestens ein konstitutives Merkmal vereint: das *Twist Ending*.[9] Überdies besitzen die Ergebnisse interdisziplinäres Potenzial, da sie auch für benachbarte Kunstwissenschaften als Grundlage dienen können. Die oben skizzierte Herangehensweise ist dabei bewusst vielseitig gehalten, um die unterschiedlichen Aspekte des Themas sachgemäß bearbeiten zu können. Denn erst eine multiperspektivische Untersuchung des Phänomens kann zu einer umfassenden Erkenntnis darüber führen, wie ein *Twist Ending* strukturiert ist, wie es funktioniert und wie es sich entwickelt hat.

---

9   Die Prämisse, dass gerade ein überraschendes Ereignis für die Nachwirkung eines Films eine wesentliche Rolle spielen kann, wirft zudem Fragen nach dem Kino als diskursiver Instanz auf. So werden z. B. in Gran Torino (Gran Torino; USA/D 2008, Clint Eastwood) weder die Handlung noch die Glaubwürdigkeit des Protagonisten am Ende des Films infrage gestellt, dafür aber ein filmischer Diskurs, der sich auf Leitsätze der Moral bezieht. Der in diesem Film als Fakt gesetzte ‹Teufelskreis der Gewalt›, in den sämtliche Figuren nach und nach geraten, wird durch das abschließende Opfer der Hauptfigur durchbrochen, und eine Umdeutung des sozialen Kernproblems möglich (vgl. Kapitel 3.2.5).

1 Theoretische Grundlagen des Begriffs

1.1 Das Ende im Spielfilm

Trotz seiner zentralen dramaturgischen Position ist das Ende narrativer Medien in der Forschungsliteratur bisher ein Randthema. Neben einigen literatur- und theaterwissenschaftlichen Abhandlungen (Große 1962, Jolles 1967, Korte 1985 u. a.) existieren nur sehr wenige spezifisch filmbezogene Untersuchungen zur Finalisierung. Thomas Christens Dissertation (2001) leistet in dieser Hinsicht Pionierarbeit für den deutschsprachigen Raum; es liegt nur eine weitere, englischsprachige Monografie zum Thema vor (Neupert 1995).

David Bordwell und Kristin Thompson erwähnen in ihrem Standardwerk *Film Art. An Introduction* (1997; erste Auflage 1979) weder *Twist Ending* noch *Plot Twist*, aber es finden sich über den Band verstreut Anmerkungen zum Ende eines Films. Dieses wird als Prinzip der narrativen Konstruktion bezeichnet, das die Aufgabe habe, die durch den gesamten Film generierten Erwartungen zu erfüllen oder zu enttäuschen. Außerdem könne es durch Signale die Erinnerung des Zuschauers an frühere Ereignisse aktivieren und diese somit in einem anderen Licht erscheinen lassen (Bordwell/Thompson 1997, 90).[1] Beide Beobachtungen sind wichtig für das Verständnis des *Twist Endings* im Speziellen und des Film-Endes im Allgemeinen: Es bezieht sich immer auf die bisherige Diegese und positioniert sich zu ihrer erwartbaren Fortsetzung, indem es entweder den suggerierten Abschluss der Nar-

---

[1] «The ending has the task of satisfying or cheating the expectations prompted by the film as a whole. The ending may also activate memory by cueing the spectator to review earlier events, possibly considering them in a new light.»

ration erfüllt (Auflösung, Zusammenführung o. Ä.) oder enttäuscht (offenes Ende, mehrdeutiges Ende, überraschendes bzw. widersprüchliches Ende) (vgl. Bordwell/ Thompson 1997, 101). Ein zweiter wichtiger Aspekt ist die Relation zwischen Ende und Anfang der Narration: Die Exposition eines Films ist – von Paratexten wie Trailern, Rezensionen oder Klappentexten einmal abgesehen – der Einstieg des Zuschauers in die Diegese. Neben intertextuellen Prämissen (vgl. Kapitel 3.3) ist also die Etablierung der Welt, ihrer Protagonisten und ihrer Konflikte ein dramaturgischer Schwerpunkt, auf den nahezu jede Narration bis zu ihrem Ende implizit Bezug nimmt (vgl. Bordwell/Thompson 1997, 164; vgl. auch Hartmann 2005). Was am Anfang für die Diegese galt, gilt in aller Regel auch am Ende. *Plot Twists* und *Twist Endings* sind narrative Strategien, die diesen Grundsatz der klassischen Filmnarration außer Kraft setzen.

Thomas Christen verweist in seiner Definition des Film-Endes darauf, dass das Ende eines Films immer mit dem Ende der Erzählung zusammenfallen muss und auch ein Nicht-Ende letztlich ein Ende sei (Christen 2001, 16).[2] Wichtig ist hierbei besonders die Annahme, dass sich die Bezeichnung ‹Film-Ende› immer auf das Ende des *Plots* bzw. Syuzhets bezieht und nicht auf das Ende der Story bzw. Fabula. Christen definiert daher folgerichtig das Film-Ende als «die letzte Sequenz eines Films» (17). Die strukturalistische Definition von Christian Metz (vgl. Metz 1968), die das Film-Ende im engsten Sinne als letztes Bild definiert, verwirft Christen aus pragmatischen Gründen. Auch in narratologischer Hinsicht ist die o. g. Definition sowohl viabler als auch sinnvoller. Christen führt hierzu Gerald Princes *A Dictionary of Narratology* von 1988 an, in dem das Ende als «letztes Ereignis einer Handlung» (zit. nach Christen 2001, 17; Ü WS[3]) charakterisiert wird. Diese strukturelle Beobachtung stützt Christen mit Bezug auf Prince ereignistheoretisch: Das Ende leite im Regelfall «einen Zustand der Stabilität ein» (17).[4]

In der Folge untersucht Christen weitere Möglichkeiten der Definition des Film-Endes: kommunikationstheoretische (Kapitel 1.2), praxisbezogene (Kapitel 1.3) und nochmals narratologische (Kapitel 1.4). Aus Hortons (1994) detaillierter Typologie gewinnt er die Erkenntnis, dass sich die Darstellungsformen des Film-Endes auf eine Mischung von dramaturgischen Techniken und formalen Kunstgriffen reduzieren lassen (Christen 2001, 26). Zudem expliziert er eine zeitbezogene Typologisierungsmöglichkeit (Ende nach dem Anfang, vor dem Anfang, zeitgleich zum Anfang), die jedoch nicht auf ihr analytisches Potenzial hin überprüft wird

---

2   Dies impliziert, dass rein materielle Enden wie die letzte Einstellung eines Fragments zunächst keine andere Qualität besitzen als das letzte narrative Element des *Plots* bzw. Syuzhets.
3   Dort heißt es «final incident in a plot or action».
4   Auch diese Idee stützt sich auf Beobachtungen formalistischer bzw. strukturalistischer Provenienz, was besonders bei einem Vergleich mit Lotmans *Die Struktur literarischer Texte* (Lotman 1972) ins Auge fällt.

(27 f.). Und Christen betont, dass auch nach dem Film-Ende Interpretationsprozesse fortgesetzt werden:

> [D]ie kognitive Filmtheorie geht davon aus, dass Interpretationsprozesse bereits neben den eigentlichen Rezeptionsvorgängen stattfinden. Das Film-Ende setzt nicht die Interpretation in Gang, sondern gibt ihr eine neue Dimension, indem nun alle textuellen Elemente vorliegen und damit die Möglichkeit zu einer ersten Fixierung gegeben ist. Zugleich wird mit dem Ende ein Interpretationsstandpunkt möglich, der sich außerhalb der eigentlichen Fiktion befindet. *(32)*

Dies gilt auch für das *Twist Ending*, da es Umdeutungsprozesse in Gang setzt, die einen Vergleich des Vorangegangenen mit dem Aktuellen notwendig machen. Es erfordert allerdings eine erste ‹Fixierung› vor dem Ende der Fiktion, da es zwei einander widersprechende und aktualisierende Lesarten umfasst. Damit wird ein Punkt der Umdeutung etabliert, der außerhalb der ersten fiktionalen Ebene – bis zur Wendung –, aber innerhalb der Fiktion allgemein liegt.

Auch wenn Christen also eine Vielzahl weiterer Ansätze in Betracht zieht, bleibt für die Definition des Film-Endes die Verbindung von Bordwell/Thompson und Prince/Christen die viabelste, da sie kaum subjektive Variablen enthält. Da eine Sequenz im engeren Sinne meist jedoch nicht ausreicht, um die längeren Finalisierungspassagen speziell neuerer Filme zu umfassen[5], soll besser von einer narrativen Sinneinheit gesprochen werden, die sich durch thematische Geschlossenheit auszeichnet. Das Ende soll also definiert werden als die letzte narrative Sinneinheit eines Films, deren Positionierung zur bisherigen Diegese sie als Ende markiert.

Für die Definition des *Twist Endings* sollen zwei Blickwinkel Verwendung finden, die einerseits eine spezifische Finalisierungsform bezeichnen, andererseits eine dramaturgische Kategorie. Die erste Betrachtungsweise legt Wert auf einen typologischen Fokus, da das *Twist Ending* als eine von vielen paradigmatischen Möglichkeiten zu lesen ist, das syntagmatisch angeordnete Syuzhet der Diegese zu beenden. Eine dramaturgisch geprägte Interpretation legt nahe, dass es sich beim *Twist Ending* um eine spezifische Diegetisierungs- bzw. Synthetisierungsanweisung oder eine auffällige Form der Informationsvergabe handelt, die sich – anknüpfend an das bestehende filmwissenschaftliche Vokabular – als Radikalisierung des *Plot Points* beschreiben lässt. Beide Modelle schließen einander nicht aus, sondern bilden eine komplementäre und integrative Definition mit alternierendem Fokus. Dies ist unabdingbar für den komplexen Sachverhalt, der zentrale Phänomene der Informationsvergabe, Selbstreflexivität, Textstruktur und Konstitution der Diegese allgemein nicht nur berührt, sondern konkret modifiziert.

---

5   Die komplexen Finalstrukturen von ANGEL HEART (ANGEL HEART; USA 1987, Alan Parker), THE DEVIL'S ADVOCATE (IM AUFTRAG DES TEUFELS; USA 1997, Taylor Hackford) und FIGHT CLUB (FIGHT CLUB; USA 1999, David Fincher) wären hier zu nennen.

1 Theoretische Grundlagen des Begriffs

1.1.1 Klassische Film-Enden

a. Offene und geschlossene Enden

Die Theorien vom Ende einer Erzählung basieren in aller Regel auf der Annahme einer Opposition von offenen und geschlossenen Enden. Prototypisch betrachtet würden beim offenen Ende die Konflikte ungelöst bleiben, zu den zentralen Diskursen würde nicht abschließend Stellung bezogen, und die Handlung würde keinen Abschluss erfahren. Kurz gesagt: Wichtige Informationen blieben dem Rezipienten vorenthalten. Das geschlossene Ende hingegen würde alle Handlungsstränge mit finalen Informationen versehen sowie sämtliche Haupt- und Nebenkonflikte auflösen. Die meisten Erzählungen sind vermutlich als Mischformen dieser nur als modellhaft zu begreifenden prototypischen Extrempositionen einzustufen.

Christen (2001) bezieht sich für die Unterscheidung zwischen offenen und geschlossenen Formen zunächst auf Edward Branigans Untersuchung (1992), der einer klassischen Narration die Eigenschaft zuschreibt, dass am Ende keine Frage offen bleibt: «Eine Narration endet, wenn ihre Ursache-Wirkung-Ketten als vollständig umrissen gelten können» (Branigan 1992, 20; zit. nach Christen 2001, 30; Ü WS).[6] Ein geschlossenes Ende biete demnach, so Christen etwas vage, ein «Gefühl der Sicherheit» (31), das sich bei offenen Formen nicht einstelle. Auch Bordwell und Thompson (1997) bringen ein geschlossenes Ende mit klassischen Filmnarrativen in Verbindung und verorten Filme mit offenem Ende typischerweise «außerhalb der klassischen Tradition» (110).[7]

Eine präzisere Definition gewinnt Christen aus der Analyse von Neuperts (1995) Typologie, die vier Möglichkeiten herausstellt (vgl. Christen 2001, 34): «closed text», «open story», «open discourse» und «open text». Dabei macht es einen Unterschied, ob die «story» oder der «discourse» finalisiert wird.[8] Bleiben weder bei «story» noch bei «discourse» Fragen offen, kann von einem «closed text» gesprochen werden, ansonsten handelt es sich um eine offene Form. Die Dualität von offenem und geschlossenem Ende ist ebenfalls die Grundlage für Christens eigene Typologie.

b. *Happy Ending*

Zu den typischen Formen des geschlossenen Endes gehört das *Happy Ending*[9], bei dem die Konflikte im Einklang mit den Wünschen der Protagonisten gelöst werden. Dabei können vier grundsätzliche Spielarten unterschieden werden. (a) Das

---

6 «A narrative ends when its cause and effect chains are judged to be totally delineated.»
7 «Finally, most classical narrative films display a strong degree of closure at the end. Leaving no loose ends unresolved, these films seek to complete their causal chains with a final effect. [F]ilms made outside the classical tradition sometimes have quite ‹open› endings.»
8 Analog zu Genettes *histoire* und *discourse*.
9 Im deutschen Sprachgebrauch auch Happy-End; hier in Analogie zum Titelthema *Happy Ending*.

Happy Ending weist eine große Realitätskonformität und somit Glaubwürdigkeit auf, wie z. B. bei GOOD WILL HUNTING (GOOD WILL HUNTING – DER GUTE WILL HUNTING; USA 1997, Gus van Sant): Will Hunting kann seine psychotherapeutische Behandlung vorerst abschließen und hat am Ende der Therapie einen Lebensplan entwickelt. Er verlässt erstmals Boston und folgt seiner großen Liebe Skylar nach Kalifornien. Sein bester Freund und sein Psychologe – die beiden wichtigsten Bezugspersonen am Ende des Films – zeigen sich erfreut über seine Entscheidung; dennoch bleibt die Zukunft Will Huntings offen. (b) Das *Happy Ending* nimmt fantastisch übersteigerte Züge an, wie z. B. bei THE KID (DER VAGABUND UND DAS KIND; USA 1921, Charles Chaplin): Das berühmte ‹Ende vor dem Ende› stellt einen fantastisch überhöhten Traum des Tramps dar, in dem er mit seinem temporären Adoptivsohn wieder vereint sein kann. Das Aufwachen bringt ihn zwar zunächst in die harsche Realität zurück – der Polizist, der ihn weckt, verhaftet ihn jedoch nicht, sondern nimmt ihn zu einer Familienzusammenführung mit: Er darf seinen Adoptivsohn weiterhin besuchen.[10] (c) Das Ende weist eine selbstironische Komponente auf, durch die es partiell relativiert wird, z. B. bei WHATEVER WORKS (WHATEVER WORKS – LIEBE SICH WER KANN; USA 2009, Woody Allen). Der Titel des Films ist die Prämisse für sein Ende, in dem der Erzähler auch die abwegigsten Paarkonstellationen unter eben diesem Leitsatz rechtfertigt. Alle feiern gemeinsam, niemand trägt dem anderen etwas nach, gleichzeitig wird das übermäßig fröhliche Ende durch die existenzialistische Grundlage des Films ironisch konterkariert. (d) Das Ende erfährt eine groteske ironische Verzerrung, z. B. bei BELLE DE JOUR (BELLE DE JOUR – SCHÖNE DES TAGES; F 1967, Luis Buñuel): Die Konsequenzen der durch Séverines Handlungen herbeigeführten Tragödie werden rückgängig gemacht – Pierre erhebt sich und kann wieder laufen, verzeiht Séverine alles und kündigt seine Pläne für die Zukunft an. Die (Narren-)Schelle, im gesamten Film zur Markierung von Uneigentlichkeit eingesetzt, untermalt die Szene und irrealisiert sie (vgl. Strank ¹2013).

David Bordwell (1982) sieht das *Happy Ending* als eine der signifikantesten Traditionen des Hollywood-Kinos an: «Wenige Konventionen des Hollywood-Kinos sind so auffällig für Produzenten, Publika und Kritiker wie das *Happy Ending*» (Bordwell 1982, 2; Ü WS).[11] Der Erfolg eines *Happy Endings* hänge von seiner Motivation ab; Bordwell verweist auf Drehbuchhandbücher zwischen 1915 und 1950, die ebenfalls darauf bestünden, dass jedes Ende aus vorangegangenen Ereignissen entstehen solle (2). Die Möglichkeiten der Motivation sind für Bordwell von zweierlei Art: generische Motivation, d. h. intertextuell bzw. diskursiv konventio-

---

10 Vgl. Luis Buñuels SUSANA (SUSANNA – TOCHTER DES LASTERS; MEX 1951), in dem die fantastische Übersteigerung als Ironiesignal fungiert.
11 «Few conventions of the Hollywood cinema are as noticeable to its producers, to its audiences, and to its critics as that of the happy ending.»

nalisierte Erwartungen, und dramaturgische Motivation. Letztere unterteilt er in eine kausale Motivation und eine non-kausale Motivation, die an das Wunderbare grenze (4). Non-kausale Enden widersprächen der Norm und sorgten für narrative Uneinigkeit. Bordwell subsumiert sie unter einem weiteren Typus: dem des disruptiven *Happy Endings*. Dieses generiert durch seine Abweichung von der Norm und seine ausgestellte Implausibilität Aufmerksamkeit und Selbstreflexivität. Die oben genannten vier Beispiele stellen in aufsteigender Reihenfolge kausale bis disruptive *Happy Endings* dar, die auf verschiedenartige Weise ihre Uneigentlichkeit signalisieren. Insbesondere die von Bordwell diagnostizierte generische Motivation ist häufig Gegenstand selbstironischer *Happy-Ending*-Diskurse im Film geworden.

Christen (2001) bezieht sich bei seiner Definition des *Happy Endings* auf die beiden wichtigen Vorarbeiten von Coldwell (1981) und Bordwell (1982) und bricht diese auf zwei wesentliche Kriterien herunter: (a) Das Ende ist nach dem Konzept der «poetischen Gerechtigkeit» moralisch positiv zu bewerten; dabei gelten die herrschenden Moralvorstellungen (39).[12] (b) Das Ende ist plausibel.

Wie oben beschrieben, können die Plausibilitäten von *Happy Endings* weit auseinandergehen. Ein weiteres Problem besteht in der Erwartbarkeit eines glücklichen Ausgangs. Christen verweist dazu auf Noël Carrolls Theorie der filmischen Spannung (Carroll 1984) und trifft die Annahme, dass die ‹Moral› möglichst lange bedroht bleiben muss, damit die Spannung aufrechterhalten bleiben kann. Zudem verlagere die Erwartbarkeit eines positiven Abschlusses die Aufmerksamkeit vom Ende auf die Handlung selbst. Die Bezugnahme auf die «poetische Gerechtigkeit» signalisiert, dass das *Happy Ending* eine zum Teil bis in die Antike zurückreichende Vorgeschichte in Theater, Oper und Roman besitzt. Es ist ebenso stabil nachweisbar wie das ähnlich regulierte und bekannte Ende einer Tragödie.

c. Sad Ending

Das tragische Ende, bei dem der zentrale Konflikt in der Regel durch den Tod der Prot- bzw. Antagonisten gelöst wird (z. B. bei SCARFACE [SCARFACE; USA 1932, Howard Hawks]), ist eine weitere Form des geschlossenen Endes. Das mindestens bis auf die aristotelische *Poetik* zurückgehende Prinzip löst den Konflikt im Einklang mit den Befürchtungen der Protagonisten, was zumeist impliziert, dass die Hauptfigur stirbt. Dies schließt das Konzept der ‹poetischen Gerechtigkeit› nicht aus, da der Held nach Aristoteles aufgrund eines Irrtums (*hamartia*), d. i. einer Fehleinschätzung, seinen eigenen Untergang heraufbeschwört (Aristoteles 2008, 18). Dieser Irrtum sei die Ursache der Tragödie und bewirke den «Niedergang von Glück (*eutychia*) hin zum Unglück (*dystychia*)» (Destrée 2009, 79). Im Gegensatz zum *Happy Ending* ist jedoch das Ende der klassischen Tragödie laut Aristoteles

---

12 Den Vergleich mit der Idee der «poetischen Gerechtigkeit», die in der Literaturtheorie des 17. und 18. Jahrhunderts eine große Rolle gespielt hat, übernimmt Christen von Bordwell (1982).

von reinigenden Affekten (*Katharsis*) begleitet; der Untergang des Helden löst Jammern (*éleos*) und Schaudern (*phóbos*) aus, anstatt Glück und Sicherheit zu bieten (Aristoteles 2008, 19).[13] Gemeinsam ist den Enden, dass sie die Konflikte der Handlung auflösen und somit als geschlossen gelten können. Im klassischen Hollywood-Kino der 1930er-Jahre wurde das tragische Ende auf moralisierende Weise eingesetzt, indem nicht Helden, sondern Antagonisten dem Tragödientod ausgesetzt wurden. Die ‹poetische Gerechtigkeit› bedeutet hier, dass der Widersacher für seine Charakterfehler und seine Handlungen bestraft wird und nicht ein gemischter Charakter durch einen Irrtum zu Fall kommt (Aristoteles 2008, 18). Inwiefern ein solches Ende noch kathartisch ist bzw. Jammern und Schaudern hervorruft, sei dahingestellt – auf gewisse Weise fungiert es gar wieder als *Happy Ending*.[14] Insbesondere im frühen Gangsterfilm finden sich solche tragischen Enden à la Hollywood (vgl. Thompson/Bordwell 2002, 233), die vom klassischen Tragödien-Ende nur die Grundzüge übernehmen.[15]

d. *Open Ending*
Offene Formen können entweder fragmentarisch gestaltet sein (die Geschichte reißt an einem bestimmten Punkt ab, ohne dass eine Conclusio hätte erfolgen können) oder sie verweigern die Zusammenführung, indem nach der Lösung zentraler Konflikte neue, über den Film hinausgehende Konflikte etabliert werden. Die Beispiele reichen von einem verunsichernden Element in einem ansonsten abgeschlossenen Ende (THE SEARCHERS [DER SCHWARZE FALKE; USA 1956, John Ford]) über einen Abschluss der Handlung, der auf die Initialsituation zurückweist und somit unabgeschlossen bleibt (LADRI DI BICICLETTE [FAHRRADDIEBE; I 1948, Vittorio de Sica]), bis hin zu Film-Enden, die keinerlei expliziten Abschluss mit sich bringen (BLOW UP [BLOW UP; I/GB/USA 1966, Michelangelo Antonioni]; LIMBO [WENN DER NEBEL SICH LICHTET – LIMBO; USA 1999, John Sayles]). Viele Enden stellen Mischformen aus offenen und geschlossenen Enden dar und sind somit nicht eindeutig klassifizierbar. Es ist darauf hinzuweisen, dass es sich um eine modellhafte Dichotomie handelt, die nicht in allen Fällen eindeutig ist.

Thomas Christen (2001) widmet den dritten Teil seiner Arbeit Fallbeispielen aus Filmen von Michelangelo Antonioni, die dem Typus des offenen Endes zugeschrie-

---

13 Kaum ein Werk blickt auf eine derart verworrene und komplexe Rezeptionsgeschichte zurück wie Aristoteles' *Poetik*, weshalb die Grundbegriffe im vorliegenden Kontext nur kursorisch angesprochen werden. Es existieren bereits zahllose Studien (und Kontroversen) über die korrekte Auslegung des altgriechischen Originals, die hier keine weitere Beachtung finden können.
14 Aristoteles schließt Furcht und Mitleid für den «ganz und gar Verkommene[n]», der «vom Glück ins Unglück stürzt», aus (Aristoteles 2008, 17).
15 Manchmal bleibt hier jedoch eine starke Ambivalenz zurück, indem der Gangster als ‹tragischer Held› stilisiert wird. Dann ist durchaus von einer Fallhöhe der Hauptfigur und somit von einer potenziell kathartischen Wirkung des tragischen Endes auszugehen.

ben werden können. Erhebt eine Narration die Kausalität zum Erzählprinzip – wie David Bordwell es mehrfach für das klassische Hollywood-Kino und überhaupt die Mehrzahl der Filme veranschlagt hat (vgl. Bordwell 1985; Bordwell/Thompson 1997) –, passt das offene Ende nicht zur vorangegangenen Form und wirkt somit überraschend (43). Christen bezeichnet diesen Fall als offenes Ende erster Ordnung. Sofern die Narration statt Kausalität Kontingenz und Assoziation bevorzugt, passt das offene Ende sich der realitätsnahen und hierarchielosen (Nicht-)Erzählweise an (43), was Christen als offenes Ende zweiter Ordnung klassifiziert. Während beim offenen Ende erster Ordnung *Twist Endings* – z. B. in Form eines selbstreflexiven Wechsels des Repräsentationsmodus (vgl. Kapitel 3.1.8) – denkbar sind, ist eine Erzählweise, in der «Sinngebungen durch den Rezipienten erst vorgenommen werden» (45) müssen, für *Plot Twists* am Ende ungeeignet. Eine narrative Überraschung benötigt zur Vorbereitung grundsätzlich eine Hierarchisierung zwischen wichtigen und unwichtigen Informationen, zwischen Haupt- und Subplots. Diese Hierarchisierung ist für die Täuschung zentral, denn häufig stellen gerade unauffällige Details im Nachhinein die übersehenen Hinweise dar, die den *Plot Twist* plausibilisieren. Es gibt praktisch keine Fälle von *Twist Endings*, die mit einem offenen Ende einhergehen (vgl. die Filmografie im Anhang) – es kann als primär geschlossenes Ende klassifiziert werden.

e. Sonstige Typen

Christen nennt noch eine weitere Spielart des Film-Endes – das Ende von Filmen mit Nummernprinzip –, das er jedoch nur am Rande bespricht. Er vermutet, dass ein solches Ende häufig mit dem formalen Höhepunkt zusammenfalle (Christen 2001, 52). Es ist sicherlich sinnvoll, episodisch oder fragmentarisch erzählte Filme mit einer eigenen Kategorie zu versehen. Da auch bei diesen nur in Ausnahmefällen *Twist Endings* zu beobachten sind, soll das Problem hier nicht weiter vertieft werden.

Einen Sonderfall bilden die alternativen oder mehrfachen Enden, die entweder jeweils verschiedenen Schnittfassungen eines Films zuzuordnen sind oder in manchen Fällen sogar direkt nacheinander, einer einzigen Schnittfassung zugehörig, präsentiert werden.[16] Das Ende kann die Deutung des gesamten Films enorm beeinflussen, wie sich an folgenden zwei Beispielen zeigt: Bei der europäischen Auswertung von LOS OLVIDADOS (DIE VERGESSENEN; MEX 1950, Luis Buñuel) wurde das tragische Ende aufgeführt, während in der mexikanischen Auswertung ein nachproduziertes *Happy Ending* den Film abschloss. Das mexikanische Ende

---

16 Dies war eine Zeitlang durchaus üblich; heutzutage sind die alternativen Enden häufig als Specials von DVD-Editionen zugänglich. Der Film CLUE (ALLE MÖRDER SIND SCHON DA; USA 1985, Jonathan Lynn) war berühmt für seine alternativen Enden, die sich bei der Erstauswertung je nach Vorführungsort voneinander unterschieden (vgl. die Informationen der DVD-Edition, Paramount 2000 und Allon/Cullen/Patterson 2001, 211).

weicht die sozialkritische Kernaussage des Films auf, indem es einen möglichen Ausweg präsentiert, während die Originalfassung als besonders radikales Beispiel des neorealistischen Kinos der 1950er-Jahre gelten kann. Die drei konsekutiv veröffentlichten Schnittfassungen von Ridley Scotts BLADE RUNNER (DER BLADE RUNNER; USA 1982) weisen ebenfalls jeweils unterschiedliche Enden auf, welche die Deutung des Films zum Teil erheblich verändern. Das *Happy Ending* der Originalfassung wird dabei im «Director's Cut» (1992) und im «Final Cut» (2007) ausgelassen, was auch einen starken ästhetischen Eingriff in den Film darstellt.[17]

Schließlich ist eine Verbindung zwischen Genres bzw. Filmtypen und Enden zu beobachten, die vermutlich auf die klassische Opposition von Komödien (mit versöhnlichem Ende) und Tragödien (mit tragischem Ende) zurück-, aber mittlerweile längst darüber hinausgeht. Klassische Beispiele sind das Genre der Filmkomödie, das den Konventionen der Theaterkomödie weitgehend folgt[18], ferner das Genre des Gangsterfilms, das der Tragödienkonvention verhaftet ist (s. o.).[19] Die meisten Genres bilden ihre eigenen Finalisierungstypen aus; oft sind diese schon zu Stereotypen erstarrt wie der einsame Ritt in den Sonnenuntergang im Western oder die finale Überraschung im Horrorfilm. Film-Enden können eigene intertextuelle Diskurse führen und sind problemlos zitierbar, was sich nicht nur anhand der generischen ‹Prototypen› zeigen lässt. So bilden z. B. Remakes oft Varianten des Original-Endes aus[20], und manche Enden nehmen direkt aufeinander Bezug.[21]

1.1.2 Selbstreflexivität

Der Umstand, dass mit dem Erreichen des Schlusses einer Erzählung der Reflexionsprozess über das Gelesene, Gesehene oder Gehörte in der Regel begonnen oder verstärkt fortgeführt wird, macht es verständlich, dass gerade das Ende schon immer ein bevorzugter Ort für die Integration selbstreflexiver Elemente gewesen ist (vgl. Christen 2001, 94). Das Spiel mit dem Abbild- bzw. Illusionscharakter der geendeten Diegese ist dabei eine Variante, die prinzipiell bei allen Formen der Finalisierung denkbar ist. Im Animationsfilm treten zudem bereits zur Zeit des klassischen Hollywood-Kinos der 1930er-Jahre Beispiele für Meta-Enden auf, welche

---

17 In der Version von 1982 hob sich der Epilog durch seine ausgestellte Helligkeit von der übrigen low-key-Beleuchtung ab.

18 Zumindest die narrativ geprägte Filmkomödie wie z. B. die romantische Komödie. Slapstick-Filme folgen hingegen häufig einer Nummernstruktur (vgl. Christen 2001, 49).

19 Vgl. Schwanebeck (i. Dr.).

20 Wie z. B. PLANET OF THE APES (PLANET DER AFFEN; USA 2001, Tim Burton), vgl. Kapitel 3.3.3.

21 Wie z. B. PLAY IT AGAIN, SAM (MACH'S NOCH EINMAL, SAM; USA 1972, Herbert Ross) auf CASABLANCA (CASABLANCA; USA 1941, Michael Curtiz). Vgl. auch die zahlreichen Beispiele aus der hochgradig intertextuellen Serie THE SIMPSONS (DIE SIMPSONS; USA 1989–, 24 Staffeln, Matt Groening), bei denen das Zitat eines Film-Endes ausreicht, um den Intertext eindeutig zu markieren.

die gewählte Finalisierungsform reflektieren.[22] Auch ironische Überhöhungen, z. B. eines *Happy Endings* oder eines tragischen Endes, sind nur entschlüsselbar, wenn die selbstreflexive Komponente in Betracht gezogen wird.[23]

Eine der umfassendsten Arbeiten über Reflexivität in Literatur und Film stammt von Robert Stam (1985).[24] Stam unterscheidet Reflexivität und Selbstreferenzialität nicht dezidiert voneinander[25], sondern geht stattdessen von einer alternativen Tradition des reflexiven Erzählens aus, die er unter den Aspekten «Allegorien der Zuschauerschaft», «Prozess der Produktion», «Genre der Selbstbewusstheit», «Karneval des Modernismus» und «Freuden der Subversion» kapitelweise untersucht. Es handle sich dabei um etwas, «was man als ‹andere Tradition› der Literatur und des Films bezeichnen könnte: die Tradition der Reflexivität, wie sie in Romanen, Theaterstücken und Filmen vorkommt, die literarische und filmische Konventionen hinterfragen, mit der Idee, Kunst als Verzauberung zu sehen, brechen und auf ihre eigene Gemachtheit als textuelle Konstrukte hinweisen» (Stam 1992, xi; Ü WS).[26]

Stam definiert Reflexivität als «den Prozess, durch welchen Texte, sowohl literarische als auch filmische, ihre eigene Produktion, ihre Autorschaft, ihre intertextuellen Einflüsse, ihre Rezeption oder ihre Ausdrucksweise in den Vordergrund stellen» (Stam 1992, xiii; Ü WS).[27] Bezogen auf das *Twist Ending* spielt insbesondere der Rezeptionsaspekt eine Rolle, seltener der Produktionsaspekt.

Reflexivität ist ferner ein intermediales Phänomen für Stam, der Schnittmengen von Literatur und Film als selbstverständlich ansieht: «Beide Medien teilen als Diskurs eine gemeinsame Machart, *écriture*; beide sind textuell und intertextuell; beide können ihre Konstruiertheit in den Vordergrund stellen; und beide können die

---

22 Tex Avery macht dies für gewöhnlich, wenn ein Cartoon von ihm ein trauriges Ende hat: In BATTY BASEBALL (USA 1944), THE EARLY BIRD DOOD IT! (USA 1942) und LONESOME LENNY (USA 1946) hält jeweils einer der Charaktere ein Schild mit der Aufschrift «Sad ending, isn't it?» in die «Kamera».

23 Dies kann ein rezeptionshistorisches oder interkulturelles Problem darstellen, wie z. B. Luis Buñuels Film SUSANA (Mexiko 1951) zeigt: Wenn die aufgrund ihrer sexuellen Freizügigkeit als teufelsähnlich charakterisierte Susana (vgl. Strank 2009, 9; 28–32) die Farm verlässt, wird nahezu alles Unheil, das sie angerichtet hat, rückgängig gemacht – so unwahrscheinlich dies auch sein mag. Diener kehren zurück, Vieh wird wieder gesund, Seitensprünge werden verziehen und Tote erwachen zum Leben, sobald der personifizierte Sex wieder aus dem bürgerlichen Leben verdrängt ist. Das – gerade auch im Kontrast zum sonstigen Film – hyperbolische Ende war offensichtlich nicht ausreichend mit Ironiesignalen versehen, denn es wurde in Mexiko weitgehend als *Happy Ending* rezipiert (vgl. Buñuel 1982, 197).

24 Textgrundlage für dieses Kapitel ist die zweite, v. a. um ein Vorwort erweiterte Auflage von 1992.

25 Dies ist im Kontext der vorliegenden Untersuchung ebenfalls nicht nötig. Zu weiteren Definitionsmöglichkeiten vgl. Höltgen 2012 und Scheffel 1997.

26 «[W]ith what might be termed the ‹other tradition› in literature and cinema: the tradition of reflexivity as embodied in novels, plays and films which interrogate literary and filmic conventions, which break with art as enchantment and point to their own factitiousness as textual constructs.»

27 «[T]he process by which texts, both literary and filmic, foreground their own production, their authorship, their intertextual influences, their reception or their enunciation.»

aktive Kollaboration ihres Lesers/Zuschauers anstiften» (Stam 1992, xi; Ü WS).[28] Jede Form von Text kann somit laut Stam Strategien der Reflexivität verfolgen, die so unterschiedlich sein können wie narrative Diskontinuitäten, auktoriale Einmischungen, essayistische Abschweifungen oder stilistische Übungen in Virtuosität (Stam 1992, xi). «Sie [alle] eint ein spielerisches, parodistisches und disruptives Verhältnis zu etablierten Normen und Konventionen. Sie entmystifizierten Fiktionen – und unseren naiven Glauben an Fiktionen – und machen diese Entmystifizierung zur Quelle für neue Fiktionen» (Stam 1992, xi; Ü WS).[29]

Einerseits klingt das nach dem gesuchten Beweis, dass es sich beim *Twist Ending* um ein reflexives Phänomen handelt. Ein solches zeichnet sich laut Stam durch seine spezifisch textuelle Machart, die Entmystifizierung einer Fiktion zur Etablierung einer neuen Fiktion, wodurch der naive Glaube an Fiktionen erschüttert wird, und sein disruptives Verhältnis zu etablierten erzählerischen Normen aus – diese Merkmale kann man auch beim *Twist Ending* vermuten. Diesem sind jedoch hinsichtlich seiner Reflexivität Grenzen gesetzt, was bei der Zuspitzung auf die Opposition Illusion versus Reflexivität deutlich wird, die Stam vornimmt. Beim *Twist Ending* wird nicht die Fiktion als solche entmystifiziert, sondern eine spezifische Fiktion. Es wird somit zwar ebenfalls in zweiter Instanz der naive Glaube an Fiktionen erschüttert; geschähe dies jedoch nachhaltig, bräuchte jeder Rezipient nur einen einzigen Film mit *Twist Ending* zu sehen, um nie wieder auf eines hereinzufallen.[30] Das Gegenteil ist der Fall: Der Eindruck raum-zeitlicher Kohärenz, den Stam illusionistischer Kunst zuschreibt (Stam 1992, 7), muss bis zum entscheidenden *Twist* bestehen bleiben und danach neu konstruiert werden. Die «rüden Schocks von Zerrissenheit und Diskontinuität» (ebd.; Ü WS[31]) kommen erst mit dem *Twist*, sodass ein *Twist Ending* in einem durchweg selbstreflexiven Text wohl kaum funktionieren würde.[32]

Der Moment des *Twists* ist folglich der entscheidende Punkt, an dem die Fiktionalität der Erzählung auf sich selbst verweist. Dieser narrative Ebenenwechsel hat Ähnlichkeiten mit einem selbstreflexiven Ebenenwechsel: In beiden Fällen wird eine zweite diegetische Ebene beschritten, die bis dahin verborgen gewesen sein

---

28 «Both media share a common nature as discourse, *écriture*; both are textual and intertextual; both can foreground their constructed nature; and both can solicit the active collaboration of their reader/spectator.»
29 «They share a playful, parodic, and disruptive relation to established norms and conventions. They demystify fictions, and our naïf faith in fictions, and make of this demystification a source for new fictions.»
30 Auch in Ermangelung empirischer Daten, die für die akkurate Widerlegung dieser These erforderlich wären, erscheint die Behauptung absurd.
31 Bei Stam heißt es «[…] the rude shocks of rupture and discontinuity […]».
32 Eine Ausnahme mag MONTY PYTHON AND THE HOLY GRAIL (DIE RITTER DER KOKOSNUSS; GB 1975, Terry Gilliam, Terry Jones) sein, dessen Ende jedoch ebenfalls ein Grenz- oder Sonderfall ist (vgl. Kapitel 3.1.8).

kann. Beim *Twist Ending* jedoch kann sie nicht nur, sondern *muss* – von einigen Hinweisen abgesehen – verborgen gewesen sein, da ansonsten der Ebenenwechsel keiner mehr ist. Bei beiden Beispielen ist die Synthetisierungsfähigkeit des Zuschauers gefordert, um die vorläufige Diegese D(t) mit der eigentlichen Diegese D zu vereinbaren.[33] Ein großer Unterschied des *Twist Endings* zu den meisten selbstreflexiven Werken aus der «anderen Tradition» besteht in Folgendem: Die Signale kommen dort meist früh (*The Life and Opinions of Tristam Shandy, Gentleman*, Laurence Sterne, 1759–67), episodisch (*El ingenioso hidalgo Don Quixote de la Mancha*, Miguel de Cervantes, 1605/15) oder unentwegt (*A Midsummer Night's Dream*, William Shakespeare, 1596/1600). Beim *Twist Ending* muss die Illusion hingegen lange stabil bleiben, damit der reflexive Wechsel glückt und möglichst nicht vorhersehbar ist. Also werden die selbstreflexiven Anteile des Films so lange wie möglich verschleiert.[34] Meistens sind sowohl D als auch D(t) illusionistisch angelegt, gerade beim einfachsten Beispiel, dem Aufwachen aus einem Traum, wobei schlichtweg eine ‹reale› Diegese an die Stelle der ‹falschen› gesetzt wird (vgl. Kapitel 3.1.2).

1.1.3 *Surprise Ending*

Eine spezielle Form des Film-Endes, die häufig geschlossenen Formen zugeordnet werden kann, stellt das *Surprise Ending* dar.[35] Die von Filmhistorikern bisweilen mit Alfred Hitchcock in Verbindung gebrachte, tatsächlich jedoch erheblich ältere Technik[36], durch eine veränderte oder neue Information kurz vor dem Ende der Erzählung zentrale Umstände der Diegese zu verändern und somit eine Überraschung beim Zuschauer hervorzurufen, ist eng verwandt mit dem *Twist Ending* und nicht immer trennscharf davon zu unterscheiden. Tatsächlich kann man das *Twist Ending* als eine besonders radikale Form des *Surprise Endings* beschreiben, weshalb es als Vergleichskategorie stets mitgedacht werden muss.

Der Begriff *Surprise Ending* findet häufig in Dramaturgie-Handbüchern sowie Lehr- und Lesebüchern Verwendung. Im Schullesebuch *Discovering Fiction Student's Book 2* (Kay/Gelschenen 2001) ist die O. Henry-Geschichte *The Last Leaf* enthalten. Das *Surprise Ending* wird als Ende, das vollkommen unerwartet ist, benannt (65). In Bulman 2007 werden *Twist Ending* und *Surprise Ending* wie

---

33   D(t) sei hier vorläufig definiert als die Diegese bis zum Zeitpunkt des *Twists* t. Eine genauere Diskussion des hier verwendeten Diegese-Modells findet sich in Kapitel 1.2.2.
34   Dies ist besonders in Bezug auf die Dramaturgie des Films entscheidend, da hier auch Faktoren wie Zeit- und Spannungsmanagement eine Rolle spielen.
35   Zum *Surprise Ending* gibt es ebenfalls keine wissenschaftliche Definition und Literatur zu dem Thema ist nur spärlich vorhanden. Auch hier handelt es sich um einen vor allem in Internetquellen verbreiteten Begriff, der im Rahmen der vorliegenden Untersuchung als Ende mit *Plot Twist* begriffen werden soll.
36   In einem bekannten Interview mit Oriana Fallaci aus dem Jahre 1963 spielt Hitchcock die von ihm bevorzugte *Suspense*-Technik gegen die *Surprise*-Technik aus (Gottlieb 2003, 61).

so häufig gleichgesetzt, dafür aber ausführlicher beschrieben. Das Ende einer «Twist Ending Story» müsse demnach unerwartet, konsistent und logisch sein, also nicht mit der bisherigen Erzählung brechen (231). Die Vorschläge für überraschende Enden basierten allesamt auf der Verdrehung von Annahmen des Lesers bzw. Zuschauers (233).[37] Turner (1998) integriert «surprise ending» neben «happy ending», «unhappy ending» und «indeterminate ending» in seine Typologie des Romanendes (39).

Überhaupt scheint das *Surprise Ending* vor allem in der englischsprachigen Literaturwissenschaft als Begriff verbreitet zu sein: Benfey bezeichnet die angelsächsische *fin-de-siècle*-Literatur als «Zeitalter des Surprise-Endings» (2008, 184)[38], das eine Erfindung von Poe und Maupassant gewesen sei (vgl. Kapitel 1.2.1). Bisweilen wurde das *Surprise Ending* mit den Kriminalromanen Hammetts und Chandlers in Verbindung gebracht (Schulz-Buschhaus 1998, 534; Suerbaum 1998, 93; beide in Vogt 1998). In Graves Glenwood Clarks unpublizierter Master-Thesis *The development of the Surprise Ending in the American Short Story from Washington Irving through O. Henry* (Columbia University, 1930) findet sich laut Fusco (1994) eine siebenteilige Typologie des *Surprise Endings*[39]:

1. Schwindel und Scherz («the hoax and practical joke»);
2. die antikonventionelle oder verzerrte Enthüllung von Ereignissen («the anticonventional or distorted revelation of events»);
3. die paradoxe oder antithetische Enthüllung («the paradoxical or antithetical disclosure»);
4. die Manipulation psychologischer Konzepte («the manipulation of psychological concepts»);
5. die doppelte Umkehrung («the double reversal»);
6. der Problemschluss («the problem close»);
7. die Offenlegung eines plötzlichen Beweises der Macht der Gewohnheit oder der Tyrannei der Umwelt («disclosing sudden proof of the tyranny of habit or of environment») (vgl. Fusco 1994, 118, FN 34).

Offensichtlich handelt es sich um eine Typologie der Schlusspointen, deren Möglichkeiten größtenteils nicht eins zu eins auf den Film übertragbar sind. Die Gattung der Kurzgeschichte ist gegenüber dem Spielfilm zu verschieden, um eine Vergleichbarkeit der Begriffe des *Surprise Endings* herzustellen, die über oberflächliche Benennungen von *Final-Plot-Twist*-Kunstgriffen hinausgeht. Ob die Erkenntnisse, die aus der Analyse von *Surprise Endings* in Kurzgeschichten hervorgehen, für

---

37 Eine ähnliche, aber 30 Jahre ältere Definition liefert Farrell 1976, 70, 507.
38 «This was also the age of the ‹surprise ending›, that durable invention of Poe by way of Maupassant that could suggest either the accidents of the universe or God's sure plan.»
39 Er nennt es «trick ending», meint aber offensichtlich dasselbe Phänomen.

überraschende Enden im Film nutzbar zu machen sind, wird an anderer Stelle verhandelt (vgl. Kapitel 2.1.1).

Der Filmwissenschaftler Carl Plantinga (2009) beschäftigt sich ebenfalls mit dem *Surprise Ending* und liefert sowohl eine umfassendere Definition als auch eine aufschlussreiche Typologie. Er beschreibt die Überraschung als Abweichung, indem er konstatiert: «Wenn alle Enden gleich wahrscheinlich wären, gäbe es kein *Surprise Ending*» (44; Ü WS).[40] Das *Surprise Ending* habe drei Eigenschaften: Es weiche vom Erwarteten ab, es biete eine unvorhergesehene Problemlösung an, und es beantworte eine narrative Frage auf eine unkonventionelle Weise. Generell hebe es narrative oder genrebezogene Konventionen oder allgemeines Weltwissen auf. Plantinga etabliert für dieses Phänomen den Begriff «*frame shifter*», der in Kapitel 3.1.5.2 aufgegriffen wird. Die Typologie umfasst vier Gegensätze: (a) Zuschauer- vs. Figurenüberraschung vs. beides; (b) Überraschung der narrativen Erwartungen vs. Überraschung des konventionellen Weltwissens; (c) Auflösung einer Ambiguität vs. Veränderung des Referenzrahmens («altered frame of reference») und (d) erbauliche vs. deprimierende Überraschungen («elevating» bzw. «deflating»). Zumindest die ersten drei Kategorien sind interessant, da sie analytisch auch für das *Twist Ending* nutzbar gemacht werden können. Typ a bezieht sich hierbei auf das Phänomen der *Anagnorisis* (vgl. Kapitel 1.2.4.1), Typ b auf die Unterscheidung von intradiegetischer und extradiegetischer Überraschung. Typ c ist bei genauerem Hinsehen eine Auflistung von Alternativen und keine Opposition – er beschreibt zudem in geringerem Umfang den Unterschied zwischen einem *Surprise Ending* und einem *Twist Ending* (vgl. Kapitel 1.2). Plantinga berührt mit seiner Typologie wesentliche Punkte der vorliegenden Untersuchung, betrachtet diese jedoch aus einem vollkommen anderen Blickwinkel. Allerdings bildet sie eine praktikable Grundlage für die Definition des *Surprise Endings*: ein Ende, das durch eine überraschende Information eingeleitet wird, die dem narrativen und/oder konventionellen Wissen des idealen Zuschauers oder der Figur zum Zeitpunkt der Überraschung widerspricht.

Die Radikalisierung der Überraschung ist der Wahrnehmungs-Schock. Schon Walter Benjamin hat dem Film attestiert, eine «Chokwirkung» zu besitzen: Die ständige Veränderung der bewegten Bilder bewirke, dass die Assoziations- und Denkfähigkeit des Zuschauers unterbrochen werde:

> In der Tat wird der Assoziationsablauf dessen, der diese Bilder betrachtet, sofort durch ihre Veränderung betroffen. Darauf beruht die Chokwirkung des Films, die wie jede Chokwirkung durch gesteigerte Geistesgegenwart aufgefangen sein will.
>
> *(Benjamin 1963, 44)*

Der Zuschauer ist den Bildern des Films laut Benjamin also alternativlos ausgesetzt. Die Brechung der Illusion und die damit einhergehende Substitution durch

---

40 «If all endings were equally likely, then there could be no surprise ending.»

einen als kontrastierende ‹Realität› wahrgenommenen Modus der Diegese ist eine erzählerische Möglichkeit, die einen solchen Wahrnehmungs-Schock um eine semantische Schock-Komponente ergänzt. Hier wird durch die neue, überraschende Information kein narrativer Wechsel vollzogen, sondern vielmehr ein Paradigmenwechsel, der die bisher als Fiktion akzeptierte Diegese zu einer inszenierten Realität umdeutet.

Eine märchenhafte Erzählung, die sich in ihren letzten Sekunden neu zur Realität positioniert, ist Radu Mihaileanus TRAIN DE VIE (ZUG DES LEBENS; F/B/NL / ISR/ROM 1998; vgl. Kapitel 3.1.5.1). Der Film verwandelt mit nur einer Einstellung ein surrealistisches Märchen in ein Holocaust-Drama. Von einem *Surprise Ending* zu sprechen, scheint nicht mehr ausreichend. Denn die Möglichkeit des epistemischen Schocks am Ende transzendiert die ästhetische Kategorie. Andere Formen der filmischen Provokation wie Tabubrüche sind einer rezeptionsästhetisch artverwandten Schockästhetik zuzurechnen, die über die Verletzung sozialer Codes und nicht primär durch die Transformation oder Variation erzählerischer Grundmuster ihre Wirkung entfaltet.

Im Dokumentarfilm VALS IM BASHIR (WALTZ WITH BASHIR; ISR/F/D u.a. 2008, Ari Folman) kann ein ähnliches Phänomen ausgemacht werden. Die Non-Fiktionalität wird zugunsten eines spezifischen Bildmodus abgeschwächt, der eine Mischung aus Animations- und Realfilm darstellt. Der Film anonymisiert partiell seine Interviewpartner, funktioniert aber ansonsten weitgehend wie ein Dokumentarfilm – bis kurz vor Schluss, als Realbilder den Zuschauer mit dem bisher nur erzählten und in verfremdeten Bildern erinnerten Libanon-Krieg direkt konfrontieren. Die Distanz wird, wie Wulff (2009) schreibt, «rabiat aufgekündigt»:

> Die letzten Minuten gehören Real-Bildern, die wohl tatsächlich den Kameras von Berichterstattern entstammen, die am Ort des Geschehens waren. Sie lösen einen epistemischen Schock aus, weil sie so ganz unvorbereitet auf die Leinwand kommen. Die Erzählung ist zu Ende, es gibt keine Interviews mehr, die Figuren im Bild werden nicht mehr nominiert, selbst die Untertitel in den OmU-Fassungen hören auf. Es bleibt nur die Ursprachlichkeit der Klage derjenigen, die Opfer des Geschehens gewesen sind. Verstärkt wird die Vorsprachlichkeit dessen, was man nun sieht, durch eine langsam geschlagene Bass-Pauke, die etwas Gravitätisches hat (wie in einem Trauer-Marsch), zugleich aber eine Komponente der Bedrohlichkeit zu artikulieren scheint.

Auch dieses Ende kann formal als *Surprise Ending* mit Medien- bzw. Moduswechsel klassifiziert werden; seine ideologische Komponente legt aber eine gleichzeitige Beschreibung als epistemischer Schock nahe.

1.1.4 *Plot Point*

1979 führt Syd Field in seinem einflussreichen Drehbuchratgeber *Screenplay: The Foundations of Screenwriting* (Field 2005) den Begriff *Plot Point* ein, den er als «irgendeinen Vorfall, eine Episode oder ein Ereignis, das in die Geschichte eingreift und sie in eine andere Richtung lenkt», definiert (Field 2005, 143; Ü WS).[41] Der *Plot Point*, bei Field untrennbar verbunden mit der Gliederung jeden (!) Drehbuchs in eine festgelegte Aktstruktur, ist seither in der filmwissenschaftlichen Literatur von seiner dogmatischen Positionierung befreit und für andere Kontexte nutzbar gemacht worden (vgl. Eder 1999, 104 f.). Auffallend ist jedoch die Art der Informationsvergabe: Wenn der *Plot Point* die Geschichte «in eine andere Richtung lenkt», bewirkt die neue Information eine Überraschung, einen Umschwung und eine unerwartete Veränderung der Geschichte. Das *Twist Ending* muss also bezogen auf die Vergabe der relevanten Information mit einem *Plot Point* grundsätzlich zusammenfallen.

Dass Fields provokant formulierter Allgemeingültigkeitsanspruch von den meisten Filmen im Kontext dieser Arbeit betrachteten Filme widerlegt werden dürfte, ist hierbei wohl wenig überraschend, handelt es sich beim *Twist Ending* doch um eine avancierte Finalisierungsstrategie, die erst wesentlich später ihren Weg in den Kanon der Mainstream-Varianten des Film-Endes gefunden hat. Fields ungenaue Ausdrucksweise und seine schwer nachvollziehbaren Beispiele haben indessen deutlichen Widerspruch erzeugt. Anton Fuxjäger kritisiert die Beliebigkeit des Ausdrucks und verwirft ihn nach einigen Anwendungsversuchen vollständig:

> Da die Definition für *Plot Point* bestenfalls besagt, daß sich – wohl in der Diegese – ‹irgendetwas› ändert, dürfte es kaum Probleme bereiten, auch an den von Field angegebenen filmzeitlichen Positionen eine Veränderung und damit – vermeintlich – einen *Plot Point* zu beobachten. *(Fuxjäger 2003, 161, Hv. WS)*

1.1.5 *Plot Twist*

Der Begriff *Plot Twist* dient zu einer Verstärkung der Kategorie des *Plot Points*, da die Konsequenzen der Wendung hier noch stärker betont werden. Ein *Plot Twist* treibt nicht nur vage die Handlung voran, sondern markiert einen derartigen Wendepunkt, dass essenzielle diegetische Informationen plötzlich revidiert oder zumindest in Frage gestellt werden. Hierin weist er eine gewisse Ähnlichkeit zum manchmal beschriebenen *Point of Revelation* auf; dieser ist jedoch rein figurenbezogen.[42] Der Film wechselt am *Plot Twist* mitunter das Register, den Modus oder

---

41 Im Original heißt es «[...] any incident, episode, or event that hooks into the action and spins it around in another direction».
42 Vgl. Ellenbruch 2012, vgl. auch den Begriff *Anagnorisis* in Kapitel 1.2.4.1.

das Genre. Eines der berühmtesten Beispiele dafür ist wohl Alfred Hitchcocks Psycho (Psycho; USA 1960), in dem nach einer Liebesgeschichte mit Kriminalfilmelementen durch den Mord an der Hauptfigur das Psychogramm eines Mörders in den Vordergrund rückt und den Rest des Films dominiert. Ein *Plot Twist* kann jedoch auch sehr viel früher gesetzt sein, wie bei Robert Rodriguez' From Dusk Till Dawn (From Dusk Till Dawn; USA 1996), der sich ohne jede Vorbereitung vom Road-Movie zum Splatterfilm wandelt, als deutlich wird, dass die Striptänzerin Santánico Pandemónium in Wirklichkeit ein Vampir ist.

Oder er ist diskursiver Natur wie in The Crying Game (The Crying Game; GB/Japan 1992, Neil Jordan): Fergus ist Teil einer Gruppe, die den Soldaten Jody aus politischen Gründen entführt hat und gefangen hält. Jody stirbt in Gefangenschaft und Fergus sucht dessen Geliebte auf, um sie über Jodys Tod zu informieren. Er beginnt aber stattdessen eine Affäre mit ihr, bis herauskommt, dass sie in Wirklichkeit ein Transvestit ist. Der *Plot Twist* verändert zwar nicht den Status der Diegese, aber das Wissen über das Verhältnis der Hauptfiguren zueinander. Der bisherige Kerndiskurs des Films ist zunächst als Wiedergängermetapher lesbar, da Fergus versucht, Jodys Leben weiterzuführen. Später wird er zugunsten neuer Diskurse um Gender-Fragen, die Inszenierung von Männlichkeit und Fergus' Toleranzfähigkeit aufgegeben.

Die Begriffe *Twist* oder *Plot Twist* sind problematisch, weil sie bisher wissenschaftlich nicht definiert und wenig diskutiert wurden. *Twist* bedeutet im Englischen soviel wie «Drehung» oder «Verdrehung», im figurativen Gebrauch auch «(überraschende) Wendung».[43] Woher der Begriff in seiner narratologischen Anwendung stammt, ist kaum herauszufinden – es scheint sich um ein kulturjournalistisches Schlagwort zu handeln, das mittlerweile in die allgemeine Kritiker- und Wissenschaftlersprache eingegangen ist. Eine mögliche Wurzel findet sich in der Rezeptionsgeschichte des amerikanischen Schriftstellers O. Henry (vgl. Kapitel 1.2.1), der für die innovativen Auflösungen am Ende seiner Kurzgeschichten bekannt war. Die oft überraschenden Enden wurden mit dem Begriff «O. Henry Twist» (vgl. die Biografie von Bloom 1999, 22) bezeichnet – womöglich ist bei der Beschreibung ähnlicher Phänomene anderer Urheber in der Folgezeit der Zusatz «O. Henry» weggefallen.

Das populärwissenschaftliche Online-Forum Wiki Answers definiert den *Plot Twist* als Veränderung der erwarteten Richtung oder des erwarteten Ausgangs eines Film-*Plots*.[44] Diese Antwort ist rezeptionsabhängig und erinnert an die Definitionen des *Surprise Endings* aus Ratgebern für kreatives Schreiben (s. o.).

Als Kritiker- und Fanbegriff ist *Plot Twist* problemlos nachweisbar – zum Beispiel auf der umfangreichen Seite «Greatest Film Plot Twists, Film Spoilers and Surprise Endings»,

---

43 Vgl. http://www.dict.cc/english-german/twist.html (Stand: 9.7.2013).
44 http://wiki.answers.com/Q/What_is_the_definition_of_plot_twist (Stand: 9.7.2013).

wo er mit *Surprise Endings* direkt in Verbindung gebracht wird.[45] Die *Lostpedia*, eine Online-Enzyklopädie für die Serie LOST (LOST; USA 2004–2010, 6 Staffeln, J. J. Abrams, Jeffrey Lieber, Damon Lindelof), definiert sowohl den *Twist* als auch den *Plot Twist*:

> LOST wies häufig *Twists* auf – unerwartete narrative Kniffe. Einige fügten neue Informationen über bekannte Elemente hinzu. Einige schlossen Handlungsstränge auf überraschende Weise ab. Andere lenkten die langfristige Richtung der Haupthandlung um. […] *Plot Twists* lenken den Verlauf einer Handlung in eine neue, unerwartete Richtung. *(Ü, Hv. WS)*[46]

Diese Definition des *Plot Twists* entspricht fast wörtlich Syd Fields Idee vom *Plot Point* – und bleibt genauso vage. L. Kip Wheeler stellt auf seiner Homepage Studenten ein Verzeichnis von literarischen Ausdrücken und Definitionen zur Verfügung, das auch das «O. Henry Ending» beinhaltet.[47] Hier wird es mit dem *Trick Ending* oder *Surprise Ending* gleichgesetzt und als vollkommen unerwartete Wendung charakterisiert. *Foreshadowing* sei als Technik meistens nicht opportun, aber besonders clevere Künstler könnten sie gewinnbringend verwenden. Zudem sei es eine positive Bezeichnung und somit das Gegenteil des pejorativ verwendeten «Deus-ex-Machina-Endes».[48] Die Überschneidungen von *O. Henry Twist* und *Plot Twist* sowie von *O. Henry Ending* und *Surprise Ending*[49] legen nahe, dass die Begriffe auseinander hervorgegangen bzw. simultan entstanden sind.

Ein *Plot Twist* scheint also eine Mischung aus Pointe und *Peripetie* zu sein; das überraschende Element steht zumindest eindeutig im Vordergrund, und der *O. Henry Twist* wird häufig als Qualitätsmerkmal für Unterhaltsamkeit gebraucht.[50] Jerry Palmers Humortheorie (Palmer 1987) stellt in diesem Zusammenhang eine interessante Analogie für die Definition dar.

Palmer bezieht sich in seiner Studie zur «Logik des Absurden» auf die Kategorien der *Peripetie* und der Plausibilität. Die *Peripetie* unterteilt er wiederum in zwei Subkategorien der Überraschung: soziale Diskurse («discourses of the social formation») und narrative Erwartungen («narrative expectations»).[51] Eine Pointe

---

45 http://www.filmsite.org/greattwists37.html (Stand: 9.7.2013).
46 http://lostpedia.wikia.com/wiki/Twist (Stand: 9.7.2013). «Lost featured frequent twists – unexpected narrative shifts. Some added new information about known elements. Some wrapped up storylines in surprising ways. Others diverted the plot's long-term direction […] Plot twists divert the course of a plot in a new, unexpected direction.»
47 http://web.cn.edu/kwheeler/lit_terms_O.html (Stand: 9.7.2013).
48 Vgl. hierzu auch diesen Blog-Eintrag zum O. Henry Ending: http://lydiakang.blogspot.de/2010/07/literary-devices-part-4-o-henry-ending.html (Stand: 9.7.2013).
49 Und mit den frühen Definitionen von *Twist Ending*, vgl. Kapitel 1.2.1.
50 Dafür spricht auch seine definitorische Ähnlichkeit mit Phänomenen wie «Reversal» (Umschwung), vgl. das McGraw-Hill *Glossary of Drama Terms*; URL: http://highered.mcgraw-hill.com/sites/0072405228/student_view0/drama_glossary.html (Stand: 9.7.2013). Vgl. auch Austin 2002, 99.
51 Vgl. auch die Ähnlichkeit mit Plantingas Typologie überraschender Enden, Kap. 1.1.3.

kann somit durch Normverstöße auf zwei Gebieten überraschend sein; entweder sie bricht mit sozialen Erwartungen (oder konventionalisiertem Weltwissen) oder sie unterläuft die Signale, die durch die Narration bisher gesetzt wurden. Auf einen *Plot Twist* angewendet bedeutet dies: Wenn in Alfred Hitchcocks VERTIGO (VERTIGO – AUS DEM REICH DER TOTEN; USA 1958) Madeleine Elster wieder unter den Lebenden weilt, obwohl die Narration ihren Tod suggeriert hatte, kann man – sofern man den unglücklich gewählten deutschen Verleihtitel ignoriert – hieran eine narrative Überraschung festmachen. Wenn am Ende von HALLOWEEN (HALLOWEEN – DIE NACHT DES GRAUENS; USA 1978, John Carpenter) der mit sechs Kugeln erschossene Mike Myers dennoch entfliehen kann, widerspricht dies dem Weltwissen über Schusswaffen und ihre Wirkung auf die menschliche Physis.

Die Wirkungsmacht der *Peripetie* wird laut Palmer von zwei Syllogismen der Plausibilität reguliert (Palmer 1987, 42 f.): Was passiert, ist implausibel, besitzt jedoch einen Grad an Plausibilität. Palmer nennt als Beispiel den Laurel&Hardy-Film LIBERTY (DIE SACHE MIT DER HOSE; USA 1929, Leo McCarey), in dem ein Polizist von den Protagonisten unter einem Fahrstuhl begraben wird (39). Es ist nun implausibel, dass der Polizist überlebt – wenn er es doch tut, dann unter der Prämisse einer weniger plausiblen alternativen Logik: Er wurde durch den Fahrstuhl nur verkleinert. Mit dieser Idee einer implausiblen Überraschung versucht Palmer pointenbasierte Komik zu erklären.

Auch Film-Rezensent Dan Heller (o. J.) stellt eine Verbindung zwischen Überraschung und Plausibilität her, wenn es um *Plot Twists* geht, und analysiert zu diesem Zweck einige aktuelle Beispiele. Die Überraschung, so Heller, resultiere daraus, dass das Ende eine glaubwürdige Möglichkeit darstellt, die vom Publikum nicht in Erwägung gezogen wurde.[52]

Für den *Plot Twist* und die Analyse überraschender Filmwendungen kann insbesondere die Idee der *Peripetie* übernommen werden: Ein Verstoß gegen die etablierten diegetischen Regeln ist – sofern er ohne explizite Vorwarnung geschieht – überraschend. Ob diese Regeln durch die Narration oder die mit ihr verbundene fiktive Welt aufgestellt wurden, ist unter der Prämisse des üblichen filmischen Diegesebegriffs (vgl. Kap. 1.2.2) zunächst unerheblich. Ein *Plot Twist* kann somit als ein narratives Ereignis isoliert werden, das die bisherige Regelhaftigkeit der Diegese unterläuft. Wenn er unerwartbar und zugleich plausibel ist, kann er gelingen.

Die Diegese muss für einen *Plot Twist* eine gewisse Stabilität aufweisen, da ein Film, in dem alles erlaubt ist, keine großen Überraschungen ermöglicht. Thomas

---

52 «The element of surprise is the result of being presented with an outcome that lies within the circle of believable possibilities, but not one the audience had considered. The more unexpected the outcome, the more dramatic the surprise effect, so long as the new ending lies within that circle. Fall outside the circle, and the audience doesn't buy it. It turns out, however, that the closer you get to the edge, the more profound and dramatic the outcome feels. If the result is entirely predictable – directly in the center of the circle – then the story can be equally anticlimactic» (keine Paginierung).

Koebner nennt im Zusammenhang mit den Möglichkeiten des unzuverlässigen Erzählens (vgl. Kapitel 1.1.7) vier Eigenarten der Erzählung, die narrative bzw. diegetische Brüche möglich machen (vgl. Koebner 2005, 23 f.): die Suggestion von Kontinuität, den Zuordnungszwang des Zuschauers, eine relative Stabilität der Charaktere und einen begrenzten Spielraum. Anders gesagt: Der Experimentalfilm schließt Verstöße auf der narrativen Ebene größtenteils aus, da er sich schon auf vorgelagerten diegetischen Ebenen entgegen der erwartbaren Konvention verhält. Einige Filme sind Grenzfälle: Nicolas Roegs Film DON'T LOOK NOW (WENN DIE GONDELN TRAUER TRAGEN; GB/I 1973; vgl. Kapitel 3.1.8) enthält experimentelle Elemente, der *Plot Twist* am Ende ist jedoch plausibel genug, um narrativ integriert zu werden. In den jüngeren Filmen von David Lynch, «die als Angriffe auf Kohärenz, Konsistenz und Kausalität zu werten sind» (Hartmann 2007, 56), fällt eine derartige Einschätzung deutlich schwerer, da elementare Regeln des Erzählens gebrochen werden und somit ein Regelverstoß zur Norm der neuen Diegese wird. Thomas Klein (2005) nennt in diesem Zusammenhang Martínez und Scheffel, die darauf verweisen, «dass eine stabile und eindeutig bestimmbare Welt erkennbar sein muss, um Erzählerbehauptungen überhaupt als unzuverlässig markieren zu können» (207 f.).[53]

1.1.6 *Final Plot Twist*

Wenn ein *Plot Twist* am Ende der Handlung zu verorten ist, wird häufig von einem *Final Plot Twist* gesprochen.[54] Diese Bezeichnung wird oft nicht eindeutig von den Phänomenen *Surprise Ending* und *Twist Ending* abgegrenzt, womöglich auch deshalb, weil es zwangsläufig Überschneidungen mit den Finalisierungsformen gibt. Erstere Begriffe beziehen sich jedoch auf die dramaturgische Kategorie des *Plot Points* und bezeichnen somit einen bestimmten Punkt in der Handlung, der mit einer spezifischen, relevanten Informationsvergabe zusammenfällt, die wichtige Prämissen revidiert bzw. re-evaluiert. Die Begriffe *Surprise Ending* und *Twist Ending* stellen die gewählte Finalisierungsform jedoch in den Kontext einer Typologie der Film-Enden, weshalb es notwendig ist, die divergenten Modelle klar voneinander zu trennen. Ein *Final Plot Twist* bzw. *(Plot) Twist in the End* ist in der Regel notwendig für ein überraschendes Ende, jedoch nicht hinreichend für ein *Twist Ending*. Die übliche Auflösung am Ende eines Kriminalfilms kann durchaus mit einem *Plot Twist* einhergehen, ein *Twist Ending* jedoch würde die bis zu dem Zeitpunkt des *Final Plot Twists* als valide eingestufte Diegese-Ebene infrage stellen und durch eine zweite diegetische Ebene ersetzen, welche die bisherige falsifiziert.

---

53 Ohne Quellenangabe, vermutlich aber bezogen auf Martínez/Scheffel 2005, 103.
54 Vgl. Liptay/Wolf 2005, 15; Hartmann 2005, 157; Brütsch 2011, 2; Vortrag von Magdalena Krakowski in Bremen, 2010 (vgl. Krakowski [o. J.]).

Dies leistet nicht der *Plot Twist* allein. Wie in Kap. 1.2 gezeigt wird, handelt es sich um ein Spezifikum des *Twist Endings*.

Um die Terminologie noch einmal zusammenzufassen: Ein *Plot Point* oder *Plot Twist* am Ende ist die Bedingung für ein *Surprise Ending*. Diese zuerst genannten Begriffe (wie auch *Twist in the End* oder *Final Plot Twist*) gehen von einer Struktur der Informationsvergabe aus, die im Allgemeinen der Dramaturgie zugerechnet wird. Die Bezeichnung *Surprise Ending* – wie auch *Happy Ending*, *Sad Ending*, *Open Ending* oder *Twist Ending* – bezieht sich auf eine Typologie von Enden. Das Ende als letztes Kapitel eines Syuzhets – enthalte es nun *Plot Twists* oder nicht – geht von einer Struktur der narrativen Abfolgen aus. Die altgedienten Begriffe Syuzhet und Fabula können somit zwei analytische Blickwinkel auf das Phänomen der Finalisierung darstellen. Aus einer Kombination beider soll eine Definition des Phänomens *Twist Ending* erarbeitet werden.

1.1.7 Unzuverlässiges Erzählen

Wayne C. Booth prägt 1961 in seiner literaturwissenschaftlichen Abhandlung *Rhetoric of Fiction* (Booth 1961, dt. *Rhetorik der Erzählkunst*, 1974) den Begriff vom «unzuverlässigen Erzähler», den er an die Normen des «impliziten Autors» bindet:

> Aus Mangel an besseren Begriffen nenne ich einen Erzähler *zuverlässig*, wenn er für die Normen des Werkes (d.h. die Normen des impliziten Autors) eintritt oder in Übereinstimmung mit ihnen handelt, und *unzuverlässig*, wenn er dies nicht tut.
> *(Booth 1974, 164, Hv. i. O.)*

Obwohl Booth diese Unterscheidung «aus Mangel an besseren Begriffen» anbietet, ist sie mittlerweile in der narratologischen Forschung vollständig etabliert. Im Original werden zwei Sorten unzuverlässiger Erzähler unterschieden: «der Erzähler irrt sich» oder «der Erzähler behauptet, von Natur aus böse zu sein» (Booth 1974, 164). Beide Erzählertypen sind bei Booth an den «impliziten Autor» gebunden, der in beiden Fällen diejenige Instanz ist, die grundsätzlich *mehr weiß* als der Erzähler.

Allgemein kann Booths Idee vom unzuverlässigen Erzähler somit auf eine Analyse von Erzählerwissen heruntergebrochen werden; er besitzt entweder einen Wissensvorsprung, den er dem Leser/Zuschauer vorenthält, oder ist sich seines Wissensdefizits nicht bewusst und demnach auf demselben Wissensstand wie der Leser/Zuschauer. Jede Form von überraschendem Ende baut jedoch, wie sich gezeigt hat, auf narrative oder diegetische Veränderungen, die aus dem vorangegangenen Text motivierbar sind. Die Lüge, sei sie «bewusst» oder «unbewusst»[55], ist nur eine Spielart solcher Veränderungen und kann somit ein Begleitphänomen des *Twist Endings* sein, aber keine wichtige Bedingung.

---

55 Ein Begriffspaar, das ohnehin etwas seltsam anmutet, da es sich um fiktive Erzählerfiguren handelt.

1 Theoretische Grundlagen des Begriffs

Thomas Koebner beschreibt im einführenden Artikel zum umfangreichen Sammelband von Liptay und Wolf ebenfalls zwei grundsätzliche Typen des unzuverlässigen Erzählens: Entweder die Tatbestände seien falsch oder der Erzähler deute sie falsch (2005, 21). Jörg Helbig macht ebenfalls eine Dichotomie aus und unterscheidet zwischen normativ-ideologischer und faktisch-mimetischer Unzuverlässigkeit (2005, 134). Seine zweite Kategorie ähnelt der ersten Kategorie von Koebner, während normativ-ideologische Verstöße an die von Booth postulierte Kontrolle durch eine moralische Instanz, den «impliziten Autor», erinnern. Relevanter ist Helbigs Trennung von quantitativer und qualitativer Unzuverlässigkeit: «underreporting» und «misreporting», also Ellipse und Lüge. Hartmann (2005, 157) bezeichnet dieselbe Opposition als «pragmatische» bzw. «semantische Lüge», während Helbig darauf verweist, dass die spezifisch filmische Möglichkeit des unzuverlässigen Erzählens im visuellen Bereich liege (131), da verbale Lügen von Nebenfiguren leichter enttarnbar seien als ein ‹Missbrauch› des narrativen Primats der Kamera bzw. des *cinematic narrators*.[56] Helbig nimmt dabei ein «Hierarchiegefälle» an, das «zwischen den visuellen Botschaften der filmischen Fokalisierungsinstanz und den Äußerungen einer Figur» bestehe (140). «Um Bilder ihrerseits als unzuverlässig zu entlarven», fährt Helbig fort, müsse «ein vergleichbares Hierarchiegefälle vorliegen, also eine Vergleichsfolie, die einen noch höheren Objektivitätsgrad beanspruchen kann als die Bilder des Films» (140). Er schlägt vor, diese als Verstöße gegen das Weltwissen des Zuschauers anzusehen, was wiederum an die bereits genannten Kategorien der *Peripetie* eines *Plot Twists* (vgl. Kapitel 1.1.5) erinnert.

Der Vergleich ist jedoch problematisch, da Helbig als Beispiel für eine Bild-Dialog-Schere ein explizites Handlungsereignis verwendet und es mit einer «subtilen Markierung» (140) vergleicht, die als Beispiel für eine Störung in der Diegese herhalten soll. Die Art der Markierung ist offenbar ausschlaggebend für das Gelingen der Irreführung – ein im Close-Up fokussiertes Detail hat einen anderen Stellenwert als ein Detail im Hintergrund einer Totalen.

Der von Wayne C. Booth 1961 in seiner *Rhetoric of Fiction* geprägte Begriff vom «unzuverlässigen Erzähler» wird bei Rezipienten oft in Verbindung mit *Twist Endings* gebracht, nicht zuletzt deshalb, weil die Phänomene häufig, wenngleich nicht immer, zusammenfallen. Die Frage, inwiefern ein Erzähler für den Rezipienten tatsächlich «unzuverlässig» sein kann, führt jedoch zu einem zentralen Problem der Narratologie (vgl. Kapitel 1.2.6.1). In den klassischerweise als Beispiele für unzuverlässiges Erzählen genannten Filmen wie AMADEUS (AMADEUS; USA 1984, Miloš Forman) oder POSSESSED (HEMMUNGSLOSE LIEBE; USA 1947, Curtis Bernhardt) fehlt der entscheidende *Twist*, da eine Vielzahl von Signalen bereits suggeriert, dass es sich um stark subjektiv gefärbte Erzählungen handelt.

---

56 Helbig adaptiert hierfür den Begriff von Seymour Chatman, vgl. Chatman 1990.

Die Tradition der Lügen- und Schelmengeschichte ist in der Literatur allerdings viel älter und geht meist mit der Vereinbarung einher, die erzählende Figur als problematische Quelle einzustufen. Neben spätantiken Texten (z. B. Titus Petronius' *Satyricon*, 1. Jh. n. Chr.) können als besonders einflussreiche Beispiele für die Neuzeit Cervantes' Novelle *Rinconete y Cortadillo* (1613) sowie etliche Passagen aus seinem Hauptwerk *El ingenioso hidalgo Don Quixote de la Mancha* (1605/1615) angeführt werden. Letzteres war wiederum ein großes Vorbild für den vielleicht wichtigsten deutschsprachigen Schelmenroman *Der abenteuerliche Simplicissimus Teutsch* (1668) von Hans Jakob Christoffel von Grimmelshausen.

Der Topos des schelmischen Erzählers hat sich sowohl in der Tradition selbstreflexiver Literatur (z. B. *The Life and Opinions of Tristram Shandy, Gentleman* von Laurence Sterne, 1759–67 oder *Tlön, Uqbar, Orbis Tertius* von Jorge Luis Borges, 1940) als auch in Romanen mit ‹schelmischen› Protagonisten (z. B. Mark Twains *The Adventures of Huckleberry Finn*, 1884, oder *Obsluhoval jsem anglického krále* (dt. *Ich habe den englischen König bedient*) von Bohumil Hrabal, 1980)[57] erhalten.

Problematischer ist das Phänomen erzählerischer Alternativen: Ein Film wie RASHÔMON (RASHOMON – DAS LUSTWÄLDCHEN; Japan 1950, Akira Kurosawa), der häufig als unzuverlässig erzählter Film interpretiert wird, kann natürlich genau das *nicht* sein, da bereits sehr früh die Subjektivität der Episoden markiert wird und letztendlich die Frage nach der Glaubwürdigkeit einer Erzählung Hauptthema des Films ist. Auch die Zeugenaussage einer mysteriösen Nebenfigur, gar unterlegt durch das seinerzeit höchst provokante *Lying Flashback* in Alfred Hitchcocks STAGE FRIGHT (DIE ROTE LOLA; GB 1950) (vgl. Kapitel 2.2.1), wirft die Frage auf, ob der Erzählung überhaupt so etwas wie ‹Zuverlässigkeit› bescheinigt werden kann, um im Nachhinein von Unzuverlässigkeit zu sprechen.[58] Das gemeinsame Problem ist, dass der Zuschauer am Ende keine Wahl hat. Ihm mag die Erzählung oder die erzählende Instanz missfallen, jedoch wird in der Regel vom filmischen (oder literarischen) Material keine Alternative geboten. Dass *Twist Endings* überhaupt als kognitiver Schock funktionieren und als narrative Überraschung inszenierbar sind, basiert genau auf diesem Mangel an Alternativen.[59]

---

57 Vgl. auch die Verfilmung von Jirí Menzel aus dem Jahre 2006 (OBSLUHOVAL JSEM ANGLICKÉHO KRÁLE [ICH HABE DEN ENGLISCHEN KÖNIG BEDIENT; Tschechien/Slowakei]).

58 Auch David Bordwell (1985, 60) verweist auf den Unterschied der markierten Unzuverlässigkeit in RASHÔMON im Gegensatz zur unmarkierten Lüge in STAGE FRIGHT. Helbig (2005, 134) widerspricht Bordwell, indem er das Material als gleichwertig einstuft. Dabei übersieht er zwar die Macht der Montage, macht aber im selben Absatz doch einen Unterschied fest – in der Markierung –, der meines Erachtens schon bei Bordwell impliziert war.

59 Es ist gleichfalls möglich, von der Notwendigkeit eines Diegetisierungsprozesses beim Zuschauer auszugehen und das Argument der möglichen Unzuverlässigkeit von Erzählen damit zu entkräften. Wulff (2007) weist auf das Problem der Immersionsleistung hin: «Zum Verstehen der Geschichte ist es unabdingbar, die Kondition der Diegese als Voraussetzung der Narration zu akzeptieren» (46).

Auch THE USUAL SUSPECTS (DIE ÜBLICHEN VERDÄCHTIGEN; USA 1995, Bryan Singer) wird immer wieder als Beispiel für unzuverlässiges Erzählen bemüht. Hier wird dem Zuschauer – ebenso wie dem ermittelnden Polizeibeamten – eine Zeugenaussage präsentiert. Er kann diese für unwahrscheinlich, unglaubwürdig oder unrealistisch halten, jedoch gibt es innerhalb der Diegese bis zum entscheidenden *Plot Twist* keine Alternative zur Erzählung und Selbstinszenierung des Erzählers «Verbal Kint» (vgl. Kapitel 2.2.2 und 3.1.5.1). In Radu Mihaileanus TRAIN DE VIE (F/B/NL/ISR/ROM 1998) schließlich, dem Film mit dem wohl kürzesten *Twist Ending* der Filmgeschichte (vgl. Kapitel 3.1.5.1), folgt der Rezipient einer immer surrealer werdenden Märchengeschichte, die noch dazu vom Dorfnarren Shlomo erzählt wird. Die Signale für die subjektive Färbung der Fabel sind von Beginn an unübersehbar, doch die Gewalt der Immersion und der Mangel an erzählerischen Alternativen – letztlich wohl auch die Lust an der Fiktion, die den Spielfilm ja erst ermöglicht – bewirken, dass die Enthüllung am Ende des Films dennoch zuverlässig funktioniert (Clark 1999, Taylor 1999).

Die Heterogenität der Beispiele für ‹unzuverlässiges Erzählen› legt die Vermutung nahe, dass der Begriff in der zeitgenössischen Forschung noch nicht abschließend definiert ist. Als Sammelbegriff für Texte, die sich einer narrativen Täuschung bedienen, mag er genügen, jedoch stellt sich die Frage, welchen Mehrwert er über die klassifikatorische Differenz ‹unzuverlässig/zuverlässig› hinaus besitzt. Zur Definition des *Twist Endings* erscheint er nicht notwendig, und dass seine thematische Nähe zur vorliegenden Untersuchung beschrieben wurde, soll im Folgenden genügen.

1.1.8 Wann ist ein Schluss ein Schluss? Zum Timing des Endes

Um festzulegen, ab welchem Punkt eine Erzählung auf ihr Ende zusteuert und somit die inhärenten Finalisierungsprozesse initiiert werden, gibt es mehrere Ansätze. Die konkreteste und einfachste Form der Endenbestimmung wäre eine materielle: Die letzten Minuten eines Films stellen sein Ende dar. Wie viele Minuten dies im Einzelfall sind, variiert jedoch mitunter stark, und die erzählerische Form des Films wird durch solch ein Verfahren vollständig vernachlässigt. Die anfangs exponierte Lesart, ein Ende als die letzte Sequenz eines Films zu definieren, kreuzt formale und inhaltliche Aspekte. Somit kann man vorläufig annehmen, dass die letzte erzählerische Sinneinheit den Film beendet. Darüber hinaus gibt es einige weitere Ansätze, die das Film-Ende genauer zu definieren versuchen.

Thomas Christen (2001) stellt fest, dass der Zuschauer selten vom Ende überrascht wird, sondern vielmehr ein intuitives Gespür dafür entwickelt hat, wann der Film vorüber ist (53). Dieses «Gespür» basiert selbstverständlich auf strukturellen Elementen des Films, die seine Finalisierung frühzeitig signalisieren (55). Dabei kann es sich um die Konfliktlösung handeln, die unmittelbar bevorsteht, den offensichtlichen Beginn eines *Showdowns* im entsprechenden Genre, insbesondere im Western oder Actionfilm, oder eine Rückkehr an den Anfang des Films (vgl. auch Christen 2001, 55). Formalisierte Konventionen der Mise-en-Scène und Montage spielen ebenfalls eine Rolle. Christen nennt unter anderem das In-die-Totale-Gehen oder eine Abblende. In der Folge legt er eine Typologie der möglichen Enden vor, die primär unter bildästhetischen Gesichtspunkten erörtert wird. Aber nicht nur die Struktur des Films umfasst laut Christen wahrnehmbare *Cues*, auch der Zuschauer bringe ein Rezeptionsschema zur Vorführung mit. Das bedeutet, dass «gewisse verfestigte Verfahren, Routineprozesse ablaufen, die größtenteils erlernt sind, auf Erfahrungen basieren und nicht für jeden Fall neu aufgebaut werden müssen» (57). Christen geht davon aus, dass entsprechende Schemata für alle Formen von Enden – offene wie geschlossene – erlernt werden können (58) und dadurch die Rezeption für den Zuschauer erleichtern. Eine solche kognitionspsychologische Herangehensweise mag durchaus aufschlussreich und plausibel für das Verständnis der stattfindenden Rezeptionsprozesse am Ende eines Films und darüber hinaus sein. Für eine umfassendere Auswertung von Christens Hypothesen fehlt allerdings eine umfangreiche empirische Studie.

Entsprechend geht Christen in der Folge genauer auf die strukturellen Möglichkeiten des Films ein, den Beginn des Endes anzuzeigen. Dabei unterscheidet er drei Kategorien von Finalisierungsstrategien: ikonografische Verfahren, Reduktion der Diegese und Selbstreflexivität (64). Ikonografische Verfahren umfassen bestimmte Kamerabewegungen der *Distanzierung*, symbolische Platzhalter, die ebenfalls Finalisierung thematisieren (*Verbildlichung*), oder eine Rückkehr an den Anfang der Erzählung (*Rahmung*). Die Reduktion der Diegese funktioniert laut Christen über «[f]remde, nicht-diegetische Elemente», die in die Diegese Eingang finden, sie als solche kennzeichnen und damit auflösen (65). Dabei handelt es sich zumeist um die Veränderung technischer Parameter, zu denen auch die Abspanntitel gehören. Der selbstreflexive Ausstieg aus der Diegese behandelt Fälle, in denen ein Ebenenwechsel auf z.B. die technische Ebene der Filmproduktion stattfindet. Für die vorliegende Untersuchung ist insbesondere diese Spielart relevant und wird unter dem Stichwort «selbstreflexiver Twist» in Kapitel 3.1.8 näher behandelt.

Die strukturelle Analyse nach Christen könnte auf alle Filme mit *Twist Endings* angewendet und ebenso problemlos mit seiner Typologie verknüpft werden. Dies würde jedoch kaum näher an den Kern des *Twist Endings* heranführen, da das Spezifikum dieses Endes nicht im Ausstieg aus der Diegese begründet ist, sondern in einem diegetischen Ebenenwechsel einige Sekunden bis etliche Minuten vor dem diegetischen Ende. Streng genommen geht es also gar nicht um das faktische Ende des Spielfilms, sondern vielmehr um das dramaturgische Ende im Sinne eines letzten Aktes. Dies macht einen narratologischen Ansatz notwendig.

Dieser narratologische Ansatz ist syuzhet-abhängig. Er geht von dramaturgischen Notwendigkeiten aus, die das Einleiten der Finalisierung einer Erzählung bewirken, und zieht daraus narratologische Konsequenzen. So muss beispielsweise die Lösung aufgeworfener Konflikte vorbereitet und initiiert werden. Der *Plot* arbeitet auf ein finales Statement oder eine letzte Informationsvergabe hin. Offene Enden sind hinsichtlich des narratologischen Ansatzes schwer zu erfassen, sie spielen jedoch für die Beschreibung von *Twist Endings* nur eine marginale Rolle.

David Bordwell beschreibt in seinem Aufsatz «Happily Ever After, Part Two» von 1982, dass es im Hollywood-Film in der Regel zwei abschließende Phasen der Handlung gebe (4). Da sei zunächst die Auflösung und dann eine Art «Epilog», der den Finalzustand nochmals stabilisiere und – zumindest bei einem *Happy Ending* – einen Ausblick auf das erwartbare Glück liefere.[60] Diese Zweigliedrigkeit kann auch im *Twist Ending* sehr häufig ausgemacht werden. Es zerfällt in den Moment des *Twists* bzw. die damit einhergehende *Anagnorisis* (vgl. Kapitel 1.2.4.1) und die Konsequenzen daraus. Letztendlich macht dieser Umstand das *Twist Ending* sogar sehr viel einfacher klassifizierbar als ‹herkömmliche› Spielfilm-Enden: Der *Plot Twist* markiert unweigerlich seinen Beginn; wenn dieser eine Auflösung einleitet, ist er ein *Final Plot Twist* und das Ende folglich ein *Surprise Ending* oder ein *Twist Ending*.

Twist Endings werden also relativ am Ende des finalen Abschnitts des Syuzhets markiert, jedoch ist es manchmal notwendig, eine längere Sequenz zum Finale zu zählen. Im Beispiel THE DEVIL'S ADVOCATE (IM AUFTRAG DES TEUFELS; USA/D 1997, Taylor Hackford) haben wir es mit einem mehrfachen *Twist Ending* zu tun: Auf die *Anagnorisis* der Hauptfigur (das erste *Twist Ending*) folgt ein längerer Abschnitt, der vorgeblich die Stabilisierung der neuen diegetischen Ebene vornimmt, jedoch mehrmals gekippt wird, bevor die Abspanntitel zu sehen sind (vgl. Kapitel 3.1.7). In ANGEL HEART findet sich hingegen ein mehrteiliges *Twist Ending*, in welchem die Konsequenzen des diegetischen Ebenenwechsels der Hauptfigur in mehreren Episoden verdeutlicht werden. Die lange Finalsequenz gehört dennoch zu einem einzigen *Twist Ending*, da nur *ein* Ebenenwechsel erfolgt.

1.2 Twist Endings

1.2.1 Definitorische Grundlagen

a. Vorbemerkungen

Das *Twist Ending* soll im Folgenden von den beschriebenen Kategorien *Surprise Ending* und *Final Plot Twist* bzw. *Twist in the End* klar abgegrenzt werden. Die zugrunde liegende Beobachtung besagt, dass es eine Form des Film-Endes gibt, welche die beschriebenen Phänomene einschließt und dennoch über sie hinausgeht. Filme wie THE STING (DER CLOU; USA 1973, George Roy Hill) weisen zwar einen *Final Plot Twist* auf, und das Überraschungsmoment am Ende klassifiziert

---

60 In Filmen, die vorgeblich auf einer wahren Geschichte basieren, besteht dieser Epilog z. B. häufig aus einer Serie von Texttafeln, die das Schicksal der ‹echten› Personen hinter den Figuren erläutern.

die Finalisierungsstrategie zunächst ebenso als *Surprise Ending*, jedoch findet kein Wechsel des diegetischen Modus statt – ein erstes Kriterium, das es vom *Twist Ending* abgrenzt.

In der Literatur ist dem *Twist Ending*, wie bereits erwähnt, noch keine größere zusammenhängende Studie gewidmet worden. Allerdings gibt es eine stetig wachsende Zahl von Artikeln zu diesem Thema, die allesamt zeitgenössische Filme mit avancierter Erzählstruktur betrachten und die Geschichte des *Twist Endings* ebenso ausklammern wie die Abgrenzung zum *(Final) Plot Twist*. Das bisher einzige Buch, das unter dem Titel «Twist Ending» erschienen ist, führt den Leser in die Irre: Es handelt sich um eine Kompilation von Wikipedia-Artikeln, wie sie heutzutage öfter insbesondere im Online-Buchhandel auftaucht (Miller/Vandome/John 2010). In den maßgeblichen filmwissenschaftlichen Lexika ist der Begriff nicht zu finden; immerhin steht er im *Dictionary of Poetic Terms*, wenn auch nur als Alternative zum Begriff «trick ending»:

> **trick ending** (also known as «twist ending»; see SURPRISE ENDING) an unanticipated and unprepared-for TURN in a narrative's CLOSURE.
>
> *(Myers/Wukasch 2003, 385, Hv. i. O.)*

Ein unvorhergesehener Umschwung am Ende einer Narration, auf den man nicht vorbereitet war – diese Definition ist ähnlich vage wie die vielen Versuche, das *Surprise Ending* zu erklären (vgl. Kapitel 1.1.3). Dies ist nicht verwunderlich, da es sich um eine Gleichsetzung mit grundsätzlich überraschenden Phänomenen handelt. Auch Lewis Turco unterscheidet in seinem *Book of Literary Terms* nicht zwischen *Surprise*, *Twist* und *Trick Ending* (1999, 42). Seine Definition entspricht mehr oder weniger der oben zitierten.

b. Mögliche Ursprünge des Ausdrucks

In erster Linie scheint *Twist Ending* ein Kritiker- und Fanausdruck zu sein, der in den 1940er-Jahren mehrfach nachweisbar ist, z. B. im Magazin *The Writer* (1940, Bd. 53, 50). Anfangs bezieht er sich nur auf Literatur, insbesondere Kurzgeschichten mit dem sogenannten «O. Henry Twist» (vgl. auch Moore 1943, 47) sowie Annoncen, in denen solche Kurzgeschichten ausdrücklich gewünscht werden (*The Author and the Journalist* 1943, 70).

In den 1950er-Jahren findet sich der Begriff mehrfach im *Billboard Magazine*, wo er anfangs noch als «O. Henry twist ending» auftaucht (Sep. 6, 1952, 22) und zur Beschreibung von Fernsehserien dient.[61] Einmal ist der Begriff in einer TV-Werbung des Fernsehsenders *ABC* nachweisbar (Feb. 19, 1955, 19).[62] Irritierend

---

61 Vgl. *Billboard* vom 30. Mai 1953: «Half-hour series of mystery stories with a twist ending» (14) und vom 25. Dezember 1954: «‹It's a Great Life› produces a twist ending [...]» (10).
62 «78 neatly produces 15-minute dramas, each with a surprise twist ending.»

ist die Verwendung des Begriffs für Schallplattenbesprechungen – die Bedeutung wurde in diesen Fällen wohl stark überdehnt.[63]

Ab den 1970er-Jahren findet man den Begriff gelegentlich in Filmzeitschriften und Büchern über den Film; üblicher ist er nach wie vor in der Klassifizierung von Kurzgeschichten. Seit dem großen kommerziellen Erfolg von THE SIXTH SENSE (SIXTH SENSE; USA 1999, Manoj Night Shyamalan) ist der Begriff unter Kritikern, Fans und Wissenschaftlern geläufig, obwohl niemals klar definiert wurde, was er genau bezeichnet. Die Internet-Seiten von Fans sind immer noch die ergiebigsten Quellen, was Filmografien und kritische Analysen der Filme angeht. Einige der wichtigsten Seiten sollen im Folgenden kurz vorgestellt werden.

c. Online-Quellen

TwistEndings.com ist eine Seite, die das ungewöhnliche Ziel verfolgt, Spoiler – also Kurzzusammenfassungen, die das überraschende Ende eines Films verraten – zu sammeln. Nach eigenen Angaben stellt sie «qualitativ hochwertige Informationen über *Twist Endings*»[64] bereit. Viele Seiten ordnen die Filme in Top-Listen ein – so Mark H. Harris' «25 beste Horrorfilm-Twist-Endings»[65] oder die «Top 100 der Filme mit Twist Endings».[66] Auch auf der *Internet Movie Database* finden sich zahlreiche Listen, z. B. die Liste des Users «jdtdwp» namens «Twisted».[67] Und während die TWILIGHT-ZONE-Generation ihre Diskussionen noch in Printmedien führte, diskutiert das Publikum von LOST die zahllosen *Twists* in der Serie auf *Lostpedia*.[68] Zuletzt ist noch der Leserbrief eines Fans an Roger Ebert (Ebert 2010) zu nennen, der sich im Q&A-Teil des *Movie Yearbooks* auf die mutmaßlich falsche Kritikereinschätzung bezieht, THE HAPPENING (THE HAPPENING; USA/IND/F 2008) von M. Night Shyamalan habe ein *Twist Ending*. Interessant ist der Brief deshalb, weil der Leser eine eigene Definition bereithält, um die Kritikermeinung zu entkräften: «Ein *Twist Ending* definiert *alles* um, was zuvor passiert ist» (611, Hv. WS)[69]. Diese Definition bezieht sich eindeutig auf einen neueren Begriff des *Twist Endings* und somit auf das Korpus der vorliegenden Untersuchung.

Abgesehen davon finden sich nur wenige Definitionen des Begriffs. Es existieren vier Wikipedia-Artikel in europäischen Sprachen: Englisch («Plot Twist», mit

---

63 Vgl. Billboard vom 20. Dezember 1952: «Novelty ditty with a twist ending […]» (30), in der Sektion «Country&Western» (!); ferner vom 15. September 1962, diesmal auf einen einzelnen Track eines Comedy-Albums bezogen (28).
64 Sie wirbt mit «quality informations about twist endings». Quelle: http://www.twistendings.com (Stand: 9.7.2013).
65 http://horror.about.com/od/horrortoppicklists/tp/twistendings.htm (Stand: 9.7.2013).
66 http://www.squidoo.com/-top-10-movies-with-twist-endings (Stand: 9.7.2013).
67 http://www.imdb.com/list/rDePLjB7PJ4/ (Stand: 9.7.2013).
68 http://lostpedia.wikia.com/wiki/Twist (Stand: 9.7.2013).
69 «A twist ending redefines everything that came before it.»

Unterkapitel «Twist Ending»)[70], Französisch («Retournement final»)[71], Spanisch («Vuelta de tuerca»)[72] und Italienisch («Colpo di scena»)[73]. Der englische Artikel unterscheidet zwischen *Plot Twist* und *Surprise Ending* und gibt «literarische Kunstgriffe» («literary devices») als mögliche Zusammenhänge des *Twist Endings* an: *Anagnorisis*, Flashback/Analepse, einen unzuverlässigen Erzähler, *Peripetie*, Deus ex machina, poetische Gerechtigkeit, Chekhovs Pistole, «rote Heringe», *in medias res*, nonlineare Narration und die Rückwärtserzählung. Dies ist mehr die Ausbreitung eines Themenfeldes der dramaturgischen Finalisierung als eine Präzisierung des Gegenstandsbereiches, auch wenn jeweils einige Beispiele genannt werden.

Der französische Artikel enthält eine Typologie zum *retournement final* oder *twist final*: über die Figur («sur le personnage»), über die Zeit («sur le temps»), über die Geschichte («sur l'histoire») oder über das Filmgenre («sur le genre du film»). Zur Figur werden folgende Möglichkeiten angegeben: sexuelle Ambiguität, ein Doppelagent, eine erzählerische Überraschung, die versteckte Blindheit einer wichtigen Figur, multiple Persönlichkeitsstörung bzw. Schizophrenie einer wichtigen Figur, Vortäuschung eines falschen Alters und Vortäuschung des Todes. In Bezug auf die Zeit werden die Möglichkeiten Zeitschleife, falsches Flashback und Vortäuschung einer anderen Zeit, in der die Handlung spielt, genannt. Über die Geschichte wird die Möglichkeit einer Halluzination bzw. eines Traumes genannt, und der «Genretwist» wird nicht weiter unterteilt. Die Typologie ist nicht uninteressant, besonders ihre Einteilung in vier Möglichkeiten des *Twist Endings* leuchtet ein.

Der spanische Artikel befasst sich mit Möglichkeiten der Umkehr in der Narration und bezieht sowohl *Plot Points* als auch *Twist Endings* in die Argumentation ein. Dabei entspricht das spanische «vuelta de tuerca» in etwa dem englischen Begriff «twist», also Wendung. Überraschende Enden werden auf fünf Punkte hin untersucht: Auswirkungen der narrativen Konstruktion («efecto de la construcción narrativa»), retrospektives Erzählen («analepsis») oder zeitliche Diskontinuität («discontinuidad narrativa o temporal»), *Anagnorisis* («anagnórisis o descubrimiento»), intrinsische Elemente («elementos intrínsecos») und sonstige Indizien («elementos circunstanciales»). Unter Punkt 1 fallen unzuverlässige Erzähler und der «Rashômon-Effekt», Punkt 2 umfasst Retrospektive, Flashbacks, Flashforwards, Träume («ensoñación»), Möbius-Band-Strukturen und *in medias res*. Man bemerkt bereits die Ähnlichkeit mit der englischen Seite – auch unter Punkt 4 und 5 werden dramaturgische Kunstgriffe vorgestellt, die mit *Twist Endings* mittelbar zu tun haben. Punkt 3 umfasst neben den bekannten Typen interessante weitere Varianten der *Anagnorisis*, z. B. Klonierung, simulierte Realität, Missverständnisse,

---

70 http://en.wikipedia.org/wiki/Plot_twist (Stand: 9.7.2013).
71 http://fr.wikipedia.org/wiki/Retournement_final (Stand: 9.7.2013).
72 http://es.wikipedia.org/wiki/Vuelta_de_tuerca_%28argumento%29 (Stand: 9.7.2013).
73 http://it.wikipedia.org/wiki/Colpo_di_scena (Stand: 9.7.2013).

Paranoia und Verschwörung. Wie bei den anderen Artikeln ist die Typologie zwar als erster Anhaltspunkt nützlich, jedoch wird – wie bei vielen Onlinequellen – kein Unterschied zwischen verschiedenen Phänomenen der filmischen Überraschung gemacht. Die italienische Seite ist ähnlich der englischen Seite aufgebaut, nur weniger umfangreich.

Die Seite *TV Tropes* hat in ihrer enorm umfangreichen Datenbank audiovisueller Tropen ebenfalls einen längeren Abschnitt zum *Twist Ending* inklusive ausgedehnter Typologie.[74] Zum Begriff selbst steht dort:

> Das ist der älteste Trick überhaupt, wirklich. Der *plot* läuft auf einen unvermeidbaren Abschluss zu, dann, in der letzten möglichen Minute, fügen wir etwas hinzu, das alles ändert. *(Ü WS)*[75]

Auch hier ändert das *Twist Ending* «alles», wie im Leserbrief an Roger Ebert (s. o.). Es wird zudem auf eine gegenläufige Trope («subverted trope») bezogen, die ebenfalls auf die Täuschung des Zuschauers abziele. Interessant ist auch, dass *TV Tropes* das *Twist Ending* als Subtrope des *Plot Twists* wertet (vgl. Kapitel 3.4). Das sogenannte *Snap Ending* sei hingegen eine exklusiv literarische Variante, in welcher der *Twist* in der letzten Zeile der Geschichte zu finden sei.[76]

Eine radikalisierte Variante des *Twist Endings* – oder, mit den Worten der Seite, sein «gordischer Knoten» – sei die Trope «The Ending Changes Everything»:[77]

> Der gordische Knoten der *Twist Endings*. Wenn das Ende alles ändert, stellt es in Frage, wie viel vom bisher Gesehenen tatsächlich real war. Ein großzügiger Regisseur (oder einer, der damit angeben möchte, wie clever das Skript ist) mag eine Noch-einmal-in-Klarheit-Montage hinzufügen, damit es leichter herauszufinden ist. *(Ü WS)*[78]

«The Ending Changes Everything» ist im Prinzip eine vorläufige Definition unseres Begriffes vom *Twist Ending* – und es verhält sich zum *Twist Ending* nach *TV Tropes* wie unser *Twist Ending* zum *Surprise Ending*: Es stellt eine Radikalisierung dar. Und die «Once More With Clarity Montage» ist nichts anderes als unser *Flashback Tutorial* (vgl. Kapitel 2.2.2). *TV Tropes* trifft eine Unterscheidung zwischen *Plot Twists* mit großer bzw. geringfügiger Konsequenz für die Eigenschaften der filmischen

---

74 http://tvtropes.org/pmwiki/pmwiki.php/Main/TwistEnding (Stand: 9.7.2013).
75 «It's the oldest trick in the book, really. The plot leads toward an inevitable conclusion, then, at the last possible minute, we throw something in that changes everything.»
76 «A literature-exclusive variant called the Snap Ending can be found in some horror stories. In the Snap Ending, the twist is delivered in the very last line of the story.»
77 http://tvtropes.org/pmwiki/pmwiki.php/Main/TheEndingChangesEverything (Stand: 9.7.2013).
78 «The Gordian Knot of Twist Endings. When The Ending Changes Everything, it calls into question exactly how much of what you've seen was actually real. A charitable director (or one who wants to show off how clever the script is) might give you a Once More With Clarity montage to help you work it out.»

Diegese – diese Unterscheidung wird für die Definition des *Twist Endings* von eminenter Wichtigkeit sein.

Die Typologie von *TV Tropes* ist ebenfalls interessant, auch wenn sie etwas ungeordnet erscheint. Möglichkeiten des *Twist Endings* werden wie folgt bezeichnet, insgesamt sind es 24:

> All Just a Dream, And Then John Was a Zombie, Bolivian Army Cliffhanger, Chased Off into the Sunset, Cruel Twist Ending, The Dog Was the Mastermind, Dying Dream, Earth All Along, The Ending Changes Everything, The End… Or Is It?, Everybody Did It, Graceful Loser, Gainax Ending, Karmic Twist Ending, The Killer In Me, Last Breath Bullet, Mandatory Twist Ending, Meaningless Villain Victory, Meta Twist, Not His Sled, Or Was It a Dream?, Real After All, Sweet and Sour Grapes, Truman Show Plot.

Versucht man sich an einer Gruppierung dieser 24 Typen, kommt man auf fünf Varianten, die ein tatsächliches *Twist Ending* darstellen können[79], und sechs Gruppen, die denkbare Typen von *Plot Twists* beschreiben:

Tab. 1 Systematisierung der Typologie (Kategorie/Typ/Erklärung)

I. *Twist Endings/Surprise Endings* («The Ending Changes Everything»)		
a) Alternative Realität	All Just a Dream	Alles war ein Traum.
	Dying Dream	Alles war eine Totenbettfantasie.
	Or Was It A Dream?	Es besteht ein Verunsicherungsmoment, ob alles wirklich ein Traum war.
	Real All Along	Alles war doch kein Traum / keine Geistergeschichte o. Ä.
b) Wahrnehmung	The Killer In Me	Der Ermittler selbst ist der Mörder.
c) Beschaffenheit der Welt	Earth All Along	Der als fremd klassifizierte Planet erweist sich als die Erde o. Ä.
d) Interne Inszenierung (vgl. *Set-up Twist*, Kapitel 3.1.3)	Everybody Did It	Die Nebenfiguren waren Teil einer Verschwörung.
e) Intertextuelle Notwendigkeit	Mandatory Twist Ending	Die Konvention erfordert ein *Twist Ending*.
	Meta Twist	Ein *Twist Ending* wird erwartet und verweigert.
	Not His Sled	Das ursprüngliche Ende wird (z. B. bei einem Remake) variiert.

---

79 «The Ending Changes Everything» ist unspezifisch und wurde daher aus der Systematisierung gestrichen.

1 Theoretische Grundlagen des Begriffs

II. *Plot Twists*		
a) Ironie	And Then John Was a Zombie	Ein Charakter wird zu dem, was er bekämpft hat.
	Meaningless Villain Victory	Der Sieg erweist sich als wertlos für den Schurken.
b) Moralische Bewertung	Cruel Twist Ending	unmotiviertes, grausames Ende
	Karmic Twist Ending	poetische Gerechtigkeit
c) Cliffhanger / Strukturelle Eigenschaften	Bolivian Army Cliffhanger	Typus des Cliffhangers, bei dem potenziell alle Figuren sterben
d) Verständlichkeit des Endes	Gainax Ending	verwirrendes / nicht nachvollziehbares Ende
e) Unwahrscheinliche Enthüllung	The Dog Was the Mastermind	Die unverdächtigste Person ist der Mörder.
	Truman Show Plot	Der Protagonist ist Teil einer Reality-Show.
f) Weitere Varianten des *Plot Twists*	Chased Off into the Sunset	Ein Fehler der Hauptfigur wird sichtbar, und sie wird (potenziell spielerisch) davongejagt.
	The End...Or Is It?...	Eine Ambiguität bleibt erhalten.
	Graceful Loser	Der Antagonist kapituliert unvermittelt.
	Last Breath Bullet	Der Antagonist / Protagonist ist doch noch nicht tot.
	Sweet and Sour Grapes	Der Protagonist kapituliert unvermittelt, weil das Ziel ihm nicht mehr wichtig genug erscheint.

d. Handbücher und Ratgeber

Eine weitere wichtige Quelle für die Begriffsgeschichte stellen Handbücher und Ratgeber dar – zum Verfassen von Kurzgeschichten oder Drehbüchern. Das früheste Beispiel ist vermutlich Kamerman 1942, das laut einer zeitgenössischen Rezension (Burtwell 1943) zudem der erste Ratgeber zum Verfassen von «short short stories» ist.[80]

In den letzten zehn Jahren sind alle möglichen Arten von Handbüchern entstanden, die auf das *Twist Ending* Bezug nehmen. Barney B. Longyear (2002) fügt im Kapitel «Endings» einen eigenen Abschnitt dafür ein:

> Für ein *Twist Ending* legt man absichtlich die gesamte Story hindurch Fährten, die auf ein spezifisches Ende hinweisen und dadurch den Leser dazu bringen, dieses

---

[80] Eine besonders kurze Variante der Kurzgeschichte. Der Begriff «twist ending» findet sich z. B. auf Seite 25. Seine Verwendung ist mit der o. g. Definition vom «trick ending» kompatibel.

Ende zu erwarten. Dann ist das Ende komplett verschieden von demjenigen, das er erwartet hat. Um solch ein Ende glaubwürdig zu machen, muss man zwei Dinge tun: Erstens müssen alle Fährten, die in Richtung des erwarteten Endes deuten, im Sinne des *Twist Endings* erklärbar sein; zweitens müssen versteckte Fährten die Story hindurch gelegt werden, die auf das *Twist Ending* hindeuten – und den Leser darauf vorbereiten. *(55; Ü u. Hv. WS)*[81]

Diese Definition ist den Beschreibungen von *Surprise Endings* in Kapitel 1.1.3 auffällig ähnlich, was den Schluss nahelegt, dass beide Phänomene bei Longyear gleichzusetzen sind. Auch hier geht es um Plausibilität und eine funktionierende Überraschung; als Technik wird erstmals das Fährtenlegen erwähnt, das nach dem *Twist* mehrdeutige Zeichen zurücklässt: Eine Re-Evaluation ist nötig. Die zweite Neuerung ist die starke Betonung des Anspruchs, ein «komplett verschiedenes» Ende zu erarbeiten, wofür ein einziges, pointenartiges Detail nicht ausreichend wäre.

Die Tendenz zu einer veränderten Rhetorik in Bezug auf die Qualität der Überraschung findet sich auch in dem nicht ganz ernstgemeinten *Shmoop Learning Guide* (Shmoop 2010) zu Guy de Maupassants *The Necklace*:

Das *Twist Ending* hängt davon ab, dass es plötzlich irgendeine vollkommen unerwartete, aber enorm wichtige Information ganz am Ende der Story enthüllt. Irgendwie ändert diese Information auf radikale Weise die Bedeutung von allem, was zuvor geschah. *(33; Ü u. Hv. WS)*[82]

Die Information ist also «vollkommen unerwartet», aber «enorm wichtig» und ändert auf «radikale Weise» die Bedeutung des Vorangegangenen – «irgendwie». Ein einfacher Kniff am Ende scheint nicht mehr auszureichen – obwohl es in dem Band um einen frühen Referenztext der Short-Story mit *Surprise Ending* geht, für den die Beschreibung nicht adäquat wirkt. Man kann nur annehmen, dass der Begriff *Twist Ending* mit den zeitgenössischen Hollywood-Filmen seinen definitorischen Rahmen quasi unwillkürlich verändert hat.

Die meisten anderen Definitionen aus Handbüchern und Ratgebern ähneln den genannten Beispielen zumeist sehr, sodass es redundant wäre, an dieser Stelle noch mehr davon aufzuführen.[83] Um zu beweisen, wie geläufig der Begriff mittlerweile

---

81 «To do a twist ending, you purposefully lay plants throughout the story pointing toward a particular ending, thereby leading the reader to expect that ending. Then the ending is completely different than the one expected by the reader. To make such an ending believable, you must do two things: first, all of the plants pointing toward the expected ending must be explainable in terms of the twist ending; second, disguised plants must be laid throughout the story pointing toward the twist ending – preparing the reader for it.»

82 «[T]he twist ending depends upon suddenly revealing some bit of completely unexpected but hugely important information right at the close of the story. Somehow, that bit of information radically changes the meaning of what came before it.»

83 Als Beispiele seien stellvertretend Bell (2004, 106 f.) und Cox (2005, 60) genannt.

ist, genügt wohl der Hinweis auf einen Predigt-Ratgeber (McKenzie 2010), der das *Twist Ending* als eine moderne und rhetorisch interessante Variante für den Kanzeldienst anpreist (77).

e. Wissenschaftliche Quellen
Als die beiden Filme, die *Twist Endings* endgültig in den Mainstream Hollywoods befördert haben, gelten gemeinhin THE SIXTH SENSE und FIGHT CLUB (beide 1999). Es ist daher nicht verwunderlich, dass die Drehbuchratgeber häufig auf diese beiden ‹Modell-Enden› Bezug nehmen und sie sogar gemeinsam diskutieren (Kukoff 2005, 45–47). Auch in der wissenschaftlichen Literatur gibt es kaum Filme mit *Twist Ending*, die mehr diskutiert wurden als diese beiden.

Die literaturwissenschaftliche Diskussion – und nicht nur bloße Verwendung – des Begriffs *Twist Ending* beginnt spätestens in den 1970er-Jahren (Myrsiades 1974, 106–110; vgl. auch Seabrook 1993, 35, 38, 145, 238). In der Filmwissenschaft wird der Begriff zwar seit den 1970ern gelegentlich verwendet (Pirie 1973, 143; Verevis 2006, 96; Whitesell 2010, 222, EN1; Kirchmann/Wiedenmann 2010, 56), jedoch selten diskutiert und noch seltener definiert. Wartenberg (2007, 72) befasst sich mit dem Verhältnis zwischen literarischem und filmischem *Twist Ending* und gibt dabei Auskunft über die Leserleistung bei einem Fokalisierungswechsel, die auf den Filmzuschauer genauso anwendbar wäre:

> Filme sind nicht einzigartig in ihrer Fähigkeit, die Leser [sic!] dazu zu bringen, falsche Rückschlüsse über die Beschaffenheit ihrer fiktionalen Welten zu ziehen. Ein Roman wie Ian McEwans *Abbitte* hat ein «*Twist*» *Ending*, in dem offenbart wird, dass der «Autor» der Fiktion ein homodiegetischer Charakter ist und nicht ein allwissender Erzähler, wie es zuvor schien. Dies erfordert, dass der Leser den Wahrheitsgehalt vieler Aussagen des Romans neu beurteilen muss, da er nun erkennt, dass sie von einem Charakter getätigt wurden, der eine bestimmte Meinung zur Geschichte hatte. *(Ü u. Hv. WS)*[84]

Daraus lässt sich einerseits folgern, dass ein Fokalisierungswechsel eine Re-Evaluation vonseiten des Zuschauers bzw. Lesers erforderlich macht und somit mit einem *Twist Ending* einhergehen kann (vgl. Kapitel 1.2.5.1). Andererseits geht Wartenbergs Lesart eines *Twist Endings* deutlich über viele der oben gezeigten Beispiele hinaus, und das unabhängig vom Medium, auf das Bezug genommen wird. Bei einem *O. Henry Twist* muss der Leser bzw. Zuschauer den *Twist* selbst verstehen,

---

[84] «Films are not unique in their ability to get readers to draw false inferences about the nature of their fictional worlds. A novel like Ian McEwan's *Atonement* has a ‹twist› ending in which the ‹author› of the fiction is revealed to be a character within the fiction and not an omniscient narrator as had seemed to be the case. This requires that readers need to reassess the truth of many of the novel's statements, for we now recognize them to have been made by a character who has a particular slant on what took place.»

evtl. auch einen ironischen Subtext. Seine Synthetisierungsleistung ist minimal. In Wartenbergs Beispiel wird eine Neubeurteilung des bisherigen Textes ausgelöst: Das *Twist Ending* ist eine rezeptive Grenze, die zentrale Prämissen der Diegese maßgeblich verändert.

Es hat sich gezeigt, dass die literaturbezogene Definition des *Twist Endings* sich häufig auf Short-Storys, gelegentlich auf Romane, bezieht und in der Regel analog zum *Trick Ending* oder *Surprise Ending* angesehen wird. Das *O. Henry Ending* bzw. der *O. Henry Twist* scheint hierbei der Hauptanhaltspunkt zu sein, nach dem sich die Rezeption seit Beginn des 20. Jahrhunderts richtet. Untergeordnete Phänomene wie das in dieser Untersuchung relevante *Twist Ending* werden einfach subsumiert bzw. der Begriff umfasst – auch heute noch – schlichtweg beides: Texte und Filme mit einem *Twist* am Ende, sei es eine Pointe oder eine weitreichende Umdeutung der Diegese. Der frühe Gebrauch der Bezeichnung *Twist Ending* bezieht sich auf die Short-Story und ist eine Zeitlang definitorisches Merkmal, wie auch Elkins (1992, 60; Ü WS) anmerkt: «Das ironische *Twist Ending* dominierte die durchschnittliche Zeitschriftenfiktion der ersten Jahrzehnte des 20. Jahrhunderts» (Ü u. Hv. WS)[85]. In den 1950er-Jahren ist das Phänomen einer überraschenden Schlusspointe bereits so bekannt, dass es als überkommen gilt: «Sogar das *Twist Ending*, mit dem die ALFRED HITCHCOCK PRESENTS-Serie so sehr identifiziert wurde, [war] um 1955 ein ziemlich alter Hut geworden» (Prouty 1984, zit. nach Kapsis 1992, 255, EN 17; Ü und Hv. WS).[86] Die Bezeichnung kann allen Indizien folgend als analog zum deutschen Wort «Schlusspointe» gesehen werden bzw. nach der Terminologie dieser Untersuchung als *Final Plot Twist* (vgl. hierzu auch Kronsbein 2011).

Schließlich versucht sich George Wilson in seinem Artikel über «epistemologische Twist-Filme» an einer knappen Definition seines Gegenstandes:

Epistemologische Twist-Filme definieren sich dadurch, dass allgemeingültige Aspekte der epistemischen Struktur der Narration erst gegen Ende des Films auf eine überraschende Weise geklärt werden. *(Wilson 2006, 89; Ü WS)*[87]

Filmrezipienten scheinen den Begriff etwas später für sich zu entdecken, und spätestens seit 1999 gibt es einen Querstand zwischen dem herkömmlichen Begriff des *Twist Endings* als Schlusspointe und seiner Erweiterung um die mittlerweile populär gewordene ‹neue Form›, die seit spätestens 1920 existiert (vgl. Kapitel 2.1.2). Vor allem durch THE SIXTH SENSE wird 1999 eine Art Renaissance des Aus-

---

85 «[T]he ironic twist ending came to dominate the general magazine fiction of the early decades of the twentieth century.»

86 «Even the ‹twist› ending with which the Hitchcock series was to become so strongly identified [had become] somewhat old-hat by 1955.»

87 «Epistemological twist films are defined by the fact that global aspects of the epistemic structure of their narration are clarified, in a surprising way, only toward the end of the movie.»

drucks eingeleitet, in deren Verlauf dieser manchmal in ausgeweiteter Form für alle Varianten des *Final Plot Twists* Anwendung findet, bisweilen aber ebenfalls auf die umfassendere Wirkung des *Twist Endings* im Sinne dieser Untersuchung eingegrenzt wird (vgl. hierzu auch den konkurrierenden Ausdruck *Mindfuck*, Kapitel 1.2.5.4).

f. Schlussfolgerungen
Die vorliegende Untersuchung kann und wird sich folglich nicht an die begriffsgeschichtliche Etymologie binden, sondern Argumente liefern, warum zwischen *Final Plot Twist* und *Twist Ending* klar unterschieden werden sollte. Unter dieser Prämisse wird sie zu einer ersten filmwissenschaftlichen Definition des Begriffs kommen.

Vergleicht man ein klassisches Beispiel des *Surprise Endings*, beispielsweise in Alfred Hitchcocks Psycho, mit einem traditionell als *Twist Ending* interpretierten Ende, z. B. dem von David Finchers Fight Club, werden die Unterschiede augenfällig. Doch zunächst die Gemeinsamkeiten: In beiden Fällen wird im letzten Teil des Films eine neue Information offenbart, die wichtige Prämissen des Films verändert und eine Umdeutung des bisher Gesehenen einleitet.

Die Auflösung liefert einen psychologischen Erklärungsansatz und entlarvt Norman Bates – bis hierhin nicht der Hauptverdächtige – als einen Täter mit gespaltener Persönlichkeit, der partiell die Rolle seiner toten Mutter übernimmt und in dieser Funktion die Morde verübt. Diese sind wiederum psychologisierbar als ein Schutzmechanismus der «Mutter», die keine der Frauen ihrem Sohn zu nahe kommen lässt. Was die Opfer gesehen haben müssen, dem Zuschauer aber zur Erhaltung der *Suspense* vorenthalten wurde, wird nun offenbar – eine zentrale Information zum Verständnis des *Plots* stellt sich als falsch heraus und muss umgedeutet werden.

Auch im Beispiel Fight Club findet sich eine plötzlich offenbarte Persönlichkeitsspaltung: Der namenlose Protagonist des Films wird von seinem Freund und Mitstreiter Tyler Durden zur Rede gestellt und erfährt dadurch zeitgleich mit dem Zuschauer, dass er selbst Tyler Durden ist. Alle bisher Tyler (als einem anderen) zugeschriebenen Taten werden nun dem Protagonisten attribuiert. Die neue Information bewirkt, dass nicht nur ein Detail zum Verständnis des *Plots* umgedeutet werden muss, sondern ein Detail, das die Prämissen der exponierten Diegese alteriert und somit einen neuen, bis dahin durch die Zurückhaltung der Information überlagerten diegetischen Modus offenbart. Da der Namenlose im Film die Rollen des Erzählers und der fokalisierten Hauptfigur übernommen hat, sind somit alle bisher vermittelten zentralen Informationen, die der Zuschauer zur Konstruktion der Diegese erhalten hat, obsolet – er muss nicht nur ein einziges Detail umdeuten, sondern einen Großteil seiner Grundannahmen. Der Film unterstützt dies auf der visuellen Ebene dadurch, dass der Namenlose und Tyler von zwei verschiedenen

Schauspielern (Edward Norton und Brad Pitt) verkörpert werden. Diese etablieren nicht nur zwei Personen, sondern zwei völlig verschiedene Charaktere in der filmischen Diegese, die im Nachhinein als Selbstwahrnehmung und Fremdwahrnehmung der einen Hauptfigur interpretiert werden müssen.

Da das Phänomen des *Twist Endings* nicht grundsätzlich, wenn auch ausgesprochen häufig, auf Protagonisten und deren Eigenschaften beziehbar ist, erscheint es nicht ausreichend, nur unter narratologischen Aspekten zu argumentieren, wenn eine Definition erlangt werden soll. Es sollen deshalb im Folgenden mehrere Blickwinkel auf das Phänomen eröffnet werden, die das *Twist Ending* in narratologische, textualistische und dramaturgische Kontexte eingliedern. Dies ermöglicht eine flexible und ganzheitliche Definition, die das *Twist Ending* von den im ersten Teil dieser Arbeit vorgestellten, ähnlichen Finalisierungsformen und dramaturgischen Kategorien abgrenzt.

1.2.2 Schichtenbau der Diegese

Um den signifikanten Unterschied zwischen einem *Final Plot Twist* und einem *Twist Ending* genauer zu fassen, ist es sinnvoll, zunächst die Ebene der filmischen Diegese in den Blick zu nehmen. Der Begriff ‹Diegese› hat, nachdem er in den 1950er-Jahren durch Etienne und Anne Souriau von seinen altgriechischen Bedeutungshorizonten partiell entkoppelt und für die Filmwissenschaft nutzbar gemacht wurde, eine ereignisreiche wissenschaftliche Diskursgeschichte hinter sich gebracht. Didi Merlin (2010) gibt in seinem Artikel *Diegetic Sound* einen kurzen, aber dennoch umfassenden Überblick über die Begriffsgeschichte, auf der die historische Betrachtung – zumindest seit Souriau – in diesem Kapitel weitgehend beruht.

Die erste Diskussion des Begriffs Diegese (bzw. *diégesis*) findet sich im dritten Buch von Platons *Politeia* (*Der Staat*; um 380 v. Chr.). In der Regel wird *diégesis* mit «einfache[] Darstellung» (Platon 1989, 97) übersetzt und in Opposition zu *mímesis*, der Nachahmung, gestellt. Platon veranschaulicht dies zunächst anhand der direkten Rede (die der *mímesis* zugerechnet wird) bzw. der Erzählung Homers (die entsprechend *diégesis* wäre) in der *Ilias* und geht ferner auf die Tragödien der Zeit ein, die nach dieser Einteilung ebenfalls nachahmend wären. Diegetisch ist laut Platon die Erzählung ohne Nachahmung. Die Opposition diegetisch/mimetisch ermöglicht außerdem die Einteilung in die klassischen Gattungen Epos[88] (diegetisch), Drama (mimetisch) und epische Dichtung (eine Mischform) (99). Die Konstitution einer erzählerischen Welt findet bei Platon noch keine unmittelbare Berücksichtigung, jedoch wird immerhin der fiktionale Charakter der nicht-nachahmenden Erzählung hervorgehoben, da diese immer als erzählerabhängig – und in nächster Konsequenz als mehr oder weniger subjektiviert – zu bewerten ist.

---

[88] Bei Platon sind es noch die Dithyramben, die als rein diegetisch gelten.

1 Theoretische Grundlagen des Begriffs

In der u. a. von Etienne Souriau gegründeten Zeitschrift *Revue Internationale de Filmologie* (erschienen zwischen 1947 und 1961) unternimmt er 1951 eine erste Neu-Definition des Begriffs *diegetisch*:

> Diegetisch ist alles, was man als durch den Film repräsentiert in Betracht zieht und als in der Art von Realität enthalten, die durch die Bedeutung des Films *als wahr behauptet wird*. Man könnte versucht sein, all das als die Realität der Tatsachen zu bezeichnen; und es spricht auch nichts gegen die Verwendung dieses Begriffs, wenn man sich in Erinnerung ruft, dass es sich um eine fiktionale Realität handelt.
> *(Souriau 1951, 237; übersetzt von Merlin 2010, 68)*[89]

Gérard Genette greift 1972 in seiner Abhandlung *Discours du récit* bzw. in der Erweiterung und Korrektur von 1983, *Nouveau discours du récit*, den Begriff der Diegese auf und bezieht ihn maßgeblich auf die Rolle des Erzählers. Die drei wesentlichen Leistungen Genettes können gesehen werden als (a) die Integration der Semiotik de Saussures in sein Diegesemodell; (b) die Typologie verschiedener diegetischer Erzählmodi und -situationen; (c) die Viabilisierung des Diegesebegriffs für die Literaturwissenschaft und damit die mögliche Vereinfachung interdisziplinärer Erzählforschung. Auch Genette begreift die Diegese als «Universum, in dem [die Handlung] spielt» (Genette 2010, 183), und schließt sich somit der Souriau'schen Definition prinzipiell an, verschweigt jedoch – was für den vorliegenden Kontext entscheidend ist – die zeitliche Dimension des Begriffs (vgl. Fuxjäger 2007, 21).

Auch Bordwell und Thompson schließen sich grundsätzlich Souriau an und erläutern in ihrem Glossar, «diegesis» sei «die Welt der *Story* in einem narrativen Film. Die Diegese umfasst Ereignisse, die als geschehen angenommen werden und die nicht *onscreen* zu sehen sind» (Bordwell/Thompson 1997, 478; Ü WS).[90] Im Text selbst heißt es: «Die gesamte Welt der Handlung wird manchmal als *Diegese* des Films bezeichnet» (96; Ü WS).[91]

Anton Fuxjäger diskutiert in seiner Abhandlung zum Souriau'schen Diegesebegriff vor allem das Verhältnis der Diegese zur Erzählung und kommt zu dem Ergebnis, dass die erzählte Geschichte für Souriau eine Teilmenge der Diegese darstellt (Fuxjäger 2007, 20 f. Die Diegese enthalte jedoch nicht die Gesamtheit

---

[89] Die Übersetzung Kesslers (1997) unterscheidet sich in einigen Punkten von derjenigen Merlins, welche nach eigener Überprüfung für akkurater befunden wurde.
«Est diégétique tout ce qu'on prend en considération comme représenté par le film, et dans le genre de réalité *supposé* par la signification du film: ce qu'on peut être tenté d'appeler la réalité des faits; et ce terme même n'a pas d'inconvénient si on se rappelle que c'est une réalité de fiction» (Souriau 1951, 237; Hv. i. O.).

[90] «In a narrative film, the world of the film's story. The diegesis includes events that are presumed to have occurred and actions and spaces not shown onscreen.»

[91] «The total world of the story action is sometimes called the film's *diegesis* […]» (Hv. i. O.).

der filmischen Denotate (wie Christian Metz vorschlug, vgl. hierzu Fuxjäger 2007, 23), vielmehr die «Gesamtheit aller Denotationen einer *Erzählung*» (Fuxjäger 2007, 23, Hv. i. O.). Metadiegetische Elemente wie die Namen der Schauspieler im Abspann seien nicht eigentlich Teil der Diegese im Sinne Souriaus (vgl. Fuxjäger 2007, 25).

Merlin (2010, 5) schreibt es einem Übersetzungsfehler Kesslers zu, dass der Diegesebegriff Souriaus in der deutschsprachigen Wissenschaftsliteratur häufig als ein rein ontologischer wahrgenommen werde und die auf dem dynamischen Wechselspiel von Zuschauer und Filmtext beruhenden Elemente, die für die Konstitution der Diegese bereits bei Souriau mitverantwortlich seien, ignoriert würden. Der später eingeführte Begriff des *Diegetisierens* (Odin 1980 bzw. 2000, 74–80) greift diesen Gedanken, den Merlin bereits bei Souriau vermutet, wieder auf und etabliert die Vorstellung von einer dynamischen Diegese, welche die Zuschauerleistung bei der Filmsichtung als eminent wichtig für die Wahrnehmung der Diegese selbst ansieht.

Hans Jürgen Wulff (2007) schlägt ein Modell vor, das von der Existenz mehrerer diegetischer Ebenen ausgeht, um einerseits die Vielfältigkeit, andererseits die Prozessualität der filmischen Diegese begreifbar zu machen. Er geht, narratologisch und kognitivistisch argumentierend, von der Prozesshaftigkeit der Diegese aus. Der Zuschauer konstruiere nicht nur einmal, zu Beginn des Films, eine feststehende filmische Welt, sondern befinde sich in einem Diegetisierungsprozess. In diesem synthetisiere der Rezipient fortwährend die neuen Informationen mit der bestehenden Diegese:

> Das Diegetische umfasst mehr als das, was das Bild zeigt. Die Diegese ist das Produkt einer *synthetischen Leistung*, die in der Aneignung des Textes erbracht wird und die ich im folgenden *Diegetisieren* nennen werde.   *(Wulff 2007, 46, Hv. i. O.)*

Der Diegetisierungsprozess bewirke einerseits die fortwährende Konstruktion und Variation der filmischen Diegese durch den Zuschauer, impliziere jedoch außerdem die empathische Aneignung des Films sowie den Vergleich mit weiteren bekannten diegetischen Realitäten. Diese bezeichnet Wulff als «*imaginäre semantische Enklaven* in der Realität der Zuschauer» (Wulff 2007, 48, Hv. i. O.), was letztlich bedeutet, dass die Filmerfahrung elementar auf der Kenntnis von Diegesen beruht. Eine solche Beobachtung hängt, wie auch Wulff betont, eng mit den Produktionsprämissen eines Films zusammen, denn die «Diegese im Sinne eines eigenständigen, imaginären Referenzraumes ist dann nämlich eine der Kernleistungen des Fingierens und ist als *fiktive Welt* eines der Produkte der damit verbundenen semiotischen und kommunikativen Tätigkeiten» (Wulff 2007, 47, Hv. i. O.). Diegetische Realitäten können somit nicht nur vom Zuschauer konstruiert, sondern gleichsam kontextualisiert werden. Dass Erwartungshaltungen und filmische Wissenshorizonte die zentrale Voraussetzung für semiotische Überraschungen sind, hat sich in dem

Versuch gezeigt, das *Surprise Ending* zu definieren (vgl. Kap. 1.1.3). Für das *Twist Ending* scheint es wesentlich zu sein, welche diegetische Realität dem Zuschauer suggeriert wird und inwiefern diese inkompatibel mit der ‹eigentlichen› Diegese ist, die ihm am Ende offenbart wird.

Britta Hartmann (2007) definiert den dynamischen Status der Diegese ähnlich, greift aber zusätzlich Souriaus Kategorie des Diskursuniversums auf, um den Wissensstand des Zuschauers zu Beginn der Diegese bzw. des Diegetisierens näher zu beleuchten. Die Diegese bestehe folglich nicht nur aus den audiovisuellen Informationen des Films, sondern werde «unter Rückgriff auf unser Welt(en)- und Geschichtenwissen sowie auf unser spezifisch filmisches Wissen» (55) ergänzt. Sie sei das kohärente und in sich konsistente Resultat des Diegetisierungsprozesses des Zuschauers und stelle eine «Synthese der auf diese imaginäre Welt bezogenen Denotationen des Textes und der Wissensbestände des Zuschauers» dar (57). Dies bedeutet jedoch, dass die Wissensbestände über den Film hinaus existent bleiben müssen, wie auch Hartmann anmerkt: «Man könnte […] behaupten, dass die Bedingungen der erzählten Welt nach dem Ende der Geschichte fortbestehen» (57). Somit werden Wissenseinheiten nicht nur außerfilmisch, sondern ebenfalls intertextuell vermittelt (vgl. 58, vgl. Kapitel 3.3). Intertextuelles Wissen bleibt jedoch offenbar nicht diegetisch, sondern wird Teil eines «Diskursuniversums» (vgl. 63) – ein weiterer Begriff Souriaus (vgl. Souriau 1997, 141[92]) – und vermengt sich mit anderem außerfilmischem Wissen, bis es im nächsten Diegetisierungsprozess benötigt wird (vgl. 64):

> ‹Diegese› wäre dann der Kennzeichnung der von den Figuren bewohnten oder zumindest bewohnbaren Welt vorbehalten, wohingegen ‹Diskursuniversum› eine Möglichkeits- und Wahrscheinlichkeitswelt, eine Wertewelt, eine ideologische Welt und eine Welt der generisch, kulturell und historisch spezifischen Bedeutungen beschreibt, die der Zuschauer im Prozess des Filmverstehens erschließen und auf die er sich einlassen muss.   *(Hartmann 2007, 63)*

Die Erschließung dieses Diskursuniversums erfordere schließlich den «Rückgriff auf extratextuelle Wissenshorizonte» (64), die bereits zu Beginn des Diegetisierungsprozesses abgerufen und mit der Diegese synthetisiert würden.

Neben dem Hinweis auf die Prozesshaftigkeit diegetischer Realitäten stellt Wulff (2007) in seinem Aufsatz die Theorie vor, dass die Annahme einer einzigen homogenen Diegese zu kurz greife. Stattdessen geht er von einem «Schichtenbau» der Diegese (Wulff 2007, 40) aus, wonach man die filmische Diegese auf vier basale Realitäten beziehen könne:

---

[92] Souriau führt den Begriff auf Augustus De Morgan zurück und schätzt ihn 1951 als gängig ein (Souriau 1997, 141).

a. physikalische Welt
b. Wahrnehmungswelt der Figuren
c. soziale Welt der Figuren
d. moralisch eigenständige Welt

Die oftmals diskutierten Abgrenzungs- und Identifikationsprozesse beim Diegetisieren können auf allen vier Schichten erfolgen, ebenso schleichende oder überraschende Modifikationen der bisherigen Annahmen über einen Filmtext. Für die überraschende Modifikation der physikalischen Welt (a) können als Beispiele Filme mit einer Grenzüberschreitung angenommen werden: Wenn in THE MATRIX (MATRIX; USA 1999, Andy & Larry Wachowski) die Hauptfigur Neo zeitgleich mit dem Zuschauer die Gesetze einer neuen Realität kennenlernt, wird auch die diegetische Realität Stück für Stück an die neu erlernten Gegebenheiten der Diegese angepasst. In welcher Weise die physikalischen Gesetze der neu entdeckten Welt von der Realität des Zuschauers abweichen, ist für diesen zu Beginn nicht erahnbar. Die Akkommodation erfolgt spontan und prozessual.

Wenn in THE OTHERS (THE OTHERS; USA/E/F/I 2001, Alejandro Amenábar, vgl. Kapitel 3.1.4.2) gegen Ende deutlich wird, dass die Wahrnehmung der – zuvor vom Zuschauer als lebendig eingestuften – Protagonisten seiner eigenen diametral gegenübersteht (nämlich Lebende eher unklar und geisterhaft erscheinen, die Geister einander jedoch klar und deutlich sehen können), muss die neue diegetische Realität bezogen auf die Wahrnehmungswelt der Figuren (b) transformiert werden. Dies muss, wie auch Wulff anführt, nicht auf die visuelle Ebene beschränkt sein, sondern kann sich prinzipiell auf alle darstellbaren Sinneswahrnehmungen ausweiten lassen.[93]

In der sozialen Welt der Figuren (c) können insbesondere Desavouierungen von Rollenmodellen zu diegetischen Umdeutungsprozessen führen. Neben den bekannten narrativen Motiven der Verwechslung und der Täuschung (‹Kleider machen Leute›), die bereits Grundlage unzähliger Theaterkomödien waren, bevor sie auf den Film appliziert wurden, können hier auch von der Hauptfigur kommunizierte Irrtümer über den eigenen sozialen Status eine Rolle spielen. Der plötzliche Fall einer Gangsterfigur, die sich selbst als unverwundbar begriffen hat (z. B. Frank Costello in THE DEPARTED (THE DEPARTED – UNTER FEINDEN; USA 2006, Martin Scorsese), führt ebenso zu einer Neubewertung der Diegese wie die vollkommene Fehleinschätzung einer fremden Kultur (z. B. in THE WICKER MAN [THE WICKER MAN; GB 1973, Robin Hardy]). Im letzten Beispiel ist die streng katholische Hauptfigur unfähig zu erkennen, dass die heidnische Bevölkerung der abgeschiedenen

---

93 Beispiele für die Inszenierung solcher Abweichungen finden sich z. B. in BLADE RUNNER. Die Andersartigkeit der Replikanten in Bezug auf den haptischen Sinn wird beispielsweise deutlich, als Pris J. F. Sebastian vorführt, dass sie ohne Schmerzen Eier aus dem kochend heißen Wasser in die Hand nehmen kann.

schottischen Insel sie bloß als jungfräuliches Opfer wahrnimmt und nicht, wie anfangs suggeriert, als rettende Ermittlerfigur (vgl. Kapitel 3.1.3.2).

Die moralische Logik eines Films schließlich kann zur (De-)Konstruktion moralischer Aussagen verändert werden. Dabei mag die dramaturgische Kategorie der poetischen Gerechtigkeit, deren Erfüllung häufig mit einer überraschenden Wendung einhergeht, zu diesem Komplex ebenso gerechnet werden wie eine plötzliche Verweigerung der positiven Auflösung zugunsten eines tragischen Endes (MYSTIC RIVER [MYSTIC RIVER; USA 2003, Clint Eastwood]). Ein interessantes Beispiel, das Diskurs- und Diegese-Ebene eng miteinander verknüpft, ist Clint Eastwoods Film GRAN TORINO, der die Evolution von der alttestamentarischen Racheethik zur neutestamentarischen Opfermoral im Zuge eines überraschenden Endes nachzeichnet (vgl. Kapitel 3.2.5). Fast der gesamte Film widmet sich subkutan der Inszenierung (somit diegetischen Etablierung) eines *circulus vitiosus*, der eine immer stärkere Eskalation von Gewalt und Gegengewalt zwischen einer Gruppe von Hmong-Gangstern und der Hauptfigur, dem rassistischen Korea-Veteranen Walt Kowalski, umfasst. Durch Kowalskis Entscheidung, für die Festnahme der Gangster sein eigenes Leben zu opfern, wird der Zirkel der Gewalt durchbrochen und eine Alteration der bis hierhin gültigen moralischen Welt (d) bewirkt.

Es hat sich gezeigt, dass ein Diegetisierungsprozess immer mit der Alteration diegetischer Realitäten zu tun hat. Beim *Twist Ending* ist dieser Vorgang in einer radikalisierten Form zu beobachten, denn die diegetische Pluralität führt hier dazu, dass dem Zuschauer ein zweifaches Synthetisieren der neuen, für den *Plot Twist* verantwortlichen Information(en) abverlangt wird. Zweifach, da die bis zum *Twist Ending* etablierte diegetische Realität sich im Großen und Ganzen kohärent entwickelt hat und nun schlagartig als obsolet markiert wird. Die Prämissen der diegetischen Realität erzeugen im Lichte der neuen Information(en) eine zweite diegetische Ebene bzw. einen zweiten diegetischen Modus, der vom ersten diegetischen Modus bis hierhin überlagert wurde (vgl. hierzu das Stichwort *Anagnorisis*, Kap. 1.2.4.1). Das *Twist Ending* offenbart die diegetische Pluralität und verknüpft die beiden diegetischen Realitäten. Damit werden bestehende Informationen falsifiziert bzw. re-evaluiert, ein Prozess, aus dem die neue diegetische Realität konstruiert wird.[94] Der erfolgte Synthetisierungsprozess in Bezug auf die ‹falsche› Diegese wird mit der Schlüsselinformation, die das *Twist Ending* preisgibt, auf die ‹wahre› Diegese ausgeweitet. Der Zuschauer synthetisiert die bisherige Diegese mit der neuen Information zur neuen Diegese, die Überlagerung wird aufgehoben. In einigen Fällen bleibt der Querstand bestehen (vgl. SHUTTER ISLAND [SHUTTER ISLAND; USA 2010, Martin Scorsese]; Kapitel 2.1.9.H); häufig entsteht eine Verunsicherung (vgl. ANGEL HEART, Kapitel 2.1.7.F) sodass die erste diegetische Realität nicht gänzlich von der zweiten verdrängt werden kann.

---

94 Vgl. Hartmann 2005, 154 f.

Im Fall des *Twist Endings* findet folglich ein plötzlicher Bruch im Diegetisierungsprozess statt, der eine Unterscheidung zwischen zwei diegetischen Ebenen notwendig macht. Durch die Sichtbarmachung der zweiten Diegese-Ebene wird in einem re-evaluativen Prozess die erste Diegese-Ebene vollständig neu bewertet und mit den neuen Informationen abgeglichen. Das *Twist Ending* kann somit auch als intratextueller Verweis beschrieben werden, der eine spezifische Form des Diegetisierens – einen Substitutionsprozess – einleitet.

Die Ergebnisse aus der Diegeseforschung können als theoretische Grundierung des *Twist Endings* durchaus herangezogen werden. Ihre praktische Anwendung wird sich in den filmanalytischen Teilen größtenteils auf ihre filmsemiotischen und filmnarratologischen Aspekte beziehen, damit rezeptionsästhetische Vermutungen immer an die dramaturgischen Strategien des Films selbst geknüpft bleiben.

1.2.3 *Twist Ending* als intratextueller Verweis

Das *Twist Ending* etabliert durch seine spezielle Textstruktur einen Verweis auf sich selbst, da durch die Transformation der diegetischen Realität am Ende des Syuzhets eine neue Interpretation der Fabula notwendig wird. Der neu entstandene Text, der zu Beginn der ersten Sichtung noch nicht zugänglich war, kann jedoch semiotisch betrachtet als form- und inhaltsgleich mit dem ersten Text angesehen werden. Es handelt sich um denselben Text. Was sich verändert hat, ist die semantische Auswertung seines semiotischen Gehalts: Die Möglichkeiten sind erweitert worden und lassen nun die erneute Sichtung des Textes derart zu, als wäre es ein zweiter Text. In Anlehnung an intertextuelle Verweisstrukturen wird dieses Phänomen im Folgenden als ‹intratextueller Verweis› bezeichnet, um die texttranszendente und gleichzeitig autopoietische Komponente des *Twist Endings* zu betonen.

Der Umdeutungsprozess ist zunächst natürlich vor allem ein kognitiver, denn das *Twist Ending* macht bereits im Moment der entscheidenden Informationsvergabe die Re-Evaluation der zentralen diegetischen Prämissen erforderlich. Dazu muss das Wissen über das bisherige Syuzhet des Filmtextes noch aktiv sein; bisweilen werden in kurzen Sequenzen die zentralen Szenen des Films nochmals zitiert, womöglich, um dem Zuschauer eine Hilfestellung zu geben (vgl. Kap. 2.2.2, *Flashback Tutorial*).[95]

Die zweite Deutung des Syuzhets bewirkt die vollständige Neu-Semantisierung bereits bekannten semiotischen Materials und somit eine zweite Diegetisierung, in welcher das *Twist Ending* eine andere Rolle spielt: Nunmehr stellt es die informationelle Prämisse der Sichtung dar und hat sein Überraschungspotenzial verloren. Erste und zweite diegetische Realität stehen jetzt im Einklang mitei-

---

95   Es ist sicher weder aus ökonomischer noch aus kognitivistischer Perspektive überraschend, dass *Twist Endings* auch ohne eine zweite Sichtung des Materials funktionieren.

nander und nicht mehr im Widerspruch zueinander; die ursprüngliche, narratologisch und dramaturgisch bedingte Überlagerung der Ebenen ist vollständig aufgehoben.

1.2.4 *Twist Ending* als dramaturgische Kategorie

Das *Twist Ending* bezieht sich, vor allem durch seine Verwandtschaft zum *Surprise Ending* und zum *Final Plot Twist*, auf wesentlich ältere dramaturgische Kategorien, die bereits in der aristotelischen *Poetik* Erwähnung finden. Einerseits ist auffällig, dass das *Twist Ending* fast immer mit einer Form der *Anagnorisis* [gr. anagnórisis] einhergeht. Zweitens ist für die übergeordnete Kategorie des *Final Plot Twists* eine enge Verwandtschaft mit der aristotelischen *Peripetie* [gr. peripéteia] anzunehmen, die als dramaturgische Kategorie ebenfalls das Ende der Tragödie markiert bzw. vorbereitet.

1.2.4.1 *Anagnorisis*

Im elften Kapitel seiner *Poetik* beschreibt Aristoteles das Phänomen der *Anagnorisis* als eines der drei Grundelemente der Handlung (Aristoteles 2008, 16). Dabei gibt er die wörtliche Erklärung «Übergang aus dem Zustand der Unwissenheit in den des Wissens» (ebd.) an, was über die gelegentlich verwendete Bedeutung des Wiedererkennens zweier Personen deutlich hinausgeht. Die *Anagnorisis* aus Sophokles' *Oidipous Tyrannos* [*König Ödipus*] ist ein typisches Beispiel, auf das auch Aristoteles Bezug nimmt (Aristoteles 2008, 19); sie koppelt den tragischen Erkenntnisgewinn der Hauptfigur an denjenigen des Publikums. Es müssen jedoch nicht zwangsläufig die anderen Figuren sein, die der Protagonist aufgrund seines Irrtums (*hamartia*) nicht erkennt. Möglich ist ebenfalls, dass «das wahre Wesen der […] Zustände oder auch seiner selbst unerkannt bleibt» (von Wilpert 2001, 24; vgl. MacFarlane 2000; vgl. Aristoteles 2008, 16), was für den vorliegenden Kontext relevanter ist.

In der Filmtheorie findet der Begriff deutlich seltener Verwendung als in der Dramentheorie, doch ist er dort durchaus nicht ungewöhnlich. Wulff beschreibt ihn im *Lexikon der Filmbegriffe* (Wulff 2012) als «Sonderfall der Peripetie» und führt als mögliche Irrtümer «das Verkennen des Wesens von anderen Figuren oder Zuständen, die Einsicht in bis dahin unbekannte Verwandtschaftsverhältnisse etc» an. Anders gesagt: Eine Figur ändert explizit ihre Annahmen über die Beschaffenheit der Diegese, in der sie sich befindet, wodurch sich «das gesamte Handlungsfeld der Figur essentiell verändert». Natürlich ist die Überraschung einer fiktiven Figur nichts anderes als ein Kommunikationssignal für den Rezipienten, auf den das Phänomen der *Anagnorisis* somit auszuweiten ist. Dabei sind drei Möglichkeiten denkbar: (a) Zuschauer und Figur erfahren gleichzeitig eine essenzielle neue Information (parallele *Anagnorisis*); (b) die Figur erfährt die essenzielle neue Information vor oder nach dem Zuschauer (versetzte *Anagno-*

risis); (c) der Zuschauer weiß von Beginn an, was die Figur nicht weiß bzw. vice versa (singuläre *Anagnorisis*).[96]

Die parallele *Anagnorisis* stellt beim *Twist Ending* den Regelfall dar, da häufig die Hauptfigur (ANGEL HEART) oder – seltener – eine Nebenfigur (THE USUAL SUSPECTS) stellvertretend für den Zuschauer den Umschlag von Unkenntnis in Kenntnis durchmacht und genauso überrascht wird wie der Rezipient. Eine versetzte *Anagnorisis* kann unbeabsichtigt eintreten, z. B. wenn die Strategien der Informationsvergabe des Films nicht aufgehen und der Zuschauer frühzeitig errät, was der *Plot Twist* ist. Als bewusst genutzte narrative Kategorie ist sie wohl eher ungewöhnlich (vgl. THE VILLAGE, Kapitel 3.1.5.2).[97] Die singuläre *Anagnorisis* ist zum Beispiel bei einem Erzähler denkbar, der sich selbst nicht als Erzähler zu erkennen gegeben hat (ATONEMENT). Der umgekehrte Fall stellt keinen *Plot Twist* im eigentlichen Sinne dar, da weder Spannung noch Überraschung zu attestieren sind, wenn dem Zuschauer alle relevanten Informationen von Anfang an vorliegen.

Die *Anagnorisis* beschreibt also den Moment der Informationsvergabe als figurenbezogenes Ereignis – im Gegensatz zum Ausdruck *Plot Twist*, der handlungsbezogen argumentiert. Eine *Anagnorisis* bringt nahezu immer einen *Plot Twist* mit sich (s. o.), umgekehrt verhält es sich anders: Ein *Plot Twist* muss nicht mit einer *Anagnorisis* zusammenfallen. Da die Beispiele von *Twist Endings* ohne die Kombination von *Anagnorisis* und *Plot Twist* allerdings sehr selten sind – *selbstreflexive Twists* fallen häufig in diese Kategorie –, kann man für das typische *Twist Ending* eine Korrelation der beiden Phänomene als sein Initiationsmoment annehmen.

1.2.4.2 *Peripetie*

Die *Peripetie* ist ein weiterer aristotelischer Begriff, welcher mit der *Anagnorisis* in einem engen Zusammenhang steht. Sie ist deutlich vager definiert und bezeichnet bei Aristoteles allgemein einen Umschwung in der Handlung, der einen Wendepunkt im Schicksal der Figur bzw. einen Umschlag von Glück in Unglück und vice versa bedeuten kann (Aristoteles 2008, 16). Die *Anagnorisis* ist dabei nach Aristoteles eine besonders effektive Methode, die *Peripetie* auszulösen (ebd.). Es wurde bereits die Verwandtschaft der *Peripetie* zum *Plot Twist* erwähnt, wobei der zuerst genannte Begriff eher vage eine grundsätzliche Veränderung bezeichnet und häufig ähnlich unklar bleibt wie Syd Fields *Plot Point*.

Spätere Exegeten haben den Begriff für ihre Zwecke abgewandelt. Stam (1985, 41) weist darauf hin, dass für Walter Benjamin die *Peripetie* «wie der Kamm einer

---

96 Versetzte und singuläre *Anagnorisis* weisen eine große Affinität zu zwei bekannten Konzepten aus der Dramen- bzw. Filmtheorie auf: die dramatische bzw. tragische Ironie im Theater und die Suspense-Technik im Film. Bei beiden ‹weiß› der Zuschauer mehr als die Figur, wodurch die Katastrophe eine Vorankündigung erfährt – daraus entsteht wiederum Spannung.

97 Zumindest in Bezug auf die Kategorie ‹Überraschung›. Die Kategorie ‹Spannung› bzw. ‹Suspense› hingegen beruht auf genau dieser Differenz der Informationsvergabe.

Welle» sei, der, wenn er breche, «die Zuschauer vor sich herfege und vorwärts zum Ende rolle» (Ü WS).[98] Relevanter als solche metaphorischen Betonungen der Wirkmacht einer *Peripetie* sind Konzepte, die sich an einer pragmatischen Verwendung des Begriffs versuchen. Die Pointentheorie von Jerry Palmer (1987) wurde bereits als Beispiel genannt (vgl. Kapitel 1.1.3) und bietet auch hier eine aufschlussreiche Idee an: Palmer umschreibt die komische *Peripetie* als «Schock oder Überraschung in der Geschichte, die der Film erzählt» (40; Ü WS).[99] Dieser Schock sei primär ein ästhetischer (40) und müsse vorbereitet sein, um in einem bestimmten Moment zu funktionieren (43). Palmer unterscheidet ferner zwei Typen der *Peripetie* (vgl. auch Kapitel 1.1.5): einen Umschlag in Bezug auf soziale Diskurse («peripeteia and the discourses of the social formation») und einen Umschlag in Bezug auf narrative Erwartungen («narrative expectations»). Den ersten Typus könnte man um Hartmanns Lesart des Souriau'schen «Diskursuniversums» erweitern, die narrativen Erwartungen hingegen um intertextuelle Vorerfahrungen ergänzen. Führt man Wulffs These an, dass eine Diegese grundsätzlich in verschiedene Schichten zu unterteilen ist, kann man zu folgender Typologie der *Peripetie* gelangen:

Tab. 2 Typen der *Peripetie*

Sozial-diskursive Peripetie	Narrative Peripetie
Gesetze der physikalischen Welt verändern sich.	Die Story widerspricht ihren eigenen Signalen.
Die Wahrnehmungswelt der Figuren verändert sich.	Die Story widerspricht dem intertextuellen Vorwissen.
Die soziale Welt der Figuren verändert sich.	Figuren verhalten sich entgegen ihrem etablierten Muster.
Die moralischen Prämissen verändern sich.	Ein Ereignis widerspricht der Kausalkette der Handlung.

Statt «verändert sich» könnte man auch sagen: «erweist sich als falsch». Die *Peripetie* lässt sich als Konsequenz von *Plot Twist* und *Anagnorisis* deuten und stellt dabei das narratologische Pendant zur erforderlichen Synthetisierungsleistung des Zuschauers dar. Man kann die Existenz zweier Momentaufnahmen der Diegese annehmen: vor der *Peripetie* und nach der *Peripetie*. Im Falle eines *Twist Endings* ist die *Peripetie* derart umfassend, dass eine zweite diegetische Ebene die erste reevaluiert und in der Folge ersetzt.

---

98 «Walter Benjamin compares the *peripeteia* to the crest of a wave which, breaking, sweeps the audience along with it and rolls forward to the end.»
99 «[I]t is the construction of a shock or surprise in the story the film is telling.»

1.2.5 *Twist Ending* als narratologische Kategorie

Wird das *Twist Ending* als narratologische Kategorie begriffen, kann es in den Kontext der Finalisierungsformen von Erzählungen eingeordnet werden. Im Eingangskapitel wurden einige Finalisierungsstrategien vorgestellt, die vom *Twist Ending* abgegrenzt werden müssen. Die Position des *Twist Endings* im filmischen Syuzhet unterscheidet sich nicht von derjenigen anderer Film-Enden. Seine Besonderheit besteht in den zwei Prämissen, die es ermöglichen:

a. Das Syuzhet muss so konstruiert sein, dass eine wesentliche Information zur korrekten Interpretation bzw. Konstruktion der filmischen Diegese bis zum *Twist Ending* fehlt. Dies kann einerseits dadurch markiert werden, dass das Fehlen von Informationen offensichtlich ist (a^1), und andererseits unmarkiert sein, indem suggeriert wird, alle notwendigen Informationen zum Verständnis der Geschichte seien vorhanden (a^2).
b. Die zum *Twist Ending* vergebene Information stellt das vorangegangene Syuzhet in Frage und macht eine Neubewertung desselben notwendig. Der Querstand von Syuzhet und Fabula wird beseitigt.[100] Eine neue Narration muss in Anlehnung an die veränderte diegetische Realität entweder per Gedächtnisleistung konstruiert oder aber durch Zweitsichtung verifiziert werden.

Zu (a): Dass Informationen vorenthalten werden, betont die Zugehörigkeit des *Twist Endings* zur Kategorie des *Surprise Endings*. Der zentrale Unterschied liegt darin, dass das *Surprise Ending* eine wesentliche Information bezogen auf einen Aspekt, Diskurs, Haupt- oder Subplot der diegetischen Realität offenbart, während das *Twist Ending* die bisherige Interpretation der diegetischen Realität allgemein in Frage stellt und zur Re-Evaluierung freigibt. Die Markierung des Informationsmangels (a^1) kann zur Erwartung eines *Surprise Endings* – zumindest aber einer Auflösung – führen, was im Falle des *Twist Endings* eine Finte darstellt, da nicht nur die Auflösung erfolgt, sondern gleichzeitig die diegetische Realität in Frage gestellt wird. Die Erwartung einer Lösung des semiotischen Rätsels durch die Informationsvergabe am Ende wird somit übertroffen.

Im zweiten Fall (a^2) erfolgt die semantische Überraschung bzw. der epistemische Schock unvorbereitet und ist somit potenziell größer. Es mag angedeutet worden sein, dass die Konstruktion der diegetischen Realität nicht korrekt ist, jedoch ist eine Verwerfung der bisherigen Annahmen nicht in der Narration angelegt oder als wahrscheinliche Variante markiert. Da die Wahrscheinlichkeitsmarkierungen einer Erzählung aufgrund verbürgter filmischer Kategorien in der Regel funktionieren, ist der Unterschied zwischen der Erwartungshaltung und der Informationsvergabe durch das *Twist Ending* maximal und somit Fall (a^2) narratologisch gesehen die radikalere Variante. (b) ist das eigentliche Spezifikum des *Twist Endings*, das auf (a) aufbaut, eine bloße Auflösung jedoch transzendiert.

---

100 Dadurch werden beim Zuschauer potenziell Synthetisierungsprozesse ausgelöst (vgl. Kapitel 1.2.2).

1 Theoretische Grundlagen des Begriffs

1.2.5.1 Moduswechsel

Ein eigentlich narratologischer Begriff ist derjenige des *Modus*. Insbesondere von Genette auf die Erzähldistanz einerseits und die Fokalisierung andererseits bezogen, bezeichnet er eine Prämisse des Erzählens, die seit Platons Zeiten (vgl. die Diskussion von *mimesis* und *diégesis* in Kap. 1.2.2) in der Literatur- und Theatertheorie eine Rolle gespielt hat. Für das *Twist Ending* lassen sich unter der Annahme eines narrativen Moduswechsels zunächst verschiedene Varianten feststellen, die am Beispiel kurz erläutert werden sollen.

Wie bereits erwähnt wurde, sind *Twist Endings* besonders häufig in Filmen mit einem figuralen Erzähler (zumindest auf einer der Erzählebenen) zu finden. Im einfachsten Fall ist die Hauptfigur auch die oberste Erzählinstanz. Die Fokalisierung wäre nach Genette also intern, was bedeutet, dass der Erzähler über dasselbe Wissen verfügt wie die Figur. Die Informationsvergabe erfolgt aus diesem Grund auf beiden Ebenen (d. i. Figur und Erzähler) parallel. In diesen Fällen ist die *Anagnorisis* ebenfalls parallel gesetzt: Sobald die Hauptfigur erfährt, dass sie z. B. tot ist, muss sie genauso einen neuen Status der Realität innerhalb der Fiktion einnehmen, wie der Erzähler ihn ihr zuordnet. Im Fall von JACOB'S LADDER (JACOB'S LADDER – IN DER GEWALT DES JENSEITS; USA 1990, Adrian Lyne) werden die übernatürlichen Phänomene letztlich mit diesem Kunstgriff erklärt: Die gesamte, intern fokalisierte Erzählung erweist sich als ‹Totenbettfantasie› der Hauptfigur Jacob Singer. Der Moduswechsel erfolgt parallel zum *Twist Ending*, da mit dem Tod des Erzählers eine narrative Meta-Ebene etabliert wird, auf der zwei Armeesanitäter den langen, harten Todeskampf aus einer Außenperspektive kommentieren. Die Erzählung Jacob Singers endet mit seinem Tod, die Erzählung des Films wird fortgesetzt und wechselt den narrativen Modus. Die Sanitäter haben nur eine Außenperspektive auf Singer. Ihre Fokalisierung in Bezug auf dessen Geschichte ist somit extern. Sie haben nicht gesehen, was Jacob Singer gesehen hat (vgl. Kapitel 3.1.2.2). Das Beispiel ANGEL HEART funktioniert ähnlich, da die durch die Fokalisierung auf Harold Angel entstandenen Ellipsen erst gefüllt werden können, als seine Erinnerung wiederkehrt (vgl. Kapitel 2.1.7.F).

Anders verhält es sich bei einer externen Fokalisierung: Wenn die visuelle Erzählinstanz weniger sagt, als sie weiß, kann eine Täuschung vorliegen. In Radu Mihaileanus TRAIN DE VIE wird mit der letzten Szene deutlich, dass vermutlich die gesamte Geschichte Shlomos nur eine Fantasiegeschichte war und die Bewohner des jüdischen Schtetls, anstatt sich erfolgreich selbst nach Palästina zu deportieren, tatsächlich zum Zeitpunkt des Erzählens bereits Gefangene in einem Konzentrationslager sind. Die *Anagnorisis* erfolgt nicht für die Figur, sondern nur potenziell für den Zuschauer, und die Fokalisierung bleibt dieselbe. Dennoch scheint sich etwas an der Erzählsituation zu ändern, was in diesem Fall mit der Erzähldistanz zu tun hat. Die wenigen Bilder vom Konzentrationslager, die wir sehen, sind die ersten dramatischen, d. h. unmittelbar erzählten Bilder. Sie bilden die eigentliche Fiktion ab, während sich die bisherige Geschichte als eingebettete Narration erweist. Auch hier wechseln wir auf eine meta-narrative Ebene, die jedoch die eigentliche Fiktion und somit die eigentliche Diegese-Ebene markiert (vgl. Kapitel 3.1.5.1).

Diese Variante ist weiter modifizierbar, indem der figurale Erzähler in eine zweite Erzählebene integriert wird. Im Falle von Verbal Kint in THE USUAL SUSPECTS hat der figurale Erzähler einen Wissensvorsprung gegenüber den Nebenfiguren des Films – und damit auch gegenüber dem Zuschauer. Die Erzählung der Nebenfiguren ist daher intern fokalisiert; der Ermittler Dave Kujan ist auf Kints Erzählung über weite Strecken angewiesen – nur selten wird vom Ermittler eine Alternative verbalisiert. Die *Anagnorisis* liegt bei der Nebenfigur, die sich nicht als Aktant, sondern als Repräsentant des Rezipienten herausstellt. Der eingebettete Erzähler weist eine Nullfokalisierung auf, es ist jedoch die Nebenfigur, die nach dem *Twist Ending* die eigentliche Natur der diegetischen Realität erfährt und offenbart – Kint löst die Natur seiner Geschichte niemals auf. Eine übergeordnete Erzählinstanz übernimmt die Narration und zeigt uns in einer Parallelmontage Kint als Keyser Söze.[101] Die Fokalisierung (sowohl des Ermittlers als auch Kints) erweist sich als Finte, und der Moduswechsel offenbart, dass die diegetische Realität weder den Vermutungen des Polizisten noch der Erzählung Verbal Kints entspricht (vgl. Kapitel 2.2.2).

Es ist auch möglich, in Bezug auf die Diegese von einem Modus zu sprechen. Vielleicht wäre es auch in den vorangegangenen Beispielen sinnvoll, nicht nur von einem Wechsel der Fokalisierung bzw. der Distanz auszugehen, sondern vom Wechsel eines diegetischen Modus, der einen neuen Synthetisierungsprozess anstößt. Das Vorkommen dieses Modus kann sich in einer plötzlichen Nullfokalisierung der Erzählinstanz manifestieren. Dies ist aber nur ein Hilfsbegriff für die Vermittlung wesentlicher Informationen. Der diegetische Modus kann auch wechseln, wenn kein *Twist Ending* vorliegt, z. B. wenn die bisherige Realitätskonzeption des Films mit der außerfilmischen Realität durch ein Ereignis kompatibel bzw. inkompatibel wird. Die bereits besprochenen *Plot Twists* in PSYCHO bzw. FROM DUSK TILL DAWN können so interpretiert werden. Im Falle von *Twist Endings* ist dies genauso möglich – es entspräche einem Wechsel der diegetischen Realität in Bezug auf ihre physikalische bzw. ihre Wahrnehmungskomponente.

Wenn eine für realistisch erachtete Diegese durch das *Twist Ending* eine irreale Komponente erhält und nicht mehr kompatibel mit der außerfilmischen Realität ist[102], kann ebenso von einem Wechsel des diegetischen Modus ausgegangen werden. Ein Beispiel wäre THE OTHERS, in dem die Hauptfiguren als Geister entlarvt

---

101 Es ist auch möglich, die Flashbacks vor dem *Plot Twist* als subjektive Vorstellung des Ermittlers zu verstehen und die korrekten Flashbacks nach dem *Plot Twist* als subjektive Erinnerung von Verbal Kint.

102 Natürlich ist die filmische Diegese niemals vollständig kompatibel mit der außerfilmischen Realität. Die verkürzte Formulierung an dieser Stelle bezieht sich auf Filme, deren Diegese derart konstruiert ist, dass sie kompatibel mit der außerfilmischen Realität *scheint*.

werden. Ihre bis dahin als menschlich empfundene Wahrnehmung weicht damit vom humanen Empfindungsschema ab. «The Others» sind nun nicht mehr die offenbar anwesenden Geister (die sich als Menschen erweisen), sondern die Protagonisten selbst. Sie stellen keine potenziellen Identifikationsfiguren mehr dar, da sie nicht mehr mit der außerfilmischen Wahrnehmungswelt übereinstimmen (vgl. Kapitel 3.1.4.2). Viele Horrorfilme bzw. Horrorfilmparodien aus den 1920er- und 1930er-Jahren gehen den umgekehrten Weg und entlarven die als Teil einer fantastischen Diegese etablierten Monster als Menschen in Verkleidung (so z. B. in THE CAT AND THE CANARY [SPUK IM SCHLOSS; USA 1927, Paul Leni]; MARK OF THE VAMPIRE [DAS ZEICHEN DES VAMPIRS; USA 1935, Tod Browning]). Die übernatürliche Beschaffenheit der Diegese zerschlägt sich mit dem *Twist Ending*, die Geschichte wird in einen realistischen Modus heruntergebrochen, und die Phänomene werden rationalisiert.[103]

1.2.5.2 Gattungswechsel

Der Begriff der Filmgattung soll im vorliegenden Kontext sowohl vom Begriff des Genres als auch von filmhistorischen Strömungen unterschieden und als rein technisches Differenzierungsmerkmal gesehen werden.[104] Filmgattungen wären hiernach Stummfilm und Tonfilm, Animationsfilm und Realfilm, Spielfilm und Dokumentarfilm sowie Schwarzweißfilm und Farbfilm. Auch wenn Gattungswechsel bei *Twist Endings* ein eher seltenes Phänomen sind, ist diese wohl größtmögliche Ausprägung von Selbst- bzw. Medienreflexivität durchaus wichtig für die Finalisierungsstrategie.

Der Wechsel[105] von Animationsfilm und Realfilm muss kein *Twist Ending* zur Folge haben – trotzdem stellt sich die Frage, ob ein solcher als *Twist Ending* wahrgenommen werden kann. Die Handlung von RIDE HIM, BOSKO! (USA 1933, ohne Regiecredit) bricht zeitgleich mit dem Aufbruch des Helden zur zentralen Rettungstat unvermittelt ab, und ein Loop des reitenden Bosko ist nun auf einem Fernsehbildschirm zu sehen, um den die Animatoren gruppiert sind. Diese überlassen dem Zuschauer das Ende und erlauben sich den ‹semiotischen Spaß›, den Film in zweifacher Weise als unfertig darzustellen. Hier wird die diegetische Realität dadurch überlagert, dass die meta-diegetischen Elemente des Films durch die plötzliche Sichtbarkeit seiner Produktionsbedingungen am Ende die dominante diegetische Ebene konstituieren.

---

103 Nicht nur Alfred Hitchcocks PSYCHO und VERTIGO beweisen, dass dies auch ein *Surprise Ending* bzw. ein *Plot Twist* leisten kann.
104 Diese Einteilung stellt in erster Linie eine pragmatische Abgrenzung vom Genrebegriff dar (vgl. Kapitel 1.2.5.3).
105 Gemeint ist hier und im Folgenden eine Veränderung des Repräsentationsmodus, nicht ein intermedialer bzw. transmedialer Wechsel.

Ein anderer Wechsel des Repräsentationsmodus findet sich im Dokumentarfilm VALS IM BASHIR (vgl. Kapitel 1.1.3). Der Film besteht aus Interviews mit Zeitzeugen des Libanon-Krieges, während die überanimierte Ebene eine materielle Distanzierung bewirkt: erstens, da es den Sehgewohnheiten deutlich widerspricht, einen quasi animierten Dokumentarfilm zu sehen, und zweitens, da die Animationsebene das mimetische Verhältnis alteriert. Gegen Ende des Films sind Kriegsbilder ohne die Animationsmaske zu sehen, die laut Wulff (2006) einen «Schock des Realen» beim Zuschauer bewirken (vgl. Kapitel 1.1.3).

MONTY PYTHON AND THE HOLY GRAIL (DIE RITTER DER KOKOSNUSS; GB 1975, Terry Jones, Terry Gilliam) ist der erste Film der Komikergruppe Monty Python, der kein Spin-Off ihrer TV-Serie MONTY PYTHON'S FLYING CIRCUS (MONTY PYTHON'S FLYING CIRCUS; GB 1969–1974, 4 Staffeln) darstellt. Er hat potenziell drei Enden, die ebenfalls als selbstreflexive Wechsel des Repräsentationsmodus interpretiert werden können. Zunächst taucht in der – durch spielerische Texttafeln und Unterbrechungen bereits von selbstreflexiven Brüchen korrumpierten – mittelalterlichen Diegese ein zeitgenössischer Historiker auf, der die Parodie eines TV-Formats darstellt und die Geschehnisse im Mittelalter kommentiert. Als dieser von einem der Ritter erschlagen wird, begegnen sich die zeitlichen Diegese-Ebenen unvermittelt, und die britische Polizei nimmt schließlich die mittelalterlichen Ritter fest. Nun gibt es zwei Möglichkeiten: Entweder interpretiert man das Ende als zeitliches Paradoxon oder man re-evaluiert die Ritter als zeitgenössische Briten in Verkleidung (was sie außerfilmisch ja auch sind), die etwas durchgeführt haben, was man heutzutage als ‹Live-Rollenspiel› bezeichnen würde. Der zweite, ebenso selbstreflexive Bruch inszeniert den Riss der Filmrolle, mit dem das Material unvermittelt endet. Dieser Wechsel von der innerfilmischen auf die außerfilmisch-technische bzw. filmophane Ebene kann als ironische Fortsetzung eines der Kerndiskurse des Films gewertet werden: der Zurschaustellung des technischen Unvermögens der Filmemacher. An letzter Stelle enthielt die nicht mehr greifbare Kinofassung eine von Orgelmusik begleitete Texttafel, die bei den Zuschauern um Entschuldigung bat und eine baldige Fortsetzung ankündigte. Um es mit Thomas Christen zu formulieren: «Das eigentliche Ende erreicht der Film, indem er sein Ende in Abrede stellt» (Christen 2001, 96). Somit werden in drei Schritten die Prinzipien des Film-Endes dekonstruiert: mittels eines *Twist Endings*, das die zeitliche Verortung der bisherigen Diegese *ad absurdum* führt; mittels eines selbstreflexiven Wechsels des Repräsentationsmodus, der die Filmvorführung thematisiert; zuletzt mittels einer anachronistischen Kommunikationspraxis zwischen Filmvorführern und Publikum, die an die Stummfilmzeit erinnert und ihr Versprechen noch nicht einmal einlöst.[106]

---

106 Dies erinnert an die Dekonstruktion eines Aufführungs-Endes, die Monty Python bei ihrem Hollywood-Bowl-Gig zelebrierten: Statt der üblichen Texttafel, mit der sich die Künstler beim

1.2.5.3 Genrewechsel

Ein *Twist Ending* kann einen Genrewechsel bewirken bzw. das bis zum Ende stabile Genre derart modifizieren, dass von einer Genrevariation oder Hybridisierung gesprochen werden kann. Genrevariationen sind Abweichungen von genretypischen diegetischen Prämissen und erzählerischen Modellen, die das Genre entweder reflektieren oder erweitern bzw. durch ihre Genrereflexion neue Impulse geben.[107] Die stabilsten Genres haben mitunter die extremsten Abweichungen hervorgebracht (z. B. Touche pas à la femme blanche [Berühre nicht die weisse Frau; F 1974, Marco Ferreri] oder El Topo [El Topo; MEX 1970, Alejandro Jodorowsky], in Bezug auf den Western). Vielleicht ist dies der Tatsache geschuldet, dass größere Genres häufig stabiler sind und mehr Raum für Abweichungen bieten. Unter Hybridisierung versteht man ein Phänomen, das so alt ist wie die Filmgeschichte selbst, jedoch zumeist der Hollywood-Produktion der vergangenen zwei Jahrzehnte zugerechnet wird. Darunter werden Genre-Variationen gefasst, die durch eine Fusionierung mit konstitutiven Elementen eines anderen Genres zustande kommen. Da der Genre-Begriff letztlich nur eine Orientierung bieten kann und in den meisten Fällen eine oberflächliche Klassifikation des vorliegenden Materials bewirkt, ist es problematisch, zwischen typischen und untypischen Merkmalen eines Genres eine klare Grenze zu ziehen. Im vorliegenden Kapitel sollen auffällige Normverstöße aufgegriffen werden, die neben dem *Twist Ending* ungewöhnliche Diskurse einführen und unter dieser Prämisse als Verstöße gegen Genre-Regeln oder als Genrewechsel begriffen werden können.

Eine Art diskursiv motivierter Genrewechsel findet sich in Franklin J. Schaffners Planet of the Apes (Planet der Affen; USA 1968), der die meiste Zeit als parabolisch geprägter Science-Fiction-Film inszeniert ist. Durch das *Twist Ending* wird die politische Aussage des Films von der Parabel zum zeitgenössischen Diskursbeitrag und der Science-Fiction-Film zur realistisch gemeinten Dystopie: Die implizite Warnung vor einem Atomkrieg verknüpft den Film mehr als alle vorangegangenen parabolischen Elemente, die z. B. den Bürgerrechtsdiskurs in Amerika der 1960er-Jahre aufgreifen, mit dem zeitgenössischen Publikum und verbindet somit die zuvor exotisch wirkende Zukunft mit einer realitätskompatiblen Gegenwart (vgl. Kapitel 2.1.6.E).

Der Kurzfilm The Amateur's Guide to Soule's Chapel (USA 2011, Zach Bales) gibt sich zunächst als Dokumentarfilm und Horrorfilm, was bereits eine

---

Publikum bedanken, hieß es dort am Ende nur «Piss off» (vgl. Monty Python Live at the Hollywood Bowl [Monty Python Live at the Hollywood Bowl; GB/USA 1982, Terry Hughes, Ian McNaughton]).

107 Ein Beispiel jüngeren Datums wären Christopher Nolans Batman-Filme, die nicht nur die Konventionen der Batman-Verfilmungen überschreiten und somit modifizieren, sondern gleichzeitig das Superhelden-Genre nachhaltig beeinflusst haben. Auch die James-Bond-Filme mit Daniel Craig gelten als selbstreflexive Neuanfänge einer erstarrten Filmserie.

ungewöhnliche Hybridisierung darstellt. Mithilfe einer in Somerset, Kentucky angesiedelten Geistergeschichte wird zunächst die notwendige Spannung erzeugt: Ein Interviewpartner erzählt Erlebnisse rund um Soule's Chapel, die immer unerklärlicher werden. Die Montage unterstützt die Narration, indem verzerrte, unruhige, nur kurz aufleuchtende Bilder eingefügt werden, die an aktuell populäre, pseudo-dokumentarische Horrorfilme erinnern. Die Pointe wird ausgespart, der letzte Erzählstrang bleibt unvollendet, stattdessen wechselt der Film das Genre und wird zum Werbefilm: Man solle sich *The Amateur's Guide to Soule's Chapel* (das Buch) bei Amazon bestellen, wenn man mehr wissen wolle. Die Substitution der Pointe durch einen Werbehinweis – der Film ist immerhin sechs Minuten lang – stellt alle bisher vermittelten Informationen (audiovisuell-dokumentarisch und audiovisuell-horrorfilmartig) in den neuen kommunikativen Kontext des Verkaufsgesprächs. Der Film wechselt damit nicht nur das Genre, sondern eröffnet eine zweite diegetische Ebene, die außerhalb der gezeigten Fiktion angesiedelt ist.

1.2.5.4 *Mindfuck*

Der Begriff *Mindfuck* kam während des letzten Jahrzehnts auf und bezeichnet wechselweise ein Genre oder eine rezeptionsästhetische Strategie, die jeweils auf die Verwirrung und Überforderung des Zuschauers abzielt. Claus Tieber (2012) definiert ihn im *Lexikon der Filmbegriffe* folgendermaßen:

> Bei einigen US-Kritikern und bei Filmfans gebräuchlicher Begriff, der sowohl absichtlich zurückgehaltene Informationen, unklare bzw. versteckte Identitäten wie auch andere Täuschungen und Irreführungen des Publikums bezeichnet.[108]

Die französische Wikipedia und eine Fanseite namens *Class Real* enthalten umfangreiche Filmografien zum Thema *Mindfuck*[109], die *Lostpedia* umfasst eine der Lexikondefinition ähnelnde Zusammenfassung.[110] Indra Runge bringt im Titel ihres Promotionsvorhabens *Mindfuck* und unzuverlässiges Erzählen zusammen[111], und es existieren bisher zwei mehr oder weniger wissenschaftliche Untersuchungen zum Thema (Eig 2003 und Geimer 2006).

Geimer sieht *Mindfuck* dabei als postmodernes Spielfilmgenre und macht den Film THE OTHERS zum Gegenstand seiner Untersuchung. Diverse andere Filme werden ebenfalls besprochen und klassifiziert – als Filme mit toten Protagonisten, halluzinierenden Protagonisten, den Mörder suchenden Protagonisten, die sich selbst finden,

---

108 http://filmlexikon.uni-kiel.de/index.php?action=lexikon&tag=det&id=4501 (Stand: 9.7.2013).
109 http://fr.wikipedia.org/wiki/Mindfuck (Stand: 9.7.2013). http://www.classreal.com/index.php (Stand: 9.7.2013).
110 http://de.lostpedia.wikia.com/wiki/Mindfuck (Stand: 9.7.2013).
111 ‚Mindfuck'-Filme als Phänomen der Jahrtausendwende? Eine Untersuchung zum ‚Unzuverlässigen Erzählen' im Film; URL: http://www.fb10.uni-bremen.de/film/organisation/assoziierte-mitglieder/indra-runge/ (Stand: 9.7.2013)

und Protagonisten, die traumatisiert sind und eine Untat vor sich selbst verheimlichen. Die grundsätzliche Neuerung des *Mindfuck*-Films sei dabei, dass die Hauptfigur diese Identitätskrise durchleiden müsse. Außerdem werde diese erst am Ende gelöst:

> Neu bzw. anders im mindfuck-Film ist hingegen, dass der Zuschauer der Täuschung bis zum ‹ent-täuschenden› Ende aufsitzen muss, da die Erzählstruktur die Identität des Helden und dessen Perspektive auf den Gegenstand der Erzählung nicht oder kaum infrage stellt und erst am Schluss unvermittelt Aufschluss gibt. Der Zuschauer konstruiert also ein ‹falsches› Modell der Handlung, identifiziert sich mit oder positioniert sich gegenüber einem Helden, der sich als ein völlig anderer herausstellt. *(Geimer 2006, Teil 2)*

Neben dem Genre wird aber auch der entscheidende *Plot Twist*, hier als «radikale(r) Perspektivwechsel der Geschichte» (Geimer 2006, Teil 4) tituliert, als «mindfuck» bezeichnet, was nahelegt, dass aufgrund des ähnlichen Filmkorpus eine Verbindung zwischen *Mindfuck/mindfuck* und *Twist Ending/(Final) Plot Twist* besteht. Das großgeschriebene *Mindfuck* bezieht sich demnach auf den gesamten Film, während die kleine Schreibweise ein *Plot*-Ereignis beschreibt.

Jonathan Eig (2003) macht sich an eine fallstudienbasierte Analyse zeitgenössischer *Mindfuck*-Filme und stellt drei Bedingungen für das «Genre» auf: (a) Der Charakter, dem die Überraschung widerfährt, ist die Hauptfigur; (b) Der Held kennt seine wahre Identität nicht und lügt daher nicht; (c) Das Publikum kennt die Hintergründe ebenso wenig. Aufgrund der ausgiebigen Auseinandersetzung mit Identitätsfragen, z. T. ohne klare Antworten, wie in Donnie Darko (Donnie Darko – Fürchte die Dunkelheit; USA 2001, Richard Kelly), rückt Eig die *Mindfuck*-Bewegung in den Kontext des postmodernen Films und zählt einige Beispiele ohne *Twist Ending* auf, die seiner Ansicht nach zum selben Themenkreis gehören. Als Vorläufer, die bereits die genaue dramaturgische Form der *Mindfuck*-Filme vorwegnehmen, benennt er nur zwei: La rivière du Hibou von Robert Enrico (F 1962)[112] und Jacob's Ladder von Adrian Lyne (USA 1990).

Gängigerweise werden viele Filme mit *Twist Ending* unter dem Begriff des *Mindfuck*-Films subsumiert, darunter Fight Club, The Prestige (Prestige – Meister der Magie; USA 2006, Christoper Nolan), The Machinist (Der Maschinist; E 2004; Brad Anderson) oder Shutter Island. Eine Reihe von Filmen ohne *Twist Ending*, wie Inception (Inception; USA/GB 2010, Christopher Nolan) oder Eternal Sunshine of the Spotless Mind (Vergiss mein nicht; USA 2004, Michel Gondry), sind jedoch auch oft Teil des *Mindfuck*-Korpus, sodass es bisweilen scheint, als würden alle Filme mit komplexen oder explizit selbstreflexiven Strukturen bzw. überraschenden Wendungen zum *Mindfuck* gerechnet. Ob dieser Begriff

---

112 Eine Verfilmung der Ambrose-Bierce-Geschichte *An Occurrence at Owl Creek Bridge* (vgl. Kapitel 2.1.1 und 3.3.3).

der Wissenschaft etwas anderes beschert als die Einführung einer weiteren definitorisch unscharfen Kategorie, bleibt abzuwarten. Eine Vergröberung, die alle Untersuchungen zu *Mindfuck*-Filmen bisher gemein haben, ist die Fixierung auf Filme nach 1999, d. i. nach dem kommerziellen Erfolg von THE SIXTH SENSE und FIGHT CLUB. Bisweilen wird auf Robert Wiene oder gar Luis Buñuel (Eig 2003) als Vorläufer verwiesen, aber die in Teil 2 dieser Arbeit dargestellte langlebige Tradition des *Twist Endings*, inklusive zahlloser z. T. toter Hauptfiguren mit Identitätsstörungen, entgeht den kurzlebig angelegten Studien zwangsläufig.

Thomas Elsaesser (2009) beschäftigt sich in einem Aufsatz zum «mind-game film» mit ähnlichen Phänomenen und stellt Filme mit *Twist Ending*[113] in den größeren Kontext des Films mit komplexer Narration. Die zwei möglichen Grundkategorien gewinnt er aus dem Titel seines Filmkorpus: Es gebe Filme, die Spiele («games») mit der Figur oder dem Publikum spielten und Filme, die sich mit der Qualität des Verstandes («mind») auseinandersetzten (14). Neben einer vorläufigen Typologie (17 f.) erstellt Elsaesser einen Katalog «produktiver Pathologien» (24) und berücksichtigt dabei Beispiele, die bis zu Robert Wienes DAS CABINET DES DR. CALIGARI zurückreichen. Für den größeren Kontext des komplex erzählten Films stellt der Aufsatz eine viable Forschungsgrundlage dar. Aufgrund der engeren Fragestellung nimmt die vorliegende Untersuchung im Folgenden jedoch keinen Bezug darauf.

1.2.6 *Twist Ending* als wirkungsästhetische Kategorie

Es ist möglich, das *Twist Ending* als primär wirkungsästhetische Kategorie zu begreifen. Ein denkbares Argument dafür ist die Prägung des Begriffs als rezeptionshistorische Chiffre, die insbesondere in Filmkritiken zu finden ist. In Ermangelung empirischer Studien ist eine wirkungsästhetische Betrachtung immer an filmwissenschaftliche Kriterien anderer Provenienz gekoppelt, so spielen z. B. narratologische und produktionsästhetische Bedingungen eine wesentliche Rolle bei der Auswertung von *Twist Endings*. Im Folgenden sollen einige Herangehensweisen aus einem wirkungsästhetischen Blickwinkel skizziert werden, die das *Twist Ending* im Kanon gängiger filmanalytischer und filmtheoretischer Methoden verorten.

1.2.6.1 Primäreffekt und *Priming*

Der Begriff *Primacy Effect* (dt. Primäreffekt oder Primat-Effekt) stammt aus der kognitiven Psychologie (Häcker/Stapf 2009, 773) und beschreibt das Gedächtnisphänomen, dass früher eintreffende Informationen grundsätzlich besser erinnert werden als spätere. Die Konsequenzen dieser Beobachtung für die Filmanalyse sind verständlicherweise enorm, da dem Filmanfang bzw. der Exposition oder Initiation hierdurch ein vollkommen neuer Stellenwert zugestanden wird (vgl. Hartmann 2005). Gleichzeitig

---

113 Er nennt es «trick ending» (Elsaesser 2009, 15).

liefert das Phänomen Ansatzpunkte für die Funktionsweise filmischer Täuschungen wie beim *Surprise Ending* oder beim *Twist Ending*. Beispielsweise kann davon ausgegangen werden, dass das Übersehen von Fährten, die mehr oder weniger eindeutig auf den *Plot Twist* hindeuten, nicht nur aufgrund narrativer Hierarchiestrukturen erklärbar ist, sondern ebenfalls durch das Primat der ersten Information. Zwei Aufsätze widmen sich der Nutzbarmachung des Primäreffekts als filmanalytische Kategorie am Beispiel von THE SIXTH SENSE (Hartmann 2005, Barratt 2006). Der gelegentlich fälschlicherweise mit dem Primäreffekt gleichgesetzte Begriff *priming* beschreibt hingegen ein Assoziationsphänomen: Wird ein bestimmtes Wort erwähnt, «werden dadurch auch alle jene Wörter in Bereitschaft gestellt [...], mit denen dieses Wort assoziative Beziehungen hat» (Häcker/Stapf 2009, 773). Während beide Begriffe klar voneinander getrennt werden sollten, sind durchaus beide auf den Referenzrahmen («frame of reference», vgl. Bordwell 1985, 38) zu beziehen, der am Anfang eines Films etabliert wird. *Priming* kann jedoch den gesamten Film über eine Rolle spielen, indem neue Figuren bzw. Informationen ihre eigenen Assoziationsketten mit sich bringen.[114]

Britta Hartmann bezieht sich zunächst auf die Arbeit von Meir Sternberg (Sternberg 1978), deren entscheidende Aspekte sie effektiv zusammenfasst. In der Eingangsphase der Narration, so Hartmann nach Sternberg, gelange der Leser «zu prägenden Eindrücken hinsichtlich der Figuren sowie zu leitenden Handlungshypothesen» (159). «Der Anfang etabliere einen referenziellen Rahmen, in den später eintreffende Informationen eingefügt und dabei unter Umständen auch gebeugt werden» (ebd.). Gerade Eigenschaften von Figuren – die ihnen selbst häufig nicht bewusst sind – und Handlungshypothesen, aber auch die hier nicht genannten Annahmen über die Beschaffenheit der filmischen Welt sind es, die beim *Twist Ending* täuschen können, weil der Zuschauer keine andere Wahl hat: Er muss die ihm gebotenen Optionen zu Beginn akzeptieren und mit seiner filmischen Vorkenntnis und seinem Weltwissen verknüpfen, um der Geschichte angemessen folgen zu können. Dies macht ihn potenziell manipulierbar.

Hartmann stellt heraus, dass die filmische Inszenierung der Restaurantszene in THE SIXTH SENSE – das misslungene Date zum Hochzeitstag – offensichtlich doppeldeutig ist. Vor dem *Plot Twist* ist es als enttäuschendes Treffen zweier Eheleute in einem Zustand der Entfremdung zu bewerten, während nach dem *Twist* deutlich wird, dass Malcolm für seine Frau gar nicht sichtbar ist und sich ihr lakonischer Kommentar auf eben diesen Umstand bezieht: Sie verrichtet Trauerarbeit und kommentiert ihre schmerzhafte Einsamkeit (160).

> Solche *priming*-Prozesse [...] werden erst möglich durch die in der Initialphase des Films vermittelten Informationen und die hier verwendeten dramaturgischen Verfahren, die mit dem Film- und Geschichtswissen des Zuschauers, seinen ein-

---

114 Zur filmwissenschaftlichen Anwendung des *priming*-Begriffs vgl. Grodal 2000, 68–70.

> geübten rezeptiven Strategien, aber auch mit seinen Wünschen in Hinblick auf den narrativen Fortgang kalkulieren. *(161)*

Bereits zu Beginn des Films werden also die Maßstäbe der Sichtung festgelegt, vermutet Hartmann. Das Film- und Geschichtenwissen, die intertextuelle Vorbildung also, kann natürlich auch *Twist Endings* umfassen und somit eine erhöhte Aufmerksamkeit gegenüber «falschen Fährten» erzeugen, könnte man ergänzen. Außerdem besteht auch hier keine Alternative. Der Zuschauer kann versuchen, die zeitliche Ellipse zu füllen, die zwischen Malcolms Tod und der Texttafel «The Next Fall» liegt (vgl. 164); er kann die Lösung zu diesem Zeitpunkt jedoch unmöglich sicher kennen und ist auf die Hierarchie der Informationen angewiesen, die ihm der Text anbietet.

Hartmann vermutet ebenfalls, dass erzählerische Lücken mit der wahrscheinlichsten Erklärung aufgefüllt würden, und räumt dabei ein, dass «keine oder nur schwach kontraindizierende Hinweise» dieser Sichtweise entgegenstehen (164). Tatsächlich erzählt der Film ja weiter. Würde er nach einer ähnlichen Ellipse Malcolms Grab zeigen, fände ebenfalls eine Auffüllung der ausgeblendeten Zeit statt, die sich auf dieselbe Weise an den Signalen orientieren müsste, die der Film zur Verfügung stellt.

> Der Zuschauer befindet am Anfang über die Textsorte, das Genre, die ‹Art› der Erzählung und des Erzählens, über die epistemologische [sic!] Distanz und damit auch über den Grad der Glaubwürdigkeit und Zuverlässigkeit, nimmt also eine grundlegende modale Rahmung vor und richtet seinen Aneignungsstil entsprechend aus. *(168)*

Hartmann bezeichnet diesen Vorgang als «modales *priming*» (Hv. i. O.) und erklärt damit die Grundzüge der Wissensvermittlung am Textbeginn. Textsorte, Genre, Erzählparameter und epistemische Distanz sind allerdings elementare Informationen. Es verwundert also weder, dass sie bereits zu Beginn des Films vermittelt werden, noch, dass sie die weiteren Synthetisierungsprozesse des Zuschauers prägen.

In ihrem Text von 2005 bezieht sich Britta Hartmann mehrfach auf einen unveröffentlichten Vortrag von Daniel Barratt, der mittlerweile als Artikel vorliegt (Barratt 2006). Seine Diagnose der verblüffenden «Blindheit» («twist blindness») des Zuschauers vor dem *Plot Twist* basiert auf einer methodischen Weiterentwicklung der in David Bordwells neoformalistischer Filmtheorie (1985) angelegten kognitionspsychologischen Prämissen. Barratt versucht sich zunächst an einer Arbeitsdefinition der Begriffe ‹Aufmerksamkeit› (*attention*) und ‹Erinnerung› (*memory*) (63–66). Dafür legt er Bordwells Modell zugrunde, demzufolge der Zuschauer *Syuzhet* und *Style* in Schemata (*schemas*) übersetzt und aus diesen die *Fabula* konstruiert.[115] Auch die Erinnerung sei über Schemata organisiert – und zwar über die-

---

[115] ‹Syuzhet› kann in etwa analog zu *Discours* oder *Plot* gesehen werden, ‹Fabula› entsprechend analog zu *Histoire* oder *Story*. Der Begriff *Style* bezeichnet in etwa die filmische Form (vgl. Fußnote 5).

selben Schemata, die auch zum Verständnis des Films (Aufmerksamkeit) gedient haben. Diese seien rein kognitiv, nämlich «konzeptuelle Rahmen, die verschiedene Aspekte der Welt modellieren: Personen, Handlungen, Ereignisse usw.» (65; Ü WS).[116] In der Erinnerung finde daher eine Rekonstruktion der Schemata statt, wobei diese häufig dadurch eine Verzerrung erführen, dass Ereignisse, die zum selben Skript gehören, unbewusst ergänzt würden (65f.).

Ein zweiter Punkt, den Barratt zur Rezeption ergänzt, bezieht sich auf die Annahmen über die Welt, die täglich von Menschen getroffen würden (66): «Im Fall von THE SIXTH SENSE ‹nehmen wir an›, dass der gehende und sprechende Malcolm auch lebendig und gesund ist» (Ü WS).[117] Diese Annahmen entsprechen schlicht dem Gebrauch von Weltwissen, der beim Diegetisieren selbstverständlich ist.

Durch diese beiden Grundannahmen ist letztlich jede Konstruktion einer filmischen Welt geprägt. Über diese hinaus geht Barratt auf verschiedene psychologische Phänomene ein, in deren Zentrum der *primacy effect* bzw. die *priming procedure* steckt (66; vgl. Bordwell 1985, 38 u. 150f.):

> Unser erster Eindruck von einer Person oder Situation ‹primt› uns, diese Person oder Situation zu etikettieren, wobei wir eine bestimmte Art Schema verwenden, die unsere Auslegung späterer Information sowie die Aufmerksamkeit, die wir ihnen widmen, vorprägt. *(67; Ü WS)*[118]

Damit dieser Effekt erhalten bleibe, gebe es zwei Möglichkeiten, die Hypothesenbildung beim Rezipienten zu unterbinden: (a) durch zusätzliche Informationen, die er verarbeiten muss (*informational load*); (b) durch Emotionen, die bisherige Informationen überlagern und damit unterdrückend wirken (*emotional load*) (67). Zudem seien noch zwei grundsätzliche Wahrnehmungsprämissen des Menschen wichtig dafür, dass die Überraschung endgültig «wasserdicht» wird: (a) Die Aufmerksamkeit nimmt mit der Zeit tendenziell ab; (b) Die menschliche Wahrnehmung tendiert dazu, konservativ zu sein und somit die wahrscheinlichste Lösung (gemessen an den uns bekannten Schemata) anzunehmen (68, vgl. Hartmann 2005).

Barratt schließt eine Analyse an, die plausibel zeigt, wie das Ausnutzen der genannten kognitionspsychologischen Prämissen im Zusammenspiel mit inszenatorischen Doppeldeutigkeiten (zur späteren Umdeutung, vgl. Hartmann 2005) und narrativen Irreführungen die potenzielle «Blindheit» («twist blindness») maxi-

---

116 Im Original heißt es «[…] conceptual frameworks which model different aspects of the world: persons, actions, events, and so forth.»

117 «With respect to *The Sixth Sense,* we ‹assume› that the walking and talking Malcolm is also alive and well.»

118 «[O]ur first impression of a person or situation ‹primes› us to label that person or situation using a certain type of schema which biases the way in which we interpret, and attend to, subsequent information.» Von Barratt wie von Hartmann werden *priming* und Primäreffekt als zwei Aspekte desselben Phänomens behandelt, was, wie oben erwähnt, zwar möglich, aber genauer zu differenzieren ist.

miert. Der Primäreffekt ist hierbei einer von mehreren Aspekten, die *Twist-Ending*-Strukturen begünstigen. Auch die Struktur des Films und die Vorkenntnisse des Zuschauers haben Anteil am Gelingen des *Final Plot Twists*.

Den Primäreffekt ergänzt in der Psychologie der ungleich seltener im filmwissenschaftlichen Kontext diskutierte Rezenzeffekt (*recency effect*), der besagt, dass später eingehende Informationen besser erinnert werden als frühere. Er steht damit dem Primäreffekt diametral gegenüber und beide werden daher häufig zum Phänomen des *Primacy-Recency*-Effekts zusammengefasst, da es offenbar stark situationsabhängig ist, welcher Teil einer Informationskette als relevanter aufgefasst wird (vgl. Häcker/Stapf 2009, 773).

Die filmwissenschaftliche Integration des Primäreffekts bewirkt die Etablierung eines hierarchischen Gefälles in Bezug auf den vorgestellten Diegetisierungsbegriff. Informationen, die am Anfang gegeben werden, sind für die Diegese demnach grundsätzlich relevanter als später hinzukommende Details. Ob es so einfach ist, erscheint fraglich, und die Antwort darauf wäre wohl nur unter Zuhilfenahme ausführlicher empirischer Studien zu geben. Die Narratologie geht grundsätzlich davon aus, dass die hierarchischen Strukturen innerhalb einer Handlung prinzipiell ständig neu verhandelbar sind, was die Frage aufwirft, wie wirkungsvoll der Primäreffekt überhaupt sein kann. Provokant formuliert: Kann ein Zuschauer derart dem Primäreffekt erliegen, dass er nicht einmal den *Final Plot Twist* anerkennt? Es ist höchst plausibel, dass im klassischen, kausal erzählenden Hollywood-Kino die ‹Eckdaten› der Diegese (und damit der Handlung und der Eigenschaften der Hauptfiguren) sehr früh vermittelt werden. Dass diese nicht nur aufgrund ihrer Vermittlung zu Beginn, sondern auch durch ihre bloße Wichtigkeit für das Verständnis des Film-Textes eine zentrale Bedeutung zugewiesen bekommen, erscheint ebenso wahrscheinlich.

1.2.6.2 Kommunikativer Pakt

Twist Endings können mit Sehgewohnheiten brechen, indem sie durch ihre Neuartigkeit möglicherweise eine semiotische Überraschung beim Zuschauer auslösen. Sind sie eine bekannte Erzählstrategie – wovon man seit gut einem Jahrzehnt auch beim durchschnittlichen Hollywood-Zuschauer ausgehen kann –, lösen sie potenziell Rateprozesse («Was ist der *Twist*?») aus und ermöglichen Erwartungshaltungen, die ebenfalls durch das Nicht-Anwenden dieser Finalisierungsstrategie enttäuscht werden können. Ein Beispiel bietet das Korpus des Filmemachers M. Night Shyamalan, der mit THE SIXTH SENSE fast eigenhändig die Strategie in den Mainstream und somit in die allgemeinen Sehgewohnheiten integriert hat. Da das *Twist Ending* bzw. der *Final Plot Twist* einen wesentlichen Teil von Shyamalans Personalstil ausmacht – die meisten seiner Filme enden ähnlich[119] –, wird mittlerweile in einem Shyamalan-

---

119 UNBREAKABLE (UNBREAKABLE – UNZERBRECHLICH; USA 2000), SIGNS (SIGNS – ZEICHEN; USA 2002), THE VILLAGE (THE VILLAGE – DAS DORF; USA 2004), LADY IN THE WATER (DAS MÄDCHEN AUS DEM WASSER; USA 2006).

Film ein solches Ende nicht mehr als Besonderheit wahrgenommen. Überraschend sind vielmehr die Beispiele, die kein *Twist Ending* verwenden.

Viele *Twist Endings* machen sich die Erwartung eines *Surprise Endings* zunutze, um dieses zu übertrumpfen. Die bereits wesentlich länger etablierte Konvention des *Surprise Endings* hat eine Erwartungshaltung geprägt, die eine Auflösung (und Auffüllung fehlender Informationen) untrennbar mit dem Element der Überraschung assoziiert. Ein Beispiel für eine Erweiterung dieser Strategie ist SHUTTER ISLAND, der als Film mit überraschendem Ende vermarktet wurde, jedoch auf einer weiteren Ebene durch Verunsicherungsstrategien, die in der Geschichte des *Twist Endings* zuvor zwar nicht unüblich, aber selten so deutlich waren, partiell den Wechsel der diegetischen Realität zurücknimmt und eine Alternative bestehen lässt (vgl. hierzu Kapitel 2.1.9.H).

Der häufig angenommene ‹kommunikative Pakt› zwischen dem Zuschauer und dem Film bzw. dessen Produzenten, der als Regulator und Mediator zwischen Erwartungen, Erfahrungen und dem Film-Text vermittelt, wird in der Regel in der Genre-Theorie verortet. Es gibt jedoch darüber hinaus diverse rezeptionsästhetische Ansätze, welche die intertextuelle Vorbildung des Rezipienten als nicht zu vernachlässigende Prämisse bei seiner Konstruktion der Diegese ansehen.

Umberto Eco beschäftigt sich in mehreren seiner Texte mit rezeptionsästhetischen Prämissen, die er zumeist auf die Idee der Intertextualität bezieht. In der englischsprachigen Anthologie *The Role of the Reader* (Eco 1979) steht dieser Aspekt seiner Überlegungen im Vordergrund. In der längeren Einführung ins Thema schreibt Eco:

> Jeder Charakter (oder jede Situation) eines Romans ist sofort mit Eigenschaften ausgestattet, die der Text nicht direkt manifestiert; der Leser wurde ‹programmiert›, sie aus der Schatzkammer der Intertextualität zu borgen. *(21; Ü WS)*[120]

Dies deutet bereits darauf hin, dass der ‹kommunikative Pakt› sich nicht nur auf generische Vorgaben beschränkt, sondern um Figuren, Situationen, Handlungsmuster, Topoi, rhetorische Figuren und vieles mehr erweitert werden kann. Auch Gérard Genettes Begriff der «Architextualität» kann in diesem Zusammenhang aufschlussreich sein:

> Der fünfte […], abstrakteste und impliziteste Typus ist die […] *Architextualität*. Hier handelt es sich um eine unausgesprochene Beziehung, die bestenfalls in einem paratextuellen Hinweis auf die taxonomische Zugehörigkeit des Textes zum Ausdruck kommt […]. Letzlich ist es nicht Aufgabe des Textes, seine Gattung zu bestimmen, sondern die des Lesers, des Kritikers, des Publikums, denen auch freisteht, die über den Paratext beanspruchte Gattungszugehörigkeit zu bestreiten

---

[120] «Every character (or situation) of a novel is immediately endowed with properties that the text does not directly manifest and that the reader has been ‹programmed› to borrow from the treasury of intertextuality.»

[…]. Das Wissen um die Gattungszugehörigkeit eines Textes lenkt und bestimmt, wie man weiß, in hohem Maß den ‹Erwartungshorizont› des Lesers und damit die Rezeption des Werkes. *(Genette 1993, 13f.; Hv. i. O.)*

Was Genette hier für die Gattungszugehörigkeit herausstellt, kann genauso auf Genres oder sonstige Ordnungskriterien von Texten bzw. Filmen angewendet werden: Der Erwartungshorizont spielt bei der Rezeption eine wichtige Rolle, und gerade bei Filmen, in denen der *Plot Twist* einen Genre- oder Gattungswechsel hervorruft, kann von einem Verstoß gegen den vorliegenden ‹kommunikativen Pakt› gesprochen werden.

Robert Stam (1985, 34) erweitert diese Idee noch um den Aspekt der Illusionsbildung, welche nicht mit der Konstruktion der Diegese identisch ist. Je weniger adäquat die Repräsentation im jeweiligen Medium sei, desto mehr sei der Zuschauer an der Etablierung der Illusion aktiv beteiligt. Man kann hinzufügen: Desto mehr muss der Zuschauer kraft seines Vorwissens ergänzen.

Die Einbindung intertextuellen Vorwissens und enzyklopädischen Weltwissens aus dem Souriau'schen ‹Diskursuniversum› lässt Rückschlüsse auf die Erwartungshaltung gegenüber einem *Surprise Ending* oder *Twist Ending* zu. Generell kann davon ausgegangen werden, dass die Form mit zunehmender Korpuskenntnis erwartbarer wird und der *Final Plot Twist* seinen Status als Normverstoß mit der Zeit einbüßt. Das Element des Schocks stellt jedoch nur einen Aspekt des *Twist Endings* dar. Ist dieser erwartbar, geht das spielerische Moment des Endes nicht zwangsläufig verloren. Hans Jürgen Wulff hat darauf hingewiesen, dass dem Zuschauer immer auch zuzutrauen sei, das «Spiel» als solches wahrzunehmen:

Der Zuschauer weiß, dass er auf einen Weg gelockt werden soll, der ihm die Ereignisse einer Geschichte in besonderer Folge und in besonderer Art zeigt. Er weiß, dass ihm Indizien nahe gelegt werden, an die er glauben soll. Er weiß es und lässt sich trotzdem [darauf] ein. *(Wulff 2005, 153)*

Britta Hartmann (2005) wertet die narrative Irreführung hingegen als «Angriff auf den kommunikativen Pakt» (155), der den Glauben an intertextuell festgelegte Rahmenbedingungen der Glaubwürdigkeit erschüttere. Der kommunikative Pakt werde jedoch «nicht einmal am Anfang etabliert und besteht dann verlässlich bis zum Ende» (170). Seine Flexibilität macht die Grundlage dafür aus, dass avancierte Finalisierungsstrategien sowohl konventionalisierbar sind (wie beim *Twist Ending* geschehen) als auch mit Normverstößen operieren dürfen, ohne dass die Integrität des Film-Textes an sich gefährdet wäre.

1.2.7 Fazit

Das *Twist Ending* bedarf vieler definitorischer Prämissen, um akkurat beschrieben zu werden. Dies liegt daran, dass etliche Faktoren bei seiner Konstitution eine Rolle spielen und diese in einem komplexen, dynamischen Verhältnis zueinander stehen.

Die folgende Definition soll als analytische Grundlage zur Entscheidung im Einzelfall dienen, ob es sich um ein *Twist Ending* handelt oder nicht. Im historischen Teil (2) und im typologischen Teil (3) dieser Arbeit differenzieren kasuistische Analysen die verschiedenen Spielarten des *Twist Endings* aus.

Die Kernleistung des *Twist Endings* ist die Sichtbarmachung einer bis dahin verborgen gebliebenen diegetischen Ebene, die in Modus, Genre oder Gattung verschieden von der bis dahin als verbindlich angenommenen Ebene sein kann. Dieser Ebenenwechsel wird über einen *Plot Twist*, häufig im Zusammenspiel mit einer *Anagnorisis*, kommuniziert, der das Ende – ungeachtet vom Spannungsaufbau, der schon vorher erfolgt sein mag – einleitet. *Plot Twist* und *Anagnorisis* lösen eine *Peripetie* aus, die auf verschiedenen Ebenen ansetzen kann – abhängig von der vorliegenden Art des Normverstoßes. Diese macht einen Synthetisierungsprozess erforderlich, in dem die zweite (verborgene) Diegese-Ebene mit der ersten (offenen) Diegese-Ebene abgeglichen und re-evaluiert wird. In vielen Fällen schließt sich ein kurzer Epilog an, der entweder die Konsequenzen des *Twist Endings* vertieft oder noch einen weiteren *Plot Twist* enthält, der nunmehr als Schlusspointe fungiert. Es ist zu berücksichtigen, dass kognitionspsychologische Umstände wie der Primäreffekt und filmpsychologische Beobachtungen wie das Nachlassen der Zuschauer-Aufmerksamkeit die Täuschung durch das *Twist Ending* begünstigen. Zudem bringt der Rezipient sowohl Weltwissen (Diskursuniversum) als auch intertextuelle (und potenziell paratextuelle) Erfahrungen mit, die im Diegetisierungsprozess eine Rolle spielen können. Die Handlung vor einem *Twist Ending* ist in aller Regel kausal erzählt, d. h. in einem mehr oder weniger ‹klassischen› Stil gehalten, da ansonsten der strukturelle Normverstoß des *Plot Twists* nicht mehr als solcher wahrnehmbar wäre. Man kann zwischen einem markierten *Twist Ending*, das die Auffüllung elliptischer Elemente der Fabula (bzw. *Histoire* oder *Story*) erwartbar macht, und einem unmarkierten *Twist Ending*, das auf eine Konfliktlösung hinauszulaufen scheint, unterscheiden. *Twist Endings* führen häufig zu einer binär strukturierten Re-Evaluation des bis zum *Plot Twist* Gezeigten (D(t); z. B. ‹Realität → Traum›). Die möglichen Kategorien werden im dritten Teil der Untersuchung zur Typologie des *Twist Endings* vorgestellt und diskutiert.

2 Historische Entwicklung des *Twist Endings*

2.1 Korpus und Geschichte

2.1.1 *Twist Endings* in der Literatur

a. Vorbemerkungen

Der Untersuchung überraschender Enden in der Literatur könnten problemlos mehrere Monografien gewidmet werden. Das spezielle Phänomen *Twist Ending* scheint seltener, aber durchaus möglich zu sein.[1] Im Folgenden geht es um drei Aspekte von *Twist Endings* in der Literatur: (a) die Klassifikation der oft als «Twist Endings» bezeichneten Enden der Kurzgeschichten von Guy de Maupassant und O. Henry (vgl. Kapitel 1.2.1); (b) die Funktionsweise eines *Twist Endings* in der erzählenden Literatur am Beispiel einer Kurzgeschichte von Ambrose Bierce; (c) die Analyse des *Twist Endings* eines Romans als Beispiel für eine größere Form.

Auch in der Literatur kann zwischen *Surprise Ending* und *Twist Ending* unterschieden werden. Da sich größere Erzählungen häufig über einen längeren Zeitraum erstrecken und ihre Diegese eine Vielzahl von Wendungen enthält, ist es nicht überraschend, dass das pointenartige *Surprise Ending* auch im Roman möglich ist, das *Twist Ending* jedoch eine größere Affinität zu Kurzgeschichten aufweist.

Wenngleich in der theoretischen Grundlegung des Dramas eine überraschende Wendung am Ende zu einer seiner Konventionen erhoben wurde (vgl. Kapitel 1.2.4.2), ist ein *Twist Ending* bei einer Theateraufführung nur schwer vorstellbar, da die immersiven und illusionistischen Möglichkeiten erzählerischer Literatur

---

[1] Eine umfassende Recherche analog zur Filmografie der vorliegenden Untersuchung ist, da es sich nur um einen Randgedanken handelt, nicht möglich.

deutlich umfangreicher sind.[2] Dass bei der Recherche nur äußerst wenige Beispiele ausgemacht wurden, die als Dramen mit *Twist Ending* gelten können, stützt diese Vermutung.[3]

b. Maupassant und O. Henry

Als literarische Väter des «Twist Endings»[4] gelten Guy de Maupassant (1850–1893) und O. Henry (1862–1910) (vgl. Kapitel 1.2.1), die in ihren Kurzgeschichten zahlreiche Möglichkeiten der überraschenden Finalisierung durchgespielt haben. In der Tat scheint der Begriff *Twist* als erzählerische Kategorie von dem Begriff *O. Henry Twist* herzustammen[5], da sich die Technik einer besonders überraschenden Wendung am Ende zu seinem Personalstil entwickelte. O. Henry galt in der Weltliteratur gleichsam als «amerikanischer Guy de Maupassant» (Smith 2004, 83), und es ist wahrscheinlich, dass Letzterer ihn als sein Zeitgenosse beeinflusst hat.

Eine von Guy de Maupassants Erzählungen mit überraschendem Ende ist *La Parure* (*Der Schmuck*; 1884). Die Protagonistin Mathilde lässt sich von ihrem Ehemann für einen Ball neu einkleiden und leiht sich zum selben Anlass von der reichen Mme Forestier ein Diamanthalsband. Nach dem Ball geht dieses verloren, und das Ehepaar borgt sich von zahlreichen Freunden und Bekannten Geld, um das teure Schmuckstück zu ersetzen. Nachdem sie zehn Jahre für die Tilgung der Schulden gearbeitet hat, trifft Mathilde Mme Forestier zufällig auf der Straße. In einem Gespräch stellt sich heraus, dass das damals geborgte Halsband nur eine Nachbildung gewesen ist und bestenfalls einen Wert von 500 Francs hatte.

Durch den *Twist* am Ende der Erzählung wird die Motivation der Hauptfigur ihrer Legitimität enthoben und die Irreführung der Protagonisten offenbar. Auch hier handelt es sich um eine *Anagnorisis*, da Mathilde ihren Fehler plötzlich einsieht und zehn Jahre ihres Lebens, die von zunehmender Verelendung geprägt waren, nun eine andere Bedeutung erhalten. Die neue Information ändert die diegetische Realität nicht so grundlegend, dass von einem *Twist Ending* gesprochen werden kann; es handelt sich vielmehr um einen *Final Plot Twist*. Dennoch deutet das neu

---

2   Da die Bühne eine optisch begrenzte Ausprägung der diegetischen Realität repräsentiert, ist es problematisch, den Wechsel diegetischer Realitäten zu visualisieren. Durch die Unmittelbarkeit des Geschehens wäre eine größere kognitive Leistung des Zuschauers erforderlich als beim Umdeuten einer Erzählung, die im Theater ja ohnehin aus den Dialogen erschlossen werden muss.

3   Zu nennen wären z. B. Lucille Fletchers *Night Watch* (1972) und Alan Ayckbourns *Woman in Mind* (1985). Die Oper *Die tote Stadt* (1920) von Erich Wolfgang Korngold gehört ebenfalls in diese Kategorie.

4   Da es sich nach der Definition aus Kapitel 1.2.1 nicht um *Twist Endings* handelt, wird der Ausdruck hier in Anführungszeichen gesetzt.

5   Der *O. Henry Twist* scheint somit Ursprung der Konvention zu sein, überraschende Wendungen in Erzählungen als *Twist* zu bezeichnen. Damit wäre der *O. Henry Twist* onomatologisch gesehen Vorläufer und Vorbild für den *Plot Twist*, *Final Plot Twist* und letztendlich auch das *Twist Ending* (vgl. auch Kapitel 1.1.5, 1.1.6 und 1.2.1).

erwachte Interesse an unerwarteten Wendungen gegen Ende des 19. Jahrhunderts bereits auf die avantgardistischen Erzählformen hin, die sich unter dem Begriff der literarischen Moderne auszudifferenzieren beginnen.

O. Henry, mit bürgerlichem Namen William Sydney Porter, hat den überraschenden *Twist* in seinen Erzählungen derart zu seinem Markenzeichen gemacht – vergleichbar dem Fall Shyamalan in Bezug auf das filmische *Twist Ending* –, dass spätestens in den 1940er-Jahren erstmals vom «O. Henry Twist» die Rede ist (vgl. Kapitel 1.2.1). Der vor allem für seine Kurzgeschichten bekannte amerikanische Autor hat eine Reihe sehr bekannter Wendungen entworfen, die jedoch weder immer am Ende der Narration stehen noch dem in Kapitel 1.2 geprägten Begriff *Twist Ending* Genüge tun.

In *The Gift of the Magi* (*Das Geschenk der Weisen*; 1906)[6] beschenken sich zwei Partner zu Weihnachten derart, dass beide mit den Geschenken nichts mehr anfangen können: Der Mann kauft der Frau einen Kamm und verkauft dafür seine geliebte Taschenuhr; währenddessen verkauft sie ihre Haare, um sich eine Kette für die Uhr leisten zu können. Die Überraschung wird jedoch vom Leser von vornherein aus einer komischen Distanz wahrgenommen, da sie nur für die Figuren wirkt: Er ist schon früh in die jeweiligen Einkaufs- und Verkaufspläne eingeweiht und betrachtet somit den *Twist* ohne irreführende Involvierung.

The Cop and the Anthem (*Der Schutzmann und der Choral*; 1904) und *A Retrieved Reformation* (*Der Weg zur Besserung*; 1903)[7] implementieren einen *Final Plot Twist*, der mit dem Ende der präsentierten Maupassant-Geschichte vergleichbar ist. *A Retrieved Reformation* handelt von dem Bankräuber Jimmy Valentine, der sich bei der Planung eines Coups unerwartet in die Tochter des Bankiers verliebt. Er beginnt für sie ein ehrliches Leben und bemerkt dabei nicht, dass er vom Polizisten Doyle beschattet wird. Als eine der Nichten des Bankiers versehentlich in den Safe der Bank eingeschlossen wird und keine Möglichkeit besteht, sie auf herkömmliche Weise zu befreien, tritt Jimmy in Aktion und enthüllt damit seine frühere Identität als Bankräuber. Die Nichte wird gerettet, und Jimmy verlässt die Bank, wo er auf Doyle trifft, der das Geschehen beobachtet hat. Jimmy ergibt sich freiwillig, jedoch tut Doyle, als erkenne er ihn nicht, und geht seines Weges. Dass Doyle den Bankräuber laufen lässt, widerspricht der aufgebauten Erwartung des Lesers. Die Geschichte steuert durch die Beschattung und die Offenbarung von Jimmys wahrer Identität vor seinen neuen Bezugspersonen auf ein tragisches Ende zu; durch einen Sinneswandel des Polizisten – eine Art subjektive und moralische *Peripetie* – bleibt Jimmys Leben jedoch überraschenderweise intakt. Ein Detail der diegeti-

---

6 *The Gift of the Magi* wurde mehrfach verfilmt, zum ersten Mal im Jahre 1909 unter dem Titel The Sacrifice unter der Regie von D. W. Griffith (vgl. Kapitel 2.1.2).

7 *A Retrieved Reformation* wurde 1928 als der erste reine Tonfilm der MGM-Studios unter dem Titel Alias Jimmy Valentine verfilmt (vgl. Kapitel 2.1.2).

schen Realität wird in einem Sinne alteriert, wie es nicht zu erwarten war, worin die Rücknahme einer bereits getroffenen erzählerischen Vereinbarung zu sehen sein kann. Dies ist ein klassischer *Final Plot Twist* bzw. ein typisches *Surprise Ending*, das anhand einer Veränderung eine bzw. mehrere, jedoch nicht alle zentralen diegetischen Prämissen beeinflusst.

In *The Cop and the Anthem* bemüht sich ein Landstreicher vergeblich um seine Festnahme, da er den Winter nicht auf der Straße verbringen will; alle seine kriminellen Machenschaften werden jedoch fehlinterpretiert oder mit Langmut hingenommen. Nach einem religiösen Läuterungserlebnis beschließt er, das Leben auf der Straße zu beenden, indem er sich Arbeit sucht. Während er auf ein Vorstellungsgespräch wartet, wird er wegen Hausierens verhaftet und muss nun den Winter unfreiwilligerweise im Gefängnis verbringen. Der humoristische *Twist* am Ende spielt mit dem durch die Geschichte etablierten Vorwissen des Lesers und dem Irrtum der Staatsgewalt, die den Landstreicher ironischerweise erst verhaftet, als er beschließt, ein ehrliches Leben zu beginnen. Die Logik des Geschehens ist einerseits komplementär und somit ironisch – der ehrliche Mann wird im Gegensatz zum unehrlichen Mann verhaftet –, andererseits deutet sie das etablierte Wissen über die diegetische Realität um, dass man tun kann, was man will, um verhaftet zu werden, ohne dass es gelingt. Die Überraschung zwingt den Leser zu einer – wenn auch humoristischen – Re-Evaluation des bisher Geschehenen; es kann von einem abgeschwächten *Twist Ending* gesprochen werden, da einige Bedingungen dafür erfüllt sind.

O. Henrys Kurzgeschichten waren bereits in der Frühzeit des Films beliebte Drehbuchvorlagen, und es entstand eine Vielzahl von Filmen nach seinen Erzählungen. Zwei andere literarische Beispiele sind in der Tradition des Erzählens mit überraschendem Ausgang zu besonderem Ruhm gelangt und können durchaus als Pendants zum filmischen *Twist Ending* angesehen werden.

c. Ambrose Bierce: *An Occurrence at Owl Creek Bridge* (1890)

Ambrose Bierce' Kurzgeschichte *An Occurrence at Owl Creek Bridge* [*Ein Vorfall an der Owl-Creek-Brücke*] (1890) bedient sich der Subjektivierung von Zeit, um ein überraschendes Ende hervorzurufen. Sie handelt von einem Soldaten, der während des Amerikanischen Bürgerkriegs an der Owl-Creek-Brücke aufgehängt werden soll. Ihr *Discours* kann in vier Teile unterteilt werden:

Tab. 3 *Discours* von *An Occurence at Owl Creek Bridge*

1. A^1 vor der Exekution Fluchtgedanke (Fg) Zeitdeckung	2. B wie es zu A^1 kam Analepse Zeitraffung	3. $A^{2'}$ Exekution misslingt Flucht (vgl. Fg) Zeitdehnung
	Alternative => ausgelöst durch Schmerz (S)	4. A^2 Exekution Zeitdeckung

Man erkennt in dem Schema, dass A^1 und A^2, in denen erzählte Zeit und Erzählzeit in etwa gleich sind, die eigentliche Geschichte ausmachen, während B und $A^{2'}$ subjektivierte Erzählungen sind, die einerseits die Vorgeschichte aufarbeiten und andererseits die Flucht des Erzählers konstruieren. Der Fluchtgedanke (Fg) kommt dabei bereits in A^1 auf, was im Nachhinein als Signal gewertet werden kann, dass sich $A^{2'}$ als Extrapolation des Fluchtgedankens lesen lässt. Der Schmerz (S), der in Abschnitt $A^{2'}$ unmotiviert auftritt – bei der Rückkehr nach Hause spürt der Soldat plötzlich wieder den Strick um seinen Hals – triggert den Übergang zurück zur ‹Realität›. In A^2 ist er als durch die Exekution verursachter Schmerz motiviert. Das *Twist Ending*, das der Kategorie der ‹Totenbettfantasie› (vgl. Kapitel 3.1.2.2) entspricht, bezieht sich nicht auf die gesamte Geschichte, sondern deutet im Nachhinein nur die Episode $A^{2'}$ als subjektive Halluzination um (‹Realität› → Traum). Der Schmerz (S) übernimmt dabei die Scharnierfunktion zwischen den diegetischen Ebenen und ist somit die erste Information, die re-evaluierbar wird. Zuvor hat die geschärfte Wahrnehmung des Protagonisten bei seiner Flucht bereits ein Verunsicherungssignal in Bezug auf den Realitätsstatus der Diegese gesetzt. Die Unwahrscheinlichkeit der Flucht kann ebenfalls als Argument dafür angeführt werden, dass die Re-Evaluation nicht bei vollständigem Unwissen über den möglichen *Twist* ansetzt.

Der Protagonist Peyton Farquhar wird von Bierce als ca. 35 Jahre alter Plantagenbesitzer beschrieben, als sehr distinguierter und keinesfalls vulgärer Mann (Bierce 2003, 4). Er ist ein überzeugter Südstaatler, Sklavenbesitzer und wohnt etwa 30 Meilen von der Owl-Creek-Brücke entfernt, an der er aufgehängt werden soll. In der Analepse, die als Kapitel II markiert ist, wird angedeutet, dass er einen Anschlag auf die Brücke plant – dies gesteht er jedoch ausgerechnet einem Scout der Föderationstruppen (6). Die Erzählung lässt den eigentlichen Anschlag und die Festnahme Farquhars aus und nimmt die Handlung stattdessen im Kapitel III mit der ‹Rettung› der Hauptfigur durch das Reißen des Seils wieder auf. Zwar ist die Passage nicht eindeutig als Halluzination markiert, jedoch gibt es einige Hinweise darauf.

Von Anfang an gibt es bei Bierce Anzeichen dafür, dass der Protagonist eine veränderte Wahrnehmung hat: In der Exposition auf der Brücke hört er permanent ein «scharfes und ausgeprägtes metallisches Schlagen» (4 f.; Ü WS)[8], das er zunächst nicht zuordnen kann und das sich in der Folge als amplifiziertes Geräusch seiner Taschenuhr herausstellt. Das dritte Kapitel beginnt mit einer Beschreibung der Strangulation, die ihn mit einem gewaltigen Pendel («vast pendulum») vergleicht (7). Der unmarkierte Übergang in die Halluzination wird an dieser Stelle geglättet, indem Farquhar in seinem Zustand die Fähigkeit zu denken abgesprochen wird; er

---

8 «Striking through the thought of his dear ones was a sound which he could neither ignore nor understand, a sharp, distinct, metallic percussion like the stroke of a blacksmith's hammer upon the anvil; it had the same ringing quality.»

ist kurzfristig nur für Gefühle und Wahrnehmungseindrücke empfänglich (6). Ein lautes Platschen leitet die Halluzination ein, und es wird folgerichtig konstatiert: «Die Kraft seiner Gedanken war wiederhergestellt» (7; Ü WS).[9] Im Nachhinein kann der konstruierte Übergang als Gewöhnungsprozess verstanden werden; an dieser Stelle verschleiert er jedoch, dass alles, was von hier an passiert, eine rein subjektive Imagination darstellt. Auch im Verlauf der Halluzination deuten Markierungen darauf hin, dass die Wahrnehmung der Hauptfigur nicht glaubwürdig ist: Sowohl seine Sehkraft als auch seine Hörfähigkeit sind ins Übernatürliche gesteigert, als er aus dem Wasser auftaucht (7 f.), sodass er gar die Augenfarbe eines der Schützen auf der Brücke erkennen kann. Der Zustand hält jedoch nicht an, und er wird von einer Strömung erfasst, die seine Sicht verschwimmen lässt; Objekte erscheinen ihm in ihre Farben aufgelöst (9). Als er an Land gespült wird, nimmt er alle Dinge verklärt war – das rettende Ufer ist nicht nur *locus amoenus*, sondern ein geradezu paradiesischer Ort: Der Sand sieht aus wie Edelsteine, die Bäume blühen und stehen wohlgeordnet wie in einem Garten, ein rosenrotes Licht scheint durch ihr Geäst, und der Wind lässt ihre Blätter klingen wie äolische Harfen (9).[10] Auch hier kann man im Nachhinein eine Doppeldeutigkeit ausmachen: Die metaphorische Darstellung seiner Freude über die Rettung seines Lebens (uneigentlich) korrespondiert mit einer weiteren Phase seiner Halluzination (eigentlich). An späterer Stelle gelangt Farquhar in einen Wald, der unnatürlich symmetrisch gewachsen ist[11] und über dessen Gipfeln Sterne zu sehen sind, die der Protagonist noch nie gesehen hat (10).[12] Ihre Konstellationen sind «merkwürdig», und Farquhar vermutet darin eine «geheime und bösartige Bedeutung» (10; Ü WS).[13] Zudem hört er Stimmen im Wald, die in unbekannten Sprachen sprechen. Der fremde Ort ist jedoch nicht nur desorientierend: Schmerzen am Hals, Durst und Gefühle der Austrocknung erschweren Farquhars Reise.[14] Nach einem undeutlichen Zeitsprung, der wiederum an der Wahrnehmung der Hauptfigur zweifeln lässt, gelangt Farquhar zu seinem Haus. Die Ellipse ist geradezu ironisch markiert: «Zweifellos, trotz seines Leidens, war er beim Gehen eingeschlafen, denn jetzt *sieht* er einen anderen Ort – vielleicht hat er sich nur von einem Delirium erholt» (10; Ü WS; Hv. WS).[15] Bereits hier wird

---

9 «The power of thought was restored.»
10 Der christlich-paradiesische Motivkreis ist deutlich erkennbar: goldene Strände (hier: aus Edelsteinen), ein Garten und die obligatorischen Engelsharfen.
11 «The black bodies of the trees formed a straight wall on both sides, terminating on the horizon in a point, like a diagram in a lesson in perspective» (10).
12 Sterne sind wohl das zuverlässigste Orientierungsmerkmal, das man sich vorstellen kann.
13 «He was sure they were arranged in some order which had a secret and malign significance.»
14 Auch dies sind deutliche Hinweise darauf, dass Farquhar nach wie vor aufgeknüpft ist. Vgl. auch: «His tongue was swollen with thirst; he relieved its fever by thrusting it forward from between its teeth into the cold air» (10).
15 «Doubtless, despite his suffering, he had fallen asleep while walking, for now he sees another scene – perhaps he has merely recovered from a delirium.»

der *Final Plot Twist* unauffällig markiert, indem sich die Zeitebene der Erzählung vom Präteritum ins Präsens verlagert. Das Glück der Heimkehr hält nicht lange an: Als Farquhar auf seine Frau zustürmt, ist seine Zeit abgelaufen, und die Halluzination endet zusammen mit seinem Leben:

> O, wie schön sie ist! Er schnellt mit ausgebreiteten Armen auf sie zu. Als er sie gerade umarmen möchte, fühlt er einen wuchtigen Hieb im Nacken; ein blendend weißes Licht entflammt alles um ihn herum mit einem Geräusch gleich dem Schlag einer Kanone – dann ist alles Dunkelheit und Stille!
> Peyton Farquhar war tot; sein Körper, das Genick gebrochen, schwang gemächlich unter dem Gebälk der Owl-Creek-Brücke hin und her. *(10; Ü WS)*[16]

Der letzte, vergewissernde Satz, dass fast der gesamte dritte Teil nur im Kopf der Hauptfigur stattgefunden hat, kehrt wieder ins Präteritum zurück. Das Präsens hat seine Funktion erfüllt und sowohl die Narration als auch den Leser in die Gegenwart zurückgeholt.[17] Das *Twist Ending* äußert sich mitten im Satz als Überlagerung der halluzinierten Handlung durch die fiktive ‹Realität›. Dies geschieht keineswegs unvorbereitet: Die Heimreise des Deserteurs ist fast abgeschlossen, das narrative Ziel scheint in erreichbarer Nähe. Außerdem signalisiert der o. g. Tempuswechsel mehr Unmittelbarkeit und somit eine Zuspitzung bzw. Eskalation, die ebenfalls als Finalisierungsstrategie gewertet werden kann. Der Topos der Heimkehr als Metapher für das Sterben ist in den meisten Kulturen etabliert. Interessant erscheint, dass gemischte Signale bei Bierce die Uneigentlichkeit der halluzinierten Heimkehr relativieren: So bildet der Sonnenaufgang bei der Ankunft Farquhars eine metaphorische Opposition zu seinem Tod, die konsequenterweise dadurch aufgelöst wird, dass sowohl die ‹reale› Heimkehr als auch der dazugehörige Sonnenaufgang nur imaginiert sind und die metaphorische ‹Heimkehr› nur verdecken. Trotz aller Hinführungen zum Ende ist der *Plot Twist* selbst strukturell gesehen kurz und unvermittelt: Er tritt mitten im Satz auf und wird nur noch durch einen weiteren Satz ergänzt. Nach dem letzten intern fokalisierten Ereignis – dem kanonenschlagartigen «Hieb» – kommentiert eine extern fokalisierte Erzählinstanz in einem Epilog Farquhars Tod und macht ihn damit zur Gewissheit. Dabei ist vermutlich gerade die Analepse wesentlich dafür, dass der *Plot Twist* funktioniert. Die zahlreichen Signale, die auf das Ende hindeuten, fanden bereits Erwähnung – durch die Einführung einer unstrittigen Vorgeschichte gibt es einen Teil, der erstens erzähle-

---

16 «Ah, how beautiful she is! He springs forward with extended arms. As is about to clasp her he feels a stunning blow upon the back of the neck; a blinding white light blazes all about him with a sound like the shock of a cannon – then all is darkness and silence!
Peyton Farquhar was dead; his body, with a broken neck, swung gently from side to side beneath the timbers of the Owl Creek bridge.»

17 Zudem wird durch den Tempuswechsel eine Beschleunigung bewirkt, die den *Plot Twist* intensiviert.

risch von der Brücke wegführt und zweitens die Zeitdeckung des Anfangs auflöst. Dadurch wirkt der Erzählrhythmus der Halluzination plausibler und der Bruch zur Rahmenhandlung kann als verdeckt gelten.

Abgesehen von den Adaptionen der Bierce-Geschichte (vgl. Kapitel 3.3.3) zeigt sich ihr großer Einfluss auf den Film auch in etlichen Spielarten der filmischen ‹Totenbettfantasie› (vgl. Kapitel 3.1.2.2).

d. Leo Perutz: *Zwischen neun und neun* (1918)
In Leo Perutz' Roman *Zwischen neun und neun* springt der Protagonist Stanislaus Demba zweimal auf der Flucht vor der Polizei aus dem Fenster – einmal um neun Uhr morgens und einmal um neun Uhr abends. Am Ende des *Discours* wird deutlich, dass alles, was nach dem ersten Fenstersturz passiert ist, nur die ‹Totenbettfantasie› des sterbenden Demba war:

> Als die beiden Polizisten – kurz nach neun Uhr morgens – den Hof des Trödlerhauses in der Klettergasse betraten, war noch Leben in Stanislaus Demba.
> *(Perutz 1988, 197)*

Die zwölf Stunden sind also quasi ‹geborgte Zeit› des imaginierten ‹Wiedergängers› Demba, die nur in seinem Kopf vergeht: «Die erzählte Zeit von *Zwischen neun und neun* währt nicht die zwölf Stunden von neun Uhr morgens bis neun Uhr abends, sondern in Wahrheit nur wenige Minuten» (Martínez/Scheffel 2005, 102, Hv. i. O.).

Durch dieses *Twist Ending* findet ein Moduswechsel statt: Die bisher als extradiegetisch verstandenen Sätze erweisen sich als «intern-fokalisierte Phantasievorstellungen in Dembas Bewußtsein» (Martínez/Scheffel 2005, 102). Martínez und Scheffel weisen darauf hin, dass am Ende rückwirkend die gesamte Handlung uminterpretiert werde, weil durch das Motiv des «halluzinatorischen Abenteuers im Moment des Sterbens» (102) eine konsistente erzählte Welt konstruierbar sei. Anders gesagt: Das *Twist Ending* gibt die Parameter für die Re-Evaluation vor (‹Realität› → Halluzination), wodurch die zweite Diegese-Ebene nicht nur zum Vorschein kommt, sondern auch motiviert wird.[18]

Bereits oben wurde erwähnt, dass das Motiv der ‹Totenbettfantasie› auch in Filmen mit *Twist Ending* häufig aufgegriffen wird.[19] Bei Perutz' Roman lässt sich eine interessante Parallele in der narrativen Inszenierung beobachten: Eine Situation, die

---

18 Katrin Stepath weist darauf hin, dass der Roman insgesamt in zwei Teile zu untergliedern ist: von Kapitel 1 bis 8 – also bis zur scheinbaren ersten Auflösung – sei eine Rätselspannung festzustellen, die auch narrativ manifestiert sei. Verschiedene heterodiegetische Erzähler werden ab dem neunten Kapitel um die Perspektive der Hauptfigur ergänzt: ein narrativer Hinweis auf die Beschaffenheit des Textes und für Stepath begleitet vom Einsetzen einer Ereignisspannung (2006, 224).

19 Vgl. CARNIVAL OF SOULS (TANZ DER TOTEN SEELEN; USA 1962, Herk Harvey); SIESTA (SIESTA; USA 1987, Mary Lambert); JACOB'S LADDER (JACOB'S LADDER – IN DER GEWALT DES JENSEITS; USA 1990, Adrian Lyne); THE SIXTH SENSE (SIXTH SENSE; USA 1999, M. Night Shyamalan); STAY (STAY; USA 2005, Marc Forster); YELLA (D 2007, Christian Petzold) usw.

sehr wahrscheinlich zum Tod der Hauptfigur führt, wird nicht bis zum Tod erzählt. Stattdessen wird das – relativ unwahrscheinliche – Überleben der Figur suggeriert und die Handlung weiterentwickelt (vgl. auch Hartmanns resp. Barratts Analysen von THE SIXTH SENSE; Hartmann 2005, Barratt 2006). Die Erzählung des «zweifachen Todes» einer Figur ist oft markiert von einem Ausstiegspunkt, an dem die diegetischen Ebenen divergieren.[20] Dies bedeutet, dass die Reichweite des *Twist Endings* nicht den gesamten *Discours* umfasst, sondern es einen unmarkierten Punkt gibt, an dem die ‹falsche› diegetische Ebene sich unmerklich über die ‹richtige› lagert.

2.1.2 *Twist Endings* zur Stummfilmzeit (1900–1929)

Die frühen Versuche, überraschende Enden und finale *Plot Twists* auch in filmische Narrationen zu integrieren, reichen zumindest bis zu den ersten O. Henry-Verfilmungen zurück. Im folgenden Teil findet sich ein historischer Überblick des *Twist Endings*, der sich erstens am Hollywood-Kino orientiert und sich zweitens größtenteils bekannten filmhistorischen Einteilungen anschließt. Kristin Thompsons und David Bordwells Opus Magnum *Film History. An Introduction* (Thompson/Bordwell 2002) dient hier als zentraler Anhaltspunkt für die Beschreibung von Filmgeschichte. Die Orientierung daran begründet sich aus der Unmöglichkeit, im vorliegenden Rahmen alles neu zu erarbeiten; überdies decken sich die meisten Beobachtungen zum *Twist Ending* mit allgemeinen filmhistorischen Entwicklungen. Manche Einschnitte – z. B. die für die Geschichte des *Twist Endings* zentralen Jahre 1987 und 1999 – mögen auf den ersten Blick unvertraut wirken, sind jedoch signifikanten Abweichungen der spezifischen Geschichte des *Twist Endings* vom filmhistorischen *Mainstream* geschuldet.[21]

Der Grund für die Orientierung am Hollywood-Kino liegt einerseits in seinem enormen filmischen Output, andererseits in der Normativität seiner Produktion: Der schon früh für alle Studios verbindliche «Continuity-Style»[22] macht Abweichungen von der Norm leichter wahrnehmbar. Ein pragmatisches Argument ist indessen keinesfalls zu vernachlässigen: Die Dokumentation der amerikanischen Filmgeschichte bietet Recherche- und Sichtungsmöglichkeiten, die bei anderen Filmkulturen nicht in dem Ausmaß vorhanden sind. Beispiele aus anderen Filmkontexten werden aufgrund dieser ‹Fokalisierung› des Hollywood-Kinos nicht außer Acht gelassen, jedoch machen sie auch in der hier skizzierten Filmgeschichte nicht den *Mainstream* aus.

---

20 In ABRE LOS OJOS (VIRTUAL NIGHTMARE – ÖFFNE DIE AUGEN aka OPEN YOUR EYES; E/F/I 1997, Alejandro Amenábar) wird dies sogar explizit thematisiert (vgl. Kapitel 3.1.2.1).
21 Dies ist nur eines von vielen Beispielen dafür, dass die filmische Formenentwicklung nicht kongruent mit konventionellen Periodeneinteilungen verlaufen muss.
22 David Bordwell verwendet den Begriff synonym zum klassischen Hollywood-Stil, vgl. Bordwell 1997, 106 u. 212.

Bereits in der Frühzeit des Films werden Geschichten der für ihre *Final Plot Twists* bekannten Autoren O. Henry und Guy de Maupassant zur Grundlage von Drehbüchern. D. W. Griffith, einer der prominentesten Regisseure der Stummfilmzeit, ist sowohl für die erste O. Henry-Verfilmung als auch für die zweite Guy-de-Maupassant-Verfilmung verantwortlich: von *The Gift of the Magi* (O. Henry, 1906) und *La Parure* (Guy de Maupassant, 1884).[23] Der Film THE SACRIFICE von 1909 implementiert den finalen *Twist* offenbar getreu der O. Henry-Literaturvorlage und kann somit als eines der frühesten Beispiele für einen Film mit überraschendem Ende gelten. Die tragische Ironie am Ende bleibt anscheinend auch in THE NECKLACE (nach *La Parure*[24]) aus demselben Jahr erhalten; die narrative Transformation des *Final Plot Twists* von der Literaturvorlage zur filmischen Umsetzung verläuft augenscheinlich problemlos.[25]

The Gift of the Magi wird im Laufe der Filmgeschichte noch mindestens sechs Mal adaptiert – zur Stummfilmzeit entstehen abgesehen von dem Griffith-Film ein weiterer US-Film (1917) unter der Regie von Brinsley Shaw sowie die russische Variante LIUBVI SYURPRIZY TSHCHETNYE[26] (1916, Vyacheslav Viskovsky). Ferner sind die zahlreichen Adaptionen der O. Henry-Geschichte *A Retrieved Reformation* (1909, vgl. Kapitel 2.1.1) auffällig, deren erste – ALIAS JIMMY VALENTINE[27] (USA 1915, Maurice Tourneur) – als einzige stumm ist. Bereits das Remake des Tourneur-Films von 1928 ist ein sehr früher Tonfilm – tatsächlich der erste «All-Talkie»[28], den das Studio Metro-Goldwyn-Mayer (MGM) produzieren lässt. Die finale Überraschung von *A Retrieved Reformation* bzw. ALIAS JIMMY VALENTINE ist ein weiteres frühes Beispiel des *Surprise Endings* im Film.

Die frühesten Filme mit *Twist Ending* machen sich die Opposition von ‹Traum› und ‹Realität› zunutze, um die etablierte Diegese neu zu bewerten. Die diegetische Realität wird als Traum-Diegese enthüllt, wodurch sämtliche als ‹real› betrachteten Fakten des vorangegangenen Syuzhets umgedeutet werden müssen. Die simpelste Form ist somit auch eine der weitreichendsten, da ein Traum narratologisch gesehen oft ähnlich funktioniert wie eine Lüge.[29]

---

23 Zu beiden Storys vgl. Kapitel 2.1.1.
24 Es existiert eine zweite Stummfilm-Variante: THE DIAMOND NECKLACE (GB 1921, Denison Clift).
25 Diese Einschätzung basiert auf recherchierten Informationen über die Filme, da beide Titel trotz ihres prominenten Regisseurs momentan nicht erhältlich sind.
26 Originaltitel: Любви сюрпризы тщетные. Wörtlich übersetzt etwa: Die Liebe überrascht die Eitelkeit.
27 Der Titel wurde für Adaptionen der Geschichte durchaus gängig, da etliche der späteren Verfilmungen als Remakes dieses ersten Films (bzw. als Remakes des Remakes usw.) anzusehen sind.
28 «All-Talkie» bezeichnet einen vollständig vertonten Film im Gegensatz zum «Part-Talkie», der teilweise stumm ist.
29 Aber nicht zwangsläufig: Psychologisch auswertbare Momente des Traums lassen immer auch Rückschlüsse auf die Figur bzw. auf die ‹Real›-Diegese zu, vgl. Kapitel 3.1.2.

Die vermutlich erste Traumdarstellung im Film (vgl. Schöpe 2007, 13) findet sich in George Albert Smiths ca. einminütigem Kurzfilm LET ME DREAM AGAIN (GB 1900; vgl. Kapitel 3.1.2). Man sieht einen Mann mit einer jungen Frau auf einer Feier trinken und flirten, bis nach ca. 45 Sekunden das Bild unscharf wird. Als es nach dem verschleierten Schnitt wieder scharf ist und die Hauptfigur sich die Augen reibt[30], sieht man den Mann mit seiner Ehefrau im Bett liegen. Der bisherige Film erweist sich als (Wunsch-)Traum, wodurch alle Denotate vor dem *Twist* ihren Realitätsstatus verlieren. Die erste Traumsequenz der Filmgeschichte geht also mit dem ersten *Twist Ending* der Filmgeschichte einher. Ein Jahr später entsteht im Auftrag des Produktionshauses der Pathé-Brüder eines der ersten Remakes der Filmgeschichte: RÊVE ET RÉALITÉ (F 1901) von Fernando Zecca. Der Film folgt grundsätzlich dem britischen Original, jedoch ist schon im Titel die Zweigliedrigkeit des *Plots* in korrekter Abfolge angedeutet, was den überraschenden Effekt des *Plot Twists* möglicherweise mindert.

Markierte Träume gehen hingegen selten mit einem *Twist Ending* einher. Ein Beispiel dafür stellen die bereits in der Frühzeit des Kinos entstandenen Adaptionen von Lewis Carrolls *Alice*-Stoff dar. Allein aus der Stummfilmzeit sind drei Versionen – von 1903, 1910 und 1915 – bekannt. In der britischen Erstverfilmung von Cecil Hepworth und Percy Stow findet sich wie in der Buchvorlage kein *Twist Ending*, da der Traum durch Texttafeln markiert ist. In Edwin S. Porters und W. W. Youngs Versionen aus dem Jahre 1910 bzw. 1915 wird die parallele Existenz der diegetischen Ebenen ähnlich gehandhabt. Hier verhindert die Markierung des Traums, dass eine narrative Irreführung in Bezug auf die diegetischen Ebenen möglich ist.

Traumsequenzen, die markiert sind, heben den Effekt eines *Twist Endings* also auf.[31] Zwei Filme, die Charles Chaplin produziert, während er bei *First National* unter Vertrag steht, machen diesen Unterschied augenfällig und setzen die Träume an das Ende des *Plots*. Zwar handelt es sich nicht in beiden Fällen um *Twist Endings*, jedoch um einen weiteren experimentellen Schritt zur Erarbeitung avancierterer Finalisierungsstrukturen. Das erste Beispiel stammt aus SUNNYSIDE (AUF DER SONNENSEITE; USA 1919), einem Film, der zwei Traumsequenzen enthält, deren zweite zu einem selbstreflexiven Ende führt. Der zweite Traum der Hauptfigur (gespielt von Chaplin, seine Rollenbezeichnung ist hier «Farm Handyman») wird nicht markiert und wirkt deshalb zunächst wie das tatsächliche Ende des Films; auch, weil die Zwischentitel weiterlaufen wie zuvor, die formalen Gegebenheiten des Films sich also nicht offensichtlich verändern. Der «Farm Handyman» glaubt seine Geliebte an den Fremden verloren zu haben und beschließt, Selbstmord zu begehen. Als er sich

---

30 Dies kann als POV-Repräsentation des Überganges gewertet werden, da auch das Reiben der Augen semantisch gesehen eine Art «Scharfstellen» signalisiert.
31 Die Hypothese, dass eine Rahmenhandlung, die sich lange nicht bemerkbar macht, zu ihrer Irrelevanz und somit zu einer konsequenteren Immersion in die Binnenhandlung führt, mag eine eigene, weiterführende Untersuchung wert sein.

2 Historische Entwicklung des Twist Endings

vor ein Auto stellt, um überfahren zu werden, spürt er statt des Aufpralls jedoch den Stiefel seines Chefs – das gesamte vorangegangene Kapitel erweist sich als Traum. Wegen seiner Unmarkiertheit funktioniert die Umdeutung der *Sad-Ending*-Traumsequenz wie ein *Twist Ending*. Zudem nimmt nun das folgende *Happy Ending* das erträumte *Sad Ending* zurück, revidiert also die erste Finalisierungsvariante. Diese ist im Nachhinein psychologisch ausdeutbar, da sie die Befürchtungen der Hauptfigur visualisiert. Interessant ist, dass durch den *Twist* am Ende von SUNNYSIDE nicht zwei Syuzhet-Interpretationen entstehen, sondern vielmehr zwei Enden, von denen sich das erste als falsch erweist und in der Konsequenz vom Zuschauer re-evaluiert werden muss (vgl. Kapitel 1.1.1 zu alternativen Enden).

Die berühmte Traumsequenz aus dem zwei Jahre später entstandenen Film THE KID (DER VAGABUND UND DAS KIND; USA 1921) hat mit einem *Twist Ending* im eigentlichen Sinne nichts zu tun; jedoch zeigt sich an dem Film die zunehmende Thematisierung von Finalisierungsstrategien im Zusammenhang mit Traumsequenzen. Dies hat sicher auch mit dem narratologischen Problem des zu jener Zeit noch relativ jungen Langfilm-Formats zu tun, denn erstens handelt es sich bei THE KID um Chaplins ersten längeren Spielfilm, und zweitens hat ein *Twist Ending* bisher nur episodisch (SUNNYSIDE) und in einem sehr kurzen Format (LET ME DREAM AGAIN) als ‹semiotischer Scherz› funktioniert. Das formale Problem, eine Langfilm-Narration glaubhaft als Fehlinterpretation zu inszenieren, ist 1921 in Amerika hingegen noch nicht im filmischen Diskurs angekommen. Zudem belegt das Ende von THE KID die Hypothese, dass für die früheste Form des *Twist Endings*, das Aufwachen aus einem Traum, die Unmarkiertheit des Traums notwendig ist. Die Inszenierung des Einschlafens fungiert als eine Art Doppelpunkt, der signalisiert: Der nun folgende Abschnitt findet nur im Kopf des Träumenden statt. Der Traum in THE KID ist zudem selbstreflexiv, indem er christliche Symbole instrumentalisiert, um ein kulturelles Stereotyp zu konstituieren (vgl. Wulff 1997). Der Gegenentwurf zur filmischen Realität ist hier ein intertextuell etablierter Topos: das christliche Paradies.

Während Chaplin erst SUNNYSIDE und später THE KID dreht, entsteht in Deutschland DAS CABINET DES DR. CALIGARI (1920[32], Robert Wiene), der oftmals als erster Film des deutschen Expressionismus (Thompson/Bordwell 2002, 103 f.; Eisner 1969, 17) gewertet wird.[33] Dem *Twist Ending* des Films geht ein *Surprise Ending* voraus, das Caligaris Ränkespiele zwischenzeitlich als Verschwörung darstellt. Aufgrund seiner historischen Sonderstellung wird dem Film ein Einzelkapitel (2.1.2.A) gewidmet.

---

32 Bei diesem Film wird häufig das Produktionsjahr (1919) angegeben, der Film wurde allerdings im Februar 1920 uraufgeführt (vgl. Elsaesser 2009 bzw. Budd 1990).

33 Manchmal auch als erstes *Twist Ending* der Filmgeschichte, vgl. Tributes Liste, URL: http://www.tribute.ca/news/index.php/photo-galleries/best-film-twist-endings/the-cabinet-of-dr-caligari/ (Stand: 9.7.2013). Berücksichtigt man nur Langfilme, ist diese Einschätzung schwer zu widerlegen.

Auch das Ende von Robert Wienes Film ORLACS HÄNDE von 1924 ist komplex. Während sich bei CALIGARI durch die Änderung der Fokalisierung ein Moduswechsel feststellen lässt, kann man bei ORLACS HÄNDE von einem Genrewechsel sprechen, denn der Horrorfilm wird durch das *Twist Ending* zum Kriminalfilm. Die Identität einer Nebenfigur erweist sich als falsch, zudem wird die Haupthandlung als Inszenierung eines Betrügers entlarvt. Die übernatürlichen Elemente werden zurückgenommen. Der *Plot* folgt dem Pianisten Orlac, der durch einen Unfall seine Hände verliert. Ein genialer Chirurg näht ihm die Hände des exekutierten Serienmörders Vasseur an, und in der Folge wird Orlac von seltsamen Zeichen geplagt: Er entdeckt ein Messer, ähnlich dem von Vasseur, bei sich zu Hause, und kurze Zeit später findet er seinen Vater ermordet auf. Als Vasseurs Fingerabdrücke am Tatort gefunden werden, befürchtet Orlac, dass er in einem Wahnzustand den Mord begangen hat, kann sich jedoch nicht daran erinnern. Ein Fremder stellt sich ihm als der hingerichtete Vasseur vor und erpresst ihn wegen des Mordes. Am Ende kommt heraus, dass der Fremde ein Freund Vasseurs ist und den Mord mit Handschuhen getätigt hat, auf denen Vasseurs Fingerabdrücke waren. Der ‹Body-Horror› erweist sich als bloße Schauergeschichte, die übernatürliche ‹Realität› als Inszenierung eines Betrügers.

Während in Robert Wienes Filmen komplexe Finalisierungsstrategien ihre erste Anwendung finden, werden in den USA sowohl das Konzept des *O. Henry Twists* als auch die Enttarnung übernatürlicher Umstände als dramaturgische Konzepte rezipiert und eingesetzt. Am Beginn von Roland Wests Film THE BAT (DAS RÄTSEL DER FLEDERMAUS; USA 1926), einem der ersten *Haunted-House*-Horrorfilme (bzw. *Old-Dark-House*-Filme)[34], deutet ein Zwischentitel bereits auf das überraschende Ende hin. Mitte der 1920er-Jahre ist dem Publikum ein *Surprise Ending* nicht geläufig, weshalb darum gebeten wird, das Ende des Films zukünftigen Zuschauern nicht zu verraten.[35] Tatsächlich handelt es sich um eine in späteren Kriminalfilmen vollkommen geläufige unwahrscheinliche Auflösung, die einen bisher unverdächtigen Protagonisten als den Täter entlarvt. Ähnlich wie in THE BAT werden auch in THE CAT AND THE CANARY (SPUK IM SCHLOSS; USA 1927, Paul Leni) und THE GORILLA (USA 1927, Alfred Santell) überraschende Auflösungen inszeniert, die den jeweiligen Täter, der im Fledermaus-, Katzen- oder – schon stark parodistisch überzeichnet – im Gorilla-Kostüm auftritt, entlarven und seine Handlungen auf unvorhersehbare Weise motivieren.

Alle drei Filme basieren auf Broadway-Stücken aus der *Haunted-House*-Tradition, deren Markenzeichen Überraschungen, Falltüren und maskierte Bösewichte sind; alle verwenden die aus der Kriminalgeschichte bekannte *Whodunit*-Auflösung mit einem *Final Plot Twist*. THE CAT AND THE CANARY ist dabei am interes-

---

34 Der Film gilt zudem als früheste Inspiration für den Batman-Mythos (vgl. Brooker 2005, 43).
35 «Can you keep a secret? Don't reveal the identity of The Bat. Future audiences will fully enjoy this mystery play if left to find out for themselves» (THE BAT; USA 1926, erster Zwischentitel).

santesten, da es dort nicht nur um die Klärung der Identität des maskierten Täters geht. Die Erbin Annabelle wird von einem kostümierten Verbrecher terrorisiert, der sie in den Wahnsinn treiben will. Dadurch würde sie für unzurechnungsfähig erklärt und damit erbunfähig. Das Katzenkostüm des Täters spielt auf die mehrfach thematisierte Ausgangssituation an: Die Erbschleicher belauern die Erbin wie die Katze den Kanarienvogel.[36] Dabei werden zwei Details bis zum Schluss vorenthalten, sodass sich eine doppelte Auflösung ergibt: (a) Es gibt einen zweiten möglichen Erben, und (b) dieser ist der gesuchte Täter. Bezogen auf die Diegese erweist sich die letzte Offenbarung als *Surprise Ending*, denn das Geschehen wurde vom Täter inszeniert. Die Identität der «Katze» als exzentrischer Serienmörder erweist sich als zu diesem Zweck erfunden.

Der Regisseur, der in den 1950ern zu einem der Paten des *Surprise Endings* und somit des *Final Plot Twists* avancieren wird, ist Alfred Hitchcock. Bereits zur Stummfilmzeit finden sich Beispiele für überraschende Wendungen am Ende seiner Filme, z. B. bei CHAMPAGNE (GB 1928) und insbesondere bei THE LODGER: A STORY OF THE LONDON FOG (DER MIETER; GB 1927). In Letzterem revidiert ein *Final Plot Twist* die sorgsam konstruierten Verdachtsmomente, welche die Identität des «Lodgers» mit dem «Avenger», einem gesuchten Serienmörder, nahelegen. Der «Lodger» wird zunächst durch eindeutige Indizien überführt und verhaftet, ehe er seine eigene Version der Ereignisse seiner Geliebten präsentieren kann: Auch er macht Jagd auf den «Avenger», der seine Schwester ermordet hat. Die Allgemeinheit hält ihn nach wie vor für schuldig, und in der Folge fällt ein wütender Lynchmob über ihn her, ehe die letzten Sekunden enthüllen, dass der wahre Mörder gefasst wurde. Die Feststellung der ‹Schuld› und kurz darauf der Unschuld des «Lodgers» etablieren das Motiv des ‹falschen Verdachts› und funktionieren als oppositioneller *Plot Twist*. Der zweite *Plot Twist* am Ende besteht in der Ankunft der Nachricht – gewissermaßen durch einen ‹Deus ex machina› erfolgt die Rettung in letzter Sekunde und damit das *Happy Ending*.

Zwei Literaturverfilmungen sind in diesem Zusammenhang ebenfalls zu erwähnen: die erste Verfilmung der besprochenen Ambrose-Bierce-Geschichte (vgl. Kapitel 2.1.1.c), THE BRIDGE (aka THE SPY) (USA 1929, Charles Vidor; vgl. Kapitel 3.3.3), und Larry Semons Adaption von L. Frank Baums *The Wizard of Oz* (THE WIZARD OF OZ, USA 1925). Im zuletzt genannten Film entpuppt sich das gesamte Abenteuer in Oz als Traum eines Kindes, und der bekannte *Plot* ist durch die Erzählung eines Puppenbastlers gerahmt. Dies ist eine Rücknahme der fantastischen Elemente der Diegese und reduziert sie zweifach in ihrer Aussagekraft: (a) durch die möglicherweise unglaubwürdige Kinderperspektive und (b) durch die Auflösung als Traum.

---

36 Dies wird im Film auch mehrfach formal angedeutet, z. B. durch die Rahmung von Annabelles Gesicht durch die gitterstabartigen Stuhllehnen.

Auch wenn zur Stummfilmzeit nur wenige *Twist Endings* auszumachen sind, kann festgehalten werden, dass der *Final Plot Twist* damals bereits eine etablierte dramaturgische Kategorie darstellt und sich auf dem Weg zur Konventionalisierung befindet. Die aussagekräftigsten Beispiele für die vorliegende Untersuchung entstammen dem deutschen Expressionismus, denn erst zur Tonfilmzeit gibt es auch im Hollywood-Film nicht nur vermehrt *Surprise Endings*, sondern auch *Twist Endings*. Diese Entwicklung findet ebenso im Animationsfilm statt (vgl. Kapitel 2.1.4), wenn auch dort der experimentelle Spielraum von Anfang an größer ist.[37]

A. DAS CABINET DES DR. CALIGARI (D 1920, Robert Wiene)
Zu DAS CABINET DES DR. CALIGARI sind so viele Analysen, Studien und Interpretationen erschienen, dass sich leicht eine gesamte Monografie nur mit der Rezeptionsgeschichte dieses einen Films füllen ließe. Der Film ist zu derartiger Bekanntheit gelangt, dass der Filmsoziologe Siegfried Kracauer ihn gar in seiner Studie *From Caligari to Hitler* (Kracauer 1947) zum Ausgangspunkt einer historischen Entwicklung erhebt. Da das Film-Ende im Zentrum der Untersuchung steht, wird stellvertretend für die Vielzahl an Artikeln ein Text von Michael Budd (1990) herangezogen, der sich ausführlicher als andere Analysen dem Ende des Films widmet.

Der Beginn des Films verdeutlicht, dass die Kernhandlung subjektiv tradiert wird: Ein homodiegetischer Erzähler (Franzis) hebt an, einem Bekannten die Geschichte von Caligari zu unterbreiten, wie er sie erlebt hat. Bereits hier findet sich ein erstes filmisches Signal der Verunsicherung, weil Franzis eine entrückt durch den Garten schwebende Frauenfigur als seine Verlobte bezeichnet, sie ihn jedoch nicht einmal begrüßt. Die Kernhandlung weicht nun ästhetisch radikal von der Rahmenerzählung ab und exponiert den als expressionistisch rezipierten Bühnenbild-Stil. Dieser zeichnet sich vor allem durch die gemalten Hintergründe aus, die zum Teil eine perspektivische Verzerrung bewirken. Hier beginnt auch die Markierung der Aktstruktur mit der ersten von sechs Texttafeln («I. Akt»), was den Rahmen zusätzlich von der Binnenhandlung abhebt.

Die Exposition führt in den Film ein und zeigt den verschrobenen Caligari, wie er seine Jahrmarktsattraktion – einen Somnambulen namens Cesare – anmeldet und ausstellt. Der erste Akt endet mit der persönlich übermittelten Nachricht, dass eine unbekannte Person ermordet wurde. Der Verdacht fällt unter anderem auf Cesare und Caligari. Am Ende des zweiten Akts geschieht wieder ein Mord, der diesmal zu sehen ist – wenn auch der Mörder nur als Schatten im Bild erscheint. Das Opfer ist ein guter Freund des Erzählers. Immer noch fällt der Verdacht auf Cesare, und Caligari wird bei einer Durchsuchung schließlich gedrängt, den Somnambulen

---

37 Die Möglichkeiten, mit der Beschaffenheit der Diegese zu spielen, sind im realitätsferneren Animationsfilm prinzipiell größer als im illusionistischen Spielfilm. Vgl. hierzu besonders die Filme von Tex Avery.

zu wecken. Eine plötzlich eintreffende Neuigkeit lenkt von diesem Vorhaben ab: Das Extrablatt verkündet, dass der Mörder gefunden wurde. Im vierten Akt wird Franzis' Verlobte überfallen, und am Ende des Aktes gibt es widersprüchliche Auffassungen darüber, wer der Täter ist: Laut der Aussage der Verlobten war es Cesare, während Franzis den Somnambulen die ganze Zeit überwacht hat und ihm somit ein Alibi verschaffen kann. Im fünften Akt folgt die Konfrontation mit Caligari: Der Somnambule ist verschwunden und an seiner Stelle liegt eine Puppe; sein Herr flieht in die Irrenanstalt und die Ermittler folgen ihm. In der Irrenanstalt gibt es jedoch keinen Patienten namens Caligari. Es folgt die erste *Anagnorisis* für Franzis[38]: Caligari ist der Direktor. Bei einer Durchsuchung seines Büros finden die Ermittler Indizien dafür, dass der Direktor Cesare hypnotisiert und zu den Morden gezwungen hat. Er ist dabei dem Vorbild eines Dr. Caligari aus einem früheren Jahrhundert gefolgt, der ein ganz ähnliches Vorhaben in einem Buch beschrieben hat. Das Tagebuch bringt den endgültigen Beweis: Caligari ist ein Nachahmer und für die Morde verantwortlich.

Damit ist die Handlung abgeschlossen – eigentlich. Es folgt jedoch ein sechster Akt, der zunächst den fälligen Epilog zur erfolgten Auflösung liefert: Caligari wird festgenommen und wie ein Insasse in eine Zwangsjacke gekleidet. Eine Abblende signalisiert das Ende des Films, und das Geschehen kehrt folgerichtig zur Rahmenhandlung zurück. Hier sieht man Franzis in einer Irrenanstalt, offensichtlich als Patienten. Er bezeichnet die Entrückte wiederum als seine Verlobte und einen anderen Insassen als Cesare, den Somnambulen. Die visuellen Differenzen zu den Vorbildern aus seiner Erzählung sind offensichtlich. Als der Direktor erscheint – der ebenfalls keine Ähnlichkeit mit dem Caligari aus der Binnenhandlung aufweist – attackiert Franzis ihn und beschimpft ihn als Caligari. Franzis wird gefesselt, wie zuvor Caligari.

Der Epilog entlarvt die Binnenhandlung als Halluzination des Insassen Franzis, der aus den Elementen und Figuren seiner Welt die Wahnvorstellung einer Verschwörung konstruiert hat. Es wird deutlich, warum die Binnenhandlung ästhetisch eine andere, eine traumartige Qualität hat: Sie besitzt nicht den Status einer objektiven diegetischen Realität. Der Somnambule Cesare kann hierbei als Metapher für die Verblendung des Erzählers gelesen werden. Die Binnenhandlung exponiert einen Horrorfilm, der – wie der gesamte Film – nur Fiktion ist. Auffällig erscheint die Struktur der Annäherung und Eskalation bis zur Auflösung: Erst wird ein Unbekannter ermordet, dann ein Freund, schließlich sucht Cesare die Verlobte von Franzis auf. Der erste Mord wird nur tradiert, beim zweiten ist ein Schatten zu sehen, beim dritten Mal gibt es eine Augenzeugin. Zudem nähert sich Franzis dem Privatraum von Caligari schrittweise: Erst besucht er seine Vorführung, dann kon-

---

38 Da es sich bezogen auf die Rahmenhandlung um eine einzige große Analepse handelt, ist dies natürlich nur eingeschränkt der Fall.

frontiert er ihn mit der Polizei, später gelangt er ins Innere seiner Jahrmarktsbehausung, zuletzt durchwühlt er sein Büro. Die Struktur der Narration deutet also auf die Auflösung hin, welche am Ende des fünften Aktes auch zuverlässig erfolgt. Für den logischen Abschluss der Geschichte fehlen keine Informationen; beim folgende Epilog handelt es sich also um ein unmarkiertes *Twist Ending*. Dieses erzwingt die Re-Evaluation und enttarnt die Binnenerzählung als potenzielle Rachefantasie in Bezug auf den Direktor, der Franzis gegen seinen Willen in der Irrenanstalt festhält. Darauf deutet hin, dass Caligari zu Beginn des sechsten Aktes (vor dem *Final Plot Twist*) in eine Zwangsjacke gekleidet und eingesperrt wird – wie ein ungehöriger Insasse.

Budd (1990, 338) weist darauf hin, dass die unkonventionellen Aspekte von CALIGARI – wie die Mise-en-Scène und das Ende – von der klassischen realistischen Narration des Films abhängen. Der Diskurs des klassischen Hollywood-Kinos bzw. seiner deutschen Adaption sei trotz der ästhetischen Verfremdung auf unsichtbare Weise vorhanden.[39] Die Subplots des Films seien typisch für die Detektivgeschichte (Budd nennt eine falsche Verhaftung, Verfolgungsjagden und den Umgang mit der weiblichen Figur) und entsprächen damit überhaupt nicht der literarischen Bewegung des Expressionismus, in der die narrativen Formen z. T. avantgardistisch variiert werden. Somit ergibt sich eine Form-Inhalt-Schere, durch welche der innovative Gehalt des Films immer durch seine Konventionalität relativierbar ist – worauf möglicherweise seine Popularität beruht. Budd geht zudem auf das Ende ein:

> Durch sein *Twist Ending* und das expressionistische Setting *verlangt* der Film geradezu eine Umdeutung. […] [Er] kann die Umdeutung radikal *aktivieren*, kann daraus mehr machen als das Zusammenknüpfen loser narrativer Enden.
> (Budd 1990, 340; Hv. i. O. u. WS, Ü WS)[40]

Dabei geht laut Budd nicht alles auf. Das Setting z. B. könne als die formale Repräsentation der verzerrten Wahrnehmung eines Verrückten umgedeutet werden; doch es existiert auch in der Rahmenhandlung. Budd bezieht sich hierbei vor allem auf die doppelte Funktion des Innenhofs in der Irrenanstalt. Man könnte diesen jedoch problemlos als den subjektiven Link für Franzis' Erzählung erklären: Auf einer narrativen Ebene spiegelt der Innenhof seine Erfahrungswelt wider und entspricht somit seiner subjektiven Erwartung, wie eine solche Anstalt auszusehen hat.[41] Dies wiederum kann der Filter bzw. die Vorgabe für die ästhetische Bearbei-

---

39 Er führt als Argument z. B. die Problemlosigkeit an, mit welcher der Film in den USA rezipiert wurde (vgl. Budd 1990, 338).
40 «With its twist ending and expressionist setting the film virtually *demands* rereading. […] [It] can radically *activate* rereading, can make it more than the tying up of loose narrative ends» (Hv. i. O.).
41 Bzw. der durch den Film geprägten Erwartung des Zuschauers, wie Caligaris Irrenanstalt auszusehen hat. Auch Budd weist darauf hin, dass die Identität der Räume narrativ von großer Bedeutung ist (346).

tung seiner Geschichte sein: Die Erfahrungswelt des Insassen beeinflusst sein Bild von dem, was außerhalb liegt. Budd verweist ferner darauf, dass die Konvention des markierten Traums um 1920 eine Abweichung vom realistischen Repräsentationsmodus erforderlich macht.[42]

Bei CALIGARI besteht jedoch gerade die Neuerung darin, dass es sich um einen unmarkierten Übergang handelt.[43] Deshalb kehrt die Erzählung zum Rahmen zurück und leitet erst danach das *Twist Ending* ein; deshalb beginnt der sechste Akt mit Teilen der Binnenerzählung. In all diesen Beobachtungen kann man Momente der Verschleierung sehen, die nicht zu einer narrativen Inkonsistenz bei der Zweitsichtung führen, sondern vielmehr das Verunsicherungsmoment verstärken, das durch eine gebrochene Diegese mit *Twist Ending* zwangsläufig entsteht.

Die Innovation des Endes zeigt sich zuletzt auch in der von Budd beschriebenen Tendenz, es zu relativieren: Die Vorführung des Films im Capitol Theatre wurde um einen gespielten narrativen Prolog und Epilog ergänzt, der sich dem Setting des Films annähert und den Zuschauern am Ende versichert, dass die von Caligari angedeutete Heilung im letzten Satz des Films erfolgreich verlaufen sei und Franzis heute ein normales, glückliches Leben führe (347 f.).

2.1.3 Der klassische Hollywood-Film (1927–1945)

Die allgemeine systemische Normierung und Konventionalisierung des Hollywood-Films in den 1930er- und 1940er-Jahren lässt sich auch in der Ausdifferenzierung der Film-Enden beobachten. Während der Animationsfilm die wichtigste Experimentierfläche (vgl. Kapitel 2.1.4) insbesondere in den frühen und mittleren 1930er-Jahren darstellt, sind nach dem Zeitalter der mitunter unausgereiften «Early Talkies» bereits spielerische, selbstreflexive, konservative und innovative Tendenzen in Bezug auf das *Twist Ending* und das *Surprise Ending* zu beobachten.

Zunächst wird die erfolgreiche Horrorfilm-Tradition der *Haunted-House-/Old-Dark-House*-Filme fortgesetzt; während Fledermaus, Katze und Gorilla jedoch in den 1920er-Jahren ein probates ironisches Spiel mit dem Übernatürlichen ermöglichen, entwickelt sich der Horrorfilm zur Zeit der «Talkies» allmählich zu einem fantastischen Genre mit ernsthafteren Anliegen (vgl. Thompson/Bordwell 2002, 231). Filme wie MARK OF THE VAMPIRE (DAS ZEICHEN DES VAMPIRS; USA 1935, Tod Browning) setzen das Spiel mit Verkleidungen fort, was besonders am Ende liegt:

---

42 Problematisch sei dabei insbesondere der konventionelle Bau des Films, in dem Unstimmigkeiten bei der zweiten Sichtung umso deutlicher hervortreten (vgl. auch die Feststellung, dass für eine narrative Täuschung eine relativ stabile Narration erforderlich ist; Kapitel 1.1.7) – bei einem avantgardistisch erzählten Film wäre dies unproblematischer (vgl. Budd 1990, 343).

43 Ungeachtet der endlosen Diskussion, ob das Ende von den Drehbuchautoren nicht erwünscht gewesen sei, ist es eines der markantesten Elemente des Films. Auch Kracauer (1947) entgeht dies letztlich auf Kosten seiner These, dass es einen bis dahin revolutionären Film konservativ mache.

Auch hier wird – wie im verschollenen Vorläufer London After Midnight von 1927 – die Existenz der Vampire am Ende relativiert. Sie erweisen sich als Schauspieler, die bei der Aufklärung eines Mordes behilflich gewesen sind. Die Klassiker selbst erfahren derweil Tonfilm-Remakes: The Bat Whispers (USA 1930, Roland West) und The Gorilla (USA 1930, Brian Foy und USA 1939, Allan Dwan) sind bald wieder im Kino zu finden und spielen teilweise mit den intertextuell etablierten Erwartungen. Parodien funktionieren dank der Popularität der Vorbilder. So parodiert The Laurel-Hardy Murder Case (Spuk um Mitternacht; USA 1930, James Parrott) sowohl The Bat als auch The Cat and the Canary, die Geschichte wird am Ende als Traum relativiert. Je fantastischer die Komödien sind, desto sicherer folgt am Ende das Aufwachen aus dem Traum: Laurel und Hardy machen es in Oliver the Eighth (Das Privatleben Olivers des Achten; USA 1934, Lloyd French) in ähnlicher Manier wie in ihrem oben genannten Film. Andere Filme überbieten das Konzept der Parodie, so z. B. Sh! The Octopus (USA 1937, William C. McGann), der das Tierschurken-Horror-Genre mit Elementen des Agentenfilms und besonders der Filmkomödie verknüpft. Das Ende ist so wenig vorbereitet oder motiviert, dass David Bordwell attestiert, es funktioniere nur, da es sich ohnehin um eine Komödie handle (1982, 4).

Die Konvention des unmarkierten Traums hat sich also als überraschendes Prinzip im Animationsfilm und im komischen Film durchgesetzt.[44] Auch andere spielerische Varianten des *Twist Endings* bedienen sich des unmarkierten Traums – so z. B. die frühen Technicolor-Musicals von Roy Mack. Der Film Good Morning, Eve! (USA 1934) beginnt als Historienfilm zu Zeiten der Genesis. Adam und Eva unternehmen eine Zeitreise, die sie episodisch an verschiedene Raum-Zeit-Koordinaten gelangen lässt. Am Ende erweist sich die Zeitreise als Traum, aber auch Adam und Eva sind nicht echt, sondern Mitglieder einer Nudisten-Kolonie in der Jetztzeit, wie sich durch einen zweiten *Plot Twist* offenbart: Die Polizei verjagt sie und ihre Mitstreiter. Das frühe Technicolor-Experiment findet seine Fortsetzung in Produktionen wie Service with a Smile (USA 1934) und Hotel a la Swing (USA 1937), die ebenfalls Neuerungen etablieren.

The Wizard of Oz (Der Zauberer von Oz; USA 1939, Victor Fleming), der erste groß produzierte Technicolor-Film, der die neue technische Errungenschaft in einem Wechsel des Farbmodus inszeniert, ist ein großer Erfolg.[45] Der Film wählt nicht den konventionalisierten Traum als markierten Übergang in die fantastische Welt, sondern hält sich an die Buchvorlage, indem ein Wirbelsturm das Haus der kleinen Dorothy und ihrer Tante erfasst und in das fiktive Oz transportiert. Die diegetische

---

44 Im Remake der Parodie The Laurel-Hardy Murder Case machen die 3 Stooges es jedoch anders und lassen die irrwitzige Geschichte als real bestehen (If a Body Meets a Body, USA 1945, Jules White).

45 http://www.boxofficemojo.com/movies/?id=wizardofoz.htm (Stand: 9.7.2013).

Plausibilität – Wirbelstürme sind in Kansas keine Seltenheit – wird mit einem diegetischen Übergang und einem Wechsel des Repräsentationsmodus kombiniert, denn in Oz ist alles in Farbe, während in Kansas alles schwarz-weiß ist. Die Rückkehr nach Kansas erfolgt, indem Dorothy drei Mal die Hacken zusammenschlägt und sich ihren sehnlichsten Wunsch damit erfüllen lässt: Sie wacht in ihrem Bett auf. Die Geschehnisse in Oz inklusive des transitorischen Wirbelsturms – womöglich sogar das gesamte Syuzhet bis zu diesem Punkt – erweisen sich als Traum.

Ein ähnliches Spiel mit dem eigenen Medium betreibt der Piratenfilm THE PRINCESS AND THE PIRATE (DAS KORSARENSCHIFF; USA 1944, David Butler). Der Hauptfigur Sylvester wird das *Happy Ending* versagt, da sich Marion für einen anderen entscheidet, was Sylvester dazu veranlasst, aus der Rolle zu fallen. Dies sei sein letzter Film für Goldwyn, sagt er – in einer Goldwyn-Produktion – und bricht damit gleich zwei Mal sprichwörtlich die ‹vierte Wand›, da er in dem Film einen feigen Schauspieler mimt.

Im selben Jahr erscheint der französische Film LE CORBEAU (DER RABE) von Henri-Georges Clouzot, der sich mit dem Problem der Entsolidarisierung im Vichy-Regime auseinandersetzt. Dr. Vorzet versucht seine eigene Frau als wahnsinnig darzustellen und einweisen zu lassen. Der Zuschauer erfährt diesen Kniff zeitgleich mit dem Protagonisten Germain – jedoch hat es jemand schneller herausgefunden und Vorzet bereits ermordet. Das Ende ist vor allem wegen des Kerndiskurses selbstreflexiv: Der «Rabe» arbeitet mit anonymen Erpresserschreiben, die immer wieder die Glaubwürdigkeit und Verbreitungsgeschwindigkeit von Informationen zum Diskurs machen. Das filmische Medium verbreitet auf einer Meta-Ebene die Gerüchte weiter und nimmt somit an dem kritisierten Kommunikationsterrorismus, den er abbildet, indirekt teil.

Das Ende von CITIZEN KANE (CITIZEN KANE; USA 1941, Orson Welles) ist indessen genauso innovativ wie der Film insgesamt. Der Reporter Jerry Thompson ermittelt die Bedeutung des letzten Wortes von Charles Foster Kane. Der Medienmogul hat auf seinem Totenbett nur ein Wort geäußert: «Rosebud». Am Ende des Films zeigt sich, dass «Rosebud» auf einem Schlitten steht, der sich unter den angehäuften Schätzen in Kanes Anwesen befindet. Die zentrale Information, was «Rosebud» bedeutet haben mag, wird allerdings erst offenbart, nachdem der Journalist Jerry Thompson seine Ermittlungen abgebrochen hat. Sie bleibt somit dem Zuschauer vorbehalten. Zudem deutet die Information einen zentralen Diskurs um, indem sie suggeriert, dass das Anhäufen von Schätzen für Kane möglicherweise die verlorene Kindheit nicht kompensieren konnte, da diese ihn bis auf sein Totenbett verfolgt hat. Aus der übermenschlichen ‹Bestie› Kane, dessen Anwesen sich die Kamera anfangs wie im Horrorfilm nähert, wird durch den *Plot Twist* ein kindlich gebliebener Mann mit typischen Bedürfnissen (vgl. hierzu auch Bordwell/Thompson 1997, 120 f.).

Vielleicht hat sich die Legende von Fritz Langs Eingriff in die Rahmenhandlung von DAS CABINET DES DR. CALIGARI (vgl. Armstrong et al. 2007, 603; Ahearn

2012) aus einer wahren Geschichte des Jahres 1944 gespeist: Als Lang, mittlerweile in den USA tätig, seinen *Film Noir* THE WOMAN IN THE WINDOW abgedreht hat, ändert er das Ende, um die drohende Trostlosigkeit mithilfe eines *Twist Endings* abzumildern (Bordwell 1982, 7). Dass die avancierte Form des *Twist Endings* hier folglich eine konservative Finalisierungsstrategie darstellt, mag im Kontext dieser Arbeit wie ein Kuriosum wirken, ist aber in Hinblick auf den besagten Film durchaus verständlich, da sie das radikalere *Sad Ending* zurücknimmt.

Im klassischen Studio-System ist das *Twist Ending* zwar nicht zu einer häufigen Finalisierungsstrategie avanciert, seine Funktionen haben sich jedoch ausdifferenziert. Dabei sind sowohl die Entwicklung eines spielerischen Prinzips der *Twist-Ending*-Schlusspointe (in den Mack-Musicals) als auch selbstreflexiver Elemente bei einigen Beispielen für *Twist* und *Surprise Endings* festzustellen (THE WIZARD OF OZ, THE PRINCESS AND THE PIRATE).[46] Manchmal machen Produktionsbedingungen ein *Twist Ending* notwendig (SH! THE OCTOPUS, THE WOMAN IN THE WINDOW). Der Diskurs der dissoziativen Identitätsstörung[47], der für die Geschichte des *Twist Endings* später enorm wichtig wird, etabliert sich im Hollywood-Kino (WHISPERING FOOTSTEPS, USA 1943, Howard Bretherton). Das *Surprise Ending* ist indessen bereits so üblich, dass es schon zur Widerlegung intertextueller Erwartbarkeiten gebraucht wird, z. B. in Filmen mit Bela Lugosi oder von Sam Newfield.[48]

Eine Weiterentwicklung der Form findet sich darüber hinaus in dem britischen Anthologie-Horrorfilm DEAD OF NIGHT, dem eine kurze Einzelanalyse gewidmet wird.

B. DEAD OF NIGHT (TRAUM OHNE ENDE; GB 1945, Alberto Cavalcanti, Charles Crichton, Basil Dearden, Robert Hamer)
Der britische Anthologie-Horrorfilm DEAD OF NIGHT weist in seiner Rahmenhandlung ein *Twist Ending* auf, das je nach Lesart auch die Episoden umdeutet. Zudem etabliert sich am Ende eine Loop-Struktur, die im unglücklich gewählten deutschen Titel bereits antizipierbar ist und das Aufwachen nur als ein erzähltes Aufwachen unter vielen markiert.[49] Das Finale erscheint als komplex inszeniert und macht deshalb eine präzise Analyse der erzählerischen Strukturen erforderlich, um die verschiedenen Wendungen offenzulegen.

---

46 Auch europäische Filme wie LE CORBEAU können hier genannt werden.
47 Die dissoziative Persönlichkeits- oder Identitätsstörung wird aufgrund ihrer früheren Bezeichnung häufig mit der multiplen Persönlichkeitsstörung verwechselt, die heutzutage einen Sonderfall der zuerst Genannten beschreibt. Es handelt sich bei der dissoziativen Identitätsstörung um «ein Störungsbild, bei dem ein Patient mindestens zwei verschiedene komplexe Persönlichkeiten besitzt, von denen jede zu einer bestimmten Zeit dominiert» (Häcker/Stapf 2009, 221 f.).
48 So z. B. in BRANDED A COWARD (USA 1935) und GO-GET-'EM-HAINES (USA 1936) unter der Regie von Sam Newfield bzw. in THE GORILLA (USA 1939, Allan Dwan) mit Bela Lugosi, der zwar verdächtigt wird, sich aber nicht als der Täter herausstellt.
49 Damit kann man es als iteratives Erzählen beschreiben.

Das Verhältnis zwischen dem Rahmen und den Episoden beträgt etwa eins zu drei, wobei die Episoden im Verlauf der Erzählung tendenziell länger werden und der Rahmen tendenziell kürzer wird. Dies begründet sich darin, dass die Erzählsituation bereits etabliert ist und keine neue Einführung erforderlich macht.

Tab. 4 Erzähldauern in DEAD OF NIGHT

Vorspann	1'50"			
Rahmen a	7'10"			
Episode 1	6'30"			
Rahmen b	4'50"			
Episode 2	7'20"			
Rahmen c	3'20"		Summe:	
Episode 3	20'45"		Vorspann	1'50"
Rahmen d	2'43"		Rahmen gesamt	27'00"
Episode 4	15'33"		Episoden gesamt	74'13"
Rahmen e	1'30"		Film gesamt	103'03"
Episode 5	24'05"			
Rahmen f	7'27"			
– davon:				
Teil 1	2'50"			
Teil 2	2'09"			
Teil 3	2'28"			

Zu Beginn kommt der Protagonist Walter Craig an einem Haus an, in dem er beruflich zu tun hat. Schon während der ersten Minuten wird in mehreren Momenten zunächst visuell, dann auditiv seine Irritation thematisiert, denn das Haus kommt ihm vage bekannt vor.[50] Im Haus selbst wird ihm klar, dass er auch die Situation bereits kennt und selbst die Figuren keine Fremden sind, auch wenn sie dies beteuern. Er führt das auf einen wiederkehrenden Traum zurück, dessen Details ihm im Laufe der Handlung nach und nach wieder einfallen. In der Rahmenhandlung werden diese ‹Vorhersagen› zum Gesprächsthema, insbesondere, da sie sich eine nach der anderen bewahrheiten.

Der größte Gegner dieser irrationalen Thesen ist der um logische Argumentation bemühte Psychiater Dr. Van Straaten, und das Ende zeigt, warum: Craigs Vorahnung impliziert – auch wenn dies beiden nicht bewusst ist –, dass er den Arzt am Ende der Nacht ermorden wird. Dass es sich um bloße Vorahnungen handelt und Craig genau wie seine Zuhörer die Lösung nicht errät, ist dadurch motivierbar, dass er sich nach dem Aufwachen nie vollständig erinnern kann, sondern nur allmählich. DEAD OF NIGHT spielt permanent mit dem Status der gezeigten Realität, indem der Film rationale Erklärungen anbietet und die Horrorfilm-Episoden diese in Frage stellen. Zudem thematisieren die Figuren häufig ihre eigene Fiktionalität. Sie scherzen gar, wie absurd die Annahme sei, dass sie nur Figuren in Craigs Traum seien und somit notwendigerweise verschwinden müssten, sobald dieser aufwa-

---

50 Craigs irritierter Blick bei seiner Ankunft deutet darauf hin; zudem thematisiert er es im folgenden Gespräch mit Eliot Foley.

che. Auch die Episoden des Films sind an vielen Stellen selbstreflexiv und selbstironisch. In Sallys Geschichte, die sich intertextuell auf die *Haunted-House*-Tradition (vgl. Kapitel 2.1.2) bezieht, findet sich überdies ein kurzes Meta-Horrorfilmspiel (0:23:15)[51].

Rahmen und Episoden werden indessen nur lose verknüpft, indem der Kerndiskurs des Rahmens die einzelnen Erzählungen auslöst und einleitet und die figuralen Erzähler der Episoden homodiegetisch und zum Teil autodiegetisch sind. Ferner liefern die Episoden Material für die Diskussionen, behandeln sie doch allesamt übernatürliche Phänomene.

Als Craigs erste Vorhersage eintrifft – eine sechste Person stößt hinzu –, vermutet Dr. Van Straaten eine Verschwörung, was durch die eindeutige Fokalisierung auf Craig nicht unterstützt wird. Craig ist sich allerdings sicher: «Ich war in meinem Traum bereits hier. Aus irgendeinem Grund wurde mir Vorwissen über die Zukunft zuteil» (0:19:15; Ü WS).[52] Später wird die Beschaffenheit der verborgenen Diegese-Ebene sogar offen ausgesprochen, da Craig zu erraten scheint: «Es wartet hier etwas Furchtbares auf mich. Womöglich sogar der Tod» (0:53:30; Ü WS).[53] Die folgende Übersicht veranschaulicht die parallele Entwicklung von Rahmen- und Binnenerzählung (Time-Codes in Klammern):

Tab. 5 Rahmen und Episoden in DEAD OF NIGHT

Rahmen a: Craigs Ankunft im Haus initiiert den Rahmen. (0:01:50) [Regie: Basil Dearden]
Episode 1: Hugh Graingers Geschichte: Autocrash/Buscrash (0:09:00) [Regie: Basil Dearden]
Rahmen b: Die sechste Person kommt an; Craig ist sich sicher, dass er die weitere Handlung kennt. (0:15:30)
Episode 2: Sally O'Haras Geschichte: Geburtstagsspiel / ‹Haunted House› (0:20:20) [Regie: Alberto Cavalcanti]
Rahmen c: Craig sagt voraus, dass Sally gleich gehen werde; sie wird kurz darauf abgeholt. (0:27:40)
Episode 3: Joan Cortlands Geschichte: Magischer Spiegel (0:31:00) [Regie: Robert Hamer]

---

51 Jimmy und Sally spielen eine Variante des Versteckspiels und thematisieren dabei spielerisch Klischees der Gruselgeschichte. Die Time-Code-Angaben zu DEAD OF NIGHT beziehen sich auf eine Ausgabe des Films, deren Ausstrahlungsdatum nicht zu recherchieren war. Die existierenden Schnittfassungen sind allerdings sehr ähnlich, sodass die Szene leicht zu finden sein dürfte.
52 «I have been here before in my dream. For some reason I've been given foreknowledge to the future.»
53 «There's something horrible for me waiting here. Perhaps even death itself.» Dies sind nur zwei Beispiele; der Film ist voll von solchen selbstironischen Aussagen (vgl. z. B. «Now that you've met us I'm sure you wouldn't dream of dreaming about us again» u. v. m.)

2 Historische Entwicklung des Twist Endings

Rahmen d: Es werden Getränke serviert; Craig interpretiert den Traum als Warnung und versucht zu gehen, aber Eliot Foley überredet ihn zu bleiben. (0:51:45)
Episode 4: Eliot Foleys Geschichte: Golfwettstreit (0:54:28) [Regie: Charles Crichton]
Rahmen e: Der Bann ist gebrochen, glauben die Gäste. Der «Horror» soll laut Craig beginnen, nachdem Eliot von dem Tod eines unbeteiligten Mannes berichtet hat. Es passiert jedoch (vorerst) nichts. (1:10:01) Den Gästen fällt auf, dass jedem eine dieser außerordentlichen Begebenheiten passiert ist; vielleicht sei sie also gar nicht so außerordentlich, sondern passiere den meisten (tragische Ironie).
Episode 5: Dr. Van Straatens Geschichte: Bauchredner (1:11:31) [Regie: Alberto Cavalcanti]
Rahmen f: Finale (1:35:36) Abschluss der Rahmenhandlung: Mord an Van Straaten Subjektivierte Schlussmontage *Wake-up Twist* (vgl. Kapitel 3.1.2) und Zeitschleife

Im sechsten und letzten Rahmensegment zerbricht wie von Craig vorhergesagt die Brille des Psychiaters. Craig sieht dies als endgültiges Zeichen dafür, dass «es» beginnt. Er fügt sich in sein Schicksal und begreift, dass er keinen freien Willen mehr hat: Alles, was von nun an geschieht, ist vorherbestimmt, und es ist zu spät zu gehen. Seine Aufgabe ist es, jemanden zu töten, der ihm niemals etwas getan hat und der ihm nur Gutes wünscht. Er bittet daher darum, mit Van Straaten alleingelassen zu werden, und erwürgt ihn. Die Vorahnung des ‹Grauens› ist somit durch die Untat motiviert. Es folgen zwei weitere Segmente des Finales, welche die bisherige Erzählsituation transzendieren.

In der Schlussmontage (ab 1:38:26) versteckt sich Craig in den Erzählwelten der verschiedenen Episoden, die nun zu einer einzigen Diegese verwoben sind. Die vorher durch Binnen- und Rahmenhierarchie getrennten Handlungen werden vermischt und die Grenzen räumlich wie zeitlich aufgehoben. Verkantete Perspektiven und ein leicht verschwommenes Bild signalisieren den alternativen Realitätsstatus der neuen Diegese-Ebene. Es handelt sich um einen strukturellen *Twist*, da die bisherige Ordnung von Raum und Zeit aufgegeben wird und sich dadurch die narrative Struktur des Films signifikant verändert. Gleich einem Heer von Dämonen verfolgen die übrigen Figuren den Protagonisten und fangen ihn schließlich ein.[54] Er wird hinausgetragen, und ein Polizist verkündet höhnisch, er habe noch Platz für einen mehr.[55] Dies ist doppeldeutig auf das tatsächliche Gefängnis, in das Craig

---

54 Die Bildkomposition untermalt Craigs Gefangenschaft, da er von der Mitte eines Kreises aus die Angreifer abzuwehren versucht.
55 «Just room for one more inside, sir!» Dies ist ein wörtliches Zitat des Kutschers aus der ersten Episode, der ebenfalls eine Personifikation des Todes darstellt.

innerhalb dieser Diegese-Ebene geworfen wird, und auf seine Gefangenschaft in einer Zeitschleife zu beziehen, was die letzten Minuten des Films offenbaren. In der Zelle befindet sich nur die Bauchrednerpuppe Hugo aus Van Straatens Geschichte; alle anderen drängen sich von außen ans Gitter und schauen zu. Die Puppe attackiert Craig, und die Kamera entfernt sich von dem Fenster, bevor nach einer Überblendung ein anderes Zimmer zu sehen ist: Walter Craig hat alles nur geträumt.

Die gesamte Passage nach dem Mord an Van Straaten lässt sich auch als Metapher für den Zusammenbruch der Erzählsituation lesen. Die Erzählperspektive erscheint stark subjektiviert und kombiniert Bilder aus Craigs Psyche miteinander. Wie im Traum werden Zeit- und Raumkausalität aufgegeben, und die lineare Narration weicht einer experimentalfilmartigen Passage. Dieser ‹Traum› ist zugleich bedeutungsstiftend, denn er nimmt eine vermittelnde Position zwischen der gezeigten ‹Realität› und dem darunterliegenden Purgatorium ein. Craig ist gezwungen, den Mord an Van Straaten, aufgrund dessen er möglicherweise in dem Höllenreich gefangen ist, immer wieder zu begehen. Die Hölle ist ein Albtraum ohne Ende, was hier bereits suggeriert und im dritten und letzten Segment des Finales endgültig deutlich wird.[56]

Das gezeigte Zimmer erweist sich als Craigs Schlafzimmer, und die gesamte bisherige Handlung wird als Traum markiert, indem er scheinbar lebendig und gesund aufwacht. Seine Ehefrau vervollständigt die häusliche Idylle, und der Status der bisherigen Handlung – ein wiederkehrender Albtraum, der dem Träumenden von Anfang an wie ein solcher vorkommt – scheint geklärt. In diesem Moment ruft Eliot Foley an und verabredet mit ihm ein geschäftliches Treffen auf der Pilgrim's Farm. Dies kommt Walter Craig bekannt vor, aber er weiß nicht, warum. Craig ist also gar nicht aufgewacht, sondern befindet sich nach wie vor in einer Art Binnentraum, der wie eine ewig währende Höllenstrafe immer wieder dieselbe Handlung wiederholt, an die sich Craig stets vage, jedoch nie vollständig erinnern kann.

Die Situation wird vom Film dreifach ironisch kommentiert: (a) Craig wirft eine Münze, um zu klären, ob er den Ausflug unternehmen soll – und überlässt die Entscheidung somit dem ‹Schicksal›. (b) Seine Frau merkt zudem an, dass ein Wochenende auf dem Land genau das Richtige ist, um ihn von seinem Albtraum zu kurieren. (c) Zuletzt wird sogar der Schriftzug «THE END» dadurch konterkariert, dass Walter Craig genau im Moment der Einblendung wieder am Ort seines Purgatoriums – der Pilgrim's Farm – ankommt. Während der Abspanntitel spielt

---

56 Womöglich handelt es sich in diesem Sinne auch bei den Episoden um Erzählungen von Toten, die lediglich das traumatische Todeserlebnis aussparen (vgl. den Anthologie-Horrorfilm Dr. Terror's House of Horrors (Die Todeskarten des Dr. Schreck; USA 1965, Freddie Francis). Diese These kann nicht ausreichend gestützt werden, stellt aber einen interessanten Seitengedanken dar. Ein Hinweis auf eine solche Lesart findet sich z. B. am Beginn der ersten Episode. Die Erzählung spielt an einem Tag, der fast der Todestag der Figur gewesen ist. Zudem wählt der Kutscher dieselben Worte wie der Polizist, der schließlich Craig einsperrt.

sich die Anfangsszene, diesmal von extradiegetischer Filmmusik begleitet, erneut ab. Der materielle Loop doppelt die bereits erzählerisch eingeführte Zeitschleife und zeigt den Beginn (0:01:51 bis 0:02:58; Schnitt) noch einmal (1:41:56 bis 1:43:03; Schwarzblende).

Ivan Butler macht an einer Einstellung in der Loop-Sequenz am Ende des Films den entscheidenden Unterschied zum Anfang aus und sieht darin einen POV-Wechsel, der suggeriere, dass der Traum an dieser Stelle zu Ende ist:

> Während er spricht, sehen wir – für nur ein paar Frames – Foley selbst, in seinem Haus, am anderen Ende des Telefons. Dieser Shot sagt uns die Wahrheit. Der gesamte Film wurde aus Craigs Perspektive erzählt. […] Jetzt sehen wir plötzlich Foley. Craig hat ihn [noch] nicht getroffen. […] Dieser winzige Shot ist der angsteinflößendste in dem Film, weil durch ihn der Traum Realität wird. Diesmal geschieht es wirklich. […] Diesmal fährt er in sein Verderben.
>
> *(Butler 1970, 97; Ü WS)*[57]

Auch wenn Butlers Interpretation einen interessanten Ansatz darstellt, bedeutet bei Telefonaten die Visualisierung des – hier immerhin aus dem Traum bekannten – Gesprächspartners nicht notwendigerweise einen Wechsel der Perspektive. Es ist dennoch auffällig, dass die POV-Struktur im übrigen Film relativ stabil auf eine Fokalisierung Craigs hinweist und der Ausbruch an dieser Stelle zumindest eine Ambivalenz erzeugt.

Neben der komplexen Struktur von DEAD OF NIGHT, die gleich mehrere finale *Twists* aufweist und eine innovative Variation des *Wake-up Twists*[58] einführt, behandeln die Episoden des Films diverse Themenkreise, die später in Verbindung mit Moduswechseln im Film relevant werden. Die angedeutete ‹Totenbettfantasie› der ersten Episode kann hier ebenso genannt werden wie die Erkenntnis der dissoziativen Identität des Bauchredners in der letzten Episode, welche Annahmen über die Übernatürlichkeit des Geschehens verwirft (vgl. Alfred Hitchcocks PSYCHO).[59] Der Film stellt ein Beispiel für die Experimentierfreudigkeit dar, die in kleineren Sparten des Hollywood-Kinos bzw. verwandter europäischer Filmindustrien in den 1940er-Jahren auffällig ist.

---

57 «As he speaks, we see – for just a few frames – Foley himself, at his house, on the other end of the telephone. That shot tells us the truth. The film throughout has been seen from Craig's viewpoint. […] Now, suddenly, *we* see Foley. Craig has not met him. […] This tiny shot is the most frightening in the film, for through it the dream becomes reality. This time, it is really happening. […] This time, he drives to his doom» (Hv. i. O.).

58 Der *Wake-up Twist* sei vorläufig definiert als das Aufwachen aus einem Traum oder einer Halluzination, wobei der/die Träumende oder Halluzinierende intern fokalisiert war (vgl. Kapitel 3.1.2).

59 Für mögliche Vorbilder zum Motiv des Bauchredners im Film vgl. THE GREAT GABBO (DER GROSSE GABBO; USA 1929, James Cruze) und THE DEVIL-DOLL (DIE TEUFELSPUPPE; USA 1936, ohne Regiecredit); vgl. auch Butler 1970, 96.

2.1.4 Der klassische Animationsfilm (1927–1945)

Der Animationsfilm erlebt in den 1930er- und 1940er-Jahren eine Hochphase und bringt zahlreiche erfolgreiche Figuren (Betty Boop, Popeye, Mickey Mouse u. v. m.) und Produzenten (Walt Disney, Tex Avery, Dave Fleischer u. v. m.) hervor. Da der Animationsfilm traditionell experimentelle Freiheiten genießt, die im Realfilm schwierig umzusetzen sind, ist es nicht überraschend, dass auch auf dem Gebiet des Film-Endes etliche Varianten probiert werden.[60]

Der vermutlich früheste Animationsfilm mit *Surprise Ending* ist Otto Messmers Felix the Cat Ducks His Duty von 1927, in dem die Hauptfigur in den Krieg ziehen muss, aber nicht besonders glücklich darüber ist. Die Pointe: Als er zurückkehrt, stellt er fest, dass seine Ehe viel schlimmer ist als der Krieg, und geht freiwillig an die Front zurück.[61] Dieser *Plot Twist* ähnelt demjenigen in Tex Averys The Cat That Hated People (USA 1948), in welchem sich ebenfalls die vermeintlich positiv besetzte Utopie (in diesem Fall der Mond) als negativere Alternative herausstellt.

Zahlreiche Animationsfilme sind Komödien, die mit einer Pointe enden. Auch deshalb finden sich unter ihnen viele Beispiele mit *Surprise Ending* oder *Twist Ending*.[62] Wenn überraschende Enden jedoch zur Konvention des Genres gehören, sind sie bald vorhersehbar. Es ist davon auszugehen, dass sich im Animationsfilm besonders vielfältige Spielarten der Schlusspointe finden, da diese andernfalls ihr Hauptmerkmal ‹überraschend› einbüßen würden.

Einige Filme mit *Surprise Ending* sind als problematische Grenzfälle des *Twist Endings* lesbar: Im Betty-Boop-Film Bimbo's Initiation (USA 1931, Dave Fleischer) geht es um Bimbos rituelle Aufnahme in eine Sekte. Anfangs wehrt er sich dagegen, ein ‹Balztanz› von Betty Boop überzeugt ihn jedoch beizutreten. Er handelt also aus sexuellen und nicht aus religiösen Motiven. In dem Moment erweisen sich die zuvor verhüllten Sektenmitglieder als Klone von Betty Boop. Diese Schlusspointe widerspricht der bisherigen Annahme, dass Bimbo auf den sexuellen Lockruf hereingefallen ist: Betty Boop ist die Verkörperung der Sexualität, die ihn in der Sekte erwartet. Zu Beginn des Films sind also drei Gruppen auszumachen: der Umworbene Bimbo, der enthüllte ‹Lockvogel› Betty und die anonyme Menge der Sektenmitglieder. Nach der Enthüllung erweist sich Betty als Teil der Menge und vice versa, zudem wird Bimbo durch seinen Beitritt in die Sekte integriert. Die Pointe kommt also nicht nur unerwartet, sondern ist auch eine weiterführende Metapher: Die Innenwahrnehmung des Sektenmitglieds unterscheidet sich von der

---

60 Vgl. hierzu Thompson/Bordwell 2002, 235–237.
61 Es ist auffällig, wie sehr sich diese ironische Inszenierung des Krieges von den 14 Jahre später produzierten *Wartime Cartoons* unterscheidet.
62 Die formale Ähnlichkeit von *Surprise Endings* und Schlusspointen wurde bereits herausgestellt (vgl. Kapitel 1.1.3).

Außenwahrnehmung – Bimbo sieht nach der Initiation nur noch Positives, wo er zuvor fast nur Negatives sah.

Ein ähnliches Spiel mit Subjektivität treibt ein anderer Betty-Boop-Film, BETTY BOOP'S BIG BOSS (USA 1933, Dave Fleischer), der sich mit dem Thema sexuelle Belästigung befasst. Wirken die Avancen von Bettys Chef anfangs noch unmoralisch und illegal, kommt es am Ende zur großen Enthüllung, die als Überführung inszeniert ist. Die unerwartete Pointe besteht darin, dass Betty sich ihrem Chef hingibt und das Ganze nur eine Art sexuelles Spiel war.[63]

Auch WHO KILLED COCK ROBIN? (USA 1935, David Hand), eine der berühmten *Silly Symphonies*, spielt mit einer falschen Prämisse: Es wird dem Titel gemäß ermittelt, wer Cock Robin mit einem Pfeil ermordet hat, bis sich herausstellt, dass es nur Amors Liebespfeil war und Cock Robin am Ende problemlos wiederbelebt werden kann. Das überraschende Ende überführt den *Whodunit*-Kriminalfilm in eine Komödie mit *Happy Ending*.

Einfacher zu klassifizieren sind indessen Filme mit eindeutigem *Twist Ending*: Der Film RIDE HIM, BOSKO! (USA 1932, kein Regiecredit) hat ein besonders ungewöhnliches Ende. Er beginnt als erkennbare Parodie des Realfilms RIDE HIM, COWBOY! (USA 1932, Fred Allen), ersetzt den Protagonisten durch die Cartoonfigur Bosko und macht diese zum Cowboy. Kurz vor dem Ende gibt es einen Cut-Out, der offenbart, dass sich die Filmhandlung auf einem Fernseher abspielt. Die Produzenten des Films sind um den Bildschirm gruppiert, auf dem der Animationsfilm in einer Schleife läuft, und fragen sich, wie der Film wohl ausgehen mag. Ein solches selbstreflexives *Twist Ending*, das mit einem Wechsel des Repräsentationsmodus einhergeht, ist ein Sonderfall, der auch als Beispiel für andere Phänomene dient. (vgl. Kapitel 1.2.5.2 und 3.1.8).

Die dominante Form des *Twist Endings* ist auch im Animationsfilm der 1930er- und 1940er-Jahre das Aufwachen aus dem Traum. SMILE, DARN YA, SMILE! (USA 1931, kein Regiecredit) zeigt eine Reihe von Ereignissen, die sich als Traum erweisen. Der gemeinsame Nenner der beiden diegetischen Ebenen ist das titelgebende Musikthema, welches sich nach dem Aufwachen als die Melodie des Weckers erweist. Der Horror in David Hands THE MAD DOCTOR (USA 1933) wird zum Albtraum degradiert und der Wunschtraum in MICKEY'S GALA PREMIER (USA 1933, ohne Regiecredit) von Pluto zerstört. Mehrere Filme spielen zudem mit dem bekannten Ende von Lewis Carrolls *Alice's Adventures in Wonderland* (1865). In BETTY IN BLUNDERLAND (USA 1934, Dave Fleischer) schläft Betty ein und folgt nach dem Aufwachen – hier beginnt die alternative Diegese-Ebene des unmarkierten Traumes – dem weißen Hasen ins Blunderland. Das zweite Aufwachen am Ende macht den Traum auf die konventionelle Weise erkennbar. Disneys THRU THE

---

63 Die potenziell sexistische Lesart, die sich daraus ergibt, kann an dieser Stelle nicht weiter verfolgt werden.

Mirror (USA 1936, ohne Regiecredit) macht es etwas anders und büßt damit das *Twist Ending* ein: Mickey liest *Alice's Adventures in Wonderland*, schläft dabei ein, erlebt das Buch im Traum nach und wacht am Ende auf.[64]

Ferner finden sich folgende Variationen des Traum-*Twists* (*Wake-up Twist*): Als Popeyes Sohn davonläuft, weil er von ihm schlecht behandelt wurde, stellt sich heraus, dass der Albtraum nur Popeyes schlechtes Gewissen repräsentiert (Never Sock a Baby, USA 1939, Dave Fleischer). Der Oscargewinner The Milky Way (Die Milchstrasse; USA 1940, Rudolf Ising) mit den 3 Little Kittens beginnt mit einem «Es-war-einmal»-Gestus und löst diesen am Ende auch ein, indem sich das Erlebnis als Kinderfantasie bzw. Kinderspiel erweist. Ebenfalls von Rudolf Ising stammt der Barney-Bear-Film The Rookie Bear (Barney Bär als Rekrut; USA 1941), der die Hauptfigur in einem fürchterlichen Krieg zeigt. Das erleichternde Ende – es war nur ein Traum – wird durch die Realität konterkariert, die sowohl im Film als auch außerhalb des Films diskursiv eingreift: Ein Brief erreicht Barney Bear, er wird eingezogen. Und die U. S. Army kennt sich mit Barneys Unterbewusstsein aus, als hätte sie den Film selbst gesehen: «PS: And this time, buddy, it ain't no dream!»

Fritz Frelengs The Sheepish Wolf (USA 1942) macht sich die weite Verbreitung der biblischen Redewendung vom *Wolf im Schafspelz* (Mt 7,15) zunutze und treibt die bereits von Bimbo's Initiation bekannte Scharade noch weiter. Ein streunender Wolf schleicht sich an eine Schafsherde heran. Der Schäferhund behält aus gutem Grund den Wolf im Auge, bis dieser auf die Idee kommt, sich als Schaf zu verkleiden. Als der Hund den Wolf am Ende dennoch ertappt, muss er seinen Schafspelz ablegen. In der Folge werden die Handlungsprämisse und sämtliche Figurenmotivationen ad absurdum geführt, denn es gibt gar keine Schafsherde: Alle Schafe sind verkleidete Wölfe, was die für die Fabel notwendige Grundlage vollständig dekonstruiert. Die letzte Information deutet die gesamte Diegese um und ermöglicht eine vollständige Re-Evaluation.

Zu Beginn der 1940er-Jahre – und auch später – gibt es noch einige Beispiele für avancierte Finalisierungsstrukturen im Animationsfilm. Mit dem Ende der klassischen Phase finden sich jedoch zunehmend weniger *Twist Endings*, sodass Animationsfilme nach 1945 in die weiteren Kapitel des historischen Teils aufgenommen werden. Who Killed Who? (USA 1943), einer von zwei Tex-Avery-Filmen mit *Twist Ending*, soll im Folgenden aufgrund seiner Komplexität ausführlicher dargestellt werden.

---

64 Auch in Pluto's Judgement Day (USA 1935, David Hand), Fish Tales (mit Porky Pig, USA 1936, Jack King) und Wotta Nightmare (mit Popeye, USA 1939, Dave Fleischer) sind die Traumsequenzen klar markiert.
Andere populäre Stoffe wurden ebenfalls mit *Twists* zum Bruch der Konvention versehen, z. B. A-Lad-in Bagdad (mit Egghead, USA 1938, Cal Dalton und Cal Howard), in dem Egghead eine Wunderlampe kauft und die Prinzessin gewinnt, die ihn mithilfe der Lampe in einen maskulineren Mann verwandelt.

2 Historische Entwicklung des Twist Endings

C. Who Killed Who? (USA 1943, Tex Avery)
Der schon im Titel auf den Detektivfilm oder «Whodunit» anspielende animierte Kurzfilm Who Killed Who? beginnt mit einer Realfilm-Einleitung, die von einem namenlosen Ansager vorgetragen wird. Laut ihm ist der Sinn der Geschichte, «vollkommen unzweifelhaft zu beweisen, dass Verbrechen sich nicht auszahlt» (Ü WS)[65].

Mit den einführenden Worten, dass die Handlung in einer dunklen, stürmischen Nacht begonnen habe, setzt die animierte Diegese ein, und der Erzähler verabschiedet sich. Die Exposition ist von Klischees durchtränkt: Ein Gewitter begleitet laute Frauenschreie, und ein sinistres Lachen ist zu hören, während sich die Kamera langsam einem Anwesen nähert. Der erste Schwenk im Innenraum festigt den Verdacht, dass es sich bei dieser Annäherungsbewegung um eine intertextuelle Assoziation handelt, und präsentiert eine animierte Entsprechung des Kaminzimmers aus Citizen Kane. Zwei Text-Zeichen brechen sogleich die Illusion und diskutieren die parodierte Konvention: «Spooky, isn't it?», fragt ein Bilderrahmen, und auf dem Sessel vor dem Kamin, in dem mutmaßlich der Hauptherr sitzt, ist eine blinkende Bezeichnung zu sehen: «The Victim». Doch damit nicht genug: Das «Opfer» liest ein Buch namens «Who Killed Who? (from the cartoon of the same name)» und etabliert damit ein entstehungsgeschichtliches Paradoxon. Der Lesende bezieht das Buch folgerichtig auf sich: «Wenn dieser Film auch nur annähernd wie das Buch ist, werde ich abgemurkst!» (Ü WS)[66].

Zeitgleich mit dieser Erkenntnis wirft ein Unbekannter Messer mit Drohbriefen – noch ein Klischee, das ad absurdum geführt wird. Der Mörder kündigt erst eine Uhrzeit an («Du wirst um 11:30 Uhr sterben!!»), und als das Opfer seinen Unwillen kundtut, verschiebt er die Tat in einem zweiten Schreiben auf die konventionell gesehen ‹korrekte› Zeit, nämlich Mitternacht: «P.S. OK. Wir machen 12 Uhr daraus» (Ü WS)[67].

Jetzt erst erschrickt das Opfer, und der Mörder schlägt tatsächlich pünktlich zu – sogar derart, dass ein Vogelskelett aus der Kuckucksuhr springt und gleich einer Zeitansage die Revolverschüsse zur Markierung der Mitternacht nutzt. Man sieht sehr kleine animierte Hände, die eine verhältnismäßig große Waffe halten und drei Mal abdrücken. Konsequenterweise fallen die Schüsse auditiv mit Glockenschlägen zusammen.

Damit beginnt der zweite Teil der Handlung. Ein Polizist stürmt herein und weist alle an, stehenzubleiben – sogar das Publikum: Die filmische Handlung ist

---

65 Im Film heißt es «[…] to prove to you beyond the shadow of a doubt that crime does not pay» (ca. 0:00:30). Die Time-Code-Angaben zu Who Killed Who? beziehen sich auf eine Ausgabe des Films, deren Ausstrahlungsdatum nicht zu recherchieren war. Die existierenden Schnittfassungen sind allerdings sehr ähnlich, sodass die Szene leicht zu finden sein dürfte.
66 «If this picture is anything like the book I get doned off!» Zugleich ist dies ein weiterer selbstreflexiver Kommentar, der mutmaßlich die Rezeption verfilmter Bücher parodiert.
67 «You will die at 11:30!!» bzw. «P.S. OK. We'll make it 12:00».

kurzzeitig auf einer Kinoleinwand zu sehen. Ein innerfilmischer Zuschauer steht vor dem ‹Projektor› auf und bewegt sich langsam durch die Reihen zum Korridor. Der Polizist schlägt den Zuschauer nieder und belehrt ihn, dass seine Warnung für alle gelte. Neben selbstreflexiv-intertextuellen und selbstreflexiv-parodistischen Tendenzen kann man somit als dritte Strategie eine «Allegorie der Zuschauerschaft» (vgl. Stam 1985) festhalten.

Nach einigen weiteren Pointen nähert sich der Ermittler dem Täter immer noch nicht an, vernimmt die üblichen Verdächtigen – was durchaus wörtlich zu nehmen ist – und findet diverse Leichen in einem Wandschrank, die alle identisch aussehen, aber den Polizisten absurderweise nicht interessieren. Auch die Gesetze der Welt werden ausgelotet: Als der Polizist eine Vase in einen Gully wirft, um zu prüfen, wie tief dieser ist, fällt sie ihm von oben wieder auf den Kopf. Dieser Normverstoß wird durch Wiederholung zur Konstante der abgebildeten Welt erhoben, denn als der Ermittler später selbst in ein Loch fällt, rollt er ebenfalls wieder von oben zurück ins Bild. Zuletzt ist ein intertextueller Diskurs zu nennen, der auch im Finale eine Rolle spielt: Ein «Knock-Knock»-Witz[68] lockt zwei Skelette aus dem Wandschrank[69], deren zweites sich als «Red Skeleton» vorstellt, was es auch ist. Zugleich ist dies eine Anspielung auf den bekannten Komiker Red Skelton.

Der dritte Teil beginnt damit, dass der Mörder wieder auftaucht und – diesmal mit viel größeren Händen ausgestattet – mehrfach auf den Polizisten schießt. Es beginnt eine lange Verfolgungsjagd mit etlichen Pointen, die wie so oft bei Tex Avery mit dem Lockruf einer ‹Frau› endet: Der Polizist hat erstaunlich weibliche Beine[70], erregt somit die Aufmerksamkeit des Mörders und kann ihn dadurch überrumpeln. Die Demaskierung fällt mit dem *Plot Twist* des *Twist Endings* zusammen, denn in einem Match-Cut wird der Wechsel zurück zum Realfilm vollzogen. Unter der Maske verbirgt sich nämlich der Ansager vom Beginn des Films, diesmal mit Perücke, der gesteht: «I dood it» und dann in Tränen ausbricht. «I dood it» ist eine weitere Anspielung auf Red Skelton: 1943 ist einerseits der Film I Dood It (Der Tolpatsch und die Schöne) von Vincente Minnelli erschienen, andererseits handelt es sich bei dem Ausruf um eine der *Catchphrases* einer bekannten Skelton-Figur (vgl. Marx 1979, 93).[71]

---

68 Diese Witze folgen immer demselben Schema. Einer sagt «Knock knock», worauf der andere fragt: «Who's there?» Die Antwort enthält meistens sofort oder nach einer weiteren Rückfrage die Pointe, z.B. «Knock Knock» – «Who's there?» – «Freddie.» – «Freddie who?» – «Freddie or not, here I come.» (vgl. Bob Dylans Song «Po' Boy» von 2001).
69 Vgl. die Redewendung «skeleton in the closet», analog zum deutschen «Leiche im Keller».
70 Oder kann sie auf Abruf vortäuschen, vgl. die Einstellung darauf.
71 Vgl. hierzu auch den Titel des Tex-Avery-Films The Early Bird Dood It! (USA 1942). Außerdem spielt O'Connor (der Ansager) im selben Jahr in dem Red-Skelton-Film Whistling in Brooklyn (USA 1943, S. Sylvon Simon) mit.

2 Historische Entwicklung des Twist Endings

Interessant an dem *Twist Ending* ist seine Position in Bezug auf die Diskurse im Film. Nachdem unzählige Formen der Pointenbildung und der Selbstreflexivität durchgespielt worden sind, gibt es für das Ende nur noch eine Möglichkeit der Überbietung: den Ausstieg aus der Animation. In einem Film, in dem prinzipiell alles erwartbar geworden ist, stellt ein Wechsel des Repräsentationsmodus die verbleibende Überraschungsmöglichkeit dar. Die Filmansage zu Beginn wird dabei als externe Rahmung verständlich, die über den Film und seinen didaktischen Nutzen spricht, also einen metaleptischen Sonderstatus einnimmt. An keiner Stelle ist erkennbar, dass der Ansager Teil der animierten Diegese sein könnte; die übliche Trennung in zwei Textsorten erscheint weitaus wahrscheinlicher. Die Schlusspointe hat weitreichende Konsequenzen, denn sie kontaminiert die animierte Handlung des Films mit der Realfilmdiegese und hebt somit die Grenzen zwischen den diegetischen Ebenen des Films auf. Hier handelt es sich in erster Instanz also nicht um ein Überlagerungsphänomen, sondern um eine Fusionierung:

Tab. 6 Diegetische Modi in WHO KILLED WHO?

Diegetischer Modus 1 Realfilm-Klammer (‹Ansage›)	Diegetischer Modus 2 Animierte Haupthandlung
Diegetischer Modus 1+2 Kontaminierte animierte Haupthandlung durch Grenzüberschreitung der einzigen Realfilm-Figur	
= Diegetischer Modus 3 Information ‹Grenzen zwischen Animations- und Realfilm sind überschreitbar› bewirkt Umdeutung	

Natürlich unterscheidet sich die humoristische Schlusspointe des Films deutlich von vielen anderen Spielarten des *Twist Endings*, auch deshalb, weil die Re-Evaluation nicht notwendig ist: Es wäre absurd, davon auszugehen, dass der Ansager tatsächlich Teil der animierten Diegese war. Vielmehr kann man annehmen, dass es sich hier um eine Art subversives Ende handelt, das selbstreflexiv die Lust an der Grenzüberschreitung vorführt – ein Normverstoß aus Gründen des Normverstoßes sozusagen (vgl. Stam 1985, Kapitel 5). Damit unterscheidet sich das Ende ‹affektiv› gesehen von häufigeren Formen des *Twist Endings*, weist aber strukturell derart große Ähnlichkeiten zur erarbeiteten Definition auf, dass es dennoch als solches zu klassifizieren ist.

WHO KILLED WHO? ist ein gutes Beispiel für *Twist Endings* in Animationsfilmen, auch wenn es in seiner Radikalität als untypisch gelten kann. Bei animierten Filmen liegt der Fokus häufig auf einem spielerischen Element der Überraschung, das nicht auf Verstörung oder Schockwirkung abzielt und ebensowenig zum Verständnis der Handlung relevante Re-Evaluierungsprozesse einleitet. Die für den Cartoon typischen selbstreflexiven Spiele und Auslotungsversuche der physikalischen Grenzen einer potenziell unbegrenzten Diegese sind häufig auf ein Überbietungsprinzip zurückzuführen, das immer komplexere formale Strukturen und überraschendere Pointen notwendig macht. Die Kürze der meisten Animationsfilme der 1930er- und 1940er-Jahre vereinfacht die formale Umsetzung dieses Prinzips, da die narrative Stringenz fast vollständig vernachlässigt werden kann. Auch die narrative Beschaffenheit von WHO KILLED WHO? lässt sich nicht über den simplen *Plot* beschreiben, sondern nur durch eine mikronarrative Analyse der Pointensetzung und des Prinzips der Eskalation. In diesem Sinne ist das Ende hier als letzte Stufe zu beschreiben, die den Kernprozess des Films mit der größten Überbietung bzw. dem größten Normverstoß abschließt. Dies lässt den Schluss zu, dass ein *Twist Ending* unter bestimmten Prämissen und mit gewissen Einschränkungen als Ende für Filme mit Nummernstruktur (vgl. Christen 2001, 48–51) eine Möglichkeit darstellt, mit der Klimax zu enden.

2.1.5 Hollywood und Europa zur Nachkriegszeit, Beginn der Neuen Wellen (1945–1968)

In der Zeit nach dem II. Weltkrieg verstetigen sich einige Tendenzen, die in den Jahrzehnten zuvor etabliert worden sind. So wird in Slapstick-Filmen der 3 Stooges nach wie vor gelegentlich ein *Wake-up Twist* verwendet, um das vorangegangene Geschehen an die Realität zurückzubinden, z. B. in HOOFS AND GOOFS (USA 1957, Jules White). Der andere Stooges-Film mit *Twist Ending*, HEAVENLY DAZE (USA 1948, Jules White), bezieht sich wohl auf Howard Estabrooks HEAVENLY DAYS von 1944.[72] Im Animationsfilm der 1950er-Jahre ist diese Finalisierungsform[73] generell eine etablierte Methode, wie diverse weitere Beispiele aus der Filmografie im Anhang belegen.

Auch im Spielfilm bleibt der *Wake-up Twist* stabil nachweisbar. In das schwedische Kino findet er mit MÖTE I NATTEN (S 1946, Hasse Ekman) Eingang, einer Kriminalgeschichte, in der die Hauptfigur Ake am 1. Mai einen Mord begeht. Ake erwacht schließlich am 30. April, und es wird klar, dass alle Ereignisse im Mai nur geträumt waren. In NOITA PALAA ELÄMÄÄN (GEFÄHRLICH SIND DIE LANGEN NÄCHTE; Finnland 1952, Roland af Hallström), einem der ersten finnischen Horrorfilme, träumt ein Professor von einer nackten Hexe, die das Dorf durcheinanderbringt – auch dieser *Plot* wird durch einen *Wake-up Twist* relativiert. Tatsächlich ist diese Form des *Twist Endings* bereits so konventionalisiert, dass sie sogar in B-Movies wie BELA LUGOSI MEETS A BROOKLYN GORILLA (USA 1952, William Beaudine) Anwendung findet, der immerhin durch die intertextuellen Implikationen der Persona Bela Lugosis interessant ist.

1962 kommen zwei Filme heraus, die ihr *Twist Ending* um die Dichotomie von Tod und Leben herum konstruieren: die Ambrose-Bierce-Verfilmung LA RIVIÈRE

---

[72] Ebenso wie der Tom&Jerry-Film HEAVENLY PUSS (USA 1949, William Hanna, Joseph Barbara) – auch mit *Wake-up Twist*.

[73] Insbesondere bei Parodien scheint sie verbreitet zu sein – vgl. auch die in Kapitel 2.1.4 vorgestellten *Alice*-Filme.

DU HIBOU (F 1962, Robert Enrico; vgl. die Analyse in Kapitel 3.3.3) und der Independent-/B-Movie-Horrorfilm CARNIVAL OF SOULS (TANZ DER TOTEN SEELEN; USA 1962) von Herk Harvey. In Letzterem werden diejenigen Elemente, die den Film zum Horrorfilm machen, durch das *Twist Ending* als Störungen in der Realität der Hauptfigur erklärbar. Diese ist eine Wiedergängerin, die eigentlich tot sein müsste. Die filmische Realität wird primär von drei Strategien durchdrungen: (a) Untote locken die Hauptfigur zu einem verlassenen Rummel, dem titelgebenden «Karneval der Seelen». Dies wird vor allem über Zwischenbilder kommuniziert, die Untote zeigen, welche die Hauptfigur manchmal selbst nicht wahrnimmt.[74] (b) Ein seltsam entstellter Mann («the man») erscheint in verschiedenen Situationen plötzlich in ihrer Umgebung. (c) Die Musik ist durchweg auf einer Orgel eingespielt (die Hauptfigur ist Organistin). Sie changiert zwischen konsonanter und dissonanter Musik und signalisiert so die Störung der Realität durch die Toten auch auf auditiver Ebene (vgl. Kapitel 2.2.4).

Zwei weitere *Twist Endings* markieren nicht eindeutig, wer erzählt (THE FIRST BAD MAN [Bronco Billy; USA 1955, Tex Avery]) bzw. auf welcher Ebene erzählt wird (FARLIG VÅR [S 1949, Arne Mattsson]). THE FIRST BAD MAN ist ein Tex-Avery-Animationsfilm, der nach diversen Anachronismen die Diegese mit dem *Twist Ending* endgültig überdehnt: Der vermeintlich zeitgenössische Erzähler erweist sich in einer allegorischen Wendung als der erste Gefangene der Weltgeschichte. Er wurde in der Steinzeit geboren und sitzt auch im zeitgenössischen Texas noch im Gefängnis. FARLIG VÅR ist ein schwedischer Film, der die Grenzen zwischen geschriebener Fiktion und erlebter Realität verwischt und einen selbstreflexiven *Plot Twist* an sein Ende setzt. Erzähler und Schöpfer der Geschichte fallen inszenatorisch zusammen, und die Unterhaltung über den Kriminalroman der Hauptfigur führt zu Wechselwirkungen zwischen den diegetischen Ebenen der Fiktion und der Fiktion in der Fiktion.[75]

Alfred Hitchcock und Akira Kurosawa greifen indessen den Topos der ‹lügenden Bilder› auf, der bereits in MARK OF THE VAMPIRE eine Rolle spielt. In STAGE FRIGHT (DIE ROTE LOLA; GB/USA 1950, Alfred Hitchcock) wird eine subjektive Falschaussage visualisiert und nicht als Lüge markiert, während in RASHÔMON (RASHOMON – DAS LUSTWÄLDCHEN; J 1950, Akira Kurosawa) verschiedene Lügen als erzählerische Alternativen bildlich dargestellt werden (vgl. Kapitel 2.2.1). Auch Hitchcocks VERTIGO arbeitet letztlich mit lügenden Bildern – nur repräsentieren sie hier keine subjektive Falschaussage, sondern einen objektivierten subjektiven Irrtum. Die Hauptfigur glaubt einem tödlichen Sturz beizuwohnen, der aber keiner

---

[74] Interessant ist die visuelle Parallele des Finales zur Schlussmontage von DEAD OF NIGHT (vgl. Kapitel 2.1.3.B).

[75] Ein in den letzten Jahren hochaktuelles Thema, wie die zeitgenössischen Filme DECONSTRUCTING HARRY (HARRY AUSSER SICH; USA 1997, Woody Allen), STRANGER THAN FICTION (SCHRÄGER ALS FIKTION; USA 2006, Marc Forster) und ADAPTATION. (ADAPTION.; USA 2002, Spike Jonze) zeigen.

ist. Ihre Höhenangst hindert sie daran, eine bessere Beobachterposition zu erreichen und das Geschehen damit anders bewerten zu können. Da die Hauptfigur in der betreffenden Szene fokalisiert ist, bietet der Film zu diesem Zeitpunkt keine erzählerische Alternative an.

The Cabinet of Caligari (Das Kabinett des Dr. Caligari; USA 1962, Roger Kay) bedient sich eines bekannten Titels, stellt jedoch kein Remake des Films von 1920 dar. Das Auto einer Frau bleibt liegen, und sie betritt auf der Suche nach Hilfe ein größeres Anwesen, wo sie fortan eine Mischung aus Gast und Gefangener ist und vom Hausherrn scheinbar für seine psychologischen Experimente missbraucht wird. Das *Twist Ending* offenbart die Parallele zum fast gleichnamigen Stummfilm: Die Frau ist Patientin einer Nervenklinik und bereits viel älter, als ihre eigene Wahrnehmung suggeriert. Die vorangegangenen Bilder waren subjektiv verfremdet und stellten ihre Perspektive auf das Anstaltsleben dar, wie die als objektiv markierte Filmrealität nach dem Moduswechsel beweist.

In den Nachkriegsjahren tritt eine neue Kreuzung von Loop-Ende und *Twist Ending* auf, die mutmaßlich auf dem Modell von Dead of Night (vgl. Kapitel 2.1.3.B) basiert. Die beiden Filme Invaders from Mars (Invasion vom Mars; USA 1953, William Cameron Menzies) und Robot Monster (Robot Monster; USA 1953, Phil Tucker) implementieren Verunsicherungsmomente an ihrem Ende, die das *Twist Ending* potenziell ad infinitum verlängern. Der zuerst genannte Film endet mit dem Aufwachen aus einem Traum, auf den noch einmal das Initiationsereignis folgt (ein Ufo ist zu sehen). Dadurch bleibt unklar, ob es sich um einen Albtraum ohne Ende handelt oder der Traum als Vorahnung zu werten ist. Robot Monster, ein früher 3D-Film, endet ebenfalls mit einem *Wake-up Twist* und zeigt dann drei Mal nacheinander, wie eine Alien-Figur aus dem Traum eine Höhle verlässt. Die genaue Bedeutung dieser formalen Spielerei wird nicht ganz klar, sie kann jedoch als Verunsicherung gedeutet werden, ob die fantastischen Ereignisse tatsächlich nur Teil eines Traums waren oder doch existieren. Dieser Rest an Verunsicherung wird in *Twist Endings* ab den 1950ern zunehmend üblicher. Dr. Terror's House of Horrors (Die Todeskarten des Dr. Schreck; USA 1965, Freddie Francis) weist eine andere Ähnlichkeit mit Dead of Night auf. Auch hier liegt das *Twist Ending* in der Rahmenhandlung. «Dr. Terror» erweist sich als der personifizierte Tod und teilt den Figuren mit, dass sie alle längst gestorben sind und sich in einer Art Zwischenreich aufhalten. Dieses Ende wird später noch häufiger in Anthologie-Horrorfilmen verwendet (vgl. Kapitel 2.1.6).

Auch Chris Markers viel beachteter filmischer «Photoroman» La jetée (Am Rande des Rollfelds; F 1962) erzeugt einen ‹zeitlichen Kurzschluss›: Durch eine Zeitreise kann die Hauptfigur erfahren, warum sie eine Erinnerung aus der Kindheit noch immer plagt. Sie hat als Kind den Moment ihres eigenen, späteren Todes miterlebt und erinnert durch diese Begegnung mit sich selbst paradoxerweise die eigene Zukunft (vgl. Kapitel 3.2.2).

Einige Filme spielen mit den Annahmen über die geografische und zeitliche Realität, in welcher die Handlung stattfindet. TWO THOUSAND MANIACS! (USA 1964, Herschell G. Lewis) markiert den Ort des Geschehens im Nachhinein als Nicht-Ort: Die ‹Realität› erweist sich als Parallelwelt, in der sich rachsüchtige Südstaatler-Geister alle 100 Jahre materialisieren und eine Nordstaatler-Falle aufbauen.

Zwei Jahre vor dem berühmten *Twist Ending* in PLANET OF THE APES sind bereits ähnlich strukturierte Enden zu finden: In WOMEN OF THE PREHISTORIC PLANET (DAS STEINZEITSYNDROM aka DIE WELT DES FRAUENPLANETEN; USA 1966, Arthur C. Pierce) erweist sich die Science-Fiction-Story am Ende als Vorgeschichte der Menschheit: Das einzige Centaurian-Pärchen, das überlebt, besteht aus einem gewissen Adam und einer gewissen Eva. Ein ähnliches Ende findet sich in einer TWILIGHT-ZONE-Episode (vgl. Kap. 2.1.5.b).

Einige Muster psychologisch motivierter *Plot Twists* werden in den 1950er- und 1960er-Jahren bereits geprägt: So verwendet HOMICIDAL (MÖRDERISCH; USA 1961, William Castle) einen Gender-*Twist*[76], um nachträglich Verhaltensweisen der männlichen Hauptfigur Warren (eigentlich Emily) psychologisch zu erklären. In THE THIRD SECRET (GB 1964, Charles Crichton) wird der ab den späten 1980er-Jahren populäre Identitäts-*Twist*[77] vorweggenommen: Die 14 Jahre alte Auftraggeberin glaubt nicht an den Selbstmord ihres Vaters, eines Psychiaters. Ein Patient ermittelt und findet heraus, dass sie selbst die fünfte, an einer Persönlichkeitsstörung erkrankte Patientin war und ihren Vater ermordet hat, um ihrer Einweisung zu entgehen (vgl. auch SHUTTER ISLAND in Kapitel 2.1.9.H).

Der bei Weitem populärste *Final Plot Twist* in den 1950er- und 1960er-Jahren ist jedoch der *Set-up Twist*[78]. LES DIABOLIQUES (DIE TEUFLISCHEN; F 1955, Henri-Georges Clouzot) stellt hierbei ein besonders einflussreiches und weitläufig bekanntes Beispiel dar, weshalb dem Film eine Einzelanalyse gewidmet ist (Kapitel 2.1.5.D). Fritz Langs BEYOND A REASONABLE DOUBT (Jenseits allen Zweifels; USA 1956) endet mit einem *Surprise Ending*, nachdem in mehreren *Plot Twists* die Dichotomien ‹Lüge und Wahrheit›, ‹Inszenierung und natürlicher Ablauf der Dinge› verhandelt wurden. Roger Cormans Film PREMATURE BURIAL (LEBENDIG BEGRABEN; USA 1962) verwendet den *Plot* von LES DIABOLIQUES partiell neu, setzt den *Set-up Twist* jedoch deutlich früher und führt ihn mit einer Rachegeschichte fort. TASTE OF FEAR (aka SCREAM OF FEAR [EIN TOTER SPIELT KLAVIER; GB 1961, Seth Holt]) überbietet die mittlerweile erwartbar gewordene Inszenierung dadurch, dass drei zentrale *Plot Twists* gesetzt werden: ein *Set-up Twist* à la LES

---

76 Damit ist die Etablierung einer Fehlannahme über das Geschlecht der Hauptfigur gemeint, die in einem *Plot Twist* zurückgenommen bzw. umgedeutet wird.
77 Hierbei ist die Identität einer zentralen Figur eine andere als zu Beginn etabliert wird, vgl. Kapitel 2.1.7.F.
78 Der *Set-up Twist* sei vorläufig definiert als eine Wendung, durch die offenbart wird, dass das Vorangegangene Teil einer Verschwörung oder Inszenierung war. Vgl. Kapitel 3.1.3.

Diaboliques, ein Identitäts-*Twist* und ein *Final Plot Twist*, der durch eine Fehlannahme zustande kommt.

Obwohl in der vorliegenden Arbeit der Schwerpunkt auf Spielfilmen liegt, sollen in einem kurzen Exkurs zwei erfolgreiche TV-Serien aus den 1950er und 1960er-Jahren behandelt werden, da sie für die Entwicklung überraschender Enden von großer Bedeutung sind: Alfred Hitchcock Presents und The Twilight Zone.

a. Alfred Hitchcock Presents (Alfred Hitchcock präsentiert; 7 Staffeln, USA 1955–1962)
Die zunehmende Etablierung des Fernsehens in den 1950er-Jahren bewirkt bei den Spielfilmformaten eine Veränderung, die von der Produktion kinoähnlicher Stoffe hin zu einer autonomeren Ästhetik und Narrativik führt. Gerade Kriminalserien, die in der Regel aus spielfilmartigen Folgen bestehen, jedoch deutlich kürzer, komprimierter und einfacher produziert sind, erfreuen sich großer Beliebtheit. Die Serie Alfred Hitchcock Presents verwendet den Namen des bekannten Regisseurs in zweierlei Hinsicht: einerseits als ‹Gütesiegel›, vergleichbar den unzähligen DVD-Veröffentlichungen, die heutzutage vom Schriftzug «Quentin Tarantino Presents» geziert werden; andererseits als Hinweis darauf, dass es in den Episoden durchweg um spannend erzählte Begebenheiten – generisch einzuordnen zwischen Kriminalfilm und Thriller – mit häufig überraschenden Enden geht.[79] Die Folgen der Serie werden von Hitchcock selbst an- und abmoderiert und teilweise inszeniert.

Zwei Episoden sind dabei für die vorliegende Untersuchung herauszustellen. Die eine – «An Occurrence at Owl Creek Bridge» (Staffel 5, Episode 19, USA 1959, Robert Stevenson) – wird in Kapitel 3.3.3 analysiert. Die andere ist die zweite Episode überhaupt, die unter dem Namen der Serie gesendet wird: «Premonition» (Staffel 1, Episode 2; USA 1955, Robert Stevens).

Die Hauptfigur in «Premonition» ist Kim Stanger, der in Paris Komposition studiert. Eines Tages kehrt er aufgrund einer Ahnung in seinen Heimatort zurück und möchte seine Familie besuchen. Der Anwalt der Familie, Doug Irwin, bittet ihn, vorher dort anzurufen – Kim aber möchte sofort nach Hause, da er das Gefühl hat, etwas stimme nicht. Er hat eine Vorahnung («premonition»).

Zu Hause scheint Kim verheimlicht zu werden, dass sein Vater Greg tot ist. Dieser hat seit vier Jahren nicht auf Kims Briefe geantwortet, und auf seinen Gewehren ist Rost. Der Bruder gesteht Kim Folgendes: Der Vater sei vor vier Jahren auf dem Tennisplatz an einem Herzinfarkt gestorben, während Kim in Rom war. Kim glaubt es nicht, da vor fünf Jahren Gregs Herz noch in Ordnung war. Er beginnt zu ermitteln und findet am Ende heraus, dass er selbst seinen Vater auf der Jagd erschossen hat. Der Totschlag wurde mit Geld vertuscht, und Kim wurde nach einem Zusam-

---

79 Lee Server spricht sogar von einer Art Überdruss, wenn er den Einfluss des O. Henry-Endes auf Radio- und Fernsehdramen der 1950er- und 1960er-Jahre beschreibt und speziell Alfred Hitchcock Presents als Negativbeispiel nennt (Server 2002, 138).

menbruch in eine Nervenheilanstalt in Arizona eingewiesen, aus der er jetzt geflohen ist. Also ist er nicht aus Paris angereist, sondern von dort.

Einige Details ergeben im Nachhinein einen anderen Sinn: dass Kim nur mit einer Zahnbürste im Gepäck reist, was die Natur seiner ‹Vorahnung› ist und warum er die Erzählung vom Tod seines Vaters nicht glaubt, obwohl alle anderen sie bezeugen. Kim vermutet einen Mord, und sein Bruder Perry ist der Hauptverdächtige. Da Kims Amnesie nicht bekannt ist, hat er selbst zunächst ein Alibi. Sein Bruder benimmt sich hingegen auffällig: Er versucht, ihn vom Zimmer seines Vaters fernzuhalten, möchte ihn so bald wie möglich ausquartieren, nennt ihm ein falsches Todesdatum, und gegen Ende scheint es, als wäre Perry mit auf die Jagd gegangen.[80] Manche Handlungen werden zudem erst im Nachhinein motiviert, beispielsweise, dass Doug sich alleine mit Scotch betrinkt und Kim in dessen Abwesenheit mit Hamlet vergleicht.[81] Auch dass Kim ohne jeden Anlass sofort den Mordverdacht geäußert hat, wird jetzt durch sein verdrängtes Vorwissen erklärbar.

Ebenfalls im Nachhinein wird verständlich, warum Kim in Gregs Zimmer und in der Jagdhütte plötzlich unter Kopfschmerzen leidet und sich an die Stirn fasst. Dies passiert an den Orten, die seine Erinnerung triggern, obwohl er sich dieser Tatsache noch nicht bewusst ist.

Die *Anagnorisis* wird jedoch nicht durch Kims eigene Erkenntnis initialisiert, sondern durch seine Schwester Susan, die ihm in die Jagdhütte folgt und per Dialog das *Twist Ending* forciert, das nur etwa eindreiviertel Minuten der Folge einnimmt:

> Jetzt hör mir zu. Du warst noch nie in Paris. Du warst in einem Krankenhaus in Arizona. […] Du hast dir das alles ausgedacht. […] Du hast es geglaubt, weil du es so wolltest.　　　　　　　　　　　　　　　　　　　　　　*(ab 0:22:40; Ü WS)*[82]

Susan ist es auch, die ihm offenbart, dass er seinen Vater getötet hat. Kim ist nicht überrascht, nicht aufgebracht, und glaubt diese Version der Geschichte sofort. Nach seinem letzten Satz signalisiert eine Schwarzblende bereits den Schluss des Syuzhets: «Das dachte ich mir. Ich hatte eine Vorahnung» (0:24:18; Ü WS).[83]

In «Premonition» findet sich ein sehr frühes Beispiel für die zuletzt so verbreitete Amnesie-/Verdrängungs-Konstruktion bei *Twist Endings*. Die parallele *Anagnorisis* von Figur und Zuschauer wird als Auflösung vorbereitet; es ist die gesamte Zeit über klar, dass wichtige Details der Geschichte ausgelassen werden, um Spannung

---

80 Der Coroner zählt mehrdeutig auf, wer dabei war: «Stanger, Irwin, Stanger's son.»
81 «Hamlet and the ghost on the battlements.»
82 «Now listen to me. You've never been in Paris. You've been in a hospital in Arizona. […] You made it all up. […] You believed it because you wanted to.» Die Time-Code-Angaben zu «Premonition» beziehen sich auf eine Ausgabe des Films, deren Ausstrahlungsdatum nicht zu recherchieren war. Die existierenden Schnittfassungen sind allerdings sehr ähnlich, sodass die Szene leicht zu finden sein dürfte.
83 «I thought so. I had a premonition.»

zu erzeugen. Auf die Art der Auflösung gibt es keine konkreten Hinweise – einige Details werden hinterher motivierbar, insbesondere, was Kims Verhalten angeht. Lange deutet jedoch alles auf Perrys Schuld oder eine Verschwörung hin, was insbesondere durch Perrys Lüge und die mehrdeutigen Blicke der drei ‹Verschwörer› Susan, Perry und Doug gestützt wird. Dabei war das alles nur eine Inszenierung zum Schutz der Hauptfigur, um Kim vor sich selbst zu retten. Das *Twist Ending* ist vollkommen dialogabhängig. Es gibt weder Flashbacks noch andere Formen des non-linearen Erzählens, die Kamera bleibt immer nah an der Hauptfigur. Nicht die Bilder lügen, sondern die Personen; die Irreführung manifestiert sich in den Dialogen. Der Grund für die Täuschung wird jedoch schon angedeutet, als Kim vom Tod seines Vaters erfährt: «Wir hatten Angst, dass du dich verantwortlich fühlst» (Ü WS)[84]. Auch dieser Satz muss nach dem *Twist Ending* re-evaluiert werden.

Besonders interessant ist, wie die Glaubwürdigkeit der Hauptfigur von Anfang an konstruiert wird.[85] Das mag daran liegen, dass der Begriff «Vorahnung» (den auch Hitchcock in der Anmoderation betont) nach einer positiven Eigenschaft klingt und signalisiert, dass die Hauptfigur ungewöhnlich sensibel ist. Und es ist Kims Voice-Over, der anfangs die Beweggründe für seine Heimkehr erklärt. Der Taxifahrer und Doug Irwin scheinen sich zudem zu freuen, Kim wiederzusehen: Mehrere ‹Charakterzeugen› führen die Figur somit positiv ein. Diese möglicherweise durch den Primäreffekt (vgl. Kapitel 1.2.6.1) unterstützte erste Einschätzung der Figur wird durch weitere biografische Details beglaubigt: Kim hat eine feste Anstellung, studiert an einer renommierten Universität und signalisiert Zufriedenheit mit seinem beruflichen und privaten Leben. Er war lange nicht in seinem Heimatort, was ihm das Attribut der Unabhängigkeit zuweist. Alle diese Annahmen erweisen sich als falsch, aber sie sind derart dominant an den Beginn des Syuzhets gesetzt, dass Kims Selbsttäuschung nicht als solche erkennbar wird. Das Irritationsmoment mit der Zahnbürste ist dagegen vergleichsweise schwach. Es besteht kein Anlass, Kim zu verdächtigen und das *Twist Ending* damit vorauszuahnen.

b. THE TWILIGHT ZONE (UNGLAUBLICHE GESCHICHTEN; 5 Staffeln, USA 1959–1964)
In der Serie THE TWILIGHT ZONE wird der Aspekt der Täuschung und des überraschenden Endes so sehr zum konstitutiven Prinzip, dass der Titel mittlerweile zum geflügelten Wort geworden ist. Das dort angedeutete ‹Zwielicht› steht metaphorisch für die Strategie der Verhüllung und für die zwei Sichtweisen, die sich oft durch einen Moduswechsel am Ende der Folgen offenbaren. Häufig sind die Episoden in Rätselform aufgebaut und enthalten Science-Fiction-, Mystery- oder Fantasy-Elemente.

---

84 «We were afraid you might feel responsible.»
85 Auch deshalb kann Perry so problemlos als potenzieller Antagonist aufgebaut werden.

Gleich mehrere Twilight-Zone-Folgen nehmen den *narrativen Twist*[86] am Ende von Planet of the Apes vorweg. «Third from the Sun» («Und der Name sei Erde»; Staffel 1, Episode 14; USA 1960, Richard L. Bare) thematisiert bereits im Titel den Planeten Erde und suggeriert zu Beginn, dass sich die Handlung dort vollzieht. Als einer Gruppe von Menschen aufgrund der drohenden Vernichtung des Planeten durch einen Nuklearkrieg die Flucht gelingt, wird allerdings deutlich, dass die Exilanten zur Erde hin flüchten und nicht von der Erde weg. Der Planet, der von Beginn an für die Erde gehalten wurde, ist ein anderer.

«I Shot an Arrow into the Air» («Wie ein Pfeil im Wind»; Staffel 1, Episode 15; USA 1960, Stuart Rosenberg) erzählt die Geschichte einer amerikanischen Raumcrew, die auf einem unbekannten Asteroiden strandet. Es entwickelt sich ein ‹Survivalist›-*Plot*, in dessen Verlauf zwei der vier Männer sterben. In einem daraus resultierenden Streit erschießt einer der Männer den anderen und bleibt als einziger Überlebender zurück. Als die Vorräte knapp werden, entdeckt dieser letzte Astronaut Straßenschilder und Strommasten: Er befindet sich in Nevada – das Raumschiff hat es also nie geschafft, die Erde zu verlassen. Zudem war die rettende Zivilisation die ganze Zeit über in unmittelbarer Nähe, wodurch zumindest einer der Tode vermeidbar gewesen wäre.[87]

«Probe 7, Over And Out» («Adam und Eva»; Staffel 5, Episode 9; USA 1963, Ted Post) basiert auf einem ähnlichen *Final Plot Twist*. Auch hier werden Zeit und Ort erst durch neue Informationen am Ende der Handlung vermittelt und widersprechen den vorherigen Annahmen: Astronaut Cook strandet auf einem fremden Planeten und kann sein Raumschiff nicht wieder flugtüchtig machen. Währenddessen bricht auf seinem Heimatplaneten ein destruktiver nuklearer Krieg aus, bei dem mutmaßlich keine Überlebenden zurückbleiben. Cook begegnet einer Frau einer anderen Spezies – die ebenfalls auf dem fremden Planeten gestrandet ist – und kann sich mit ihr nur über Zeichensprache verständigen. Als sie sich einander vorstellen, kommt heraus, dass sein voller Name Adam Cook ist und ihr voller Name Norda Eve; weitere Elemente der Schöpfungsgeschichte bestätigen die Annahme, dass es sich hier um die Geburtsstunde der Menschheit auf der Erde handelt.

Die Narration spielt mit dem Intertext der Bibel ebenso wie mit gängigen Vorannahmen über Zeit und Ort der Handlung: (a) Ein fremder Planet widerspricht der konventionellen Darstellung des bekannten Planeten Erde. (b) Eine Zeit, in der es bereits Raumschiffe gibt, ist inkompatibel mit der biblischen *Genesis*. (c) Zu der Adam-und-Eva-Mythologie existiert keine verbürgte Vorgeschichte. Der *Plot Twist*

---

86 Der *narrative Twist* sei vorläufig definiert als eine Wendung, die Erzählparameter der Diegese umdeutet, z. B. die Identität des Erzählers, den Wahrheitsstatus der Erzählung, die räumlichen oder zeitlichen Prämissen (vgl. Kapitel 3.1.5).

87 Eine ähnliche tragische Ironie – die Rettung ist nah, aber die Figuren sehen sie nicht – findet sich auch am Ende von The Mist (Der Nebel; USA 2007, Frank Darabont) und entsprechend auch in der Buchvorlage von Stephen King.

vermittelt also, dass die Handlung in der Vergangenheit und auf der Erde stattfindet und die Hauptfiguren aus kulturkonstitutiven Intertexten bekannt sind.

Andere *Twists* basieren auf Fehleinschätzungen der Figur, wobei der Zuschauer keinen Wissensvorsprung besitzt: In «People are alike all over» («Samuel Conrad und die Reise zum Mars»; Staffel 1, Folge 25; USA 1960, Mitchell Leisen) wird der Astronaut Conrad während einer Mars-Mission von den humanoiden Marsianern sehr freundlich aufgenommen. Als er die ‹Gaststätte› schließlich genau betrachtet, stellt er fest, dass er ein Ausstellungsstück im Zoo ist; vor ihm steht ein Schild, das ihn als «Erdenkreatur in natürlicher Umgebung» bezeichnet. «In The After Hours» («Goldfingerhut»; Staffel 1, Folge 34; USA 1960, Douglas Heyes) findet die Protagonistin am Ende heraus, dass sie selbst eine Schaufensterpuppe ist, die auf ‹Freigang› war und als Mensch ihre wahre Identität zwischenzeitlich vergaß.[88]

Auch die Folge «The Invaders» («Invasion der Zwerge»; Staffel 2, Episode 15; USA 1961, Douglas Heyes) hat ein *Twist Ending* der Sorte, die Carl Plantinga (2009) als «frame shifters» bezeichnet. Mit «frame shifters» meint Plantinga Folgen, in denen der Wahrnehmungsrahmen durch ein Ereignis innerhalb der Episode verändert wird (vgl. Kapitel 1.1.3). Dies entspricht einem Typ des *narrativen Twists* (vgl. Kapitel 3.1.5), bei dem sich anfänglich vermittelte Informationen über die Beschaffenheit der Diegese als falsch erweisen.

Die Anmoderation von «The Invaders» beschreibt den Handlungsort als eine entlegene Gegend, in der eine alte Frau demnächst von einem ungenannten Grauen heimgesucht werde. Die etablierte filmische Ikonografie lässt angesichts der Architektur des Hauses auf den amerikanischen Mittleren Westen schließen. Die häusliche Ruhe wird gestört, als auf dem Dach des Hauses ein kleines Raumschiff landet, das in seiner Form den üblichen UFO-Darstellungen ähnelt. Das runde Flugobjekt erweist sich als bemannt: Kleine Figuren in Raumanzügen versuchen ins Haus einzudringen und attackieren die Frau, die über keinerlei vergleichbare technische Errungenschaften verfügt, mit Strahlenwaffen. Deren Funktionsweise lässt sich nicht erschließen; sie scheinen die Frau aber zu beunruhigen. Während die Frau bis auf den Umstand, dass sie nicht spricht, ein gewöhnlicher Mensch zu sein scheint, wirken die Eindringlinge aufgrund ihrer Attribute – UFO, Größe, Raumanzüge, fortschrittliche und unbekannte Technologie – fremd. Die Geräusche, die ihre Waffen erzeugen, klingen wie aus dem Schallarchiv des Science-Fiction-Films der 1950er-Jahre und verstärken den Eindruck der Fremdheit zusätzlich.

All diese Annahmen sind nach dem *Twist Ending*, das durch ein einziges Bild funktioniert, hinfällig (vgl. auch PLANET OF THE APES). Die zunächst vermittelten Informationen stützen bis zum *Plot Twist* die diegetische Hypothese, dass hier ein Erdenhaushalt von Außerirdischen heimgesucht wird. Tatsächlich sind die Rollen

---

88 Von dieser Folge gibt es ein Remake in der zweiten TWILIGHT-ZONE-Serie (USA 1985–1989; Staffel 2, Episode 28a; USA 1986, Bruce Malmuth).

aber vertauscht: Eine Großaufnahme der Schrift auf dem Raumschiff zeigt, dass es sich um ein Gefährt der US-amerikanischen Flotte handelt und die kleinen Raumfahrer somit Menschen von der Erde sind. Das UFO kann als die kulturelle Imitation eines fiktiven Vorbildes verstanden werden, während die fortgeschrittene Technik die Handlung in der fernen Zukunft verortet. Die vermeintliche Menschenfrau ist hingegen eine außerirdische Riesin, der es aufgrund ihrer Körpergröße gelingt, die Invasion der technologisch weitaus moderneren Erdenmenschen abzuwehren. «The Invaders» kommen somit von der Erde, und der ursprünglich angenommene *Frame* der Handlung wird re-evaluiert.[89]

D. LES DIABOLIQUES (DIE TEUFLISCHEN; F 1955, Henri-George Clouzot)
Henri-Georges Clouzots Film LES DIABOLIQUES (DIE TEUFLISCHEN; F 1955) ersetzt an seinem Ende einen markierten *Set-up Twist* durch einen anderen, zuvor unmarkierten *Set-up Twist*, der gleichzeitig das *Twist Ending* des Films darstellt. Die Ausgangssituation ist für die Entwicklung des Films entscheidend, da über die Figurenkonstellation sowohl die Handlung motiviert wird als auch eine Veränderung der Figurenkonstellation die Re-Evaluation notwendig macht.

Michel Delassalle ist der Direktor eines Jungeninternats. Er führt sich im öffentlichen und im privaten Raum wie ein Tyrann auf. Außerdem hat er vor den Augen seiner Frau Christina eine Affäre mit einer der Lehrerinnen, Nicole Horner. Die beiden Frauen bilden eine Art Zweckgemeinschaft und trösten sich gegenseitig, wenn sich die Aggression des Direktors gegen eine von ihnen gerichtet hat. Als es ihnen zu viel wird, planen sie seine Ermordung: Sie locken ihn unter dem Vorwand einer forcierten Scheidung in Nicoles Heimatort, betäuben und ertränken ihn und werfen ihn in den Swimming-Pool des Internats, damit alles wie ein Unfall bzw. Selbstmord aussieht.[90]

Mehrfach wird betont, dass Christina Delassalle sich zu dem Verbrechen überreden lässt. Sie ist es auch, die in der Folge an ihrem schlechten Gewissen leidet und der ihr schwaches Herz zu schaffen macht. Letzteres ist die versteckte Motivation für das eigentliche Verbrechen: Nicole und Michel haben den Mord bloß vorgetäuscht und provozieren durch Michels allmähliche Rückkehr als vermeintlicher Wiedergänger, dass Christina an einem Herzinfarkt stirbt (Farbabb. 1).

Diese Handlung orientiert sich an Horrorfilmen der 1920er- und 1930er-Jahre, die ähnliche *Set-up Twists* implementieren (vgl. Kapitel 2.1.2 und 2.1.3). Das Meta-Schauspiel von Nicole und Michel, das die Schenkel des ‹konspirativen Dreiecks› wenige Sekunden vor dem Ende vertauscht, führt Christina ebenso in die Irre wie

---

89 Es ist interessant, dass manche *Twist Endings* den Bezug des Filmtitels umdeuten, so z. B. auch LES DIABOLIQUES (Kapitel 2.1.5.D) und THE OTHERS (Kapitel 3.1.4.2).
90 Dies erinnert an Alfred Döblins *Die beiden Freundinnen und ihr Giftmord* (1924), obgleich der Subtext der Homosexualität hier sehr viel dezenter ist.

den Zuschauer. Der Filmtitel bezeichnet nunmehr Michel und Nicole als die «Teuflischen» und nicht mehr Nicole und Christina.

Michel selbst ist es, der mit seinem Verhalten Christinas letzte Zweifel an der Rechtmäßigkeit des Mordes beseitigt. Jene soll ihn dazu bringen, mit Betäubungsmitteln versetzten Whiskey zu trinken. Allerdings zögert sie im Moment der Konfrontation und gibt Michel eine letzte Chance. Diese ‹versäumt› er zu ergreifen, indem er Christina besonders schlecht behandelt. Im Nachhinein wird klar, dass Michel eingeweiht ist und seine Ehefrau so lange provoziert, bis sie sich zu der Untat hinreißen lässt.

Die Mordszene ist für das doppelte Spiel von besonderer Bedeutung, weil die von Nicole und Michel angewandten Effekte für den Zuschauer genauso ‹wirksam› sein müssen wie für Christina, damit die Täuschung gelingt. Da Nicoles Motivation dafür, den Mord nur vorzutäuschen, gar nicht im Raum steht, ist dies jedoch einfach möglich: Die plausibelste Erklärung für das *offscreen*-Geschehen ist, dass Michel weiterhin unter Wasser und somit längst ertrunken ist. Christina verlässt zwar zwischenzeitlich das Zimmer, aber es wird erst am Ende deutlich, dass Michel in dieser Zeit aus der Badewanne auftauchen und atmen kann. Ein Paar ‹tote Augen› aus Plastik lässt Michel auch bei weiteren kontrollierenden Blicken wie eine Leiche wirken. Die gekonnte Inszenierung von Michel und Nicole sorgt analog zur filmischen Inszenierung dafür, dass der Betrug bzw. die Täuschung gelingt.

Nach dem Mord nimmt der Film eine andere Richtung und wird vom Kriminalfilm zum Horrorfilm. Merkwürdige Begebenheiten sorgen dafür, dass der tote Direktor immer mehr Lebenszeichen von sich gibt, und Christinas Herz wird mit jeder schrecklichen Nachricht schwächer.

Tab. 7 Stationen von Michels Rückkehr in LES DIABOLIQUES

a) Michels Leiche taucht nicht wieder auf; als der Pool geleert wird, ist sie verschwunden. => Christina bricht erstmals zusammen.
b) Michels gereinigte Wäsche – die Kleidung des Toten – wird ins Internat geliefert.
c) Michel hat die Reinigung angeblich selbst veranlasst – ein Mann gastiert als «Michel Delassalle» im Eden-Hotel. Christina glaubt an eine Erpressung.
d) Eine nackte Leiche, die Michel sein könnte, wird in der Seine gefunden. Der Tote ist jedoch nicht Michel.
e) Ein Schüler namens Moinet gibt an, der Direktor habe seine Steinschleuder konfisziert und ihn bestraft. Da der Schüler für seine rege Fantasie bekannt ist, wird dies als Lüge bzw. Halluzination abgetan.
f) Michel ist auf dem Schulfoto zu sehen. Christina bittet Nicole zu gehen und gesteht dem ermittelnden Detektiv den Mord.
g) In Michels Zimmer brennt Licht; jemand benutzt seine Schreibmaschine. Auf dem eingespannten Zettel steht Michels Name.
h) Michels ‹Leiche› liegt in Christinas Badewanne. Als sie ihn erblickt, erhebt er sich, und sie stirbt an einem Herzinfarkt.

Nach Christinas Tod erweist sich Michel als lebendig; die übernatürlichen Elemente werden zurückgenommen, und der Horrorfilm wird wieder zu dem, was er zu Beginn bereits war: ein Kriminalfilm. Michel entfernt seine Augenattrappen, fühlt Christinas Puls und winkt Nicole zu sich. Das Paar bespricht offen den mörderischen Plan und wird dabei vom ermittelnden Detektiv in flagranti ertappt. Am Ende des Films werden somit alle drei Mörder bestraft, und die moralische Ordnung ist wiederhergestellt. Ein Verunsicherungsmoment bleibt zurück: Der Schüler Moinet (vgl. e) hat seine Steinschleuder angeblich von der Direktorin wiederbekommen.

Wie bereits am Anfang von THE BAT (vgl. Kapitel 2.1.2) bittet auch am Ende von LES DIABOLIQUES eine Texttafel darum, das Ende nicht zu verraten. Der Film solle für zukünftige Zuschauer nicht «verdorben» werden. Das äußerst kurze *Twist Ending* des Films hängt mit einem Genre- und einem Moduswechsel zusammen: Übernatürliche Elemente des Horrorfilms erweisen sich als Inszenierung, die offensichtliche Motivation des *Plots* wird zurückgenommen und umgedeutet. Statt Christina werden nun Nicole und Michel fokalisiert, die einen Wissensvorsprung gegenüber der Hauptfigur besaßen. Durch diesen ‹blinden Fleck› wurde eine Täuschung möglich, welche die zentralen Prämissen der Diegese vollständig umdeutet. Besonders in der Mordszene fällt dies auf, da Christina ‹mit dem Zuschauer zusammen› aus dem Badezimmer tritt, in dem *offscreen* des Rätsels Lösung zu sehen wäre. Die angenommene Kausalität und Kontinuität der Erzählung werden vom Film an dieser Stelle eher gestützt als ein mögliches Verdachtsmoment. Die Doppeldeutigkeit von Michels Aussehen – tot bzw. als Leiche maskiert – bleibt somit unauffällig und stützt die Hypothese, dass Michel getötet wurde. Außerdem gibt es keinerlei Anzeichen dafür, dass der Mord nicht erfolgreich verlaufen ist; die gesamte Situation wurde schließlich narrativ nur durch diesen einen Zweck motiviert. Die Täuschung ist also von den Figuren abhängig: Ihre (vorgeblichen) Motivationen werden zu Beginn eingeführt und konsistent aufrechterhalten. Michels Mord geschieht nicht ohne Motivation und ist auch deshalb glaubwürdig bzw. wahrscheinlich.

In zahlreichen Filmen finden sich Adaptionen und Variationen des *Twist Endings* von LES DIABOLIQUES (vgl. Kapitel 2.1.6, 2.1.7 und die Filmografie im Anhang). 1996 erscheint zudem ein Remake des Films mit leicht verändertem Ende unter dem Namen DIABOLIQUE (DIABOLISCH; USA 1996, Jeremiah S. Chechik). Die Konstellation ist zwar ähnlich, jedoch überlebt Mia (entspricht Christina) den Herzinfarkt, und Nicole (hier auch Nicole) hat Gewissensbisse. Nicole und Mia ertränken daher zuletzt Guy (entspricht Michel) in einem Swimming-Pool.

2.1.6 Das New-Hollywood-Kino und seine Erben (1968–1987)

In den 1970er- und 1980er-Jahren findet sich das *Twist Ending* am häufigsten im Horrorfilm. Die Tradition des Anthologie-Horrorfilms mit *Twist Ending*, die 1945 DEAD OF NIGHT etabliert hat, wird von TALES FROM THE CRYPT (GESCHICHTEN

AUS DER GRUFT; GB/USA 1972, Freddie Francis) fortgesetzt. Auch der zweite Teil des Films hat ein *Twist Ending* (IN DER SCHLINGE DES TEUFELS; GB/USA 1973, Roy Ward Baker). In beiden Filmen erzählen mehrere Figuren Geschichten über ihren nahenden Tod. Am Ende werden die Flashforwards in Flashbacks umgedeutet, da die Geschichten in der Vergangenheit liegen und die Figuren bereits tot sind.

THE WICKER MAN (THE WICKER MAN; GB 1973, Robin Hardy) offenbart an seinem Ende, dass die gesamte Handlung nur eine Inszenierung für den fokalisierten Ermittler war, der als jungfräuliches Opfer auf die Insel gelockt wurde (vgl. Kapitel 3.1.3.2). DEAD & BURIED (TOT & BEGRABEN; USA 1981, Gary Sherman) variiert das Zombiefilm-Genre, indem am Ende der Sheriff herausfindet, dass er selbst schon seit einiger Zeit ein Zombie ist und von seiner eigenen Frau ermordet wurde. APRIL FOOL'S DAY (DIE HORROR-PARTY; USA 1986, Fred Walton) erweist sich als Horrorkomödie, da alle Ereignisse nur Teil einer schauspielerischen Inszenierung waren. Der Teenie-Splatterfilm SLAUGHTER HIGH (DIE TODESPARTY; USA 1986, Mark Ezra, Peter Litten, George Dugdale) aus demselben Jahr erzählt von den Rachemorden des verschmähten Schülers Marty, die sich jedoch als sein Traum erweisen. In Wirklichkeit befindet sich Marty in einer Nervenklinik.

Das *Twist Ending* gibt es mittlerweile auch in Genres, für die es nicht typisch ist: Im Softporno SUOR EMANUELLE (DIE NONNE UND DAS BIEST; I 1977, Giuseppe Vari) werden die ‹unsittlichen› Begebenheiten mit einem *Wake-up Twist* zurückgenommen. Das Kriminaldrama WISDOM (WISDOM – DYNAMIT UND KÜHLES BLUT; USA 1986) von Emilio Estevez regt durch sein Ende eine Diskussion der moralischen Implikationen von John Wisdoms Handlungen an. Der College-Film THE HAZING (USA 1977, Douglas Curtis) verwendet eine innovative Spielart des *Set-up Twists*: Die Freunde Craig und Barney wollen einer Verbindung beitreten – beim Initiationsritual stirbt Barney. Die Situation spitzt sich zu, bis der totgeglaubte Barney auf seiner eigenen Beerdigung Craig vom Sarg aus fröhlich in der Verbindung willkommen heißt. Der australische Mystery-Film THE SURVIVOR (1981, David Hemmings) erzählt die Geschichte eines Wiedergängers, der nicht weiß, dass er tot ist (vgl. CARNIVAL OF SOULS u. v. m.).

Avantgardistische Filme bedienen sich ebenfalls des *Twist Endings*. Nicolas Roegs DON'T LOOK NOW (WENN DIE GONDELN TRAUER TRAGEN; GB/I 1973) bietet eine Lesart als ‹Totenbettfantasie› an, was den Film jedoch auf einen Aspekt reduziert und seiner Komplexität nicht gerecht wird (vgl. Kapitel 3.1.8).[91] Woody Allens STARDUST MEMORIES (STARDUST MEMORIES; USA 1980) überbietet spielerisch das Vorbild – Fellinis 8 1/2 (ACHTEINHALB; I 1963) – und lässt die gesamte Handlung am Ende als den neuen Film des Protagonisten erscheinen. Vor dem

---

91 In der Finalszene wird die Hauptfigur von der zwergenhaften Mörderin im roten Umhang getötet, wodurch die vorangegangene Handlung des Films als subjektive Fantasie im Augenblick des Todes lesbar wird (vgl. Strank [2]2013).

Abspann ist zu sehen, dass alles eine Aufführung war und die Charaktere nunmehr als Zuschauer den Kinosaal verlassen. Mel Brooks' Western-Parodie Blazing Saddles (Der wilde wilde Westen; USA 1974) ist ähnlich selbstreflexiv. Der Film endet damit, dass im Zuge einer Schlägerei eine Studiowand (stellvertretend für die metaphorische ‹vierte Wand›) niedergerissen wird und die Darsteller sich dann den Rest des Films selbst im Kino anschauen.

Der selbstreflexive Ebenenwechsel am Ende scheint in diesen Jahren zur Konvention zu werden: The Phantom Tollbooth (Milos ganz und gar unmögliche Reise; USA 1970, Chuck Jones, Abe Levitow, Dave Monahan) wiederholt die Idee von The Wizard of Oz. Die fantastische Welt hebt sich hier allerdings nicht durch Farbfilm-Material ab, sondern durch einen Wechsel vom Spielfilm zum Animationsfilm. Two-Lane Blacktop (Asphaltrennen; USA 1971, Monte Hellman) endet mit einem Rennen, bei dem das Filmmaterial ‹versagt›. Zuerst fällt der Ton aus, dann verlangsamt sich der Film, und der Filmstreifen scheint sich im Projektor zu verfangen und zu verbrennen. Es folgt der Abspann. In Monty Python and the Holy Grail (Die Ritter der Kokosnuss; GB 1975, Terry Gilliam, Terry Jones) reißt am Ende scheinbar die Filmrolle, nachdem im ersten *Twist Ending* das diegetische Mittelalter mit der diegetischen Gegenwart kollidiert ist und die ‹Ritter› von der zeitgenössischen Polizei festgenommen wurden (vgl. Kapitel 3.1.8). The Last Horror Film (Love to Kill; USA 1982, David Winters) endet mit einem *Set-up Twist*, bevor das selbstreflexive *Twist Ending* folgt. Die ganze Story war ein Film im Film, der aus dem Material besteht, das ein Filmemacher namens Vinny in Cannes gesammelt hat.

Nach wie vor finden sich diverse *Wake-up Twists*, überdies wird die Form zum Teil erneuert und variiert. Under the Rainbow (Geheimauftrag Hollywood; USA 1981, Steve Rash) erweist sich als Film-Traum eines Schauspielers. Somewhere, Tomorrow (USA 1983, Robert Wiemer) führt die Figuren aus dem Traum in einem realistischen Modus neu ein und nimmt die übernatürlichen Anteile des Films zurück (zu beiden vgl. Kapitel 3.1.2.1). The Slayer (USA 1982, J. S. Cardone) erweitert das bereits bekannte Zeitschleifen-Ende. Die Ereignisse auf einer Insel erweisen sich als der Traum eines kleinen Mädchens. Dieses kann jedoch die Zukunft in ihren Träumen vorhersehen, wodurch eine Art Möbiusband entsteht: Das Mädchen träumt die Ereignisse, und das Erleben der Ereignisse wird wiederum mit dem Aufwachen des Mädchens enden. Terry Gilliams Brazil (Brazil; GB 1985) greift indessen das Bierce-Modell auf und deutet sein vorläufiges *Happy Ending* als Sams eskapistische Halluzination um.

Die nicht erst seit den 1980er-Jahren populären Zeitreise-Filme behandeln häufig Paradoxien der Chronologie. So reist Lyle in dem Film Timerider: The Adventure of Lyle Swann (Timerider – Die Abenteuer des Lyle Swann; USA 1982, William Dear) in die Vergangenheit und findet dadurch heraus, dass er sein eigener Großvater ist. Ähnliches ereignet sich in dem Animationsfilm Les maîtres du temps (Herrscher der Zeit; F 1982, René Laloux). Der Junge Piel ist allein auf dem Planeten Perdida und wartet auf ein Raumschiff. An Bord befindet sich der ältere Mann Silbad. Am Ende wird verraten, dass Silbad der gealterte Piel ist und Perdida von den «Herrschern der Zeit» in die Vergangenheit versetzt wurde, damit er besser kolonisiert werden kann. Dies kommt Plantingas Idee des *Frame Shifters* recht nahe (vgl. Kapitel 2.1.5.b), da Angaben über die Beschaffenheit der Chronologie der Handlung sich als falsch bzw. unzureichend erweisen (vgl. PLANET OF THE APES).

Der populäre *Twist* aus LES DIABOLIQUES findet auch in den 1980er-Jahren Verwendung. XIE (HK 1980, Chih-Hung Kuei) beendet mit diesem *Set-up Twist* die erste Hälfte des Syuzhets; auch DEATHTRAP (DAS MÖRDERSPIEL; USA 1982) von Sidney Lumet bedient sich dieser Wendung, ersetzt jedoch das heterosexuelle Verschwörerpaar durch ein homosexuelles.

Neben dem populären Ende von PLANET OF THE APES sind einige *Surprise Endings* zu großer Berühmtheit gelangt und werden immer wieder auf einschlägigen Fan-Seiten zitiert: Die Auflösung, dass die Nahrung «Soylent Green» aus Menschen hergestellt wird (SOYLENT GREEN [… JAHR 2022… DIE ÜBERLEBEN WOLLEN …; USA 1973, Richard Fleischer]), das vorgespielte tragische Ende der Hauptfiguren aus THE STING (DER CLOU; USA 1973, George Roy Hill) und die Erkenntnis, dass ein abgehörtes Tonband falsch interpretiert wurde (THE CONVERSATION [DER DIALOG; USA 1974, Francis Ford Coppola]), gehören zu den bekanntesten Film-Enden der 1970er-Jahre.

Überraschende Enden sind ohnehin zur Norm geworden, auch im europäischen Kino. Italienische Gialli haben häufig Enden, die als *Twist Endings* klassifiziert werden könnten. Am Ende von Dario Argentos L'UCCELLO DALLE PIUME DI CRISTALLO (DAS GEHEIMNIS DER SCHWARZEN HANDSCHUHE; I 1970) wird aufgelöst, dass Sam bei einem von ihm beobachteten Mordversuch Täter und Opfer vertauscht hat, was weitreichende Konsequenzen für die Handlung hat. In Argentos übernächstem Film 4 MOSCHE DI VELLUTO GRIGIO (VIER FLIEGEN AUF GRAUEM SAMT; I 1971) erweist sich die Ehefrau des Protagonisten als dessen geheimnisvolle Verfolgerin. LE ORME (DIE SPUREN; I 1975, Luigi Bazzoni) endet ambivalent und changiert in den letzten Minuten zwischen zwei möglichen Erklärungen: einer Verschwörung und der Wahrnehmungsstörung der Hauptfigur (vgl. Kapitel 3.2.4). Mario Bavas SCHOCK (I 1977) spielt auf eine ähnliche Weise mit der Amnesie der Protagonistin, die sich als die gesuchte Mörderin erweist.

Eine zuvor seltene Form des *Final Plot Twists*, die in den 1970er- und 1980er-Jahren populär wird, ist der Gender-*Twist*. Bei diesen Filmen erweist sich am Ende die Haupt- oder die Täterfigur als jeweils anderes Geschlecht (A REFLECTION OF FEAR [SPIEGELBILD DER ANGST; USA 1973, William A. Fraker]) bzw. als Transvestit (DRESSED TO KILL [DRESSED TO KILL; USA 1980, Brian De Palma]). Im zuletzt genannten Film wird das Motiv der dissoziativen Identitätsstörung aus PSYCHO konsequent weitergeführt, indem der Täter nicht als seine Mutter verkleidet mordet, sondern als weibliches Alter Ego.

Neben Dressed to Kill sind auch Brian De Palmas übrige Regiearbeiten wegen ihrer Enden bemerkenswert. Der Amerikaner radikalisiert und überbietet Alfred Hitchcocks berühmte *Surprise Endings*, wodurch De Palmas Enden häufig im Grenzbereich des *Twist Endings* anzusiedeln sind. Die beiden Schwestern in Sisters (Die Schwestern des Bösen; USA 1976) erweisen sich als eine einzige Person mit dissoziativer Identitätsstörung, die Film-Handlungen von Obsession (Schwarzer Engel; USA 1976) und Body Double (Der Tod kommt zweimal; USA 1984) als perfide Inszenierungen (vgl. Kapitel 3.2.3).

Im Zuge der völligen Konventionalisierung von *Surprise Endings* in Filmen wie Sleuth (Mord mit kleinen Fehlern; USA 1972, Joseph L. Mankiewicz), dessen Handlung fast nur noch aus *Plot Twists* besteht, finden sich erste Parodien des überraschenden Endes. Murder by Death (Eine Leiche zum Dessert; USA 1976, Robert Moore) inszeniert einen der absurdesten *Final Plot Twists* der Filmgeschichte. Der geheimnisvolle Gastgeber Lionel Twain lädt die weltbesten Detektive zu sich ein, um einen Mord aufzuklären. Um Mitternacht wird bekannt, dass er selbst das Opfer ist, und im Zuge der Ermittlungen sterben die Detektive einer nach dem anderen. Am Ende stellt sich heraus, dass Lionel Twain gar nicht umgebracht wurde und die Einladung nur ein Vorwand war, um die weltbesten Detektive zu ermorden. Dies entspricht noch einem relativ konventionellen *Surprise Ending*. In einer weiteren Wendung wird klar, dass Twain doch nicht überlebt hat, sondern sich unter einer Twain-Maske die vermeintlich taubstumme Köchin Yetta verbirgt. Da die Täterin zuvor kaum eine Rolle gespielt hat, parodiert das Ende die Beliebigkeit vieler *Final Plot Twists*.

Das bekannteste *Twist Ending* des New Hollywood hat mit Sicherheit Franklin J. Schaffners Planet of the Apes, weshalb dem Film eine Einzelanalyse gewidmet ist.

E. Planet of the Apes (Planet der Affen; USA 1968, Franklin J. Schaffner)
Obgleich Schaffners Planet of the Apes häufig als Science-Fiction-Film rezipiert wird, berührt der Film weitere Genres, ohne dass eine Festlegung möglich wäre (vgl. Kapitel 1.2.5.3).[92] Durch das *Twist Ending* wird nicht nur die vorgebliche Diegese D(t) durch die tatsächliche Diegese D des Films ersetzt, sondern auch das tatsächliche Genre des Films offenbart und eine Information vermittelt, die das Geschehen als Human-Dystopie lesbar macht.

Der Astronaut Taylor befindet sich mit seinen Kollegen Dodge, Stewart und Landon auf einer Expedition, während der ihr Raumschiff um einige Jahrtausende in die Zukunft befördert wird. Sie stranden auf einem von affenartigen Humanoiden bevölkerten Planeten; Menschen werden dort – wie auf der Erde Affen – in Käfigen gehalten und unterdrückt. Die Zivilisation der ‹Affen› hat sich nur in einem kleinen

---

92 Er kann außerdem als Beispiel für das Genre der New-Hollywood-Dystopie gesehen werden; vgl. THX 1138 (THX 1138; USA 1971, George Lucas), The Omega Man (Der Omega-Mann; USA 1971, Boris Sagal), Soylent Green (… Jahr 2022 … die überleben wollen …; USA 1973, Richard Fleischer) u. v. m.

Sektor des Planeten angesiedelt. Dieser ist von einer «Verbotenen Zone» umgeben, die von niemandem betreten werden darf. Am Ende findet Taylor heraus, dass der Planet der Affen die Erde ist und nach einem verheerenden Nuklearkrieg ‹Affen› die Herrschaft übernommen haben.

Präsentiert sich der Film in der Exposition zunächst als Science-Fiction-Film, kehrt er nach der Bruchlandung nie wieder zur ‹Science› zurück: Taylors Wanderung durch die «Verbotene Zone» weist am ehesten Elemente eines Abenteuerfilms auf. Die ‹verkehrte Welt› des Affenplaneten etabliert hingegen eine Fantasy-Ebene, die im Verlauf von Taylors ‹bürgerrechtlichem› Kampf für seine Menschenrechte immer mehr einer soziologisch geprägten Parabel weicht. Auf die letzte Wendung deutet zwar einiges hin, aber genauso wird eine Auflösung vorbereitet.

In PLANET OF THE APES gibt es mehrere Hinweise auf das *Twist Ending*, die unmarkiert montiert sind. Als Beispiele dafür lassen sich Taylors POV-Shot auf die «Earth Time» (3978), die archäologischen Funde in der «Verbotenen Zone» und die Übereinstimmung der biologischen Bedingungen der Erde mit denen des Affenplaneten angeben. Eine weitere Verunsicherung der vorgeblichen Diegese stellt Taylors Flucht mithilfe des ihm wohlgesonnenen ‹Affen› Cornelius und seiner Familie dar, denn die «Verbotene Zone» eignet sich allzu gut als Hintergrund für ein visuelles Western-Zitat und impliziert so kultursemiotisch ihre eigene Vergangenheit als filmische Prärie.

Zwar wird die Zeit am Ende nicht zurückgedreht, aber die Erkenntnis, dass Taylor auf der Erde gelandet ist, verändert einige Annahmen grundlegend: Die Tier-Menschen, die auf dem Affenplaneten leben, sind keineswegs menschenähnliche Tiere auf einer niedrigeren Evolutionsstufe. Sie sind vielmehr die Nachfolger des homo sapiens, der den Planeten letztlich zerstört hat – und dies so grundlegend, dass selbst von New York nur noch die im Sand versunkene Freiheitsstatue übrig geblieben ist. Diese berühmte Einstellung ist es, die den Film am Ende komplett umdeutet und die Existenz einer zweiten, sämtlichen Protagonisten bis hierhin verborgenen Diegese-Ebene signalisiert. Selbst Taylors Widersacher Prof. Zaius mag das Versagen der Menschen bewusst gewesen sein, und die Affen mögen Taylor zu Recht nicht geglaubt haben, dass er von einem anderen Planeten komme. Die Kenntnis von der früheren Kultur war allerdings nicht umfangreich genug, um die Verbindung endgültig herzustellen. Die Hinführung auf die Auflösung bzw. das *Twist Ending* kann im Nachhinein als dramaturgische Beschleunigung begriffen werden: Die frappierende Ähnlichkeit der archäologischen Funde mit irdischen Objekten erklärt sich jetzt ebenso wie die Warnung vor dem Menschen in der Heiligen Schrift der Affen. Durch die Übereinstimmung des Affenplaneten mit der Erde erhält die Handlung eine parabolische Qualität, die auf die Gegenwart des Kalten Krieges zu beziehen ist: Die nukleare Vernichtung der Erde führt zur Versklavung der Menschheit und ist daher in Taylors diegetischer Gegenwart – der Produktionszeit des Films – um jeden Preis zu verhindern. Der politische Diskurs, den der Film somit am Ende aufgreift, wandelt sich vom lange verhandelten Bürgerrechtsdiskurs mit undifferenzierter Schuldfrage (der Mensch wird ausgebeutet) zu einer realistischen Dystopie, die das Parabolische zugunsten einer zeitgenössischen Warnung zurücknimmt.

Tab. 8 Finale Einstellungsfolge von PLANET OF THE APES[93]

1. Fackel der Freiheitsstatue aus Aufsicht im Vordergrund (etwa halbnah); Top-Shot auf Menschenpärchen (Taylor & Nova); Zoom auf Menschenpärchen bis zur Halbtotalen (1:49:35–1:49:59)
2. Parallelbild: Kranz der Freiheitsstatue aus Aufsicht im Vordergrund; Top-Shot auf Menschenpärchen (Taylor & Nova); horizontale Kamerafahrt, Endpunkt: POV-Shot durch die ‹Strahlen› des Kranzes Zoom-In auf Menschenpärchen; Taylor befindet sich genau in der Mitte zwischen den zwei begrenzenden Strahlen. (1:50:00–1:50:22)
3. Taylor halbnah (Reaction-Shot): «I'm home»); Nova & Pferd kurz im Bild (halbnah); dann Taylor kniend, schreiend (halbtotal); Nova & Pferd (verständnislos; halbnah) (1:50:23–1:50:52)
4. Zoom-Out in Totale: Freiheitsstatue, am Bildrand Taylor, Nova & Pferd (= Schlussbild) (1:50:53–1:51:15)

Zwei Einstellungen lassen bereits vor dem *Twist* die Fackel der Freiheitsstatue und die Strahlen ihrer Krone in elliptischen Nahaufnahmen erkennen. Erst die Totale aus der Gegenperspektive verdeutlicht, was die ersten Shots vermuten ließen: Der Film spielt auf der Erde (Farbabb. 2). Taylors Kommentar («I'm home») unterstreicht die tragische Ironie seiner Flucht in die Zukunft: Er ist Opponent der menschlichen Zerstörungswut und hat den Planeten in der Hoffnung auf eine friedliche Utopie in ferner Zukunft verlassen.[94]

Der Film exponiert den Überlebensdrang und die Überlebensfähigkeit des Menschen ebenso wie das Risiko, das der technische Fortschritt mit sich bringt. Dieser kulturkritische Aspekt modifiziert die Parabel, in deren Rollenschema der Mensch bildhaft durch den evolvierten Affen symbolisiert wurde[95] und nun seinen Platz als zum Herdentier degradierter Gegenpart einnehmen muss. Aus der Alternativwelt wird eine Zukunftswelt – durch drei Bilder: die Fackel, den Kranz, die Totale von der Freiheitsstatue. Taylors Tirade beseitigt nur die letzten Zweifel und doppelt im Sinne des Hollywood-Stils die wichtige visuelle Aussage auf der Dialogebene. Das *Twist Ending* in PLANET OF THE APES kommt mit einer recht prosaischen Schlusssequenz aus, die die Bildsprache des bisherigen Films konsequent fortsetzt und dramaturgisch gesehen auf der Drehbuchebene bleibt: Der Wissensrückstand der Figuren bewirkt eine Täuschung in Bezug auf die wahre Beschaffenheit des Affenplaneten. Das Ende widerlegt visuell Taylors Irrtum und bebildert seine *Anagnorisis*.

---

93 Die Time-Code-Angaben zu PLANET OF THE APES beziehen sich auf die DVD-Edition von 20th Century Fox Home Entertainment (2005).
94 «There must be something better than man.»
95 Taylor selbst nennt es «upside down universe».

2.1.7 Vom Kunstkino zum *Mainstream* (1987–1999)

Nachdem in den frühen 1980er-Jahren nur wenige prominente Vertreter des überraschenden Endes erschienen sind, markiert das Jahr 1987 eine Art Renaissance des *Twist Endings*. SIESTA (SIESTA; USA 1987, Mary Lambert) greift das Modell von CARNIVAL OF SOULS auf und initiiert damit eine Reihe von zeitgenössischen Filmen, die auf dieses Erzählmuster zurückgreifen. NO WAY OUT (NO WAY OUT – ES GIBT KEIN ZURÜCK; USA 1987, Roger Donaldson) bereichert den Spionagefilm um eine besonders weitreichende Form des *Final Plot Twists*, welcher die fokalisierte Haupt- und vermeintliche Erzählerfigur als Doppelagenten enttarnt. RETURN TO HORROR HIGH (RETURN TO HORROR HIGH; USA 1987, Bill Froehlich), ein Slasherfilm mit geringem Budget, etabliert im Vergleich zu seinen Genreverwandten mehrere Meta-Ebenen und endet ebenfalls innovativ. Der Film handelt von einem Filmteam, das an einer High-School dreht, die vor etlichen Jahren von einem Serienmörder heimgesucht wurde. Die Mordserie beginnt erneut, und es kommt heraus, dass der Schuldirektor für die Bluttaten verantwortlich ist. Der Drehbuchschreiber des Films «Return to Horror High» ist sein Sohn, wodurch sich zunächst alles als Inszenierung der mörderischen Familie und – nach einer Überblendung zur letzten Szene – als Drehbuch-Idee des Sohnes erweist. Der hybride Horror-Film-Noir ANGEL HEART (ANGEL HEART; USA 1987, Alan Parker) endet mit einem *narrativen*, einem *perzeptiven* und einem *Set-up Twist* und zieht eine Reihe von ähnlich erzählten Filmen nach sich (vgl. Kapitel 2.1.7.F). Diese Häufung auffälliger *Twist Endings* im Jahre 1987 legt nahe, in der Geschichte des überraschenden Endes hier eine Zäsur zu setzen.

Insgesamt sind in der Folge komplexere Spielarten des *Twist Endings* zu finden, die vielfach auf visuellen Täuschungen beruhen. Während die etablierten Erzählmuster – wie in BOXING HELENA (BOXING HELENA; USA 1993, Jennifer Chambers Lynch), SHATTERED (TOD IM SPIEGEL; USA 1991, Wolfgang Petersen) und THE SPANISH PRISONER (DIE UNSICHTBARE FALLE; USA 1997, David Mamet) – nach wie vor produziert werden, bilden sich überdies neue Varianten heraus. Andere Typen, die bis 1987 nur sporadisch zu finden sind, nehmen hingegen stark zu.

Die ‹Totenbettfantasie› nach dem Modell von Ambrose Bierce wird bei JACOB'S LADDER (JACOB'S LADDER – IN DER GEWALT DES JENSEITS; USA 1990, Adrian Lyne) um Genre-Elemente des Horrorfilms und des Verschwörungsthrillers ergänzt (vgl. Kapitel 3.1.2.2). Komplexe Traumstrukturen, die sich selbstreflexiv mit der Qualität der Wahrnehmungswelt des Films auseinandersetzen, finden sich in TOTAL RECALL (DIE TOTALE ERINNERUNG – TOTAL RECALL; USA 1990, Paul Verhoeven) und ABRE LOS OJOS (ÖFFNE DIE AUGEN; E 1997, Alejandro Amenábar, vgl. Kapitel 3.1.2.1).

David Finchers Filme implementieren eine Zeitlang fast ausschließlich ein *Surprise Ending* und häufig gar ein *Twist Ending*, wie z. B. THE GAME (THE GAME – DAS SPIEL SEINES LEBENS; USA 1997), SE7EN (SIEBEN; USA 1995), FIGHT CLUB (FIGHT CLUB; USA 1999) und PANIC ROOM (PANIC ROOM; USA 2002). Häufig erfüllen diese auch eine ideologische Funktion, die über den bloßen Überraschungseffekt hinausgeht (vgl. Kapitel 2.2.2 und 3.1.3.3).

Die Idee der toten Figuren, denen ihr Status nicht bewusst ist, wird nicht nur in SIESTA, sondern auch in HAUNTED (DAS HAUS DER GEISTER; GB/USA 1995, Lewis Gilbert) weitergeführt. Erst nach dem großen Erfolg von THE SIXTH SENSE (SIXTH SENSE; USA 1999, M. Night Shyamalan) und THE OTHERS (THE OTHERS; USA/E 2001, Alejandro Amenábar) erlebt dieses *Plot*-Prinzip jedoch einen starken Aufschwung (vgl. Kapitel 2.1.8) – ursprünglich ist es wohl auf Henry James' Schauernovelle *The Turn of the Screw* (*Die Drehung der Schraube*; 1898) zurückzuführen. NEVER TALK TO STRANGERS (NEVER TALK TO STRANGERS – SPIEL MIT DEM FEUER; USA/CAN/D 1995, Peter Hall) ist ein frühes Beispiel dafür, dass die Hauptfigur aufgrund ihrer dissoziativen Identitätsstörung eine andere Realitätswahrnehmung hat. Hier ist es der Erfolg von FIGHT CLUB, der das Modell wenige Jahre später konventionalisiert.

Narrative Twists resultieren daraus, dass die Glaubwürdigkeit der Erzählung stärker in den Fokus rückt. In FALLEN (DÄMON; USA 1998, Gregory Hoblit) gehört der Voice-Over einer anderen Figur als bis zum Ende angenommen, was eher eine Pointe als ein konsequenzenreiches Finale darstellt. Der gesamte *Frame* verändert sich in Filmen wie EXISTENZ (EXISTENZ; USA 1999, David Cronenberg), THE 13TH FLOOR (THE 13TH FLOOR – BIST DU WAS DU DENKST? aka ABWÄRTS IN DIE ZUKUNFT; USA 1999, Josef Rusnak)[96] und DARK CITY (DARK CITY; AUS/USA 1998, Alex Proyas), die sich mit dem Status der räumlichen Realität auseinandersetzen. Ähnliche Diskurse werden auch in Filmen ohne *Twist Ending*, wie THE TRUMAN SHOW (DIE TRUMAN SHOW; USA 1998, Peter Weir) oder THE MATRIX (MATRIX; USA 1999, Andy & Larry Wachowski), geführt.

Besonders Gerichtsthriller eignen sich für die Diskussion von Lüge und Wahrheit, wie sich auch an PRESUMED INNOCENT (AUS MANGEL AN BEWEISEN; USA 1990, Alan J. Pakula) und PRIMAL FEAR (ZWIELICHT; USA 1996, Gregory Hoblit) zeigt, die beide einen *Final Plot Twist* mit großer Reichweite aufweisen. Das berühmteste Beispiel eines lügenden Erzählers findet sich wohl in THE USUAL SUSPECTS (DIE ÜBLICHEN VERDÄCHTIGEN; USA 1995, Bryan Singer, vgl. Kapitel 2.2.2 und 3.1.5.1). Auch in TRAIN DE VIE (ZUG DES LEBENS; F/B/NL/ISR/ROM 1998, Radu Mihaileanu, vgl. Kapitel 3.1.5.1) wird die Geschichte schließlich als erdachte Fabel eines Narren lesbar.

Die primäre Strategie ist die der Verunklarung – Realität und Wahrnehmung, Raum und Zeit verlieren ihren Gültigkeitsanspruch in den filmischen Diegesen der 1990er-Jahre zunehmend. So spielen DEAD AGAIN (SCHATTEN DER VERGANGENHEIT; USA 1991, Kenneth Branagh) und TWELVE MONKEYS (12 MONKEYS; USA

---

96 Da THE 13TH FLOOR ein Quasi-Remake von R. W. Fassbinders WELT AM DRAHT (BRD 1973) ist, kann der Film nicht als innovatives Beispiel gelten. Seine Nennung an dieser Stelle begründet sich aus seiner diskursiven Ähnlichkeit mit den übrigen Filmen.

1995, Terry Gilliam) an ihrem Ende mit der Linearität von Zeit, während THE ADVENTURES OF BARON MUNCHHAUSEN (DIE ABENTEUER DES BARON MÜNCHHAUSEN; USA 1988, Terry Gilliam), IN THE MOUTH OF MADNESS (DIE MÄCHTE DES WAHNSINNS; USA 1994, John Carpenter) und besonders LOST HIGHWAY (LOST HIGHWAY; USA 1997, David Lynch) komplexe Ebenenwechsel integrieren, die nicht immer eindeutig aufzulösen sind.

F. ANGEL HEART (ANGEL HEART; USA 1987, Alan Parker)

In Alan Parkers ANGEL HEART findet sich ein *Twist Ending*, das sich aus mehreren Komponenten zusammensetzt. Einerseits ist es in drei Teile zu untergliedern, andererseits kann es als Mischform aus drei Typen von *Twist Endings* beschrieben werden (vgl. Kapitel 3.1.6). Auch das Genre des Films ist hybrid: Die erste Ebene ist diejenige einer traditionellen *hard boiled detective*-Story, die jedoch von Anfang an erkennbar mit Graphic-Novel-Elementen gepaart ist. Der Privatdetektiv Harold Angel wird von Louis Cyphre engagiert, um Johnny Favorite zu finden. Sein Weg führt ihn von New York bis nach New Orleans, und der Gesuchte scheint ihm immer näher zu kommen. Was er nicht weiß, ist, dass er selbst Johnny Favorite ist und vor etlichen Jahren durch ein satanistisches Ritual zu Harold Angel wurde.

Das ausgedehnte Finale setzt mit dem Ermittlungserfolg bei dem Satanisten Ethan Krusemark ein, spannt sich bis zur endgültigen *Anagnorisis* der Hauptfigur Harold Angel und setzt sich schließlich sogar in den Abspanntiteln fort. Die zweite Diegese-Ebene hat sich während der gesamten Fabel in zusammenhanglosen Flashbacks bemerkbar gemacht, die erst jetzt kontextualisierbar werden. Dabei folgt der Film einer subjektiv gefärbten Narration der Hauptfigur, denn alle Informationen, die das Erkennen der zweiten Diegese-Ebene ermöglichen könnten, werden von Angel ebenfalls ausgeblendet. Erst am Ende wird in mehreren Schritten deutlich, wie die inkohärent montierten Motive mit Angels Vergangenheit zusammenhängen und was in der bisherigen Montage ausgespart wurde.

Vernachlässigt man die Überleitungen, kann man somit von drei Konfrontationen Harold Angels ausgehen, die den Film beschließen: mit Ethan Krusemark, Louis Cyphre und den Ermittlern der Polizei von New Orleans. Die erste dieser Konfrontationen kontextualisiert die zuvor unzusammenhängend und unerklärt eingeführten Flashbacks, die den gesamten Film über einen inkohärenten Motivkreis etablieren. Als Angel in dem Gespräch mit Krusemark erfährt, welche Schuld Johnny Favorite auf sich geladen hat, um den Körper eines anderen Mannes zu übernehmen, werden diese Bilder nach und nach dominanter und kohärenter. Die Frage nach der Identität des anderen Mannes wird durch das ständig von Angel repetierte «Who is that boy?» untermalt, welches über beide Narrationsebenen (Gegenwart und Flashbacks) hinweg auf der Tonebene zu hören ist. Das konventionell im Schuss-Gegenschuss-Verfahren inszenierte Gespräch erfährt erstmals eine Unterbrechung, als die bereits etablierte Soldatenfeier am Neujahrsabend 1943 zu sehen ist (1:39:30)⁹⁷; der Rücken des unbekannten Soldaten wird gezeigt, und Krusemarks Erzählung suggeriert, dass es sich dabei um das Opfer des Satanistenrituals handelt. Kurz darauf kehren weitere Motive wieder: Die Ventilatoren – ein omnipräsentes Motiv im Film, auch außerhalb der Flashbacks⁹⁸ – sind kurz zu sehen und werden nun als Außenansicht des Hotelzimmers identifizierbar, in dem das Ritual stattgefunden hat. Danach ist ein blutverschmierter Tisch mit Kerzen montiert, der den unmittelbaren Ort des Rituals darstellt (1:39:38–1:39:54). Die Sequenz nähert sich dem vergangenen Geschehen also schrittweise an.

Angel geht nach nebenan, das Gespräch wird jedoch weiterhin in einem räumlich getrennten Schuss-Gegenschuss-Verfahren in Szene gesetzt. Im Badezimmer entdeckt er einen Spiegel – das Motiv, welches die Flashbacks bisher auslöste⁹⁹ – und erblickt kurz darauf erneut den Rücken des Soldaten (Farbabb. 3). In der nun folgenden Sequenz wird stets zwischen Harolds Gesicht im Spiegel und den Flashbacks gewechselt; eine besonders lange Abfolge von Flashbacks fällt jedoch heraus (1:40:35–1:40:43). Zunächst ist wieder der Rücken des Soldaten zu sehen, der sich diesmal halb zur Kamera umdreht, wodurch sein Gesicht erstmals erahnbar wird. Dann erscheint Louis Cyphres Gesicht in der Halbnahen, es folgen ein Top-Shot auf die Treppen, ein Bild von Blutspritzern an der Wand und eine Aufnahme der schwarz gekleideten Witwe. Diese Motive sind alle bereits etabliert: Die Treppen erweisen sich als der Aufgang des Krankenhauses, aus dem Johnny abgeholt wurde, die Blutspritzer symbolisieren das satanistische Ritual, und die Witwe wischt in der Regel das vergossene Blut auf oder sammelt es in einer Schale.¹⁰⁰ Die Beschreibung der Ereignisse durch Ethan Krusemark wird zum Voice-Over, der Spiegel kurz eingeblendet, dann wieder der Soldat, wie er sich etwas weiter umdreht. Es folgt erneut der Top-Shot auf die Treppe, auf der nun drei Personen zu erkennen sind:

---

97 Die Time-Code-Angaben zu ANGEL HEART beziehen sich auf die DVD-Edition von STUDIOCANAL (2000).
98 Die Ventilatoren drehen sich im Film gegen den Uhrzeigersinn, wenn etwas ausgespart wird (Angels Morde), und im Uhrzeigersinn, wenn die Erinnerung korrekt ist. Das Motiv sich hypnotisch drehender Kreise – z. B. als Metapher für das Rad der Zeit oder eine Uhr lesbar – wird auch durch das Auflegen der Schallplatte gegen Ende des Films aufgegriffen.
99 Der Spiegel ist ein konventionelles Motiv des *Film Noir*. Er symbolisiert in der Regel Identitätsfragen der hineinschauenden Figur oder etabliert ein Doppelgänger-Motiv, vgl. Herget 2009; auch DOUBLE INDEMNITY (FRAU OHNE GEWISSEN; USA 1944, Billy Wilder), THE DARK MIRROR (DER SCHWARZE SPIEGEL; USA 1946, Robert Siodmak und, in exzessiver Form, die Spiegelkabinett-Szene aus THE LADY FROM SHANGHAI (DIE LADY VON SHANGHAI; USA 1947, Orson Welles) sowie die strikte POV-Erzählung des ersten Teils von DARK PASSAGE (DIE SCHWARZE NATTER aka DAS UNBEKANNTE GESICHT aka UMS EIGENE LEBEN; USA 1947, Delmer Daves); vgl. dazu auch LADY IN THE LAKE (DIE DAME IM SEE; USA 1947, Robert Montgomery).
100 Die Witwe hat eine besondere Bedeutung, denn sie kommt sowohl in der Gegenwart des Films (0:06:00, 0:30:57) als auch in einer ausgiebigen Traumsequenz (ab 1:04:00) und natürlich in den Flashbacks (z. B. 0:35:14) vor. Ihre Identität wird anfangs erklärt – sie sei die unglückliche Witwe eines Selbstmörders –, ob dies stimmt, ist jedoch zunehmend unklar. Erst kurz vor der letzten Konfrontation des Endes wird das Rätsel gelöst, wer sich unter dem Umhang verbirgt.

Ethan, seine Tochter Margaret und Johnny Favorite. Zuletzt wird nochmals die Witwe gezeigt, wie sie das Blut im Hotelzimmer aufwischt, dann Ethans Gesicht, schließlich endet mit dem Zuschlagen der Tür die Sequenz der Flashbacks. Harry findet Ethans Leiche und flüchtet zur Wohnung seiner Tochter, wo ihn bereits Louis Cyphre erwartet.

Tab. 9 Ablauf der ersten Konfrontation in ANGEL HEART

1:39:30–1:39:32	Soldatenfeier I
1:39:32–1:39:33	Gespräch (Schuss/Gegenschuss; im Folgenden: G)
1:39:34–1:39:36	Soldatenfeier II (Rücken des Soldaten)
1:39:36–1:39:37	G
1:39:38–1:39:41	Ventilatoren (jetzt = Hotelzimmer von außen)
1:39:42–1:39:52	G
1:39:53–1:39:54	Blutverschmierter Tisch mit Kerzen (Hotelzimmer von innen)
1:39:55–1:39:56	Ventilator von innen (Hotelzimmer von innen)
1:39:57–1:40:28	Angel verlässt den Raum; G.
1:40:29–1:40:30	Angel schaut in den Spiegel (im Folgenden: Sp).
1:40:30–1:40:31	Soldatenfeier II (Rücken des Soldaten)
1:40:32–1:40:34	Sp
1:40:35–1:40:42	Soldat dreht sich halb um; Louis Cyphres Gesicht (halbnah); Treppen (Top-Shot); Blutspritzer an der Wand; Witwe in Schwarz.
1:40:43–1:40:44	Sp
1:40:44–1:40:52	Soldat dreht sich weiter um; Treppe mit 3 Personen (Top-Shot; die Krusemarks und Favorite); Frau wischt Blut auf (Hotelzimmer von innen).
1:40:53	Ethans Gesicht (nah)
1:40:54–1:40:55	Sp; Ende der Flashbacks => Überleitung

In Margaret Krusemarks Wohnung findet Harold Angel sein Soldatenabzeichen in einem Gefäß, das er bei der ersten Wohnungsdurchsuchung in der Hand gehalten, aber nicht geöffnet hat. Er nimmt nunmehr an, dass er das Opfer einer Verschwörung geworden ist, die Louis Cyphre unternommen hat, um seine eigenen bzw. Johnny Favorites Morde zu vertuschen. Cyphre wartet bereits in der Wohnung und konfrontiert Angel mit weiteren Details zu seiner Identität und Vergangenheit. Angel erfährt, dass er selbst Johnny Favorite ist, da in dem Ritual dessen Seele in Angels Körper gewandert sei. Als Angel erneut in den Spiegel schaut (ab 1:45:39) und Cyphre, dessen Name sich als Code für Lucifer erweist[101], eine Platte mit Favorites größtem Hit *The Girl of My Dreams* auflegt – das dominanteste musikalische

---

101 Auch die Kodierung selbst ist onomatologisch motiviert: «Cyphre» verweist auf das englische

Motiv des Films – beginnt die *Anagnorisis* der Hauptfigur, und die durch Angels Fokalisierung bedingten Ellipsen werden nachträglich aufgefüllt. Die Morde sind nacheinander zu sehen – verübt von Angel bzw. Favorite –, doch noch ist Angel nicht vollständig überzeugt. Analog zu dem repetierten «Who is the boy?» während der ersten Konfrontation ruft er nun immer wieder «I know who I am!», obwohl seine zurückgewonnene Erinnerung das Gegenteil suggeriert.

Tab. 10 Ablauf der zweiten Konfrontation in ANGEL HEART

1:46:24	Louis Cyphre legt die Schallplatte auf; dies initiiert die Flashbacks.
1:46:33	1. Mord: Dr. Fowler (= neue Informationen)
1:46:34–1:46:35	Sp
1:46:36	Dr. Fowlers Leiche (= bekannte Informationen)
1:46:37–1:46:38	Sp
1:46:39	2. Mord: Margaret Krusemark
1:46:40	Sp
1:46:41	2. Mord: Margaret Krusemark II
1:46:42	Sp
1:46:43–1:46:44	Margaret Krusemarks Leiche
1:46:45–1:46:50	3. Mord: Toots Sweet (und Einstellung, die Harold mit der blutigen Tatwaffe zeigt)
1:46:51–1:46:52	4. Mord: Ethan Krusemark
1:46:53–1:47:02	Sp
1:47:03	Geschlechtsverkehr mit Epiphany (die sich jetzt als Angels Tochter herausgestellt hat).
1:47:04–1:47:05	Sp
1:47:06–1:47:07	Geschlechtsverkehr mit Epiphany II
1:47:08	Sp; Angel wendet sich ab.

Die Integration der neuen Informationen erfolgt auf ähnliche Weise wie die Erklärung der bekannten Motive während der ersten Konfrontation. Interessant ist hierbei, dass neue Informationen (die Morde selbst) mit bekannten Informationen (der Anblick der Leichen, der Geschlechtsverkehr mit Epiphany) alterniert werden, da Letztere nun auf die zweite, bislang unbekannte Diegese-Ebene bezogen und umgedeutet werden müssen. Dies ähnelt den üblichen *Flashback Tutorials*[102], die im Zuge von *Twist Endings* in Hollywood-Filmen häufig als zusätzliche Erläuterung fungieren. Zudem fällt ein Moment der Desintegration auf, weil Epiphanys Ermordung

---

Wort *cypher*, dt. Chiffre. Natürlich handelt es sich auch bei Harold Angel und Johnny Favorite sowie Epiphany Proudfoot um sprechende Namen.
102 Sehr prägnant ist diese Praxis in FIGHT CLUB und THE USUAL SUSPECTS; vgl. Kapitel 2.2.2.

noch nicht bekannt ist und auch Angel sich nicht an sie zu erinnern scheint. Dass auch seine mutmaßliche Tochter bereits gestorben ist, erfährt die Hauptfigur erst nach der letzten Überleitung, die ihn zu seinem Hotelzimmer zurückführt. Dort entdeckt er Epiphanys Leiche, ein Flashback bleibt jedoch aus. Angel ist mittlerweile so weit, dass er zugesteht, Johnny Favorite zu sein – er bezeichnet Epiphany dem Ermittler gegenüber als seine Tochter.

Während der dritten Konfrontation kommen keine weiteren Flashbacks vor. Der Film endet mit der Kadrierung des Enkels von Johnny Favorite, der ihn mit denselben gelben, teufelsartigen Augen ansieht wie kurz zuvor Louis Cyphre.[103] Ganz am Ende jedoch wird das Bild des Fahrstuhls wieder aufgegriffen, das nun – bis zum Ende der Filmrolle mehrmals zwischen die Abspanntitel montiert – Angel zeigt, wie er die Höllenfahrt antritt. Auch dieses letzte kontextlose Bild ist somit in die neue Diegese integriert und ausgedeutet. Kurz vor der letzten Konfrontation sitzt – von Angel bzw. Favorite unbeachtet – die Witwe mit ihrer Blutauffangschale vor dem Hotelzimmer, und ihr Gesicht ist erstmals für einige Sekunden sichtbar: Es handelt sich um Louis Cyphre.

Die Zusammenführung sämtlicher Motive des Films – der Melodie von *The Girl of My Dreams*, der Ventilatoren, der Treppen, des Spiegels, des Fahrstuhls, der Witwe mit dem Auffangbehälter und des Soldaten – integriert die bislang unmotivierten Analepsen in die Narration. Dagegen etabliert die Auffüllung der Ellipsen durch die Vergabe neuer Informationen die Existenz einer zweiten diegetischen Ebene, welche die erste Ebene in einem neuen Licht erscheinen lässt. Trotz der Hinweise[104] wird diese erst durch das *Twist Ending* erfassbar, und dies geschieht – wie bereits dargestellt – in zwei Schritten. Nach der Integration der Motive, die Johnnys Geschichte erklären und sie unweigerlich mit Harry verknüpfen, folgt die endgültige Aufklärung durch eine zweite, ähnlich gebaute Sequenz. Diese zweischrittige Dopplung ist komplementär gebaut, denn wenn in der ersten Konfrontation bekannte Motive kontextualisiert werden, geht es in der zweiten Konfrontation um die Schließung erzählerischer Lücken, die wiederum andere bekannte Informationen rekontextualisieren.

---

103 Dies lässt mehrere Deutungen zu: Möglicherweise ist das Kind Favorites Sohn und Enkel, und ein Kind des Inzests ist aufgrund des Normverstoßes (wie) ein Kind des Teufels. Es kann auch die Hypothese einer Verschwörung nähren, denn wenn der Teufel Johnny/Harold zu den Morden trieb, mag er auch in ihn gefahren sein, als das Kind gezeugt wurde. Louis Cyphre wäre demnach per Teufelspakt ein Teil von Johnny Favorite – und damit auch von Harold Angel.

104 Erstens: Eine Stimme in Harrys Kopf flüstert ihm in einer Szene von einer Kirche aus den Namen «Johnny» zu, korrigiert sich dann aber selbst und setzt das Locken mit «Harry» fort (0:21:20). Zweitens: Louis Cyphre ist sich bei der ersten Begegnung sicher, dass Harold ihm sehr bekannt vorkommt. Drittens: Harold Angel hat den ganzen Film über einen Ohrwurm von Johnny Favorites größtem Hit *The Girl of my Dreams*.

2.1.8 Nach der Konventionalisierung (1999–2009)

Die beiden Filme THE SIXTH SENSE (SIXTH SENSE; USA 1999, M. Night Shyamalan, vgl. Kapitel 2.1.7.G) und FIGHT CLUB (FIGHT CLUB; USA 1999, David Fincher, vgl. Kapitel 2.2.2) sind derart erfolgreich, dass nach ihrem Erscheinen das *Twist Ending* als im *Mainstream*-Kino konventionalisiert gelten kann.[105] M. Night Shyamalan dreht nach seinem Durchbruch noch etliche Filme, deren Markenzeichen der finale *Plot Twist* ist: Während SIGNS (SIGNS – ZEICHEN; USA 2002) nur eine Schlusspointe enthält, kann der *Set-up Twist* von UNBREAKABLE (UNBREAKABLE – UNZERBRECHLICH; USA 2000) als Grenzfall gelten. THE VILLAGE (THE VILLAGE – DAS DORF; USA 2004) stellt einen ungewöhnlichen Fall des *Frame Shifters* dar, der sich auf die zeitlichen und nur indirekt auf die räumlichen Prämissen der Diegese bezieht (vgl. Kapitel 3.1.5.2).

Nach der erfolgreichen Chuck-Palahniuk-Verfilmung FIGHT CLUB wird auch eine Umsetzung eines weiteren zeitgenössischen Romans mit *Twist Ending* unternommen: Mary Harron dreht eine aufwendige Adaption von Bret Easton Ellis' *American Psycho*, die 2000 in die Kinos kommt.

Psychisch kranke Hauptfiguren erleben einen regelrechten Boom: MEMENTO (MEMENTO; USA 2000, Christopher Nolan) und SPIDER (SPIDER; USA 2002, David Cronenberg) thematisieren früh die Natur der gezeigten Krankheit, während diese sich in A BEAUTIFUL MIND (A BEAUTIFUL MIND – GENIE UND WAHNSINN; USA 2001, Ron Howard) und À LA FOLIE … PAS DU TOUT (WAHNSINNIG VERLIEBT; F 2002, Laetitia Colombiani) erst etwa nach der Hälfte offenbart. Einige Filme übernehmen das Prinzip des *Twist Endings* von FIGHT CLUB, so z. B. SECRET WINDOW (DAS GEHEIME FENSTER; USA 2004, David Koepp), HAUTE TENSION (HIGH TENSION; F 2003, Alexandre Aja), JANGHWA, HONGRYEON (ZWEI SCHWESTERN; SKR 2003, Kim Jee-Woon) und HIDE AND SEEK (HIDE AND SEEK; USA 2005, John Polson).

Andere Filme trennen erst am Ende zwischen Gegenwart und Erinnerung, indem sich imaginierte Partnerinnen und Familienangehörige als Halluzinationen erweisen, wie in THE BROWN BUNNY (THE BROWN BUNNY; USA/J/F 2003, Vin-

---

[105] THE SIXTH SENSE spielte allein in den USA ca. 293 Millionen US-Dollar ein, FIGHT CLUB hingegen nur ca. 37 Millionen US-Dollar (http://boxofficemojo.com/search/?q=the%20sixth%20sense bzw. http://boxofficemojo.com/search/?q=fight%20club).
International spielten sie ca. 672 Millionen US-Dollar respektive ca. 100 Millionen US-Dollar ein (http://www.the-numbers.com/movies/1999/SIXSN.php bzw. http://www.the-numbers.com/movies/1999/FIGHT.php).
Während für FIGHT CLUB keine umfassenden Daten zum DVD-Verkauf verfügbar sind, ist anzunehmen, dass der Film nach dem eher mittelmäßigen Kinostart auf Heimmedien deutlich erfolgreicher war. Dafür spricht, dass FIGHT CLUB heute laut der *Internet Movie Database* als populärster Film des Jahres 1999 gilt (http://www.imdb.com/search/title?sort=moviemeter,asc&title_type=feature&year=1999,1999). Zum Vergleich: Der ähnlich bekannte Film THE MATRIX aus demselben Jahr kommt auf ca. 460 Millionen US-Dollar weltweit (http://www.the-numbers.com/movies/1999/MATRX.php; Stand bei allen: 9.7.2013).

cent Gallo) und DEAD MAN'S SHOES (BLUTRACHE – DEAD MAN'S SHOES; GB 2004, Shane Meadows).

Das Modell der ‹Totenbettfantasie› wird in SOUL SURVIVORS (SOUL SURVIVORS; USA 2001, Stephen Carpenter), THE I INSIDE (THE I INSIDE – IM AUGE DES TODES; USA/GB 2004, Roland Suso Richter), STAY (STAY; USA 2005, Marc Forster) und NOVEMBER (NOVEMBER; USA 2004, Greg Harrison) aufgegriffen. Christian Petzolds YELLA (D 2007) nutzt die Wiedergängergeschichte aus CARNIVAL OF SOULS (1962) subtil als Folie, und DONNIE DARKO (DONNIE DARKO – FÜRCHTE DIE DUNKELHEIT; USA 2001, Richard Kelly) ergänzt das Modell um eine Zeitschleifen- bzw. Zeitreisethematik. Generell unsichtbare Wiedergänger, die nach dem Tod ein Leben als Geister führen und das nicht wissen, finden sich z. B. in THE SIXTH SENSE und in THE OTHERS (THE OTHERS; E/F/I/USA 2001, Alejandro Amenábar; vgl. Kapitel 3.1.4.2).

Weiterhin existieren Komödien und ‹Schwarze Komödien› mit *Twist Ending*, wenn auch nach wie vor selten (ANGER MANAGEMENT [DIE WUTPROBE; USA 2003, Peter Segal], vgl. Kapitel 3.1.3.1; SERIOUS MOONLIGHT [SERIOUS MOONLIGHT; USA 2009, Cheryl Hines]). Der dort angewandte Verschwörungs- bzw. Inszenierungs-*Twist* findet sich ferner in zwei US-amerikanischen Magierfilmen aus dem Jahre 2006 – THE ILLUSIONIST (THE ILLUSIONIST; Neil Burger) und THE PRESTIGE (PRESTIGE – MEISTER DER MAGIE; Christopher Nolan) – sowie in der Kriminalfilmfarce LUCKY NUMBER SLEVIN (LUCKY NUMBER SLEVIN; USA 2006, Paul McGuigan), in welcher sich der Protagonist als Verschwörer erweist (vgl. NO WAY OUT; USA 1987).

Ein Thema, das wieder aufgegriffen wird (vgl. FARLIG VÅR, 1949), ist der selbstreflexive Umgang mit Fiktionalität. Insbesondere Filme nach Drehbüchern von Charlie Kaufman diskutieren intensiv die generativen Potenziale narrativer Strukturen und etablieren dabei hochgradig verschachtelte Diegesen (ADAPTATION. [ADAPTION.; USA 2002, Spike Jonze], BEING JOHN MALKOVICH [BEING JOHN MALKOVICH; USA 1999, Spike Jonze], SYNECDOCHE, NEW YORK [SYNECDOCHE, NEW YORK; USA 2008, Charlie Kaufman]). Zwei Titel mit *Twist Ending*, die zu diesem Themenkreis gehören, sind SWIMMING POOL (SWIMMING POOL; F/GB 2003, François Ozon) und die Literaturverfilmung ATONEMENT (ABBITTE; GB 2007, Joe Wright) nach einem historischen Roman von Ian McEwan aus dem Jahre 2001.

Einige Filme mit avancierten Erzählstrukturen bedienen sich des *Final Plot Twists* als einer von mehreren Verunsicherungsstrategien. Hierzu zählen z. B. das Aufwachen aus dem Traum in David Lynchs MULHOLLAND DRIVE (MULHOLLAND DRIVE – STRASSE DER FINSTERNIS; USA 2001) und die Offenbarung einer Wahrnehmungsstörung in SESSION 9 (SESSION 9; USA 2001) von Brad Anderson. Der zuletzt genannte Regisseur ist auch an dem symbolhaft erzählenden Film THE MACHINIST (DER MASCHINIST; E 2004; vgl. Kapitel 3.1.4.3) beteiligt, dessen Ende in der Offenlegung eines Traumas mündet. Einige weitere Grenzfälle implementieren das *Twist Ending* als eine mögliche Deutung, indem die gezeigten Ebenen nicht klar zuzuordnen sind (WAKING LIFE [WAKING LIFE; USA 2001, Richard Linklater]; AFTER.

LIFE [AFTER.LIFE; USA 2009, Agnieszka Wojtowicz-Vosloo]). Allgemein ist eine Tendenz zur Verweigerung der Auflösung zu beobachten, da am Ende zwar einige Konflikte in einem überraschenden Ende gelöst werden, andere Aspekte jedoch verunsichernd bestehen bleiben. Die gemeinsame Nennung von «mind-game»- oder «mindfuck»-Filmen und Filmen mit *Twist Ending* (vgl. Kapitel 1.2.5.4) ist in dieser Hinsicht nicht überraschend. Das in dieser Arbeit beschriebene Phänomen ist zwar erheblich älter, jedoch kann es durchaus im Kontext eines relativ jungen Booms von Filmen mit komplexen narrativen Strukturen gesehen werden. Anders formuliert: Das *Twist Ending* gehört im 21. Jahrhundert zu einer breiteren Bewegung von Filmen, die komplex erzählt sind; es stellt eine der möglichen Spielarten dar, obwohl es eine deutlich längere Vorgeschichte aufweist als die meisten verwandten Strukturen.

Die gesteigerte Rezeption und Verbreitung des *Twist Endings* zeigt sich auch in einer Reihe von Remakes, die um die Jahrtausendwende entstehen. PLANET OF THE APES (PLANET DER AFFEN; USA 2001, Tim Burton) ersetzt das berühmte Ende von 1968 durch ein anderes und schließt den *Plot Twist* des Originals bereits sehr früh aus (vgl. Kapitel 3.3.3). Die US-Remakes von ABRE LOS OJOS und JANGHWA, HONGRYEON behalten die Struktur der Vorlage sehr genau bei, während THE WICKER MAN (THE WICKER MAN – RITUAL DES BÖSEN; USA 2006, Neil LaBute) lediglich einen Epilog hinzufügt, der anzeigt, dass der Horror mit dem Tod des Protagonisten nicht beendet ist.

Auch im Low-Budget-Bereich zeigt sich die weite Verbreitung des *Twist Endings* im 21. Jahrhundert: 2009 entstehen eine Direct-to-Video-Variante von THE OTHERS namens HAUNTING OF WINCHESTER HOUSE (USA, Mark Atkins), die psychoanalytisch aufgeladenen in einer pränatalen Diegese spielenden Kurzfilme WITHOUT (GB, Natalia Andreadis) und GET OUT (F, Charlotte Boisson, Julien Fourvel, Pascal Han-Kwan, Tristan Reinarz, Fanny Roche) sowie eine philippinische Adaption der Ambrose-Bierce-Kurzgeschichte *An Occurrence at Owl Creek Bridge* namens PEDRO (Regeene Ho).

G. THE SIXTH SENSE (SIXTH SENSE; USA 1999, M. Night Shyamalan)
THE SIXTH SENSE kann als das paradigmatische Beispiel für filmische *Twist Endings* gelten – kein anderer Titel ist in so vielen Bestenlisten enthalten und wird so stark mit dem Begriff assoziiert wie dieser.[106] Da bereits zwei umfassende und plausible Analysen des Films vorliegen, die sich dezidiert mit der Konstruktion der ‹falschen

---

106 Um einige Beispiele zu nennen: Platz 2 auf «Total Film's 30 Greatest Twist Endings» (http://www.totalfilm.com/features/30-greatest-twist-endings/the-sixth-sense-1999; Stand: 9.7.2013); Platz 1 auf «Squidoos Top 100 Best Movies with Twist Endings» (http://www.squidoo.com/-top-10-movies-with-twist-endings; Stand: 9.7.2013); Platz 7 auf «The Top Tens Best Movie Twist Endings» (http://www.thetoptens.com/best-movie-twist-endings/; Stand: 9.7.2013) und Platz 1 auf «25 Best Horror Movie Twist Endings» (http://horror.about.com/od/horrortoppicklists/tp/twistendings.02.htm; Stand: 9.7.2013).

Fährten› befassen (Hartmann 2005, Barratt 2006), soll im Folgenden ein kurzer Überblick darüber genügen, wie der Film im Lichte der hier angewandten Untersuchungskriterien lesbar ist.

Das narrative Kernstück des Films ist seine doppelte Fokalisierung; sie sorgt dafür, dass zu jedem Zeitpunkt ein ‹blinder Fleck› existiert und die Aufmerksamkeit von dem Hauptproblem ablenkt. Wie Hartmann und Barratt anmerken, ist es möglicherweise dem Primäreffekt (vgl. Kapitel 1.2.6.1) zu verdanken, dass der *Twist* nicht erahnbar wird. Zugleich weist Hartmann darauf hin, dass es keine Veranlassung gibt, einen ‹normal› agierenden Menschen nicht als ‹normal› wahrzunehmen (Hartmann 2005, 164; vgl. Barratt 2006, 83). Die zweite Diegese-Ebene, die für einen Wissensrückstand sorgt, setzt nach dem kurzen Prolog ein: Der Psychiater Dr. Malcolm Crowe wird von einem ehemaligen Patienten namens Vincent Grey in seinem Haus aufgesucht und vor den Augen seiner Frau erschossen. Ein Top-Shot affirmiert den Moment des Todes (vgl. Hartmann 2005), und eine Schwarzblende schließt die Szene ab. Eine Texttafel markiert einen Zeitsprung zum nächsten Herbst, und die folgenden Einstellungen nehmen die erste Vermutung zurück: Malcolm wurde nur angeschossen und hat überlebt.

Dass diese Annahme stabil erfolgt, ist nicht überraschend, da diverse Beispiele vorliegen, die das knappe Überleben eines Anschlags bereits als Topos etabliert haben.[107] Malcolm benimmt sich zudem nicht anders als zuvor. Er übt seinen Beruf aus und versucht sich an der Heilung des Jungen Cole Sears, dessen Parallelen zu Vincent Grey vom Film herausgestellt werden. Die Handlung wird als eine Art ‹zweite Chance› stilisiert. Nachdem am Ende klar geworden ist, dass Malcolm schon länger tot ist und seinen letzten Patienten Cole als Wiedergänger behandelt hat, lässt sich der Handlungsverlauf als eine postmortale Entfaltung poetischer Gerechtigkeit deuten. Malcolm hat zu Lebzeiten bei Vincent versagt und darf sich als Toter an Cole beweisen, was ihm schließlich gelingt. Dies wird besonders deutlich, als Malcolm die alten Sitzungsbänder von Vincent durchgeht: Ihn hat er aufgegeben und darf deshalb die Behandlung des ‹Platzhalters› Cole nicht abbrechen.

Das Ende deutet nicht alle Szenen um, da die Fokalisierung des Films wechselt. Die Szenen mit Malcolm werden allerdings zumindest anders akzentuiert, da selbst in den Dialogen mit Cole im Nachhinein klar wird, dass der Junge bereits die ganze Zeit mit einem der Geister gesprochen hat. Als er sich auch den anderen Toten

---

[107] Aus den 1990er-Jahren kann man REGARDING HENRY (IN SACHEN HENRY; USA 1991, Mike Nichols) und TRUE ROMANCE (TRUE ROMANCE; USA 1993, Tony Scott) als Beispiele nennen. Im selben Jahr wie THE SIXTH SENSE überlebten z. B. der Namenlose in FIGHT CLUB und der Bond-Schurke in THE WORLD IS NOT ENOUGH (JAMES BOND 007 – DIE WELT IST NICHT GENUG; GB/USA, Michael Apted) einen Kopfschuss. Zugleich kann man allerdings Beispiele dafür anführen, dass sich das Überleben in einem *Twist Ending* als Fehlannahme erweist, wie in CARNIVAL OF SOULS, DONNIE DARKO (DONNIE DARKO – FÜRCHTE DIE DUNKELHEIT; USA 2001, Richard Kelly) oder REPO MEN (REPO MEN; USA 2010, Miguel Sapochnik).

öffnet, beginnt sein Heilungsprozess, und der Psychiater-Geist wird nicht mehr gebraucht. Malcolm sorgt dafür, dass der Junge sich kommunikativ öffnet, und übt somit ganz schlicht seinen Beruf aus, dessen Regeln kurzerhand auf Personen aus dem Jenseits ausgedehnt werden.

Tab. 11 Die Umdeutung der wichtigsten Szenen von THE SIXTH SENSE[108]

Malcolm: Vor dem *Twist*	Malcolm: Nach dem *Twist*
Coles Familie I: Zu Hause (ab 0:19:55) Malcolm wartet mit Coles Mutter auf Cole.	Coles Mutter nimmt ihn nicht wahr.
Anna: Restaurantszene (ab 0:25:21) Malcolm erzählt Anna von seinem Fall; sie ist desinteressiert (vgl. Hartmann 2005).	Anna sieht ihn nicht; er führt einen Monolog, und sie spricht nur in ihrer Vorstellung mit ihm. Entfremdung → Trauerarbeit
Coles Familie II: Beim Arzt (ab 0:43:27) Malcolm ist im Behandlungszimmer anwesend. Die räumliche Nähe zur Mutter suggeriert Vertrautheit.	Die Mutter bemerkt ihn nicht, der Arzt ebenso wenig. Sie wissen nichts davon, dass Cole therapiert wird.

Nach der Erkenntnis, dass Cole tote Menschen sehen kann, ändert sich der Modus. Wurde der Junge zuvor extern fokalisiert, sind von hier an Bilder zu sehen, die einer internen Fokalisierung zuzuordnen sind: Auch der Zuschauer sieht jetzt tote Menschen. Zu Beginn ist nicht ganz klar, ob sie Coles Fantasie entspringen; nach und nach wird die Transition vom Psychodrama zum Horrorfilm jedoch deutlich.

Durch die doppelte Fokalisierung – von Malcolm und von Cole – erfolgen im Film zwei *Anagnorises*, die zwei *perzeptive Twists*[109] mit sich bringen: Cole sieht tote Menschen (*Anagnorisis* 1), und Malcolm ist tot (*Anagnorisis* 2). Die erste *Anagnorisis* müsste die zweite eigentlich erahnbar machen (vgl. Hartmann 2005), insbesondere, da Cole die Regeln klar formuliert: Tote sehen einander nicht; sie sehen nur, was sie sehen wollen, und sie wissen nicht, dass sie tot sind. Auch Barratt konstatiert, dass die Nahaufnahme von Malcolm zu diesem Zeitpunkt im Nachhinein eine überdeutliche Markierung darzustellen scheint (Barratt 2006, 62).[110] Malcolm wird jedoch an dieser Stelle gerade nicht als Toter markiert, auch wenn er während der *Anagnorisis* im Close-Up zu sehen ist.[111] Zudem widerspricht Coles Kompetenz

---

108 Die Time-Code-Angaben zu THE SIXTH SENSE beziehen sich auf die DVD-Edition von Highlight (2008).
109 Der *perzeptive Twist* sei vorläufig definiert als Wendung, die aufgrund der Auflösung perzeptiver Prämissen eine andere Perspektive auf die filmische Realität eröffnet als zuvor (vgl. Kapitel 3.1.4).
110 Barratt zitiert in diesem Zusammenhang den Produzenten Frank Marshall, der befürchtet hatte, dass die Szene zu deutlich ist (2006, 62). Noch deutlicher wird sie im Nachhinein dadurch, dass Cole den Psychiater über die Kunst des Geschichtenerzählens belehrt und ihm erklärt, er müsse einen *Twist* einbauen.
111 Die Einstellung kann abgesehen davon als Reaction-Shot plausibilisiert werden. Immerhin offenbart ihm Cole gerade ein gravierendes Geheimnis.

in Bezug auf Tote der möglichen Hypothese, dass Malcolm selbst bereits verstorben ist: Der Junge weiß offenbar fast alles über sie und merkt dennoch nicht, dass Malcolm einer von ihnen ist. Dies wird in der Folge noch deutlicher, da die anderen Toten aus Coles Perspektive sehr plötzlich auftauchen und sichtbar verwundet sind. Der Film zeigt zudem nicht nur Malcolm, sondern inszeniert das Gespräch konventionell im Schuss-Gegenschuss-Verfahren, wodurch der Psychiater als ‹normaler› Gesprächspartner legitimiert wird. Und zu diesem Zeitpunkt ist noch nicht klar, ob Cole tatsächlich tote Menschen sieht oder Halluzinationen zu seinem Krankheitsbild gehören. Immerhin ist er in therapeutischer Behandlung. Die Modifikation der Wahrnehmungswelt der Figuren erfolgt also zunächst auf einer subjektiven Ebene und wird erst später objektiviert – spätestens, als Malcolm auf einer alten Kassette die Stimme eines Toten entdeckt. Interessant ist dabei, dass die Fokalisierung von Cole ab hier nicht nur von extern zu intern wechselt, sondern zudem eine allmähliche Umdeutung der zugehörigen POV-Shots von ‹subjektiv/krank› zu ‹subjektiv/sechster Sinn› einsetzt.

Die Interaktion mit den Geistern führt dazu, dass sich Cole auch den Lebenden wieder öffnet. Er wird – so suggeriert es die Theateraufführung gegen Ende – von seinen Schulkameraden integriert und gesteht seiner Mutter, dass er tote Menschen sehen kann. Der Heilungsprozess ist damit abgeschlossen, denn Cole erreicht, was er zuvor als Ziel formuliert hat: Er fürchtet sich nicht mehr. Das bedeutet auch, dass Malcolm nicht mehr gebraucht wird. Dieser verlässt das Reich der ‹Toten›, indem er herausfindet, dass er selbst tot ist (*Anagnorisis* 2) – ein Regelverstoß, dessen Konsequenz seine eigene Tilgung ist. Und nachdem er seinen Monolog im Restaurant nicht als solchen wahrgenommen hat, erkennt er am Ende, dass Anna nicht mit ihm spricht: Mit der *Anagnorisis* setzt das *Twist Ending* ein. Interessant ist, dass durch die Verschränkung der Fokalisierungen die erste *Anagnorisis* die zweite weiterhin verdeckt. Die erste Erkenntnis ist für Malcolm relevant, aber nicht für Cole, auch wenn sie ihn betrifft. Bei der zweiten Erkenntnis verhält es sich ähnlich. Cole ist nicht einmal anwesend, als Malcolm erfährt, dass er selbst tot ist. Die Fokalisierung von Malcolm erweist sich als die relevante, da es sein Nicht-Wissen ist, das die Täuschung herbeiführt.

Das *Twist Ending* selbst beginnt mit einem Top-Shot auf Malcolm, der nach Hause kommt (1:31:52). Anna ist vor dem Fernseher eingeschlafen, auf dem das Hochzeitsvideo läuft; Malcolm nähert sich ihr und spricht sie an; sie reagiert nicht. Ein scheinbarer Dialog zwischen den beiden führt in komprimierter Form das Täuschungsprinzip des Films vor: Ton- und Bildmontage suggerieren perzeptive Überschneidungen, die nicht existieren. Filmsprachliche Prinzipien wie Schuss-Gegenschuss-Montagen und die gemeinsame Kadrierung scheinbar interagierender Figuren erzeugen Ambivalenzen, die aufgrund ihrer visuellen Unauffälligkeit synthetisiert werden. Als Anna Malcolms Ehering fallen lässt, initiiert dies die zweite *Anagnorisis*: Dass er den Ring nicht selbst trägt, deutet darauf hin, dass er tot ist. Auf der Tonspur beginnt das Flashback zur ersten *Anagnorisis*: «Ich sehe Menschen»[112] (1:33:25; Ü WS).

In der Folge werden abwechselnd auf der Bild- und der Tonspur die wichtigen inhaltlichen Informationen rekapituliert und parallel zu Reaction-Shots von Malcolm montiert. Nach der Umdeutung der ersten *Anagnorisis*-Szene im Krankenhaus folgen noch drei weitere Szenen: «Coles Familie I», die «Restaurantszene» und schließlich die Erschießung Malcolms vom Beginn (vgl. Tab. 11). Wie bei *Flashback Tutorials* üblich (vgl. Kapitel 2.2.2) wird eine Kombination von Flashbacks und Reaction-Shots montiert, hinzu kommen illustrative Szenen im Haus aus Malcolms Perspektive. Coles Worte, dass die Toten nur sehen, was sie sehen wollen, werden durch Details illustriert, die Malcolm erst jetzt auffallen – weil es ihm selbst so ergangen ist. Auf dem Tisch steht nur ein einziges Gedeck, die scheinbar verschlossene Kellertür ist tatsächlich zugestellt. Auch beim Flashback zu Malcolms Tod setzt zuerst der Ton ein: Ein Schuss und ein Frauenschrei sind zu hören, der Top-Shot und der Zoom-Out in die Vogelperspektive vom Beginn sind zu sehen. Dies ist eine konventionalisierte Todesmetapher, die den Weg der Seele aus dem Körper hinaus nachzeichnet.[113] Es wird deutlich, dass Malcolm dasselbe Hemd trägt wie bei seiner Erschießung. Die Geschehnisse nach der Schwarzblende zu Beginn werden nachträglich erzählt, die Ellipse wird somit aufgefüllt. Wie bei den anderen Toten, die Cole gesehen hat, ist Malcolms Schusswunde noch blutig und nicht verheilt – seine Erscheinung wurde im Moment des Todes konserviert. Im Flashback sieht man Malcolm sterben, da er feststellt, dass seine Wunde nicht einmal mehr schmerzt. Es folgt eine längere, melodramatische Verabschiedung von Anna, an deren Ende sie ihn zu hören scheint. Eine Weißblende beendet die Szene und markiert – analog zur Schwarzblende am Anfang – Malcolms endgültigen Tod. In der letzten Einstellung ist der Kuss von Malcolm und Anna aus dem Hochzeitsvideo zu sehen, bevor der Abspann beginnt.

2.1.9 Status quo und Ausblick (2010–2012)

Die in den vorherigen Kapiteln festgestellten Tendenzen zur fortschreitenden Ausdifferenzierung und Konventionalisierung des *Twist Endings* können auch aktuell noch beobachtet werden. Das zeigen die zahlreichen Amateurfilme mit *Twist Ending* ebenso wie etliche Parodien und Thematisierungen des Ausdrucks. Ein Beispiel aus dem TV-Bereich veranschaulicht dies sehr gut: In der britischen Comedy-Serie THE IT CROWD (THE IT CROWD; GB 2006–2010, 4 Staffeln) gibt es eine Folge, welche die Rezeptionshaltung gegenüber Filmen mit *Twist Endings* karikiert (Staffel

---

112 «I see people.»
113 Vgl. z. B. MYSTIC RIVER (MYSTIC RIVER; USA 2003, Clint Eastwood) und THE NEW WORLD (THE NEW WORLD; USA 2005, Terrence Malick).

2, Folge 3, «Moss and the German» [«Moss und der Deutsche»]): Die Arbeitskollegen Moss und Roy wollen zusammen einen neuen Tarantino-produzierten südkoreanischen Zombiefilm sehen, brechen den Abend jedoch ab, weil ihnen Roys Wohnung dafür zu klein ist. Tags darauf ruft Jeff «Der Dominator» Hawthorne – ein Bekannter von Roy – an und verrät, dass am Ende ein sehr ungewöhnlicher *Twist* vorkomme. Roy ist wütend, da sich seine Rezeptionshaltung nun ändere: Jetzt werde er den gesamten Film über raten, was der *Twist* ist. Diese Praxis des ‹*Twist*-Ratens› wird noch weiter thematisiert, als Roy in einem zweiten Anlauf den Film mit seinem Vorgesetzten sehen möchte. Der Vorgesetzte weiß ebenfalls, dass der Film mit einem sehr ungewöhnlichen *Twist* endet und äußert seine Vermutungen: Der Protagonist sei eine Frau; der Film spiele nicht in der Zukunft, sondern in der Vergangenheit; alles sei nur ein Traum. Roy unterbricht ihn, da er findet, dass das ‹*Twist*-Raten› den Film ruiniere. Sein Vorgesetzter meint indessen, dass es ihn aufwerte, und das Ratespiel setzt sich fort: Alle seien geklont; der Protagonist sei sein eigener Bruder; alle seien Geister. Am Ende der Folge hat Roy den Film immer noch nicht gesehen und ohrfeigt einen Polizisten, der sich anschickt, ihm den *Twist* zu verraten. Mit dieser Schlusspointe beginnt der Abspann.

Ein weiteres Indiz für die Konventionalisierung des *Twist Endings* zeigt sich in diversen Produktionen aus dem Low-Budget- und Amateurfilm-Bereich. Die Kurzfilme des Amateur-Filmemachers Zach Bales bedienen sich der Konventionen des Hollywood-Kinos (THE SOLDIER, USA 2011, vgl. Kapitel 2.2.2) bzw. sorgen für genreüberschreitende Innovationen (THE AMATEUR'S GUIDE TO SOULE'S CHAPEL, USA 2011, vgl. Kapitel 1.2.5.3). Der portugiesische Kurzfilm OS ÚLTIMOS DIAS (2011) von Francisco Manuel Sousa variiert die Spielart des *Set-up Twists*, indem das Ende die gesamte Handlung als fehlgeschlagenes Sozialexperiment eines zynischen jungen Mannes offenbart.

Weiterhin finden sich Grenz- und Sonderfälle, so z.B. der Dokumentarfilm CATFISH (USA 2010, Henry Joost, Ariel Schulman; vgl. Kapitel 3.1.8) oder die psychologische Externalisierung von Kindheitstraumata in LA CASA MUDA (THE SILENT HOUSE; URU 2010, Gustavo Hernández) und in dem Remake SILENT HOUSE (USA/F 2011, Chris Kentis, Laura Lau).

Die anderen Typen des *Twist Endings* scheinen sich nebeneinander stabilisiert zu haben – für alle vier Varianten sind in den letzten vier Jahren Beispiele zu finden: den *Wake-up Twist* (REPO MEN [REPO MEN; USA 2010, Miguel Sapochnik]), den *Set-up Twist* (THE TASK [USA 2011, Alex Orwell]), den *perzeptiven Twist* (BABYCALL [BABYCALL aka THE MONITOR; NOR/D/SVE 2011, Pål Sletaune]) und den *narrativen Twist* (REMEMBER ME [REMEMBER ME – LEBE DEN AUGENBLICK; USA 2010, Allen Coulter] bzw. KAHAANI [IND 2012, Sujoy Ghosh]).

Neben den Experimenten im Low-Budget-Bereich und den konventionellen Spielarten im Mainstream-Film erscheint 2010 Martin Scorseses SHUTTER ISLAND (SHUTTER ISLAND), der mit den Möglichkeiten des *Twist Endings* selbstreflexiv spielt.

H. Shutter Island (Shutter Island; USA 2010, Martin Scorsese)
Martin Scorseses Shutter Island spielt mit der Konvention des *Twist Endings*, indem die Strategie der Verunsicherung über den *Plot Twist* hinaus aufrechterhalten wird. Der Querstand zwischen der am Ende dominanten und der ursprünglich exponierten Diegese-Ebene wird nicht vollständig aufgelöst, wodurch Shutter Island eine Art Meta-*Twist-Ending* anwendet.

Die *Anagnorisis* erfolgt ausgerechnet im Leuchtturm, der als Ort der sprichwörtlichen und tatsächlichen Erleuchtung fungiert. Der US-Marshal Edward «Teddy» Daniels erfährt, dass er Andrew Laeddis heißt und der Mörder seiner Frau Dolores ist.[114] Diese hat zuvor ihre drei gemeinsamen Kinder ertränkt. ‹Edward Daniels› stellt ebenso wie ‹Rachel Solando› ein Anagramm dar – das erste leitet sich von Andrew Laeddis ab, das zweite von Dolores Chanal, dem Mädchennamen seiner Frau. Rachel Solando ist die entflohene Insassin, wegen der Daniels auf die Insel bestellt wurde. Die Ermittlungen verlaufen jedoch im Sand, da Rachel Solando offenbar nicht existiert und nur eine Projektion innerhalb der Verschwörungswelt des Protagonisten darstellt. Diese Anagramm-Struktur, im Film als «rule of four» bezeichnet, ist der ‹Beweis› dafür, dass Andrew Laeddis bereits seit zwei Jahren ein Patient auf Shutter Island ist. Die Handlung erweist sich als eine Mischung aus Halluzinationen der Hauptfigur und einem gewagten Rollenspiel der Ärzte, um seine Heilung herbeizuführen. Die Verdrängungsmechanismen – im Film ist häufig von Daniels' starken Abwehrmechanismen die Rede – sind so wirksam, dass die Traumata des Protagonisten von ihm fast vollständig vergessen werden. Aufgrund der Fokalisierung sorgt diese Verdrängung für einen Wissensrückstand des Zuschauers, wodurch das *Twist Ending* möglich wird.

In der Exposition werden die US-Marshals Teddy Daniels und Chuck Aule erstmals zusammengeführt: Sie lernen sich auf der Fähre nach Shutter Island kennen und ermitteln fortan die meiste Zeit gemeinsam. Chuck gerät in Verdacht, ein Verräter zu sein, und ist tatsächlich Laeddis' behandelnder Arzt Dr. Sheehan, dem angeordnet wurde, auf den ‹ermittelnden› Patienten aufzupassen. Die beiden Polizisten wurden von der medizinischen Leitung der Insel gerufen, um das Verschwinden der Patientin Rachel Solando aufzuklären. Das ursprüngliche Ziel wird aufgegeben, als Rachel nach kurzer Zeit zurückkehrt. Daniels vermutet eine Verschwörung und ermittelt gegen die Ärzte; zudem sucht er ‹Andrew Laeddis›, einen Pyromanen, der für den Tod seiner Frau verantwortlich sei.

Rachel Solandos Geschichte erweist sich als diejenige ihres Pendants Dolores Chanal: Sie habe ihre drei Kinder ermordet und sei deshalb auf Shutter Island. Ihre Geschichte ist zudem komplementär zu der von Teddy: Rachel sei Kriegswitwe und ihr Mann in der Normandie gefallen. Teddy ist Kriegsveteran, und seine Frau ist angeblich bei einem Brand umgekommen. Vor Kurzem sei Rachel unbemerkt aus

---

114 Im Folgenden wird die Figur vor der *Anagnorisis* als Teddy Daniels bezeichnet und die Figur danach als Andrew Laeddis.

ihrer Zelle verschwunden, und niemand wisse, wie das geschehen sein könne. Als Daniels der zurückgekehrten Patientin begegnet, hält sie ihn für ihren verstorbenen Ehemann – sie hat laut Dr. Cawley eine Wahrnehmungsstörung und glaubt, dass sie sich immer noch zu Hause befindet. Am Ende erweist sich diese ‹falsche Rachel› als Krankenschwester, die an dem Rollenspiel teilgenommen hat. Durch die Analogie zu Dolores' Geschichte spielt sie auf Daniels' Traumata an – eine von vielen psychologischen Beeinflussungen, denen der US-Marshal ausgesetzt ist.

Kurz vor dem Ende des Films begegnet der Ermittler zudem der ‹echten Rachel Solando›, einer ehemaligen Ärztin, die jetzt Zuflucht in den Höhlen von Shutter Island sucht. Mithilfe von Medikamenten und gehirnwäscheartigen Suggestivbehandlungen sei sie für unzurechnungsfähig erklärt worden, weil sie eine Gegnerin der auf Shutter Island üblichen Menschenexperimente gewesen sei. Die Figur motiviert die alternative These des Films auf die eindringlichste Weise, indem sie die Verschwörung gegen Daniels mit der ‹Umprogrammierung› von US-Soldaten in Nordkorea vergleicht. Sie offenbart dem Ermittler, dass alles, was er auf der Insel konsumiert hat – Zigaretten, Medikamente, Wasser, Nahrungsmittel – vergiftet gewesen und er von den Ärzten nach und nach unzurechnungsfähig gemacht worden sei. Der Dialog sorgt maßgeblich dafür, dass die Verschwörungsgeschichte nach dem *Twist Ending* bestehen bleibt, auch wenn die ‹echte Rachel Solando› von Dr. Cawley als Halluzination abgetan wird. Die gezeigten Bilder scheinen Cawley zu widersprechen: Ein prägnanter Shot zeigt den US-Marshal beim Aufwachen. Diese Einstellung suggeriert eine POV-artige Fokalisierung von Rachel Solando, da Daniels noch schläft und die Kamera hinter ihr positioniert ist. Die Szene wird dadurch objektiviert, weil die Deutung als Quasi-POV einer Halluzination abwegig erscheint.

Die Verschwörungsthese verfestigt sich jedoch nicht nur an diesem Punkt. Bereits im Gespräch der Ermittler in einer Gruft wird offenkundig, dass Daniels etwas über Menschenexperimente auf Shutter Island gehört hat; sein Partner bestärkt ihn in diesen Vermutungen. Ob dies die Vorgehensweise eines Arztes ist, der seinen Patienten von Verschwörungstheorien befreien möchte, erscheint im Nachhinein zumindest fragwürdig. Andererseits wirkt die Tatsache, dass beide Partner in der Gruft problemlos gefunden werden, obwohl sie theoretisch überall sein könnten, zunächst wie ein Versatzstück aus einem Paranoia-Thriller, ist jedoch zuletzt eher durch die bekannten Gewohnheiten des Patienten Laeddis motivierbar als durch das ‹Allwissen› der Ärzte.

Die Begegnung mit George Noyce, einem Patienten im geheimnisvollen Trakt C, führt Cawley am Ende als eines der Hauptargumente dafür an, dass Daniels ein Patient auf Shutter Island ist: Noyce kenne den US-Marshal, und die Transkription ihres Gesprächs beweise, dass Daniels ihn vor Kurzem verprügelt habe und er ihn als Laeddis bezeichne. Tatsächlich sind die zitierten Gesprächsfetzen alles andere als eindeutig. Wie auch Daniels feststellt, sagt Noyce, dass es um ihn *und* Laeddis gehe. Ferner behauptet Noyce zwar, dass Daniels an seinem entstellten Äußeren schuld sei, jedoch unterschlägt Cawley die Ergänzung: «wegen deines Geredes» (1:12:56; Ü WS)[115]. Auch, dass Cawley den Ermittler mit den Worten «Why are you all wet, baby?» begrüßt, scheint auf die Erkenntnisse früherer Therapiesitzungen zu rekurrieren – tatsächlich ist es aber hier ebenfalls möglich, dass nicht nur Daniels' Gespräch mit Noyce belauscht wurde, sondern desgleichen sein Selbstgespräch während der Halluzination im Schlafsaal (ab 1:01:37). Auch die Glaubwürdigkeit von Fotografien hat der Film schon in Frage gestellt, als Cawley die Bilder von Laeddis' Kindern als Argument heranzieht: Zu Beginn war die ‹falsche Rachel Solando› auf ähnlichen Fotografien zu sehen; nun ist es Cawley selbst, der behauptet, dass sie gar nicht existiert.

Der Film spielt also bis zum Schluss mit einer alternativen Lesart:[116] Die Ärzte von Shutter Island manipulieren den unangenehmen Ermittler Teddy Daniels, indem sie seine Traumata ausnutzen und ihn permanent auf Medikamente setzen. Demnach kann die für den Film zentrale Flashback-Struktur gleichermaßen als Offenlegung seiner Traumata (prozessuale *Anagnorisis*) wie als fortschreitende Kontaminierung seines Unterbewusstseins (prozessuale Manipulation) beschrieben werden. Es sind zwei Traumata, die sich immer mehr miteinander verschränken: die Befreiung von Dachau und die Ermordung der Kinder bzw. der Frau. Ein langes Flashback gegen Ende der Konfrontation scheint die Erinnerung von Laeddis darzustellen und beansprucht durch seine Linearität eine höhere Gültigkeit gegenüber vorangegangenen Flashbacks. Die im Unterschied zu den Bildern auf Shutter Island irreal wirkende Farbsättigung streut im selben Moment Restzweifel. Diese werden auch durch die visuelle Ähnlichkeit zu einem vorangegangenen Traum gestützt, der durch seine fantastischen Elemente eindeutig halluzinatorischer Natur war.

Tab. 12 Die Flashback-Struktur von SHUTTER ISLAND

Flashback I (Dolores)	0:02:32–0:02:43	Einführung des Schallplatten-Motivs (in beiden Strängen relevant, dieselbe Produktionsfirma ODEON); Dolores gibt Teddy die Krawatte, die er durchgängig trägt.
Flashback II (Dachau)	0:12:35–0:12:39	Getriggert durch Dr. Cawleys Erzählung über Rachel Solando. Sehr schnelle Schnitte, die den Stacheldrahtzaun und eine erfrorene Mutter mit ihrem Kind zeigen. Kindergelächter ist zu hören.
Flashback III (Dachau; mehrteilig)	0:21:00–0:21:06; 0:22:03–0:22:08; 0:22:36–0:22:53; 0:23:17–0:24:17	Getriggert durch die Mahler-Schallplatte (andere Firma als in den Flashbacks). a. Kamerafahrt am Stacheldrahtzaun entlang; b. Papierregen in der Kommandozentrale; c. Anknüpfung durch Papierregen; Close-Up der ODEON-Schallplatte, Konfrontation Teddy – Befehlshaber; d. Sterbender Befehlshaber; POV-Zoom auf Leichen draußen; Befehlshaber greift nach seiner Waffe, um Selbstmord zu begehen. Teddy gewährt es ihm nicht.

---

115 Er sagt es etwas ungenau: «[because of] all your talk.» Die Time-Code-Angaben zu SHUTTER ISLAND beziehen sich auf die DVD-Edition von Concorde (2010).
116 Diese ist in der Buchvorlage von Dennis Lehane im Übrigen nicht angelegt.

2.1 Korpus und Geschichte

Flashback IV (Dolores; mehrteilig)	0:26:37–0:26:42; 0:26:44–0:29:57	Scheinbare/r Erinnerung/Traum im Etagenbett, wobei Teddys Alkoholismus thematisiert wird. a. Ansicht der Wohnung; b. Plattenspieler spielt Popsong, Dolores konfrontiert Teddy mit Trunksucht; Ascheregen (vgl. Papierregen in Dachau); vor dem Fenster ist der See des Ferienhauses zu sehen (Vermischung der Handlungsorte); Dolores' Rückgrat glüht; Blut strömt aus ihrem Bauch wie bei ihrer Erschießung (vgl. Flashback VII); Dolores sagt ihm, dass Rachel noch auf Shutter Island ist, Laeddis auch. Sie zerfällt zu Staub, die Wohnung brennt.
Flashback V (Dachau; mehrteilig)	0:41:55–0:42:00; 0:42:04–0:42:08; 0:42:11–0:42:29; 0:42:33–0:42:37; 0:42:40–0:42:42; 0:42:46–0:43:26; 0:43:36–0:44:39	Gruftgespräch; Teddy erinnert sich an und erzählt von Dachau; a. US-Soldaten im Wald; b. Kapitulation der Lageraufseher vor «Arbeit-macht-frei»-Schild; c. Soldaten rücken in das Lager ein; Kamerafahrt am Zaun entlang; d. Papierregen im Kommandantenzimmer; Schallplatte; Hitler-Porträt; e. Sterbender Kommandant; f. Entdeckung des gefrorenen Leichenbergs, Fokussierung von Mutter und Tochter; g. Zusammentreiben der Wachen, Massenerschießung (sog. ‹Dachau-Massaker›)
Flashback VI (Dachau/Rachel)	0:56:10–1:01:15	Halluzination nach dem Zusammenbruch, begleitet von der John-Cage-Komposition «Root of an Unfocus»; Teddy geht in Ermittlerkleidung (mit der Krawatte) durch das nächtliche Dachau; er sieht den gefrorenen Leichenberg mit Mutter und Tochter, die sich als «Rachel Solando» und ein Mädchen erweisen; Schneegeriesel (vgl. Asche- und Papierregen); Tote öffnen die Augen, ein Mädchen erhebt sich: «Du hättest mich retten sollen. Du hättest uns alle retten sollen» (Ü WS[116]; beziehbar auf Dachau-Gefangene und auf Kinder von Rachel bzw. Dolores). Schnitt: Teddy in Dr. Naehrings Zimmer; Kindergelächter leitet über zur Mahler-Komposition. Flammen im Kamin, in Naehrings Sessel Laeddis, der ein Streichholz entzündet (vgl. das wiederkehrende Pyromanie-Motiv im Film) und Teddy Feuer gibt (vgl. Chuck/Sheehan). Laeddis wird zu Sheehan, und Rachel schreit. Sie ist blutüberströmt, und zu ihren Füßen sind erstmals alle drei Kinder zu sehen. Teddy hebt die Jüngste auf, die ihn mit «Daddy» begrüßt und fragt, warum er sie nicht gerettet hat (vgl. oben). Schnitt zum Sommerhaus, wo Rachel und die ertränkten Kinder sind.
Aktuelle Halluzination I (Dolores)	1:01:37–1:02:45	Dolores betritt den Schlafsaal. «Warum bist du ganz nass, Baby?» (Ü WS[117]; vgl. Zitat mit letztem Flashback und Leuchtturmszene); sie informiert ihn darüber, dass Laeddis noch lebt.
Aktuelle Halluzination II (Dolores)	1:13:10–1:13:40	Dolores erscheint während des Gesprächs mit Noyce im Hintergrund.

---

116 «You should have saved me. You should have saved all of us.»
117 «Why are you all wet, baby?»

Aktuelle Halluzination III (Dolores)	1:39:22–1:41:26	Dolores erscheint ihm, bevor er Cawleys Wagen in die Luft sprengt, und stellt sich mit einem Kind vor das explodierende Auto. Mutter und Kind scheinen modesemiotisch und von der Bildfärbung her aus verschiedenen Jahrzehnten zu stammen, wonach das Mädchen eher Dachau zuzuordnen wäre (vgl. auch die Farbgebung der verschiedenen Flashbacks).
Aktuelle Halluzination IV (Dolores)	1:46:16–1:46:22; 1:54:55–1:55:17	Dolores erscheint im Leuchtturm, als Cawley Teddy auf seine Halluzinationen anspricht.
Flashback VII (Dolores)	1:55:18–2:02:47	Lineare Erzählung der Entdeckung des Kindsmordes und der Ermordung von Dolores. Teddy trägt eine andere Krawatte und fragt: «Baby, warum bist du ganz nass?» (Ü WS; vgl. die anderen Figurationen des Satzes)[118]. Dolores nennt ihn Andrew.

Die Zunahme der Halluzinationen kann ebenso wie die Entwicklung der Flashbacks selbst aus zwei Perspektiven betrachtet werden: Entweder wirken die Drogen immer stärker, oder Daniels zeigt tatsächlich Entzugserscheinungen, wie Dr. Cawley suggeriert. Die beiden Traumata – Dachau und der Kindsmord – greifen immer mehr ineinander, was sich durch motivische Annäherungen (Asche-, Schnee- und Papierregen) und die Kontamination der zeitlichen Ebenen (Rachel Solando in Dachau usw.) ausdrückt. Besonders im letzten Flashback stützt die Filmsprache das *Twist Ending*. Dieses scheint Laeddis' *Anagnorisis* zu bebildern und somit zweifelsfrei klarzustellen, dass er bereits seit zwei Jahren Patient auf Shutter Island ist. Auch das Spezialwissen bzw. Vorwissen, das der Ermittler besitzt, deutet darauf hin, dass er die Insel gut kennt: Kurz nach der Ankunft identifiziert er mit bloßem Auge einen Starkstromzaun, Gefangene scheinen ihn zu grüßen, in Rachel Solandos Zimmer entdeckt er sofort das Versteck eines Zettels, er weiß von der Aversion eines Gefangenen gegen das Geräusch von Bleistiften auf Papier, und seine halluzinierte Frau scheint mitunter mehr zu wissen, als möglich ist. Zudem wird der Ermittler Daniels optisch immer mehr zum Patienten Laeddis. Zu Beginn muss er seine Waffe ablegen; als sein Anzug vom Regen durchweicht wird, gibt man ihm einen Arztkittel, und am Ende trägt er die graue Häftlingskleidung.

Dass die These ‹Verschwörung› bis zum Ende plausibel bleibt, liegt indessen nicht nur an Uneindeutigkeiten und der angebotenen Perspektive der ‹echten Rachel Solando›. Filmische Signale spielen mit außerfilmischen Widersprüchen und weichen somit den Wahrheitsanspruch der Diegese auch extradiegetisch auf. Die namentliche Ähnlichkeit des vermeintlichen Nazi-Exilanten Dr. Naehring mit Göring – sein Vorname lautet allerdings Jeremiah – ist dabei nur ein schwaches Signal. Interessanter erscheint z. B. ein musikalischer Widerspruch: Wie Kupfer 2012 darlegt, ist neben den zahlreichen Beispielen für sogenannte Neue Musik der einzige ‹Fremdkörper› das unvollendete Klavierquartett in a-moll von Gustav Mah-

---

118 «Baby, why are you all wet?»

ler.[120] Ausgerechnet die zur Nazizeit als «entartet» geltende Musik Mahlers wird sowohl von dem mutmaßlichen Alt-Nazi Dr. Naehring auf Shutter Island gehört als auch von dem Befehlshaber des Konzentrationslagers Dachau. Die Musik hat somit einen Erinnerungswert für Daniels/Laeddis, aber dieser ist genauso fragil wie die zugehörigen Bilder: Die anfangs noch relativ intakte Erinnerung an die Befreiung Dachaus, die im Verlauf des Films nach und nach mit Daniels'/Laeddis' anderem Trauma verschmilzt, wird von Mahlers Klavierquartett-Satz begleitet. Die Fehlbarkeit der Erinnerung bzw. ihre Amalgamierung mit kulturellen Topoi wird durch die Musik noch stärker betont: Von Mahlers Klavierquartett-Satz gab es 1945[121] nicht nur keine Aufnahme – seine Existenz war zwischenzeitlich quasi unbekannt. Auch Dr. Naehring kann anno 1954 die Schallplatte nicht besessen haben, denn der Satz wurde erst 1964 uraufgeführt und 1973 von Peter Ružička herausgegeben (Mahler/Ružička 1973; Ružička 1978, 85). Dies mag auf den ersten Blick wie ein Filmfehler wirken. Dass die Musik in dem Film eine sehr große Rolle spielt (vgl. Kupfer 2012), dass der kenntnisreiche Robbie Robertson für die Musikauswahl verantwortlich war und dass das Stück explizit thematisiert wird, entkräftet eine solche Annahme allerdings. Die visuelle Inszenierung von Dachau kann als ähnlich verunsichernd gelten: Zwar gab es am Eingang des Konzentrationslagers ein Schild mit der Aufschrift «Arbeit macht frei», jedoch war dieses rechteckig. Das bekanntere, geschwungene Pendant dazu stand hingegen in Auschwitz.

Zuletzt sind auch die Intertexte des Films auffällig: Einerseits sollten die Parallelen zu Robert Wienes Film Das Cabinet des Dr. Caligari (vgl. Kapitel 2.1.2.A) genannt werden, in welchem sich ebenfalls herausstellt, dass die fokalisierte Hauptfigur in einer geschlossenen Anstalt einsitzt.[122] Andererseits fällt die grundsätzliche Ähnlichkeit zu The Wicker Man auf (vgl. Kapitel 3.1.3.2): Die Verschwörung im Horrorfilm von 1973 führt zum Tod des Ermittlers und wirkt wie ein filmisches Vorbild für Shutter Island, indem auch hier der Ermittler zwischenzeitlich als das Opfer gekennzeichnet wird. Die Ähnlichkeit der semantisierten Räume – Inseln mit vom Rest der Welt abgeschotteten Sozialsystemen, auf denen potenziell etwas Schreckliches verborgen wird – ist dabei nur eine Auffälligkeit. Auch, dass der Erzählanlass – ein verschwundenes Mädchen bzw. eine verschwundene Patientin – sich als Lüge erweist, kann als Parallele gesehen werden.

Nach allem Abwägen bleibt der ‹Beweis› durch die «rule of four» der stichhaltigste, weil der Film für ihn kein Gegenargument anbietet. Teddy Daniels scheint tatsächlich Andrew Laeddis zu sein, und die oberflächlich dominante Lesart des Films bleibt plausibler. Der Kernaspekt des *Twist Endings* von Shutter Island

---

120 Für eine lückenlose Analyse der Filmmusik vgl. Kupfer 2012.
121 Also 15 Jahre vor der sogenannten «Mahler-Renaissance», vgl. Adorno 1986.
122 Die Begegnung von Teddy Daniels und George Noyce erinnert zudem an die Begegnung von Franzis und dem namenlosen Verbrecher im Gefängnis.

liegt jedoch nicht in der Auflösung des Querstandes, sondern vielmehr in der Thematisierung bzw. Abbildung psychologischer Manipulation durch filmische Manipulation. Der Film verhandelt die Subjektivität von Wahrnehmung und der Konstruktion von Wahrheit gleichermaßen, indem er die Täuschung des Protagonisten als Möglichkeit zu keinem Zeitpunkt abschließend entkräftet. Damit wird das *Twist Ending* letztlich auf seinen Kerndiskurs reduziert, denn die Finalisierungsstrategie impliziert immer die Existenz zweier Varianten. In den meisten Fällen wird zwischen den Varianten eine Hierarchie etabliert und eine als ungültig verworfen. SHUTTER ISLAND exemplifiziert, dass es durch Verunsicherungsstrategien möglich ist, einen Querstand zu etablieren, der selbst das *Twist Ending* in Zweifel zieht. Der Film rückt damit den psychologisch-ästhetischen Diskurs in den Mittelpunkt und stellt ihn hierarchisch über die Kategorie der Überraschung.

Selbst der Epilog bedient sich dieser generellen Uneindeutigkeit: Andrew Laeddis scheint kurzzeitig geheilt – auch wenn die gewünschten Erkenntnisse aus seinem Munde fast wie ein Mantra und auswendig gelernt wirken. Als er jedoch wieder in seine eigene Fiktion abgleitet, signalisiert Dr. Sheehan, dass eine Lobotomie nicht zu vermeiden sei: Der Patient wäre als «Teddy Daniels» nach wie vor zu gefährlich für die Anstalt. Teddys letzter Satz, bevor er zur Operation geleitet wird, lässt jedoch die Vermutung zu, dass die Lobotomie eine suizidale Komponente hat. Teddy fragt sich, ob es schlimmer sei, als Monster zu leben oder als guter Mensch zu sterben. Er scheint sich seiner Identität also bewusst zu sein und sich in sein Schicksal zu fügen, da er als geheilter Andrew Laeddis nicht mehr leben möchte. Dies mag ein letzter tragischer *Plot Twist* oder ein weiterer Kommentar zu den psychotherapeutischen Methoden der 1950er-Jahre sein – Sheehan scheint es als Selbstopfer zu verstehen, da er verwundert den Namen des Patienten ruft, der jedoch nicht mehr auf «Teddy» hört.[123]

Die Analysen im historischen Teil haben ergeben, dass eine grundsätzliche Ähnlichkeit der Funktionsweisen des *Twist Endings* von CALIGARI bis SHUTTER ISLAND nachweisbar ist. Gleichzeitig bilden sich die allgemeinen filmhistorischen Entwicklungen auch in der Weiterentwicklung der Finalisierungskonvention ab. Was die Verteilung angeht, ist es schwierig, empirisch genaue Aussagen zu treffen, da für viele Jahrgänge keine allgemeinen Filmproduktionszahlen vorliegen. Es kann zudem davon ausgegangen werden, dass die Recherchebedingungen für neuere Filme deutlich besser sind und somit auch auf der Methodenseite ein Messfehler vorliegen mag.[124] Ausgehend von der Filmografie im Anhang mag eine Auswertung in ‹Twist Endings pro Jahr› als grober Überschlag ausreichen, die Daten

---

123 Dies ist ein letztes Verunsicherungsmoment, da Sheehans Signal, dass die Heilung nicht funktioniert hat, ebenfalls bedeuten mag, dass die Umprogrammierung nicht gelungen ist. Unter diesem Aspekt wäre die Anrede «Teddy» verständlich.
124 Überdies ist der amerikanische Markt deutlich leichter zu recherchieren als der europäische.

haben jedoch keinen Anspruch auf absolute Gültigkeit. Der Quotient aus der Zahl der *Twist Endings* im Zeitraum (A(TE)) und der Zahl der Jahre (A(t)) mag, wenn man die allgemeine Produktionszunahme berücksichtigt, ein Indiz für die sprunghafte Zunahme solcher Filme um die Mitte der 1980er-Jahre sein. Ist der Quotient A(TE)/A(t) für die Jahre 1928–1945, 1946–1967 und 1968–1986 in etwa gleich (1,3), beträgt er zwischen 1987–1998 das Doppelte (2,6) und von 1999 bis 2009 gar 4,4.[125] Aufgrund der möglichen Abweichungen können diese Daten keine harten Fakten darstellen – und sollen dies auch gar nicht –, mögen aber als Hinweis dafür dienen, dass alle Erkenntnisse der vorliegenden Untersuchung die anfängliche Hypothese bestätigen: Die Finalisierungskonvention tritt in den vergangenen zwei Jahrzehnten deutlich häufiger auf als zuvor.

2.2 Darstellungskonventionen des *Twist Endings*

Die Inszenierung von *Twist Endings* folgt nicht festen Regeln, die für alle untersuchten Filme nachweisbar wären. Es kann in diesem Kapitel folglich nur darum gehen, einige Tendenzen der filmischen Darstellung von *Twist Endings* herauszustellen. Dass diese sich insbesondere auf Beispiele nach 1987 konzentrieren, liegt an der stärkeren Konventionalisierung der Erzähltechnik durch ihr häufigeres Vorkommen. Solange das *Twist Ending* eine avantgardistische Finalisierungsvariante darstellte, war die Vielfalt der Inszenierungsmöglichkeiten größer als nach ihrer Systematisierung und daraus resultierenden Homogenisierung im Hollywood-Kino des 21. Jahrhunderts. Zudem war in früheren Jahrzehnten vor allem der *Wake-up Twist* verbreitet, der außer dem konventionalisierten Aufwachen aus dem Traum keine spezielle Inszenierung notwendig macht. In den meisten Fällen reicht eine kurze Überblendung aus.

Die erzählerische Tendenz zur finalen Konfrontation bringt es mit sich, dass ein *Twist Ending* häufig in eine Dialogstruktur mündet, die klassisch im Schuss-Gegenschuss-Verfahren montiert ist. ANGEL HEART besteht gleich aus drei solchen Konfrontationen (vgl. Kapitel 2.1.7.F), FIGHT CLUB und THE USUAL SUSPECTS funktionieren ähnlich. Diese inszenierte ‹Intervention› wird häufig durch *Flashback Tutorials* unterbrochen, in welchen analeptisch zentrale Szenen aneinandermontiert sind, um zu signalisieren, welches Material zum Verständnis des Endes umgedeutet werden muss (vgl. Kapitel 2.2.2). Mitunter reagieren diese *Tutorials* auf eine zuvor erfolgte Verteilung unverständlicher Bilder über den Film hinweg, die jetzt neu kontextualisiert und häufig als zuvor fehlende Erinnerung der Hauptfigur (THE MACHINIST, ANGEL HEART) integriert werden. Die neue Information synthe-

---

125 Anders formuliert: Zwischen 1928 und 1945 entstehen im Durchschnitt 1,3 Filme pro Jahr, die ein *Twist Ending* aufweisen, zwischen 1987 und 1998 sind es 2,6, zwischen 1999 und 2009 4,4.

tisiert somit Bilder, die sich bisher heterogen zum übrigen Film verhalten haben, mit der verständlichen, kontinuierlich montierten Hauptnarration.[126]

Die Auffüllung von Ellipsen ist besonders beim *perzeptiven* und beim *narrativen Twist* notwendig, da hier der bisherige Modus mit dem neuen abgeglichen werden muss. *Wake-up Twists* und *Set-up Twists* verwerfen häufig die gesamte Handlung und machen keine spezifische Re-Evaluierung notwendig. Die genannten *Flashback Tutorials* visualisieren zudem häufig die *Anagnorisis* der Hauptfigur, indem sie Gedächtnislücken auffüllen oder Fehlannahmen richtigstellen. Dies ist beim *Wake-up Twist* selten nötig.

Die Finalmontage verdeutlicht außerdem häufig, welche Reichweite das *Twist Ending* hat, indem der Moment des ‹Einstiegs› in die überlagernde Diegese-Ebene nochmals visualisiert wird. Der offengelegte tatsächliche Anschluss an die Situation ergibt sich gleich im Nachhinein; manchmal bleibt es allerdings unentscheidbar, wie groß die Reichweite des *Twist Endings* ist.

Doch nicht nur die ist bemerkenswert; das *Twist Ending* kann auch eine jeweils unterschiedliche Erzähldauer einnehmen. Während PLANET OF THE APES und TRAIN DE VIE nur ein Bild und damit nur wenige Sekunden Film für das *Twist Ending* veranschlagen, bedienen sich ANGEL HEART oder SHUTTER ISLAND ausgedehnter, mehrteiliger Finalsequenzen.

2.2.1 *Lying Flashback*

Das *Lying Flashback* ist eine wichtige Darstellungskonvention für manche, aber nicht alle Formen des *Twist Endings*. Es umschreibt visualisierte subjektive Erzählungen, die sich im Nachhinein als Lüge erweisen. Für den Großteil der vorgefundenen *Twist Endings*, die vom Aufwachen aus einem Traum, einer Inszenierung durch andere oder einer Wahrnehmungsstörung ausgehen, spielt es in aller Regel keine Rolle. Insbesondere narrative *Twist Endings* bedienen sich dieser Technik (THE USUAL SUSPECTS, TRAIN DE VIE), da es bei den genannten Filmen primär um die Narration und ihren Wahrheitsstatus geht. Das *Lying Flashback* ist somit unabhängig vom *Twist Ending* und hat vielmehr mit narrativen Modi zu tun.

Das früheste vorgefundene Beispiel für ein *Lying Flashback* findet sich nicht im häufig als ‹Standardbeispiel› diskutierten Film STAGE FRIGHT (DIE ROTE LOLA; GB/USA 1950) von Alfred Hitchcock (vgl. Helbig 2005, 133f.), sondern im 15 Jahre zuvor erschienenen Film MARK OF THE VAMPIRE (DAS ZEICHEN DES VAMPIRS; USA 1935, Tod Browning).[127] In der Bebilderung einer Zeugenaussage ist die Lan-

---

126 Dass die Balance der diegetische Ebenen hierbei für die Verständlichkeit unabdingbar ist, zeigt sich sogar in avancierten Produktionen wie David Lynchs LOST HIGHWAY (USA 1997), der das Zeitparadoxon durch zwei lange, vorwiegend linear erzählte Plots unterbricht.
127 Wohingegen ‹lügende Bilder› an sich schon 1900 zu finden sind, vgl. Kapitel 2.1.2 und 3.1.2.

dung einer Fledermaus auf einem Fenstersims zu sehen. Diese verwandelt sich in einen Vampir, ohne dass das Geschehen durch einen Schnitt unterbrochen wird (0:28:00–0:28:26)[128]. Nach dem *Final Plot Twist*, der den Vampirismus als Schauspielerei entlarvt, stellt sich die Frage, welchen Status die Szene in der Narration besitzt. Es ist anzunehmen, dass sich die Inszenierung der Vampir-Schauspieler hier dem Zuschauer zuwendet und ein als ‹objektiv› gesetzter Erzähler die Illusion vorübergehend aufrechterhält. Das Beispiel zeigt eine Situation, die so nicht stattgefunden haben kann. Demnach könnte man diese Form des *Lying Flashbacks* als ‹Variante 1: erweist sich als unmöglich› klassifizieren. Die filmische Diegese nimmt die übernatürlichen Elemente am Ende zurück. Damit hat die Verwandlung der Fledermaus keine Grundlage mehr in der physikalischen Welt des Films.

In Alfred Hitchcocks STAGE FRIGHT lässt sich ein frühes und sehr einflussreiches Beispiel für die Visualisierung einer Lüge finden: Die Hauptfigur Jonathan Cooper erzählt aus ihrer Perspektive, wie sich ein Mord zugetragen hat. Die betreffende Szene ist im ersten Drittel des Syuzhets montiert, erweist sich jedoch erst am Ende als subjektive Variante der Narration mit einer erheblichen Abweichung von der restlichen Diegese des Films. Die Idee, dass Bilder eine abweichende Vorstellung der Wahrheit (genauer: der Diegese) auch ohne explizite Markierung darstellen können, ist montagetechnisch eine essenzielle Grundlage für *Twist Endings*, die nicht mit Ellipsen arbeiten.

Coopers Aussage etabliert sich innerhalb der Bildschnittfolge des Films als konventionelles Flashback. Am Ende des *Plots*, als die Ermittlungen erheblich fortgeschritten sind, ist der Wahrheitsgehalt der Aussage (und somit der Bilder) anzuzweifeln und Cooper wird infolgedessen als Lügner (und Mörder) überführt. Dieses Beispiel könnte mit ‹Variante 2: erweist sich als falsch› umschrieben werden. Nach der Aufklärung des Falls hat Coopers Erzählung keine Grundlage mehr in der sozialen Welt der Figuren, d. i. in dem, was als ‹wahr› verstanden wird.

RASHÔMON (RASHOMON – DAS LUSTWÄLDCHEN; J 1950, Akira Kurosawa) thematisiert ebenfalls das Problem der subjektiven Färbung jeder Zeugenaussage. Das Format des episodischen Erzählens lässt jeder Variante der Geschichte ihren Raum, und der Film thematisiert auf nahezu didaktische Weise das Hinterfragen des Gezeigten, indem er in der Rahmenhandlung im Rashômon-Tempel die Ereignisse stets auswertet und moralisch deutet. Die differierenden Zeugenaussagen werden in Form von Flashbacks vermittelt und bereits nach der ersten Geschichte wird markiert, dass alle Flashbacks – das vergangene wie die folgenden – subjektiv abgewandelt wurden. Der Film setzt den *Plot Twist* somit sehr früh und gelangt konsequenterweise zu keiner intersubjektiven Wahrheit. Alle *Lying Flashbacks*, die

---

128 Der Time-Code bezieht sich auf eine Ausgabe des Films, deren Ausstrahlungsdatum nicht zu recherchieren war. Die Schnittfassungen sind allerdings sehr ähnlich, sodass die Szene leicht zu finden sein dürfte.

dem ersten folgen, sind als solche markiert. Man könnte dies als ‹Variante 3: erweist sich als Möglichkeit› bezeichnen.

Für ein *Twist Ending* hat das *Lying Flashback* die Konsequenz, dass die Re-Evaluation der gesehenen Bilder nach dem *Twist* nicht aus einer Umdeutung des Gesehenen besteht, sondern aus einer Neubewertung des Realitätsstatus der Bilder. Es gibt nun eine Opposition zwischen Bildern, die zur neuformulierten diegetischen Ebene gehören, und denen, die auszusortieren sind. Bisweilen ist dies problematisch, wie sich bereits an Beispielen ohne *Twist Ending* (s. RASHÔMON) zeigt.

Dass *Lying Flashback* und elliptisches Erzählen für das Diegetisieren in einem engen Zusammenhang stehen, zeigt sich an dem Beispiel der TV-Serie DAMAGES (DAMAGES – IM NETZ DER MACHT; USA 2007–2012, 5 Staffeln, Glenn Kessler, Todd A. Kessler, Daniel Zelman). Hier wird jeweils in der ersten Folge einer Staffel ein Flashforward etabliert, das sich im Verlauf der Erzählung nach und nach auflöst. Das Formprinzip der Serie besteht darin, dass diese Bilder zwar die ‹Realität› der Zukunft abbilden, ihre Montage jedoch von Ellipsen und Nicht-Kontinuitäten durchzogen ist. Es werden Bilder aneinandermontiert, die aus unterschiedlichen Zusammenhängen stammen, sodass die Änderung der Reihenfolge und das Auslassen wichtiger Zwischenschritte gemeinsam eine Art ‹desorientierendes Flashforward› konstituieren.

2.2.2 *Flashback Tutorial*

Einige *Twist Endings* erläutern die nötige Re-Evaluation mithilfe von Montagesequenzen, die bereits bekannte Bilder entweder in gleicher Form wiederholen oder in veränderter Form zeigen. Dadurch werden beispielsweise Ellipsen nachträglich aufgefüllt (ANGEL HEART), Informationen mit einer neuen Erklärung versehen (THE USUAL SUSPECTS) oder unter einer neuen Prämisse kontextualisiert (FIGHT CLUB). Diese Montageform wird in der vorliegenden Untersuchung als *Flashback Tutorial* bezeichnet.

Das *Flashback Tutorial* ist ab dem 1987 erschienenen Film ANGEL HEART stabil nachweisbar (vgl. Kapitel 2.1.7.F), aber man könnte bereits das Ende von DAS CABINET DES DR. CALIGARI aus dem Jahre 1920 als einen frühen Vorläufer bezeichnen. Am Ende von Robert Wienes Film benennt Franzis noch einmal alle zentralen Figuren aus seiner Wahnvorstellung, woraufhin jeweils die realen ‹Vorbilder› in Nahaufnahmen zu sehen sind. Diese Form der Montage stellt ähnlich wie das *Flashback Tutorial* die beiden diegetischen Ebenen nochmals vergleichend nebeneinander. Quasi dialektisch werden beide Strukturen vorgestellt, und die Re-Evaluation geht mit ihrer Synthetisierung einher.

Bryan Singers THE USUAL SUSPECTS wird in der wissenschaftlichen Literatur oft als Beispiel für unzuverlässiges Erzählens im Film (vgl. Kapitel 1.1.7; Lahde 2005) angeführt und mit Vorgängern wie RASHÔMON verglichen, die explizit Probleme der Subjektivierung von Erzählungen (und damit von Montagestrecken) aufwerfen.

2.2 Darstellungskonventionen des Twist Endings

Gleichzeitig enthält das Ende des Films ein geradezu schulmäßiges *Flashback Tutorial*, sodass eine genauere Analyse des *Twist Endings* hier lohnend erscheint. Zunächst ist THE USUAL SUSPECTS größtenteils ein Dialogfilm. Nur die Illustration seiner Erzählung durch ausgiebige Flashbacks unterscheidet den Film vom Kammerspiel, und bis zu einem späten Zeitpunkt der Handlung gehorchen diese allesamt der Erinnerung des Verhörten. Erst als Dave Kujan den Eindruck hat, er habe die Wahrheit durchschaut, sehen wir einige Flashbacks, die Kujans Variante der Erzählung zuzuordnen sind, nach der Dean Keaton und der geheimnisvolle Keyser Söze ein und dieselbe Person sind.

Die wenigen Ausnahmen, die sich nicht klar zuordnen lassen, sondern einmal auf Gerüchte (die Herkunft von Keyser Söze, etwa ab 0:59:30)[129], ein andermal auf eine undefinierte Nullstelle (die Ereignisse auf dem Boot, die von «Verbal» geschildert werden, obwohl er draußen wartet, 1:23:30) beziehen, bleiben unproblematisch, wenn es um das *Twist Ending* geht, dem ein weiterer *Plot Twist* vorausgeht. Dieser markiert den Wechsel der Erzählinstanz und Kujans damit einhergehende Deutungsvariante (Keaton = Keyser Söze), bevor in einer längeren Sequenz Verbals Vorgehensweise klar wird. Nach einer längeren Parallelmontage am Ende ist das Problem der Fokalisierung der gesamten Geschichte auch dem Polizisten bewusst.

Die Parallelmontage am Ende zeigt erstens den Weg Verbals, der das Polizeirevier verlässt, zweitens das Fax mit dem Phantombild (sowie die um den Verhörraum herum erfolgenden Ermittlungen, die Verbal klar als Keyser Söze identifizieren), und drittens Kujans *Anagnorisis*. Da Letztere das *Twist Ending* initiiert, ist sie hier relevant und soll genauer untersucht werden. Die folgende Strukturierung zeigt, dass die Sequenz in POV-Shots und Reaction-Shots unterteilt ist. Währenddessen beginnt auf der Tonebene eine akustische Montage ausgewählter Zitate aus dem fast filmlangen Verhörgespräch, welche – analog zu dem erwähnten *Flashback Tutorial* – die wichtigen Teile des Dialogs re-evaluierbar machen.

Tab. 13 *Flashback Tutorial*: Kujans Erkenntnis (ab 1:38:45)

1:38:45–1:39:08	Dave Kujan spricht Dan auf dessen unaufgeräumtes Zimmer an; die Antwort ist in ihrer Doppeldeutigkeit auch der Leitsatz für die folgende Enthüllung: «Es ergibt alles einen Sinn, wenn du es richtig betrachtest» (Ü WS[130]; halbnah).
1:39:08–1:39:20	Wechsel zur Gegenansicht Dave betrachtet die Pinnwand; man sieht nun sein Gesicht (halbnah; Zoom-In bis zur Halbnahen).
1:39:20–1:39:22	Wieder Rückansicht von Dave
1:39:22–1:39:25	Großaufnahme von Daves Gesicht; Musikeinsatz; Beginn der *Anagnorisis*

---

129 Die Time-Code-Angaben zu THE USUAL SUSPECTS beziehen sich auf die DVD-Edition von Sony (2001).
130 «It all makes sense if you look at it right. You gotta stand back from it.»

1:39:26–1:39:27	Kamerafahrt über die Pinnwand
1:39:28–1:39:29	Großaufnahme von Daves Gesicht
1:39:30–1:39:31	Detailaufnahme der Hand; Kujan lässt seine Kaffeetasse fallen.
1:39:31–1:39:36	Fallende Kaffeetasse aus Aufsicht; ihr Zerbersten wird in Nahaufnahme wiederholt, dann noch einmal aus der Seitenansicht.
1:39:36–1:39:37	Zoom-In auf Daves Gesicht (halbnah bis fast nah) (im Folgenden: ‹Dave›)
1:39:38–1:39:39	Die Pinnwand ist zu sehen; am Rand des Kaders der Schriftzug «Quartet».
1:39:40	‹Dave› (Ton: «Überzeug' mich. Erzähl' mir jedes kleine Detail»; Ü WS[131]).
1:39:41	«Quartet»-Schriftzug in näherer Einstellung; Zoom-In
1:39:42–1:39:43	‹Dave›; Zoom-In; Ton: Erklärung des «Quartet»-Schriftzugs mit der Nennung des Barbershop-Quartetts, von dem Verbal geredet hatte.
1:39:44	«Quartet»-Schriftzug in Detailaufnahme
1:39:45–1:39:48	Montage einiger Aufnahmen der Pinnwand
1:39:49–1:39:50	‹Dave›
1:39:51–1:39:55	Pinnwandaufnahmen; Ton: «Bricks Marlin»; dazu ist ein Foto von einem Marlin zu sehen; Schwenk auf eine Art Steckbrief, auf dem der Name «Redfoot» steht.
1:39:56	Detailaufnahme von Daves Augen (im Folgenden: ‹Daves Augen›)
1:39:57	«Redfoot»-Schriftzug in Detailaufnahme
1:39:58–1:40:00	Das Redfoot-Flashback aus Verbals Erzählung wird eingeblendet. Ton: Wiederholung der «Redfoot»-Passage
1:40:01	‹Daves Augen›
1:40:02	«Redfoot»-Schriftzug in Detailaufnahme
1:40:03	Redfoot-Flashback
1:40:04–1:40:06	«Redfoot»-Schriftzug; Schwenk auf korpulente Frau. Ton: «Ein dicker, fetter Typ. Fett wie ein Orca» (Ü WS[132]; Zoom-In bis nah).
1:40:07–1:40:09	Kobayashi-Flashback aus Verbals Erzählung. Ton: «Es gab da einen Anwalt» (Ü WS[133]).
1:40:10	‹Daves Augen›
1:40:10–1:40:13	POV-Kamerafahrt über Pinnwand; Stopp bei «Guatemala»-Schriftzug, dann wieder Zoom-In.
1:40:14–1:40:15	‹Daves Augen›
1:40:16–1:40:18	Erschießung der Komplizen im Flashback; ein Schuss ist zu sehen, vier sind zu hören, synchronisiert mit Nahaufnahmen von den Toten.
1:40:19	‹Daves Augen›
1:40:20	Keatons Leiche (halbnah)
1:40:21–1:40:23	POV-Kamerafahrt über die Pinnwand

131 «Convince me. Tell me every last detail.»
132 «A big, fat guy. Like orca fat.»
133 «There was a lawyer.»

2.2 Darstellungskonventionen des Twist Endings

1:40:23	Keyser Söze verlässt den Tatort (Flashback).
1:40:24–1:40:25	POV-Kamerafahrt über die Pinnwand
1:40:26	Keyser Söze verlässt den Tatort (Flashback).
1:40:26–1:40:27	POV-Kamerafahrt über die Pinnwand
1:40:27–1:40:29	Keyser Söze verlässt den Tatort (Flashback).
1:40:30–1:40:31	‹Dave› (halbnah); Ton: «Es gab da einen Anwalt.»
1:40:32–1:40:33	Zerbrochene Tasse; Zoom-In auf den Schriftzug auf ihrem Boden: «Kobayashi»; Ton: «Kobayashi»
1:40:34	‹Dave› (Zoom-In, nah bis Detail Augen)
1:40:35–1:40:40	Zoom-In auf Tassenboden, bis «Kobayashi» in Detailaufnahme zu sehen ist; Musik steuert auf Klimax und Abbruch zugleich zu; Ton: «Ich arbeite für Keyser Söze.» – «Überzeug' mich! Überzeug' mich!» (Ü WS[134])
	=> Ein undeutlicher Reißschwenk beendet die Sequenz; Dave verlässt hastig das Revier.

In der Sequenz wird die Subjektivierung von Daves *Anagnorisis* untermalt, indem die Kamera immer dichter an ihn heranfährt, bis nur noch seine beobachtenden Augen den Gegenpart zum unruhigen Suchen (im POV-Modus) auf der Pinnwand darstellen. Die Montage zwischen dem Gesehenen und dem Betrachter (zwischen veridikalem POV- und detailliertem Reaction-Shot) erfolgt zumeist im Sekundentakt (Farbabb. 4). Der Ton erläutert dabei die Flashbacks, die umgedeutet werden müssen. Zudem zeigen einige Flashbacks, die zu Verbals Geschichte gehören, welche Personen erfunden (Redfoot und Kobayashi) und welche Ereignisse zu re-evaluieren sind (die Ermordung der vier Komplizen). Die gesamte Sequenz illustriert darüber hinaus die doppeldeutige Aussage von Dan, dass das Chaos in seinem Büro System habe und Sinn ergebe, sofern man es nur auf die richtige Art und Weise betrachte. Diese Aussage fasst einerseits die erzählerische Prämisse des Films zusammen und stellt andererseits eine der vielen Dialogzeilen dar, die nach dem *Twist Ending* doppeldeutig sind. Etliche dieser Zeilen werden am Ende auf der Tonebene wiederholt, denn die in der Sequenz begonnene Tonmontage der wichtigsten Sprechakte des Verhörs setzt sich über die oben beschriebene visuelle Sequenz hinweg fort bis zum Schluss.

David Finchers FIGHT CLUB spielt beim *Twist Ending* mit seiner Artifizialität, die auch durch die Umdeutung sichtbar gemacht wird. Nachdem der namenlose Protagonist von mehreren Untergebenen als Tyler Durden bezeichnet worden ist, erfolgt seine *Anagnorisis*, die offenbart, dass er an dissoziativer Identitätsstörung und Schizophrenie erkrankt ist.[134] Tyler Durden ist nur sein Alter Ego, das zum

---

134 «I work for Keyser Söze.» – «Convince me! Convince me!»
135 Schizophrenie ist eine Erkrankung, die im umgangssprachlichen Gebrauch häufig fälschlicherweise für die Beschreibung einer dissoziativen Identitätsstörung Verwendung findet. Tatsächlich hat die Schizophrenie kein zentrales Merkmal und beschreibt eher lose verschiedene Formen der Wahnvor-

Teil eigenständig gehandelt, zum Teil die Fremdwahrnehmung des Protagonisten repräsentiert hat. Ein *Flashback Tutorial* deutet in der Folge ausgewählte Szenen um. Der *Plot Twist* ist im Vergleich zu anderen *Twist Endings* recht früh gesetzt (1:47:09)[135] und löst nicht sogleich die *Flashbacks* aus. Zunächst ruft der Protagonist seine Freundin Marla an, die ihm bestätigt, dass er selbst Tyler Durden ist. Erst dann kommt es zur Konfrontation mit Tyler (1:48:18), in die das *Tutorial* geschnitten wird – und zwar, als der Namenlose sein Verhältnis zu Tyler vollständig begreift.

Tab. 14 *Flashback Tutorial*: Der Namenlose ist Tyler Durden

1:48:50–1:48:51	Flashback I	Schnelle Schnitte. Der Namenlose attackiert statt Tyler den Sprecher auf der Polizeiveranstaltung.
1:48:51–1:48:57	Reaktion I	Tyler: «Jetzt hast du's!» – Namenloser (ungläubig): «Nein...»; Schuss-Gegenschuss-Verfahren[136]
1:48:58–1:48:59	Flashback II	Namenloser bedroht den Sprecher (= Fortsetzung von Flashback I).
1:49:00–1:49:02	Reaktion II	Tyler: «Sag' es!» – Namenloser: «Weil...»[137]
1:49:03–1:49:04	Flashback III	Namenloser verätzt sich selbst die Hand.
1:49:05–1:49:10	Reaktion III	Tyler: «Sag' es!» – Namenloser: «Weil wir dieselbe Person sind.» – Tyler: «Genau!»[138]
1:49:11–1:49:13	Flashback IV	Namenloser in geschüttelter Selbstaufnahme
1:49:14–1:49:31	Reaktion IV	Namenloser: «Ich verstehe das nicht.»[139] – Tyler erläutert ihm, warum er ihn als Alter Ego brauchte. Alle seine Wünsche seien auf ihn projiziert worden.
1:49:32–1:49:35	Flashback V	Namenloser sagt Marla, dass Tyler nicht da sei. Ihre fassungslose Reaktion wird anders motiviert als zuvor.
1:49:35–1:49:46	Reaktion V	Tyler klassifiziert seine Entstehung als Radikalisierung eines alltäglichen Wunsches.
1:49:47–1:49:49	Flashback VI	Namenloser verprügelt sich vor einer Kneipe selbst.[140]
1:49:50–1:49:53	Reaktion VI	Tyler erklärt, warum der Namenlose überhaupt noch existiert.
1:49:54–1:49:55	Flashback VII	Namenloser glaubt, dass er Tyler eine Bierflasche reicht; sie fällt auf den Boden.
1:49:55–1:49:57	Reaktion VII	Tyler erklärt den schizophrenen Anteil der Störung: «Manchmal beobachtest du mich.»[141]

stellung, aber auch der Verhaltensstörungen. In der vorliegenden Arbeit wird sie daher zur Beschreibung der Halluzination nicht-existenter Figuren verwendet (vgl. Häcker/Stapf 2009, S. 878 f.).
135 Die Time-Code-Angaben zu FIGHT CLUB beziehen sich auf die DVD-Edition von 20th Century Fox Home Entertainment (2000).
136 Hier und im Folgenden Ü WS. «You got it»; «No...».
137 «Say it!» – «Because...».
138 «Say it!» – «Because we're the same person.» – «That's right.»
139 «I don't understand this.»
140 Vgl. die objektivierte Pendant-Szene, in der er sich vor seinem Vorgesetzten selbst verprügelt.
141 «Sometimes you're watching me.»

2.2 Darstellungskonventionen des Twist Endings

1:49:58–1:50:00	Flashback VIII	Namenloser macht die Ansagen im ‹Fight Club›.
1:50:01–1:50:05	Reaktion VIII	Der Namenlose wird laut Tyler nach und nach zu ihm.
1:50:06–1:50:09	Flashback IX	Namenloser deklamiert Tylers Ideen.
1:50:10–1:50:20	Reaktion IX	Namenloser versucht es zu leugnen. Tyler deutet weitere Details um.
1:50:21–1:50:22	Flashback X	Namenloser schläft mit Marla. Sie sagt, sie habe keinen Unterschied bemerken können.
1:50:23–1:50:54	Reaktion X	Tyler und der Namenlose streiten darüber, wie es weitergehen soll. Am Ende reflektiert der Namenlose den *Plot Twist* im Voice-Over: «Es nennt sich Seitenwechsel. Der Film geht weiter, und niemand im Publikum hat irgendeine Ahnung.»[142]

Im Fall von FIGHT CLUB sind die Flashbacks auffällig kurz, die Reaktionen auf der Rahmenebene bestehen wie in etlichen anderen Beispielen größtenteils aus Schuss-Gegenschuss-Folgen. Der Namenlose übernimmt die Position des Zuschauers und stellt diejenigen Fragen, die nach dem *Plot Twist* beantwortet werden müssen – die Antworten gibt der aufklärende Gesprächspartner, Tyler Durden. Flashbacks VI und VII enthalten eine komische Komponente, indem sie die Grenzen der Glaubwürdigkeit ironisch überdehnen. Interessant ist, dass auch nach der Konfrontation Tyler Durden vom Namenlosen wie eine andere Person behandelt wird: Er versucht seine Pläne zu vereiteln und wird von ihm in eine Falle gelockt. Schließlich kommt es zu einer weiteren Konfrontation, in welcher der Namenlose Tyler Durden dadurch vernichten kann, dass er sich selbst in den Kopf schießt. Er überlebt auf unwahrscheinliche Weise – was auch einer seiner Untergebenen entsprechend kommentiert – und hat die psychische Krankheit somit durch einen physischen Eingriff überwunden. Die notwendige Willenskraft für diesen Akt hätte sonst nur sein Alter Ego Tyler Durden aufgebracht, wodurch dieses auch symbolisch mit dem Namenlosen synthetisiert wird. Der Kontrolldiskurs, der ebenfalls in David Finchers THE GAME eine Rolle spielt (vgl. Kapitel 3.1.3.3), endet in FIGHT CLUB mit der Wiederherstellung von Kontrolle. Der Namenlose entledigt sich seiner personifizierten Wunschvorstellung von sich selbst, da diese zu selbstständig geworden ist und keine Grenzen mehr kennt. Der existenzialistische Subtext des Films wird dadurch nicht aufgegeben, aber – ähnlich wie in THE GAME – stark relativiert.

Eine weitere Sequenz synchronisiert das stets diachron angelegte *Flashback Tutorial*, indem zwei Perspektiven parallel montiert werden (ab 2:02:55). Tyler und der Namenlose prügeln sich ein letztes Mal, und der Kampf wird einerseits unmittelbar dramatisiert, andererseits durch das Bild der Überwachungskameras abgeglichen. Diese objektivieren das Gesehene und zeigen daher nur den Namenlosen, wie er in die Luft schießt und sich selbst verprügelt. Auch diese Sequenz weist ironische Züge auf, als sich der Namenlose selbst eine Treppe hinaufzerrt.

---

142 «It's called a changeover. The movie goes on and nobody in the audience has any idea.»

Die zweite Sequenz ist aussagekräftig, weil sie die Wirkungsweise des *Flashback Tutorials* gewissermaßen offenlegt. Dieses funktioniert wie eine Parallelmontage, in welcher der Strang aus der ersten diegetischen Ebene nur noch abstrakt vorhanden ist und durch sein Pendant ersetzt wird. Der Film greift bereits gesehene Bilder wieder auf und zeigt sie in einer veränderten Form – meist anders fokalisiert – noch einmal. Die erste Positionierung der Bilder wird im Abgleich mit der zweiten Sichtung re-evaluiert. Somit sind die Bilder nicht neu, sondern werden gewissermaßen durch eine neue diegetische ‹Maske› präsentiert. Den kognitiven Prozess unterstützt eine mnemotische Hilfestellung, die zugleich häufig eine subjektive Darstellung der figuralen *Anagnorisis* mit einschließt.

Die Konventionalität einer Form zeigt sich häufig (a) durch die Existenz von Parodien oder (b) anhand ihrer Verbreitung auf anderen (regionalen, B-Movie- oder Amateur-)Märkten. Wie das *Twist Ending* allgemein findet sich auch das *Flashback Tutorial* mittlerweile sogar in Amateur-Kurzfilmen. Ein Beispiel ist THE SOLDIER (USA 2011, Zach Bales), der für den 48-Stunden-Wettbewerb in Nashville, TN eingereicht wurde.

THE SOLDIER erzählt die Geschichte eines Soldaten im II. Weltkrieg, der in einem Maisfeld kauernd eine Reihe von NS-Soldaten aus dem Hinterhalt tötet. Dies ist jedoch nur die subjektive Realität der Hauptfigur, denn tatsächlich befindet sich der ‹Soldat› nicht in Frankreich, sondern in den USA, und sein ‹Militäreinsatz› ist eine Art Amoklauf. Die Konfrontation mit zwei vermeintlichen Nazi-Soldaten gegen Ende des Films erweist sich als Festnahme durch die US-Polizei. Durch diese Umdeutung auf der Ton- und auf der Bildebene setzt bei der Hauptfigur die Re-Evaluierung früherer Ereignisse ein. Eine durch Farbspiele verschleierte Überblendung von den Nazi-Uniformen zu den Polizei-Uniformen ist der erste visuelle Cue des *Flashback Tutorials*, das in der Folge den Soldaten mit derselben Methode zum Zivilisten macht.

Tab. 15 *Flashback Tutorial*: Der Soldat ist ein Zivilist (Soldat → Zivilist)[143]

0:06:09–0:06:21	Farbspiele und Überblendung; Umdeutungen: Nazi-Soldaten → US-Cops; Soldat → Zivilist
0:06:21–0:06:25	Flashback I: Soldat wäscht sich am Fluss; Kameraneigung zum Wasser, zurück zu ihm, der jetzt als Zivilist erscheint.
0:06:25–0:06:30	Flashback II: Soldat nimmt verschiedene Ziele ins Visier → Zivilist nimmt verschiedene Ziele ins Visier.
0:06:30–0:06:33	Flashback III: Soldat küsst das Kreuz um seinen Hals → Zivilist küsst das Kreuz um seinen Hals.
0:06:34–0:06:37	Kurze Aufnahme der Gegenwart (Konfrontation)

---

143 Die Time-Code-Angaben zu THE SOLDIER beziehen sich auf die im Netz zugängliche Version des Films.

0:06:38–0:06:47	Film läuft rückwärts, zeigt den Soldaten, wie er auf die NS-Soldaten zielt.
0:06:47–0:06:48	Reaction Shot: Verzweiflung des Zivilisten (Gegenwart)
0:06:48–0:07:02	Flashback IV: Aufnahmen der Familie (= Umdeutung NS-Soldaten → Zivilisten-Familie), überblendet mit Nahaufnahme des zielenden Zivilisten.
	=> Schwarzbild; Credits.

Die ersten drei Flashbacks sind sehr kurz und stellen das eigentliche *Tutorial* dar, da sie die fehlerhafte Wahrnehmung der Hauptfigur illustrieren. Die tragischen Konsequenzen, die sich daraus ergeben, werden erst nach dem letzten Reaction-Shot in Flashback IV gezeigt, das deutlich länger ist und erstmals die Familie mit dem kleinen Kind einführt. Die Überblendung mit dem zielenden ‹Soldaten› verdeutlicht das Verhältnis zwischen den Bildern, damit kein Restzweifel zurückbleibt. Das *Flashback Tutorial* begleitet den Erkenntnisprozess der Hauptfigur und bebildert in intern fokalisierten Aufnahmen seine *Anagnorisis*. Dies geschieht durch eine einfache alternierende Montage, die subjektive Aufnahmen (vor dem *Twist Ending*) mit subjektiv-objektivierten Aufnahmen abwechselt. Die Aneinanderreihung von Flashbacks bebildert den Re-Evaluierungsprozess der Hauptfigur.

2.2.3 Weitere visuelle Konventionen

Die Visualisierung der *Anagnorisis* folgt nicht einer einzigen spezifischen Konvention. Nur das bereits vorgestellte *Flashback Tutorial*, das oft mit Reaction-Shots auf den Protagonisten verknüpft wird, ist weit verbreitet. Diese Reaction-Shots beziehen sich auf die subjektivierenden Montagefolgen, es wird also zwischen dem Innenleben der Figur und ihrer von außen wahrnehmbaren Reaktion hin- und hergeschnitten.

Darüber hinaus kann man nur wenige Konventionen feststellen: Manchmal wird in Filmen mit *Twist Ending* eine falsche *Anagnorisis* gesetzt, die erst beim zweiten Anschauen auffällt.[144] Die übrigen Inszenierungen reichen von der Kadrierung keiner sichtbaren Reaktion (PREMONITION) bis hin zu einem ekstatischen ‹Overacting› (PLANET OF THE APES). Eine Regelhaftigkeit der Visualisierung der *Anagnorisis* lässt sich nicht feststellen.

George Wilson (2006) systematisiert in seinem Artikel über «epistemologische Twist-Filme» die Darstellungsmöglichkeiten subjektiver ‹Realitäten› und bezieht diese auf die Funktionsweisen der Film-Narration im Allgemeinen. Für die *Twist*-Filme selbst nimmt er zwei Kategorien subjektiv geprägter Erzählungen an: In manchen Filmen befinde sich die Narration «außerhalb der ‹fokalisierten› Figur

---

144 So bemerkt Hartmann (2005), dass in THE SIXTH SENSE die Kamera eindeutig Malcolm in den Fokus nimmt, als Cole ihm gesteht, er könne tote Menschen sehen (vgl. Kapitel 2.1.8.G).

und präsentiert ihn oder sie in der Regel innerhalb des Rahmens» (81; Ü WS).[145] Ferner gebe es «Filme, in denen herauskommt, dass die fiktionale Welt [....] Wesen enthält, die nur von Agenten mit untypischen perzeptiven Kräften wahrgenommen werden können [...]» (82; Ü WS).[146] Diese Typen der subjektiv geprägten Film-Narrationen hingen jeweils von den fokalisierten Figuren ab: im Fall (a) von einer fokalisierten Figur mit einer Wahrnehmungsstörung, im Fall (b) von einer fokalisierten Figur mit speziellen perzeptiven Fähigkeiten.

Des Weiteren unterscheidet Wilson drei Typen ‹subjektiver› Shots:

Tab. 16 Typen ‹subjektiver› Shots nach Wilson

subjectively inflected (POV)	Die wahrgenommene Umgebung hat subjektive Anteile (partielle Halluzination usw.) (85).
subjectively saturated (POV)	Alles, was gezeigt wird, ist der (inneren) Wahrnehmung der Figur zuzuordnen (Träume, Halluzinationen usw.) (85).
impersonal, subjectively inflected (kein POV)	Externe Repräsentation einer subjektiven Wahrnehmungserfahrung (87)

Die subjektive ‹Beugung› eines Shots impliziere dabei nicht notwendigerweise, dass das Wahrnehmungsfeld der fokalisierten Figur dargestellt werde (88). Stattdessen handle es sich bei subjektiv gefärbten Erzählungen um einen Bruch der Erwartungshaltung des Zuschauers, der narrative Transparenz als Norm annehme (81). Der in Kapitel 1.2.6.2 skizzierte ‹kommunikative Pakt› kann folglich auf Grundprinzipien der kinematografischen Narration ausgeweitet und somit der *Plot Twist* als ein unvorbereiteter Normverstoß gegen diese verstanden werden:

> Zuschauer glauben diverse Gegenstände und Situationen zu sehen, während der Film vorgeführt wird, und sie imaginieren, *dass* diese Gegenstände und Situationen die eine oder andere epistemische Relevanz im größeren Kontext des Narrativs oder seiner Narration besitzen.   *(94; Ü WS, Hv. i. O.)[147]*

Anders gesagt: Die Unmittelbarkeit der Bilder und die spezifische Qualität des Films als audiovisuelles Medium bewirken laut Wilson, dass der Zuschauer bei subjektiv markierten Shots Gegenstände und Situationen auf dieselbe Weise zu sehen glaubt wie bei ‹objektivierten› Bildern.

Die einschlägigen angenommenen Vorstellungen, die man bei der Sichtung eines Segments bereits mitbringt, beeinflussen, was man in dem Segment zu sehen

---

145 «[T]he narration stands outside the ‹focalizing› character, regularly presenting him or her within the frame.»
146 Bei Wilson heißt es «[...] films in which it emerges that the fictional world contains [...] beings that can be perceived only by conscious agents with nonstandard perceptual powers [...].»
147 «Spectators imagine seeing various items and situations as the film is shown, and they imagine *that* these items and situations have one or another epistemic standing within the larger contexts of the narrative and its narration.»

glaubt, und weitere angenommene Vorstellungen werden die Art und Weise beeinflussen, auf die man die epistemische und dramatische Struktur von dem, was man zu sehen glaubt, verarbeitet. *(94; Ü WS)*[148]

Dass zwischen subjektiven und objektiven Shots laut Wilson keine qualitativen Unterschiede bestehen, erklärt möglicherweise, warum erstens die *Anagnorisis* bzw. der *Plot Twist* keine eigenen visuellen Konventionen ausgebildet hat und zweitens subjektivierte visuelle Erzählungen häufig nur in der Detailanalyse von objektiven Erzählungen zu unterscheiden sind. Weder ‹objektive› noch ‹subjektive› Shots bilden die Realität ab, sondern konstituieren einer gemeinsamen Bildsprache folgend eine diegetische ‹Realität›. Die Unterschiede der visuellen Erzählinstanzen machen sich somit erst auf einer untergeordneten Ebene bemerkbar, was das Täuschungspotenzial filmischen Materials denkbar erhöht.

2.2.4 Filmmusik in Filmen mit *Twist Ending*

Einer der Schwerpunkte in der Erforschung filmmusikalischer Funktionsweisen ist die Frage nach dem dramaturgischen und dem narrativen Gehalt von Filmmusik. Dabei besteht Einigkeit darüber, dass Musik narrative Funktionen erfüllt und damit sowohl Vorahnungen vermitteln als auch einen Widerspruch mit der Bildebene, der Dialogebene oder der Geräuschebene erzeugen kann.

Was den Widerspruch betrifft, hat die von Adorno und Eisler (1941) geforderte Emanzipation der Filmmusik als eigenständige Kommentarebene (im Gegensatz zu üblichen Funktionen der Untermalung) sich im *Mainstream*-Kino kaum durchgesetzt. Auch die Experimente von Jean-Luc Godard zur Entkopplung von Ton- und Bildebene[149] waren vor allem für das Kunstkino einflussreich. Die Funktion des ‹Foreshadowing›, d. h. der musikalischen Vorausdeutung auf erst später im Syuzhet gesetzte Ereignisse, ist hingegen weitgehend konventionalisiert.

Eine avancierte Finalstruktur mag auch andere ästhetische Maßstäbe für die übrige Inszenierung mit sich bringen, sodass es in einigen Fällen interessant ist, zumindest in Bezug auf narrative Funktionen den Beitrag der Filmmusik zum *Twist Ending* zu beobachten (vgl. hierzu auch Strank ¹2013). Wenn Guido Heldt in seinem Artikel *Die Lieder von Gestern* (Heldt 2008, 2012) analysiert, was Musik ‹wissen› kann bzw. was sie ‹vorausahnt›, zielt die im Kontext des *Twist Endings* zu stellende Frage auf eine ähnliche Erkenntnis ab. Anders formuliert: Musik wird durch ihr Zusammenspiel mit den anderen filmischen Ebenen semantisch aufgeladen, was ihr die narrative Möglichkeit der Markierung einer Diegese-Ebene als ‹falsch› bzw. ‹richtig› gibt.

---

148 «The pertinent suppositional imaginings one brings to the viewing of a segment will affect what one imagines seeing in the segment, and further suppositional imaginings will influence the way one parses the epistemic and dramatic structure of what one imagines seeing.»
149 Z. B. in W<small>EEK</small> E<small>ND</small> (W<small>EEKEND</small>; F 1967); vgl. hierzu auch Martin 2010 und Stenzl 2010.

Im Film CARNIVAL OF SOULS deutet die Filmmusik bereits lange, bevor es der Hauptfigur klar wird, darauf hin, dass die gezeigten Ereignisse eine irreale Komponente haben, die beseitigt werden muss – eine Dissonanz, die aufzulösen ist. Das dissonante Orgelmotiv erklingt in der Radiosendung und in den Improvisationen der Hauptfigur. Zudem verbindet es sich kennmelodisch mit dem Verfolger «The Man», der die Protagonistin auf ihren eigentlichen Status als Wiedergängerin hinweist. Damit ist die Musik, die erst nach der einzigen durchweg als real einzustufenden Sequenz (der *pre-title sequence*) einsetzt, eine frühe und wiederkehrende Spur, die auf das *Twist Ending* hindeutet. Sie funktioniert daher ähnlich wie zahlreiche andere Horrorfilmmusiken, die ihrerseits auf die nahende Katastrophe indexikalisch hinweisen.[150]

In Alan Parkers ANGEL HEART (vgl. Kapitel 2.1.7.F und 3.1.6) wird der größte Hit des von Harold Angel gesuchten Johnny Favorite bereits im Vorspann angespielt und extradiegetisch immer wieder als eine Art Erinnerungsmotiv verwendet. *The Girl of my Dreams* enthält ein sequenzartig gebautes und dadurch sehr auffälliges Kopfmotiv, das hohen Wiedererkennungswert besitzt. Harold Angel hat das Motiv bereits lange im Kopf, bevor er weiß, dass das Lied sein größter Erfolg als Sänger war: Er pfeift es auf einer Autofahrt, und als er in der Wohnung von Margaret Krusemark ein Klavier entdeckt, spielt er es spontan. Zunächst muss dies nichts bedeuten: Angel kann den Song durchaus kennen, da er in der Diegese des Films ein bekannter Hit ist. Als Louis Cyphre ihm den Song jedoch in der Originalversion – gesungen von Johnny Favorite, also ihm selbst – von einer Schallplatte vorspielt, verbinden sich die ‹leisen Spuren› in Angels Unterbewusstsein miteinander und triggern den Erinnerungsprozess. Die allmähliche Rekonstruktion des Songs aus melodischen Fragmenten korrespondiert mit der Rekonstruktion von Favorites Gedächtnis aus analeptischen Fragmenten. Zudem ist es aufgrund der prominenten Rolle des Songs notwendig, auch die musikalische Ebene nach dem *Twist* zu re-evaluieren.

Bei CARNIVAL OF SOULS und ANGEL HEART ist eine indexikalische Vorausdeutung durch Filmmusik festzustellen. In SHUTTER ISLAND liegen hingegen eklatante Widersprüche vor. Die Verunsicherung, die nach dem *Twist Ending* des Scorsese-Films zurückbleibt, wird durch kulturelles Wissen verstärkt, was die naheliegende Deutung des Films entsprechend untergräbt.[151]

Alle für das *Twist Ending* relevanten Aspekte der Filmmusik sind – abgesehen von ästhetischen Untermalungsfunktionen – narrativ. Sofern die Musik selbst derart semantisiert wird, dass sie einen erzählerischen Mehrwert für die täuschende Diegese-Ebene D(t) aufweist, muss sie nach dem *Plot Twist* nicht nur eine kontextuelle, sondern gleichfalls eine semantische Re-Evaluation erfahren.

---

150 Darauf weist auch Guido Heldt in einem noch unveröffentlichten Vortrag zu Musik im Horrorfilm (2010) hin. Für eine genauere Analyse von CARNIVAL OF SOULS vgl. Brown 2010 und Strank ¹2013.
151 Für eine genauere Analyse der Filmmusik in SHUTTER ISLAND s. Kapitel 2.1.9.H und vgl. Kupfer 2012.

Farbtafeln

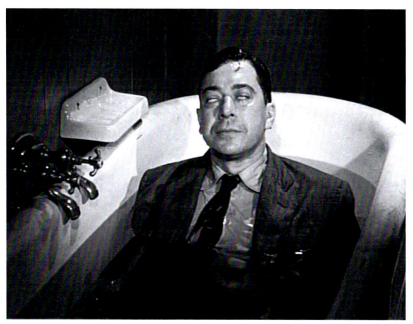

1 *Plot Twist*: Der vermeintlich untote Michel in Les Diaboliques

2 *Frame Shifter*: Der Planet of the Apes ist eigentlich die Erde

3 *Anagnorisis*: Harold Angel erkennt in seinem Spiegelbild sein früheres Ich (Angel Heart)

4 *Flashback Tutorial*: Dave Kujan entdeckt die Quellen von Verbals Fiktion (The Usual Suspects)

Farbtafeln

5 ABRE LOS OJOS: Der Sprung in die Tiefe führt zum Aufwachen aus dem Traum

6 THE GAME: Der Sprung in die Tiefe führt zur Aufdeckung der Inszenierung

Farbtafeln

7 THE MACHINIST: Trevor Reznik projiziert seine unterdrückten Schuldgefühle auf den eingebildeten Ivan

8 TRAIN DE VIE: Die Rettungsgeschichte des Schtetls erweist sich als Erfindung des Dorfnarren Schlomo

3 Typen des Twist Endings

3.1 Typologie des *Twist Endings*

3.1.1 Prämissen der Analyse

Auf Grundlage des erarbeiteten Korpus ist es nunmehr die Aufgabe, eine umfassende Typologie des *Twist Endings* zu erstellen. Alle behandelten Filme mit *Twist Ending* lassen sich einem der vier herausgestellten Typen – *Wake-up Twist* (Kapitel 3.1.2), *Set-up Twist* (Kapitel 3.1.3), *perzeptiver Twist* (Kapitel 3.1.4) und *narrativer Twist* (Kapitel 3.1.5) – zuordnen oder sind als Hybridform (Kapitel 3.1.6) beschreibbar. Zudem wird die Typologie um Analysen von Grenz- und Sonderfällen (Kapitel 3.1.8 und 3.2) ergänzt, die das *Twist Ending* von verwandten Phänomenen unterscheidbar machen.

Die Analysen arbeiten mit den im theoretischen Teil herausgestellten Begriffen *Surprise Ending* (Kapitel 1.1.3) und *Twist Ending* (Kapitel 1.2.7) bzw. den dramaturgischen Kategorien *Anagnorisis* (Kapitel 1.2.4.1) und *Peripetie* (Kapitel 1.2.4.2). Sie beschreiben insbesondere die Operation der Umdeutung und beziehen sich daher, wo nötig, jeweils auf den gesamten Film. Die Struktur des *Twist Endings* steht dabei ebenso im Fokus wie das Verhältnis der Diegese bis zum *Twist* D(t) zur ‹korrekten› Diegese D.[1]

3.1.2 *Wake-up Twist*

Der *Wake-up Twist* leitet die potenziell umfassendste Form des *Twist Endings* ein, da er sogar die Verknüpfung von zwei vollkommen inkompatiblen diegetischen Ebenen ermöglicht. Wenn alle Teile des Syuzhets, die vor dem *Twist* lagen, sich

---

[1] Vgl. Kapitel 1.1.3. «t» steht dabei für den Zeitpunkt des *Plot Twists*, der das *Twist Ending* einleitet.

nur als Elemente eines Traums bzw. einer Halluzination herausstellen, ist die erforderliche Synthetisierung der Ebenen entsprechend trivial: Alles, was in D(t) (bis zum *Twist*) den Status ‹reale Diegese› hatte, hat in D (nach dem bzw. durch den *Twist*) den Status ‹irreale Diegese›. Deshalb kann das Aufwachen aus dem Traum als Metapher für das Ende der Diegese überhaupt gelesen werden und somit als spielerische Vorwegnahme der eigentlichen Finalisierung: Das Ende der Illusion bzw. der Immersion des Zuschauers korrespondiert wenig später mit dem Ende der Illusion bzw. der Immersion des Protagonisten. Beim *Wake-up Twist* handelt es sich folglich um eine Inszenierung des Endes vor dem Ende.

Dass das Ende unter umgekehrtem Vorzeichen auch als Todesmetapher fungieren kann, liegt auf der Hand: Bisweilen bringt es der *Wake-up Twist* mit sich, dass der Protagonist gerade nicht aufwacht. JACOB'S LADDER erweist sich am Schluss als ‹Totenbettfantasie›, das Ende der ersten diegetischen Ebene geht mit dem Tod der Hauptfigur einher. Da keine anderen Umdeutungen erfolgen – mit Jacobs Tod ist seine Diegese (also sein fiktives Leben) am Ende –, wäre der Film also strukturell gesehen dem *Wake-up Twist* näher als der perzeptiven Erkenntnis der Hauptfigur, dass sie bereits tot ist (vgl. Kapitel 3.1.4).

Im historischen Teil hat sich bereits gezeigt, dass der Traum mitunter psychoanalytisch gewertet und motiviert werden kann, sich in ihm Ängste oder Vorahnungen der Hauptfigur manifestieren (THE ROOKIE BEAR, USA 1941, Rudolf Ising; LA CITTÀ DELLE DONNE [STADT DER FRAUEN; I 1980, Federico Fellini]). Eine solche Deutung verändert den Status der Diegese mit Blick auf die Verständlichkeit des Traums – so z. B. auch bei dem Kurzfilm WITHOUT (GB 2009) von Natalia Andreadis. Die Situation stellt sich folgendermaßen dar: Eine Frau wird gefangen gehalten und von einem Dobermann bewacht. Als sie versucht zu entkommen, zeigt sich, dass ein kleines Kind ihr Entführer ist. Nach einem Schnitt sieht man die Frau aufwachen, und der erste Teil des Films erweist sich als der Albtraum einer Schwangeren; der Dobermann liegt friedlich neben ihr auf dem Bett. Auch hier greift die erwähnte Operation der Umdeutung: Die Information ‹Frau wacht auf› bewirkt, dass der bisherige Filmtext zunächst den Status der Diegese von ‹real/bedrohlich› zu ‹irreal/harmlos› verändert. Auf einer zweiten Ebene sind im Traum jedoch nur die Rollen vertauscht: Das Kind im Bauch der Frau ist der Antagonist, und der Hund steht in seinen Diensten. Der Traum ist also nicht nur irreal, sondern Ausdruck des Unterbewusstseins der Hauptfigur, ihrer Angst vor der Geburt. Die Diegese-Ebenen sind über das Motiv der Schwangerschaft miteinander verknüpft und interpretieren sich gegenseitig. Das *Twist Ending* fungiert hier nicht als reiner Substitutionsprozess, sondern als komplementäre semantische Ergänzung. Es findet kein Moduswechsel statt, da auf beiden diegetischen Ebenen die Schwangere die Hauptfigur ist.

Das früheste Beispiel für ein *Twist Ending* bzw. einen *Wake-up Twist* weist eine ähnliche Verknüpfung der diegetischen Ebenen auf: In LET ME DREAM AGAIN (GB

1900, George Albert Smith; vgl. Kapitel 2.1.2) wird die Fiktion eines realistischen Traumbildes gegen die fiktive Realität gehalten; die Differenz zwischen den diegetischen Ebenen erzeugt Komik, da Anspruch und Wirklichkeit einander widersprechen. Das Ende kann somit als Pointe gewertet werden. Durch die Neubewertung der ersten diegetischen Ebene als irreal muss ihre Bedeutung für die Gesamtdiegese also nicht zwangsläufig negiert werden.

Wenn an anderer Stelle die Reichweite (*Scope*) eines *Twist Endings* diskutiert wurde, ist darauf hinzuweisen, dass unmarkierte Träume auch nur einen Teil des Films umfassen können; Sunnyside (Auf der Sonnenseite; USA 1919, Charles Chaplin) wurde als Beispiel angeführt (vgl. Kapitel 2.1.2). Nicht selten gibt es jedoch *Twist Endings*, die den wesentlichen Teil des Films als Traum entlarven, den Anfang von der Umdeutung indessen ausnehmen (z. B. Repo Men [Repo Men; USA 2010, Miguel Sapochnik]). In manchen Fällen ist es nicht einmal klar, wie groß der *Scope* des Traums (und somit des *Twist Endings*) ist. Terry Gilliams Brazil (Brazil; GB 1985, vgl. Kapitel 2.1.6) scheint zwar deutlich zu machen, wie weit der gezeigte Traum reicht: Das *Twist Ending* kehrt zur Folterszene zurück, die damit als Rahmen der irrealen Diegese-Ebene gelten kann. Im selben Moment wirft der Film jedoch wieder Probleme auf, weil die vom Protagonisten während des Traums gesummte Musik bereits vorher zu hören war. Wenn der Song *Brazil* also die Chiffre für Irrealität ist, müsste die gesamte Narration von der Umdeutung betroffen sein (vgl. Strank [1]2013).

Ein anderer Film, Abre los ojos, thematisiert genau diese Reichweite und hebelt damit die üblichen Mechanismen eines *Wake-up Twists* aus.[2]

3.1.2.1 Abre los ojos (Öffne die Augen aka Virtual Nightmare – Open Your Eyes; E/F/I 1997, Alejandro Amenábar)

Abre los ojos beginnt mit einer doppelten Eröffnung, die wichtige Erzählprinzipien des Films bereits vorwegnimmt. Zweimal markieren die Worte «abre los ojos» («öffne die Augen») das Aufwachen des Protagonisten. Beim ersten Mal befindet er sich in einer menschenleeren Stadt (0:02:30)[3], das zweite Mal initiiert das Aufwachen die Handlung. Auch die Erzählung selbst wird zweigliedrig vermittelt: Die Rahmenhandlung besteht aus Therapiesitzungen des im Gefängnis sitzenden Protagonisten César, die Binnenhandlung erzählt linear und retrospektiv, wie es zum Status quo des Rahmens gekommen ist. Die dritte Aufwachszene («abre los ojos») markiert nach knapp der Hälfte des Films den Wendepunkt (0:53:20), der später als Beginn eines ausgedehnten Traums lesbar wird. Der erste Teil des Films besteht aus folgenden sieben Binnensegmenten, einem Traum und drei Rahmensegmenten:

---

2   Das US-amerikanische Remake Vanilla Sky (Vanilla Sky; USA 2001, Cameron Crowe) funktioniert genauso.

3   Die Time-Code-Angaben zu Abre los ojos beziehen sich auf die DVD-Edition von Koch Media (2007).

3 Typen des Twist Endings

Tab. 17 Struktur des ersten Teils von ABRE LOS OJOS

Introduktion	Aufwachen im Traum/außerhalb des Traums («Abre los ojos» 1 & 2)
Rückblende 1	Tennisspiel; César erzählt von Nuria.
Sitzung 1	César hat jemanden ermordet und sitzt im Gefängnis. Er verbirgt sein Gesicht unter einer Prothese/Maske.
Rückblende 2	Party bei César; er lernt Sofía kennen und geht mit in ihre Wohnung. Dort läuft eine TV-Sendung über Kryo-Technik (1); Der Voice-Over macht den Rahmen bemerkbar.
Rückblende 3	Autofahrt mit Nuria; sie verursacht einen schweren Unfall.
Traum 1	Sofía und César im Park; er deutet die Autofahrt als Traum und erinnert sich nicht an seine Party. => *Wake-up Twist*
Rückblende 4	Nach drei Wochen im Koma wacht César mit deformiertem Gesicht auf. Voice-Over leitet zum Rahmen über.
Sitzung 2	César wird genötigt, seine Maske abzunehmen, weigert sich aber.
Rückblende 5	Die Ärzte präsentieren ihre Operationspläne und überreichen César eine Gesichtsprothese (die Maske).
Sitzung 3	Ende der ersten Therapiesitzung; César zeichnet Sofía aus dem Gedächtnis, als Pantomimin geschminkt.
Rückblende 6	César beobachtet Sofía vom Auto aus als Pantomimin geschminkt und konfrontiert sie im Regen mit seinem entstellten Gesicht.
Rückblende 7	Zu Hause. TV-Sendung über Kryo-Technik (2).
Rückblende 8	Im Club. Januskopf-Motiv (César zieht sich die Maske über den Hinterkopf und sieht sein ehemaliges Gesicht im Spiegel). Pelayo geht mit Sofía nach Hause, und César träumt, dass er sie mit seinem normalen Gesicht einholt (alternative Wunschrealität).

In der zweiten Hälfte des Films wird Césars Gesicht wiederhergestellt, und er beginnt eine Beziehung mit Sofía. Die Verunsicherungssignale verdichten sich jedoch mehr und mehr: César geht mit Sofía in einem Park spazieren, den er aus einem Traum (Traum 1) kennt. Gelegentlich taucht der Kryo-Experte Serge Duvernois im Bild auf, der zuvor nur im Fernsehen zu sehen war. Nach einem Traum (Traum 2), in dem Césars Gesicht wieder entstellt erscheint, hat sich Sofía in Nuria verwandelt und behauptet, sie sei Sofía. Die Polizei und Césars bester Freund stützen ihre Version: Er hat offenbar die ganze Zeit Sofía falsch wahrgenommen. In der vorletzten Szene der Binnenerzählung behauptet Serge Duvernois in einer Kneipe, dass César nur geträumt habe. Neben dieser Lesart werden in der Folge (Rahmen 5) zwei weitere angeboten: César vermutet, dass es sich um eine große Verschwörung gegen ihn handelt, in die auch seine Freunde involviert sind (*Set-up Twist*), während der Psychologe vermutet, dass Drogen seine Wahrnehmung verändert haben (*perzeptiver Twist*).

Der Film spielt auf allen Ebenen permanent mit Dopplungen und endet folgerichtig mit einer langen Déjà-vu-Sequenz, in der César für die Auflösung Handlungen, die ihm vage bekannt vorkommen, noch einmal begeht. Weitere narrative Dopplungen finden sich in der zweifachen Exposition und der Zweiteilung des

Films. Zudem sind die Frauen Sofía und Nuria liebeskonzeptuelle Alternativen für César, während sein entstelltes und sein natürliches Gesicht Indikatoren für Unglück bzw. Glück darstellen. Nahezu alles gelingt ihm, solange er ‹gut› aussicht, während er als ‹hässlicher› Mann angsteinflößend und suizidal ist. Das Zusammenfallen der Oppositionen führt jeweils zur Katastrophe: Als Sofía in Césars Wahrnehmung zu Nuria wird, tötet er sie im Affekt, und da sein Gesicht nicht wiederhergestellt werden kann, begeht er Selbstmord. Letzteres wird am Ende offenbar, denn die gesamte zweite Hälfte des Films ist als ‹artifizielle Wahrnehmung› des Protagonisten lesbar. Nach seinem Selbstmord wurde er von der Firma L. E. (Life Extension) eingefroren und in eine virtuelle Realität versetzt, deren Programmfehler letztlich zu ihrer Sichtbarmachung geführt haben.[4] Alles, was ab dem Moment der größten Verzweiflung geschieht, ist nur Teil eines Traums, dessen Anfang das Ende von Césars natürlichem Leben überlagert. Dieser Traum hat die Erinnerung an seine Vertragsunterzeichnung bei L. E. und seinen Tod folglich ausgelöscht.

Tab. 18 Struktur des zweiten Teils von ABRE LOS OJOS

Rückblende 9	Sofía weckt César («Abre los ojos» 3).
Rückblende 10	César mit Sofía im Park aus Traum 1
Rahmen 4	César hat im Traum von «Ally» (→ «L. E.») gesprochen. Kurze Flashbacks: (a) Undeutliche Bilder von einer Vertragsunterzeichnung; (b) Ärzte beschreiben eine neue OP-Möglichkeit. Der Psychologe fragt: «Was ist Glück für dich?» (Flashback zu Nuria, die vor dem Unfall dasselbe gefragt hat).
Rückblende 11	Nach der zweiten OP: Sofía nimmt César den Verband ab (Sexszene).
Rückblende 12	Mit Pelayo im Café. Serge Duvernois ist anwesend.
Traum 2	César wacht auf, sieht sein deformiertes Gesicht im Spiegel und wacht noch einmal auf.
Rückblende 13	César prüft im Bad sein Gesicht, das wieder normal ist. In seinem Bett liegt Nuria, die behauptet, sie sei Sofía.
Rückblende 14	Auf dem Polizeirevier: Nuria habe sich als Sofía ausgewiesen; auf dem Flur: Pelayo sagt, dass Nuria tot sei; vor dem Revier: Auf einem Foto erscheint Nuria an Sofías Stelle.
Rückblende 15	Serge Duvernois spricht César in einer Bar an. Er klassifiziert die gesamte Umgebung als Teil von Césars Traum (= vorgezogene potenzielle *Anagnorisis*).
Rahmen 5	César vermutet eine Verschwörung (*Set-up Twist*). Der Psychologe hypnotisiert ihn, worauf ungenau Serge Duvernois, das Innere einer Firma und ein Selbstmordversuch erscheinen. Der Psychologe vermutet eine perzeptive Störung; César tut alles als Traum ab.
Rückblende 16	Sofías Wohnung: Alle Fotos, die vorher Sofía zeigten, zeigen jetzt Nuria. Die visuelle Umdeutung wird dadurch vom Film explizitert und reflektiert. Sofía erscheint und wird beim Sex wieder zu Nuria, woraufhin César sie tötet.
Rahmen 6	Der Psychologe deutet die Halluzinationen als phasenweise auftretende Geistesgestörtheit (Möglichkeit: *perzeptiver Twist*).
Rahmen 7	Im Aufenthaltsraum des Gefängnisses läuft wieder die Sendung mit Serge Duvernois im Fernsehen. L. E. («Ally») steht für «Life Extension».

---

4 Dies kann als selbstreflexives Moment verstanden werden, da meta-diegetische oder selbstreflexive ‹Fehler› ebenfalls zur Sichtbarmachung des Films bzw. der Erzählung führen.

Die finale Konfrontation im Hauptquartier der Firma L.E. bringt die Erkenntnis, dass alles – auch der Psychologe und die Firma selbst – nur in einem Traum existiert. Auch Serge Duvernois ist längst tot und nur Teil der virtuellen Realität («percepción artificial»), die sich César im Jahre 1997 gewünscht hat. Die Handlung des Films ist somit im Jahre 2145 angesiedelt. César beschließt, aufzuwachen und im 22. Jahrhundert weiterzuleben, verabschiedet sich jedoch vorher noch von den virtuellen Personen ‹Pelayo› und ‹Sofía›. Der Film endet mit den Worten «abre los ojos», die offen lassen, ob César in einer Zeitschleife gefangen ist, im Jahre 2145 aufwacht oder alles – inklusive der Finalsequenz – nur ein Traum war und er sich im Jahre 1997 befindet (vgl. Kapitel 3.1.4.2 und 3.1.4.3).

Tab. 19 Das Finale von ABRE LOS OJOS

Finale, Teil 1	César und sein Psychologe Antonio fahren zum Unternehmenssitz von L.E.
Teil 2	César erkennt das Gebäude wieder, das demjenigen in seinem Traum entspricht. Tatsächlich sieht er es jetzt in seinem Traum, und sein «Traum» ist die verschleierte Erinnerung an die Realität (s. Teil 4).
Teil 3	César und Antonio lesen im Warteraum die Prospekte von L.E. und erfahren, dass die Firma Unsterblichkeit verkauft. Antonio rationalisiert Césars Vermutung: «Du bist nicht kryonisiert. Du lebst.» (Ü WS)[4]
Teil 4	Ein Verkäufer erklärt das Modell, das César gewählt hat. Das Prinzip erweist sich als eine Mischung aus Kryonisation und artifizieller Perzeption. Der Traum setzt vor dem Tod ein und löscht so die Erinnerung an das, was nach dem Beginn des Traums geschehen ist, aus. Die Vertragsunterzeichnung bei L.E. ist auch davon betroffen.
Teil 5	Im Badezimmer erfolgt Césars endgültige *Anagnorisis*: Alles war nur ein Traum, der wie 1997 wirken sollte. Sofía und Nuria wurden darin vermischt, auch Césars Selbstwahrnehmung ist fehlerhaft: Er sieht im Spiegel sein entstelltes Gesicht, während der (virtuelle) Psychologe ihn für normal befindet.
Teil 6	César läuft Amok, da alles nur ein Traum ist. Polizisten erschießen Antonio, was jedoch keine Konsequenzen hat.
Teil 7	Die Welt ist leer (wie zu Beginn). Serge Duvernois offenbart, dass auch Antonio virtuell ist und man sich außerhalb des Traums im Jahr 2145 befindet (*narrativer Twist*). Der Wendepunkt in der Mitte des Films erweist sich als Verbindungspunkt von Traum und Realität. In einem Flashback wird Césars weiteres Leben erzählt, und César beschließt aufzuwachen. Dazu muss er ein zweites Mal Selbstmord begehen («Abre los ojos» 4).

Césars doppelter Selbstmord markiert die Grenzüberschreitung, mit der er die virtuelle Welt betritt bzw. verlässt (Farbabb. 5). Die Dopplungen im Film spiegeln das Prinzip des *Twist Endings* von ABRE LOS OJOS wider, das auf einer Dichotomie von virtueller/geträumter und erinnerter/‹realer› Realität beruht. Der Zeitsprung von knapp 150 Jahren ist ebenso verdeckt wie das Einsetzen des Traums. Er ist unmarkiert, wodurch die Umdeutung ‹real → virtuell› am Ende vorgenommen wird. Das letzte «abre los ojos» ermöglicht gar die Lesart eines umfassenden *Wake-up Twists*, der auch den Rahmen der virtuellen Realität als irreal verwirft.

5 «No estás criogenizado. Estás vivo.»

3.1 Typologie des Twist Endings

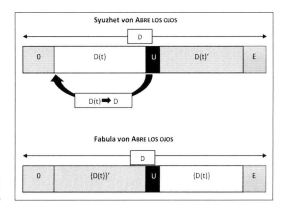

Grafik 1 Syuzhet (oben) und Fabula (unten) in ABRE LOS OJOS

Legende

D(t) = ‹falsche› diegetische Ebene bis zum *Twist*. Erweist sich als Traum (Umdeutung real → irreal).
{D(t)} = Menge von Informationen aus D(t); Formel: {D(t)} = (D(t)) → (D(t) → D).
{D(t)'} = Menge von Informationen aus D(t)', der zuvor überlagerten Diegese der Ereignisse bis zum Beginn des selbstinduzierten Traums.
t = Zeitpunkt des *Twists*, der das *Twist Ending* initiiert (z. B. *Anagnorisis*). Im Syuzhet auf die Erzählzeit bezogen, in der Fabula auf die erzählte Zeit.
0 = Diegese bis zum Traum (wird nicht oder nur indirekt re-evaluiert).
D = verborgene, ‹korrekte› Diegese; D = D(t) + U + E + (D(t) → D).
D(t)' = Ereignisse bis zum Beginn des Traums; zuvor verborgene Ebene der Diegese D.
U = Umdeutung; ist Prämisse von D(t) bzw. D (je nach Fokalisierung); es gilt: U ∈ D.
E = Epilog; nicht von der Umdeutung betroffen; es gilt: E ∈ D.

Ebenfalls auffällig ist die ständige Thematisierung von Authentizität und Glaubwürdigkeit im Film. César bemerkt bereits im ersten Rahmensegment, das Gefängnis fühle sich an wie eine Lüge – nur der Boden wirke echt. Seine Abneigung gegen Schauspieler und Katzen begründet er damit, dass sie unehrlich bzw. falsch seien. Ferner hasst er es, zu träumen, was den finalen *Twist* im Nachhinein ironisiert. Auch die Möglichkeiten der Technik werden diskutiert: Neben den Fernsehsendungen über Kryotechnik, die sich leitmotivisch durch den Film ziehen, thematisieren Ärzte die medizinischen Möglichkeiten. Zunächst können sie noch nicht besser operieren, und César muss mit seinem neuen Aussehen leben.

Im Lichte der vorliegenden Typologie ist es interessant, dass ABRE LOS OJOS alle vier Möglichkeiten des *Twist Endings* andeutet: César glaubt zwischenzeitlich an eine allumfassende Verschwörung (*Set-up Twist*, Rahmen 5), der Psychologe hält ihn hingegen für wahrnehmungsgestört (*perzeptiver Twist*, ab Rahmen 5). Dass die Handlung im Jahre 2145 zu spielen scheint, kann als *narrativer Twist* gedeutet werden, während der *Wake-up Twist* am dominantesten ist. Neben mehreren unmarkierten Träumen, die mit dem Aufwachen des Protagonisten enden, wird die Beschaffenheit der virtuellen Diegese explizit diskutiert. Und wie bereits erwähnt, kann das Aufwachen am Ende auf dreierlei Art gedeutet werden: (a) als repetitives Ereignis, das eine Zeitschleife suggeriert, (b) als singuläres Ereignis, das den Übergang von der virtuellen zur realen Welt markiert, und (c) als singuläres Ereignis, welches das gesamte Syuzhet als Traum und somit irreale Diegese umdeutet. Alle Lesarten beziehen sich zudem metaphorisch auf das Ende eines Films als Ausstieg aus der Diegese. Da keine Bilder das letzte Aufwachen begleiten, ist einerseits der extradiegetische Übergang zum Abspann weicher; andererseits wird dadurch unentscheidbar, welche der drei Deutungen als dominant klassifiziert werden kann.

Betrachtet man die Operation der Umdeutung (s. Grafik 1) und ihre Konsequenzen für die Fabula, ist auffällig, dass durch die Markierung des Einstiegs in die ‹falsche› Diegese der erste Teil des Films (0) bestehen bleibt. Die anderen Ebenen stellen zunächst erzählerische Alternativen dar, die jedoch in eine zeitliche Abfolge gebracht werden können. ABRE LOS OJOS weist keinen Epilog auf, der sich an die Umdeutung anschließt, da César bis zum Ende des Films die virtuelle Realität potenziell nicht verlässt. Durch die Umdeutung findet somit vorrangig eine Neuordnung der diegetischen Ebenen statt.

Auch andere Filme spielen mit den möglichen Ebenen des filmischen Traums. INCEPTION (INCEPTION; USA/GB 2010, Christopher Nolan) mag ein zeitgenössisches Paradebeispiel dafür sein, der Film hat allerdings kein *Twist Ending*. Der oben erwähnte Anthologie-Film DEAD OF NIGHT (vgl. Kapitel 2.1.3B) ist in diesem Zusammenhang ebenfalls zu nennen. Zwei relativ unbekannte Titel aus den 1980er-Jahren stellen Varianten dar, die aufgrund ihres narrativen Kontextes auffällig sind.

UNDER THE RAINBOW (GEHEIMAUFTRAG HOLLYWOOD; USA 1981, Steve Rash) bezieht sich bereits im Titel auf den Song *Somewhere Over The Rainbow*, der filmhistorisch untrennbar mit THE WIZARD OF OZ (1939) verbunden ist. Die Handlung des Films wird vom unmarkierten Traum des kleinwüchsigen Schauspielers Rollo Sweet gerahmt. Zu Beginn der Erzählung fällt dieser vom Dach eines Hauses, und an ihrem Ende wird deutlich, dass der Sturz den Traum eingeleitet hat. Darin geht es um eine Agentengeschichte, einen geplanten Mordanschlag und die Vorbereitungen auf den Dreh von THE WIZARD OF OZ, dessen – ebenfalls kleinwüchsige – Darsteller im Hotel Rainbow untergebracht sind. Annie Clark, ihre ‹Betreuerin›, muss mit ansehen, wie die Darsteller das gesamte Hotel verwüsten, und Rollo – der in seinem eigenen Traum keine Hauptrolle einnimmt – ist Teil des besagten Teams. Das *Twist Ending* ist in mehr als einer Hinsicht konventionell: Durch eine Überblendung wird Rollos Aufwachen signalisiert, und seine Bekannten erweisen sich als die Pendants zu den Figuren in seinem Traum. Nach dem *Plot Twist* trifft eine gute Nachricht ein: Rollo wird tatsächlich zum Casting für einen Hollywood-Film eingeladen, und sein Credo vom Beginn – kein Traum sei zu groß und kein Träumer zu klein – findet Bestätigung. Die kleinwüchsigen Kollegen, die ihn nach Hollywood begleiten, sehen genauso aus wie die Hotelgäste in seinem Traum. Die Grundkonstellation, dass die Handlung in der Pre-Production-Phase eines in der außerfilmischen Realität existenten Films angesiedelt ist, wird durch den Traum zurückgenommen. Dennoch bleibt die Konstellation komplex und selbstreflexiv: Ein Schauspieler spielt einen hoffnungsvollen Schauspieler, der träumt, eine Rolle in einer großen Produktion ergattert zu haben, was nach seinem Aufwachen in Erfüllung geht. Der Traum legt zudem die Produktionsbedingungen von Filmen offen; eine Verfolgungsjagd an seinem Ende verläuft quer durch die Hollywood-Studios und kreuzt etliche Filmsets. Die «Traumfabrik» Hollywood inszeniert sich in dem auch intertextuell aufgeladenen Film UNDER THE RAINBOW selbst als Traum-Initiator. Der Traum stellt dabei den Kern des Films dar, wodurch die gelegentlich suggerierte Ähnlichkeit zwischen Traum und Film[6] spielerisch unterstrichen wird. Die beiden Diegese-Ebenen weisen auch inszenatorisch auf THE WIZARD OF OZ hin, da die ‹Realität› in farbarmen Grautönen gehalten ist, während der Traum sich durch schrille Farbkompositionen und schnelle Choreografien auszeichnet. Mittels dieser intertextuellen Verknüpfung – auch das *Twist Ending* ist ähnlich – entspricht die Filmwelt Hollywood der Fantasiewelt Oz. Sie wird als Utopie inszeniert, die auf einer Meta-Ebene wiederum die gezeigte Illusion hervorgebracht hat. Das Aufwachen aus dem Traum nimmt somit explizit den nahenden Ausstieg des Zuschauers aus der Diegese vorweg, auch wenn die Hauptfigur Rollo durch das *Happy Ending* ‹weiterträumen› darf. Diese Dopplung des Finales kann dem *Twist Ending* generell attestiert werden, da die *Anagnorisis* in der Regel eine Art ‹ersten Ausstieg› darstellt. UNDER THE RAINBOW macht diese Dopplung besonders deutlich und ist damit auch auf dieser Ebene reflexiv.

SOMEWHERE, TOMORROW (USA 1983, Robert Wiemer) erzählt die Geschichte der Teenagerin Lori Anderson, deren Vater bei einem Flugzeugabsturz gestorben ist. Das Unfall-Motiv wird früh etabliert: Lori sieht einen Film im Fernsehen, in dem nach einem Auto-Unfall die Insassen sterben und zu Geistern werden. Es folgt ein Flugzeugabsturz zweier junger Männer, während Lori auf einem Pferd ausreitet. Sie eilt herbei, kommt jedoch aufgrund eines Reitunfalls nicht dazu, Hilfe zu holen. Als sie aufwacht, freundet sich Lori mit Terry Stockton, einem der Unfallopfer, an. Dieser ist jedoch bei dem Unfall gestorben und weiß offenbar nicht, dass er tot ist. Die beiden entdecken Terrys Leiche, und Lori fällt in Ohnmacht, woraufhin die übernatürlichen Elemente des Films vorerst zurückgenommen werden. Später wird der Geist ihr ständiger Begleiter, dann ihr Freund und schließlich ihr Geliebter. Nach und nach offenbart sich, dass Terry zu Lori geschickt wurde, um ihr bei einem psychologischen Konflikt zu helfen: Da sie den Unfalltod ihres Vaters nicht überwunden hat, akzeptiert sie den neuen Freund ihrer Mutter nicht. Erst als sie dies erkennt und ihr Problem meistert, löst sich Terry auf, und Lori bleibt allein zurück. Sie reitet aus, und kurze Flashbacks verweisen auf den Flugzeugabsturz der

---

6 Diese Sichtweise geht mindestens auf René Clair zurück. Vgl. Kracauer 1985, 215. Unter produktionsästhetischen Aspekten vgl. das geflügelte Wort «Traumfabrik Hollywood».

jungen Männer und ihre erste Begegnung mit Terry zurück. Als dann zum zweiten Mal der Reitunfall gezeigt wird, ist erneut ein Bild vom Beginn des Films zu sehen, das unerklärt geblieben war: Lori liegt im Koma, und alles, was nach dem Reitunfall geschehen ist, war ihr Traum. Der narrative Kreis schließt sich, Lori stirbt, und ihr Geist begegnet Terrys Geist. Lori gesteht, dass sie sterben möchte, um bei Terry zu sein, aber er schickt sie zurück zu den Lebenden, und sie erwacht aus dem Koma. Erst jetzt erfolgt der *Wake-up Twist*, den auch Lori als solchen wahrnimmt. Sie hat alles nur geträumt und Terry niemals kennengelernt. Auf einer improvisierten Bühne im Krankenhaus singt sie, ein Traum könne befreiend sein[7], und begegnet kurz darauf erstmals dem ‹realen› Terry, der den Flugzeugabsturz überlebt hat. Das Ende deutet darauf hin, dass in der ‹realen› Welt Lori und Terry ebenfalls ein Paar sein werden. Auch wenn das letzte Ende des Films ein relativ konventionelles *Happy Ending* darstellt, ist die Struktur des *Wake-up Twists* komplex. Falls bis zum zweiten *Wake-up Twist* alles nur Loris Traum war, kann sie Terry kaum kennengelernt haben. Dass sie also bei dem Mann aus dem Traum bleiben möchte, kann als Metapher für ihren Todeswunsch gelesen werden. Der halluzinierte Terry überredet sie jedoch – als Manifestierung ihres Unterbewusstseins und möglicherweise als Vaterfigur – zum Weiterleben, und Lori kann ihre Trauerarbeit mit dem Aufwachen aus dem Koma abschließen. Die Ereignisse vor dem *Twist Ending* waren somit nicht ‹real›, aber Repräsentationen von Prozessen, die sich in Loris Unterbewusstsein abgespielt haben. SOMEWHERE, TOMORROW umfasst somit Loris ‹Totenbettfantasie›, deren *Wake-up Twist* sie ins Leben zurückbefördert.

Neben einem Traum kann man grundsätzlich zwei weitere Varianten diegetischer Ebenen herausstellen, mit deren Hilfe ein *Wake-up Twist* funktioniert. Eine Variante des Traums (oder Tagtraums) ist die Halluzination. Die Grenzen zu einem *Twist Ending*, das durch eine Wahrnehmungsveränderung des Protagonisten bedingt ist, sind hier fließend, jedoch kann die Halluzination ebenfalls als Traumwelt konstituiert sein, die durch das Erwachen vollständig ersetzt wird.

Ein Film, der sich der Idee der Halluzination bedient, um Wahrnehmungsalternativen darzustellen und gleichzeitig eine ungewöhnliche Variation der ‹Totenbettfantasie› umfasst, ist GET OUT (F 2009, Charlotte Boisson, Julien Fourvel, Pascal Han-Kwan, Tristan Reinarz, Fanny Roche). In diesem Animationsfilm wird ein Patient mit Schwellenangst in einer Art Sanatorium behandelt, der Arzt versucht ihn mit allen Tricks dazu zu bewegen, seinen Raum zu verlassen. Der Patient empfindet jedoch den – in der Außenwahrnehmung als grau, karg und trist dargestellten – Raum als paradiesisch. Zwischenzeitlich gelingt es ihm gar, den Arzt in seine Halluzination einzubeziehen, sodass die Wahrnehmungsalternative temporär für eine der Figuren sichtbar ist. Das Überschreiten der Schwelle geht mit dem *Twist Ending* einher, in welchem klar wird, dass es sich bei allem

---

7   Der Song heißt «Finding You» und wurde für den Film komponiert.

nur um eine Metapher gehandelt hat: Der Arzt überzeugt ein Baby, den Mutterleib zu verlassen und geboren zu werden. Bemerkenswert ist hier, dass die diegetischen Ebenen (wie Mutterleib und Außenwelt) in einer Teil-Ganzes-Beziehung stehen und somit letztlich nur zwei Seiten einer Medaille sind. Da das Substitutionsverhältnis jedoch metaphorisch ist, muss die erste diegetische Ebene komplett neu bewertet werden. Es handelt sich um ein *Twist Ending*, das die gelegentlich vorzufindende ‹Totenbettfantasie› als ‹Kindbettfantasie› variiert.

3.1.2.2 Jacob's Ladder (Jacob's Ladder – In der Gewalt des Jenseits; USA 1990, Adrian Lyne)

Jacob's Ladder ist bemerkenswert, weil der Film den bereits mehrfach erwähnten Topos der ‹Totenbettfantasie› narrativ variiert und eine Form des *Twist Endings* etabliert, die einzigartig dasteht. Es lässt sich erkennen, dass der Protagonist tot ist (vgl. Kapitel 3.1.4.2), jedoch sorgt ein Moduswechsel, der mit dem *Final Plot Twist* einhergeht, dafür, dass der Hauptfigur die *Anagnorisis* verweigert wird. Damit ist Jacob's Ladder dem *Wake-up Twist* strukturell gesehen näher als einer Wahrnehmungsverschiebung, auch wenn nicht eine reale Diegese-Ebene in eine irreale Diegese-Ebene umgedeutet wird, sondern es sich um eine Transformation der Fokalisierung handelt.

Jacob's Ladder wird am Ende fast vollständig als ‹Totenbettfantasie› des Soldaten Jacob Singer lesbar, der in Vietnam an einer Bajonettwunde stirbt. Da die Handlung vorgeblich nach dem Vietnamkrieg angesiedelt ist, erscheinen die dort spielenden Szenen zunächst als Flashbacks; durch das *Twist Ending* wird jedoch deutlich, dass Singer das Krankenhaus nicht mehr verlassen hat, und die Flashbacks erweisen sich als die einzigen objektivierbaren Bilder. Dies bringt einen Moduswechsel mit sich, denn die interne Fokalisierung fast des gesamten Geschehens endet mit Jacobs Tod. Nur die Flashback-Struktur bleibt nachträglich als extern fokalisierte Darstellung deutbar: Der verwundete Jacob wird während seines Todeskampfes mit Hubschraubern in das Lazarett befördert.

Tab. 20 ‹Flashbacks› in Jacob's Ladder[8]

‹Flashback› 1	Exposition des Films: Kameraden scherzen mit «Professor» Jacob; mysteriöse Kampfhandlung, deren Aggressoren undeutlich bleiben. Menschen schütteln sich wie später die Dämonen.
‹Flashback› 2	Vietnam. Fortsetzung des ersten Flashbacks. Es endet mit einem *Wake-up Twist*.
‹Flashback› 3	«Ich glaube, er lebt noch.»[9]

---

8 In der Tabelle wird nur die Flashback-Struktur berücksichtigt, die sich mit dem Geschehen in Vietnam beschäftigt. Früher zurückgehende Flashbacks – wie Erinnerungen an Jacobs Familie – bleiben unerwähnt.

9 Hier und im Folgenden Ü WS. «I think he's still alive.»

3 Typen des Twist Endings

‹Flashback› 4	«Seine Gedärme rutschen heraus – du musst sie wieder 'reindrücken!»[10]
‹Flashback› 5	Froschperspektive auf Bäume (POV Jacob). «Pass auf den Kopf auf!» – «Ich glaube nicht, dass wir hier eine verdammte Chance haben.»[11]
‹Flashback› 6	Hubschrauber zieht den verwundeten Jacob auf einer Trage zu sich hoch.
‹Flashback› 6›	Kurze Illustration, dass Paul Bruniger in Flashback 1 der Soldat mit Schockstarre war.
‹Flashback› 7	Jacob wird im Hubschrauber transportiert, der unter Beschuss ist.
‹Flashback› 8	«Wir verlieren ihn.»[12] Jacob wird immer noch transportiert.
‹Flashback› 9	Streit um Fotos (echtes Flashback; früher als die anderen)
‹Flashback› 10	Michael Newman erzählt, dass auf Drogen «Bruder gegen Bruder» kämpfte; man sieht illustrierend wild schießende Soldaten (möglicherweise *Lying Flashback*).
‹Flashback› 11	Jacob wird durch einen anderen US-Soldaten im Dschungel mit einem Bajonett verwundet (vgl. Flashback 1).
Twist Ending	Moduswechsel: Jacob auf dem Operationstisch. «Er ist tot.» – «Er sieht ziemlich friedlich aus. Hat allerdings auch einen mächtigen Kampf ausgefochten.»[13]

Jacob wird infolge seiner ‹Rückkehr› nach New York von horrorartigen Visionen geplagt. Nach der Exposition in Vietnam, die vorerst als Flashback lesbar bleibt, beginnt die intern fokalisierte Erzählung in einer U-Bahn-Station. Die einzige andere Frau im Waggon redet nicht mit ihm, und ein schlafender Obdachloser hat unmenschlich wirkende Körperteile, die sich scheinbar unabhängig von ihm bewegen. In einer weiteren U-Bahn, die Jacob beim Überqueren der Gleise fast überfährt, sieht der vermeintliche Veteran erstmals eine gesichtslose Figur, die ihn grüßt. Es handelt sich dabei um einen der Dämonen, die Jacob in der Folgezeit fast überall auszumachen glaubt. An anderer Stelle meint er zu sehen, wie ein geflügelter Dämon seine Geliebte Jezebel auf der Tanzfläche penetriert, um später in einem Zusammentreffen mit Kameraden zu erfahren, dass sie von ähnlichen Visionen geplagt werden. Die übernatürlichen, okkulten Elemente der Diegese deuten darauf hin, dass es sich um einen Horrorfilm handelt. Gleichzeitig wird durch einige Verfolgungssequenzen ein ‹paranoides Klima› geschaffen, das einen Politthriller suggeriert.

Eine mögliche Erklärung für die übernatürlichen Elemente liegt nicht nur in der abnehmenden Wahrnehmungsfähigkeit des Verwundeten im Delirium, sondern auch in einer christlichen Lesart des Films. Neben Jacob haben seine Frau Sarah, seine drei Söhne Jed(ediah), Eli und Gabriel sowie seine Geliebte Jezebel allesamt biblische Namen. Jezebel steht üblicherweise für die heidnische sexuelle Verführung (vgl. Offenbarung 2, 20–23), und der Film greift den Topos auf. Ihre sexuellen

---

10 «His guts are hanging out – you have to push them back in.»
11 «Watch the head!» – «Don't think we've got a fucking chance down here.»
12 «We're losing him.»
13 «He's gone.» – «He looks kind of peaceful, the guy. Put up a hell of a fight though.»

Fähigkeiten werden hervorgehoben, und er führt mit ihr ein ‹sündhaftes› Leben in wilder Ehe, das dem gelegentlich gezeigten Familienidyll mit Jacobs Ehefrau Sarah diametral entgegensteht. Zudem bezeichnet Jacob seinen Chiropraktiker Louie gelegentlich als Engel, und tatsächlich stellt er den Soldaten im Verlauf des Films zweimal wieder her. Das Vorkommen der Dämonen legt nahe, dass Jacob sich in einer Art Purgatorium befindet, in dem teuflische Mächte (Jezebel und das hedonistische New Yorker Leben) und göttliche Mächte (Sarah und der engelsgleiche Sohn Gabriel) miteinander um seine Seele konkurrieren.[14] Am Ende gewinnt Gabriel die Oberhand und führt Jacob treppaufwärts dem Tod und damit potenziell dem Himmel entgegen. Auch der Titel, der im Film auf die fiktive Droge «the Ladder» bezogen wird, hat einen biblischen Bezug: Der biblische Patriarch Jakob entdeckt die Jakobsleiter zwischen Himmel und Erde; an ihrer Spitze erblickt er seinen Gott (Genesis 28, 13). Dies bezieht sich metaphorisch auf den im Film gezeigten subjektivierten Aufstieg Jacobs in den Himmel, wie am Ende der internalisierten Geschichte deutlich wird, als Jacob parallel zu seinem Tod eine Treppe hinaufsteigt, die in einem gleißenden Licht mündet.

Jacob ist bis zum Ende nicht bewusst, dass er sich nicht in New York befindet; die letzte Begegnung mit Gabriel findet nach seiner Wahrnehmung in Brooklyn statt. Dabei übersieht und überhört er etliche Hinweise, angefangen mit einem Werbeschild in der U-Bahn, das einen Ausstieg aus der «Hölle» der Drogenabhängigkeit anbietet, bis hin zu diversen Figuren, die ihm sagen, er sei bereits tot.[15] Als Jacob selbst schon daran glaubt, vergewissert ihn dann Jezebel – wie so oft –, dass es ihm gut gehe. In seiner Halluzination hat er zudem durch zu hohes Fieber eine Nahtod-Erfahrung, deren schlechter Ausgang nur durch ein radikales Eisbad abgewendet werden kann.

Auch andere Zeichen finden sich über den Film hinweg verstreut. Jacob klagt fortwährend über Rückenschmerzen, und mehrere Menschen sterben durch Autobomben. Letzteres kann im Nachhinein als Verarbeitung eines Traumas begriffen werden, denn auch Jacobs Sohn Gabriel ist noch vor Kriegsbeginn bei einem Autounfall ums Leben gekommen. Ersteres ist eine der vielen Parallelen zur Geschichte *An Occurrence at Owl Creek Bridge* von Ambrose Bierce (vgl. Kapitel 2.1.1), die als Vorbild für das *Twist Ending* des Films anzusehen ist. Die veränderte Wahrnehmung stellt neben den wiederkehrenden Schmerzen eine weitere Parallele dar; zudem stirbt Jacob erst, als er in seinem Haus ‹angekommen› ist.

Die komplexe Erzählweise des Films sorgt für weitere Verunsicherungen und macht zeitweise die Entscheidung, auf welcher Ebene das neue Material anzusie-

---

14   Jezebel sagt es an einer Stelle explizit: «Du hast deine Seele verkauft.» («You sold your soul.») (0:16:10). Die Time-Code-Angaben zu Jacob's Ladder beziehen sich auf die DVD-Edition von STUDIOCANAL (2002).

15   Eine Handleserin bemerkt, dass seine Lebenslinie bereits geendet ist und er längst gestorben sein müsste. Auch der Arzt in einem halluzinierten Leichenkeller ist dieser Meinung.

deln ist, unmöglich. So wacht Jacob mehrmals aus einem Traum auf – einmal wird kurzzeitig die gesamte Jezebel-Geschichte als «Albtraum» deklariert –, und tradierte chronologische Abfolgen erweisen sich als falsch.[16] Nur ein Flashback kann somit im Nachhinein als solches gelten: Jacobs Familienleben zieht darin noch einmal vor seinen Augen vorbei. Dafür wird älteres Filmmaterial verwendet, was eine frühere zeitliche Positionierung in der Fabula suggeriert.

Die Heimsuchung durch Dämonen wird in der zweiten Hälfte des Films mit einem geheimen Drogenprogramm der US-Regierung erklärt. Demnach seien ausgewählte Soldaten in Vietnam auf eine neue halluzinogene Droge namens «the Ladder» gesetzt worden und hätten daraufhin einander attackiert. Dies passt zu den vagen Bildern der Flashbacks, nach denen Jacob scheinbar von einem US-Soldaten tödlich verwundet worden ist. Das Ende scheint unter diesem Blickwinkel konservativ zu sein, denn der Verschwörungsverdacht (*Set-up Twist*) wird durch die vollständige Subjektivierung der Ereignisse verworfen. Eine Texttafel am Ende des Films erneuert jedoch den Verdacht und knüpft Jacobs fiktive Geschichte an die tatsächliche US-Geschichte, indem sie von Drogenversuchen der US-Armee in Vietnam berichtet. Die zweite Hypothese ist, dass Jacob durch die Nachwirkungen der potenten Droge nur eingeschränkt zurechnungsfähig ist und seine Wahrnehmung aus diesem Grund von einer normalen Wahrnehmung abweicht (*perzeptiver Twist*). Auch diese Hypothese wird durch das Ende übertroffen, da Jacobs Wahrnehmungsschwäche im Nachhinein als ‹Schwinden der Sinne› im Todeskampf motivierbar ist.

Neben einer christlichen und einer paranoiden Lesart bietet der Film eine psychologisch-melodramatische Deutung an, die von dem ‹engelsgleichen› Chiropraktiker Louie bei seiner letzten Behandlung geäußert wird. Jacob leidet unter Todesängsten, aber Louie beruhigt ihn und spricht nur über Jacobs versehrten Rücken. Zudem fragt er, ob Jacob den mittelalterlichen Mystiker Meister Eckhart gelesen habe. Eckhart schreibe nämlich, der einzige Teil des Menschen, der in der Hölle brenne, sei derjenige, den man nicht loslassen könne (1:20:27). Jacobs Todeskampf zieht sich demnach hin, weil er nicht loslassen kann und die Vergangenheit in Form seiner Familie und seiner Traumata ihn fortwährend umtreibt:

> Er sieht es so: Wenn du Angst vor dem Sterben hast und festhältst, wirst du Teufel sehen, die dein Leben hinfort ziehen. Aber wenn du deinen Frieden gemacht hast, sind die Teufel in Wirklichkeit Engel, die dich von der Erde befreien. Es kommt nur darauf an, wie du es betrachtest. *(1:20:51–1:21:15; Ü WS)*[17]

---

16 So findet Jacob in seiner Erinnerungskiste einen Brief von Gabriel, der nach Kriegsende geschrieben wurde, obwohl der Junge vor Kriegsbeginn gestorben ist.

17 «So the way he sees it…if you're frightened of dying and you're holding on…you'll see devils tearing your life away. But if you've made your peace, then the devils are really angels freeing you from the earth. It's just a matter of how you look at it, that's all.»

3.1 Typologie des Twist Endings

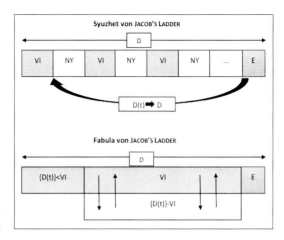

Grafik 2 Syuzhet (oben) und Fabula (unten) in JACOB'S LADDER

Legende

D(t) = VI+NY = ‹falsche› diegetische Ebene bis zum *Twist*; kontaminiert von Flashbacks in Jacobs Leben vor Vietnam (= ‹Totenbettfantasie›); intern fokalisiert.
VI = in D(t) Flashbacks von Vietnam; in D Ereignisse in Vietnam.
NY = in D(t) Ereignisse in New York; in D Jacobs ‹Totenbettfantasie›.
{D(t)} = Menge von Informationen aus D(t); Formel: {D(t)} = (D(t)) → (D(t) → D)
{D(t)} < VI = Menge von Informationen aus D(t), die vor der Ankunft in Vietnam liegen.
{D(t)} - VI = {NY} = Menge von Informationen aus Jacobs ‹Totenbettfantasie› (NY).
t = Zeitpunkt des *Twists*, der das *Twist Ending* initiiert (z. B. *Anagnorisis*). Im Syuzhet auf die Erzählzeit bezogen, in der Fabula auf die erzählte Zeit.
D = verborgene, ‹korrekte› Diegese; D = D(t) + E + (D(t) → D).
E = Epilog; nicht von der Umdeutung betroffen; es gilt: E ∈ D. Jacobs Tod; Moduswechsel initiiert Umdeutung als ‹Totenbettfantasie›; Umdeutung von Flashbacks als zeitdeckendes Erzählen.

Ähnlich wie in Ambrose Bierce' erwähnter Kurzgeschichte hat der *Wake-up Twist* am Ende zur Folge, dass der Protagonist nicht aufwacht, sondern durch einen Fokalisierungswechsel sein Tod sichtbar wird. Was vorangegangen ist, kann als ‹Totenbettfantasie› umgedeutet und somit die Operation ‹real → irreal› konstatiert werden. Die ‹Flashbacks› erweisen sich demnach als analog zur Exposition bei Bierce, werden hier neben der expositorischen Funktion jedoch über den Film hinweg verteilt. Ebenso sind die tatsächlichen Flashbacks nicht *en bloc* montiert, sondern kontaminieren potenziell die Halluzinationen der Hauptfigur.

In Grafik 2 zeigt sich die komplexe Form von JACOB'S LADDER. Die Re-Evaluation äußert sich auf der Ebene der Fabula dadurch, dass die Vietnam-Handlung (VI) und die ‹Totenbettfantasie› (NY) in einem komplementären Wechselverhältnis zueinander stehen: In den Vietnam-Szenen ist die Fokalisierung extern und die ‹Totenbettfantasie› setzt aus, entsprechend ist Jacobs Umfeld während der New-York-Erzählung aufgrund der strikten internen Fokalisierung nicht zu sehen. Die Annahme, dass die beiden Ebenen auch im Zeitverlauf komplementär sind – also die ‹Totenbettfantasie› genauso lange dauert wie der Verwundetentransport und die anschließende Behandlung – ist plausibel, aber nicht eindeutig zu belegen. Die Menge der Ereignisse, die vor Jacobs Vietnam-Aufenthalt stattfanden ({D(t)}<VI), ist ebenfalls nicht klar zu definieren. Es ist anzunehmen, dass Anteile der ‹Totenbettfantasie› auf Erinnerungen des Halluzinierenden zurückgehen – eine objektive Bestätigung dafür liefert der Film indessen nicht.

Anders als bei den meisten folgenden Beispielen (Kapitel 3.1.3 bis 3.1.5) wird die Umdeutung aus dem Syuzhet nicht als Prämisse an den Anfang der Fabula gerückt, da Jacobs Tod – und der damit einhergehende Moduswechsel – das letzte Ereignis der Handlung ist. Die alternierende Montage der unterschiedlich fokalisierten Erzählungen löst sich in einer nicht näher bestimmbaren Gleichzeitigkeit auf – viele Zuordnungen sind auf der Ebene der Fabula auch nach dem *Twist Ending* unentscheidbar.

Zwischen {D(t)} – VI und VI besteht in der Fabula keine Deckungsgleichheit. Es ist anzunehmen, dass die zeitlich nicht zu verortende ‹Totenbettfantasie› NY in etwa mit der nur punktuell erzählten Transportzeit VI korrespondiert.

Tab. 21 Der *Wake-up Twist*

Wake-up Twist
Operationen der Umdeutung:
real → irreal
bewusst → un(ter)bewusst
Status der ersten Diegese-Ebene:
a) Traum [Wunschtraum/Albtraum]; b) Halluzination/‹Totenbettfantasie›
Beispiele:
a) Without / Abre los ojos; b) Get out / Jacob's Ladder

3.1.3 Set-up Twist

Beim *Set-up Twist* wird am Ende offenbart, dass den gezeigten Ereignissen sämtlich oder partiell eine Inszenierung, eine Verschwörung oder ein Spiel zugrunde lag. Ähnlich wie beim *Wake-up Twist* sind sowohl die Markierung als auch die Reichweite des *Set-up Twists* ausschlaggebend, damit das Ende als *Twist Ending* klassifiziert werden kann. Der Zuschauer darf keinen Wissensvorsprung vor dem Protagonisten besitzen, da sonst die Inszenierung bzw. Verschwörung als solche markiert wäre. Der *Set-up Twist* ist eine häufige Form des *Final Plot Twists*, sodass es viele *Surprise Endings* mit einem solchen Ende gibt (vgl. Kapitel 3.2.3). Die Synchronisation der *Anagnorises* ist daher entscheidend. Außerdem kann, wie oben gesagt, die Reichweite des *Set-up Twists* wichtig sein. Während jedoch beim *Wake-up Twist* die Reichweite nur zeitlich eine Rolle spielt, kann diese beim *Set-up Twist* zusätzlich über ihre Tragweite definiert werden. Wenn in einem *Final Plot Twist* einer der Betrüger seine Komplizen austrickst, hat dies nur für ein handlungstragendes Ereignis Konsequenzen. Wenn eine gesamte diegetische Ebene sich als Inszenierung erweist, liegt ein *Twist Ending* vor.

Beim *Set-up Twist* ist also alles so arrangiert, dass der Zuschauer und der Protagonist einen Wissensrückstand haben, sodass die *Anagnorisis* beider zusammenfällt. Die erste diegetische Ebene wird somit zunächst als ‹authentisch› wahrgenommen, d. h. als filmische Realität. Das *Twist Ending* kann in einem solchen Fall dafür sorgen, dass die zweite diegetische Ebene sie als ‹inszeniert› re-evaluiert. Man kann die Kernopposition auch an die Hauptfigur binden und von einer Umdeutung ‹unwissend → eingeweiht› sprechen. Ein Beispiel für ein Schauspiel bzw. eine Inszenierung, die der Hauptfigur präsentiert wird, findet sich in der Komödie ANGER MANAGEMENT.

3.1.3.1 ANGER MANAGEMENT (DIE WUTPROBE; USA 2003, Peter Segal)

ANGER MANAGEMENT ist eine konventionell aufgebaute Hollywood-Komödie der 2000er-Jahre. Die Hauptfigur des Films ist der zögerliche Dave Buznik, dessen Konfliktunfähigkeit bereits in den Eingangsszenen des Films (inklusive eines eröffnenden Flashbacks in seine Kindheit) exponiert wird. Auf einem Flug begegnet er scheinbar zufällig Dr. Buddy Rydell, einem aufdringlichen, extrovertierten Angststörungstherapeuten, dem Dave nach einer Eskalation der Ereignisse als Patient zugewiesen wird. Buddys Therapie ist unkonventionell, und es scheint mehr und mehr, dass er seine eigenen Interessen verfolgt und nicht die seines Patienten. Es geht sogar so weit, dass er Dave dessen Verlobte Linda abspenstig macht. Als Dave an Buddy alles verloren zu haben scheint, kommt es zum großen Showdown im Baseball-Stadion, der sich als groß angelegte *Peripetie* erweist. Alles, was seit der ersten Szene im Flugzeug geschehen ist, war Teil einer heimlich von Linda eingefädelten Angsttherapie mit der ungewöhnlichen Behandlungsmethode der zunehmenden Provokation durch Buddy Rydell. Alle Nebenfiguren des Films werden als gute Freunde von Dr. Rydell entlarvt, wodurch die erste Diegese-Ebene – mutmaßlich ungeskriptete Realität aus der Perspektive der Hauptfigur – re-evaluiert wird und eine zweite Ebene alles als Inszenierung bzw. Schauspiel enttarnt.[18]

Zwei bemerkenswerte Momente begleiten die Etablierung der beiden Ebenen: (a) Der *Flight Marshal* in der Flugzeugszene zu Beginn war nicht Teil der Inszenierung, sondern hatte nur einen schlechten Tag. Dies wird auf Nachfrage Daves im Zuge der Aufklärung durch Buddy enthüllt. Im *Flashback Tutorial* wird somit diese Episode ausdrücklich von der Re-Evaluation ausgenommen, auch wenn sie sich für die intradiegetische Inszenierung als Glücksfall erwiesen hatte. (b) Die Candra-Episode wird bereits mitten im Film von Buddy als Inszenierung (und somit als

---

18 Dies geschieht ausgerechnet auf dem «big screen» des Stadions und wird dadurch selbst zu einer Inszenierung.

markierte Binneninszenierung innerhalb der Hauptinszenierung) entlarvt, was schon hier seine Arbeitsweise als Therapeut andeutet. Viele Szenen beruhen zudem auf einem Katz-und-Maus-Spiel zwischen Buddy und Dave, die sich permanent gegenseitig hereinzulegen suchen. Somit ist es konsequent, dass sich auf der Feier nach dem großen Finale eine letzte Wendung ereignet: Ein unter zu starken Aggressionen leidender Patient Buddys, der auch mit Dave befreundet ist, stürmt Daves Abschlussfeier und bedroht Buddy mit einer Pistole. Buddy ist schockiert, als Dave sich ihm in den Weg stellt und den Lerneffekt zur Maxime seiner Handlung macht. Die Waffe entpuppt sich als Wasserpistole, Dave hat seine Revanche erhalten, und der Film expliziert ein letztes Mal sein dominantes dramaturgisches Prinzip.

ANGER MANAGEMENT zeigt anschaulich, warum die Fokalisierung bei *Twist Endings* eine zentrale Rolle spielt. Alle Eingeweihten mimen Figuren, die selbst wiederum schauspielern, was jedoch für Dave bis zum Ende nicht auffallen darf. Der Zuschauer ist in die Inszenierung ebenso wenig eingeweiht, sodass die Fokalisierung von Dave den Wissensrückstand bewirkt. Außerdem ist dies ein selbstreflexives Spiel, da die Figuren außerfilmisch von Schauspielern verkörpert werden, die für die filmische Illusion mitverantwortlich sind. In einem Film wie Peter Weirs THE TRUMAN SHOW (USA 1999) findet sich das entsprechende Gegenbeispiel. Hier wird der Regisseur Christof stellvertretend für alle anderen Zuschauer im Film fokalisiert, sodass Truman die einzige isolierte Figur ist und nicht den Zuschauer außerhalb des Films repräsentieren kann. Beide Filme inszenieren die Inszenierung, eröffnen also eine fiktionale Meta-Ebene. Ähnlich wie bei der Unterscheidung von markierten und unmarkierten Träumen beim *Wake-up Twist* (vgl. Kapitel 3.1.2) besteht ein Unterschied zwischen offensichtlichen und versteckten Verschwörungen bzw. Inszenierungen. Wichtiger als die intertextuelle Vorkenntnis narrativer Möglichkeiten ist damit in diesem Fall möglicherweise der Primäreffekt, denn die Rahmenhandlung des Films (die Vereinbarung zwischen Linda und Buddy) bleibt implizit und kommt erst auf der zweiten Diegese-Ebene zum Vorschein.

In Grafik 3 ist zu sehen, dass ANGER MANAGEMENT ein geradezu beispielhaftes *Twist Ending* aufweist. Das Ende ist zweigeteilt: Der *Final Plot Twist* vermittelt einerseits die notwendige Prämisse für die Re-Evaluation des Gesehenen (U), welche in der Fabula am Beginn steht. Der anschließende Epilog gehört bereits zur ‹korrekten› Diegese D und erfährt daher keine Umdeutung. Die Formel, die sich hieraus ableiten lässt, kann für alle *Twist Endings* gelten: Der *Plot Twist* bewirkt die Synthetisierung aller Elemente der ‹falschen› Diegese-Ebene vor der Wendung (D(t)) mit der jetzt offenbarten ‹korrekten› Diegese D (D(t) → D). Da es sich jedoch um dieselben Zeichen handelt wie zuvor, bleibt D(t) rein materiell bestehen. D(t) wird daher nicht zu D, sondern zu D(t) → D. Dies bildet die komplexe zirkuläre Struktur des *Twist Ending* ab, dessen Umdeutung sich in die eigene Form einträgt. In der Fabula kann D(t) nicht mehr in zeitlicher Abhängigkeit vom *Plot Twist* t dargestellt werden, weshalb hier von der Menge der Informationen, die in D(t) ent-

3.1 Typologie des Twist Endings

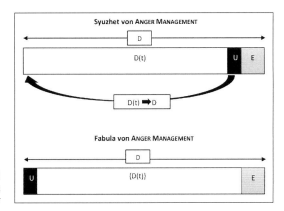

Grafik 3 Syuzhet (oben) und Fabula (unten) in Anger Management

Legende
D(t) = ‹falsche› diegetische Ebene bis zum *Twist*.
{D(t)} = Menge von Informationen aus D(t); Formel: {D(t)} = (D(t)) → (D(t) → D)
t = Zeitpunkt des *Twists*, der das *Twist Ending* initiiert (z. B. *Anagnorisis*). Im Syuzhet auf die Erzählzeit bezogen, in der Fabula auf die erzählte Zeit.
D = verborgene, ‹korrekte› Diegese; D = D(t) + U + E + (D(t) → D)
U = Umdeutung; Offenlegung der Verschwörung; ist Prämisse von D(t) bzw. D (je nach Fokalisierung); es gilt: U ∈ D.
E = Epilog; nicht von der Umdeutung betroffen; es gilt: E ∈ D.

halten sind ({D(t)}), gesprochen wird. Die folgenden Analysen (Kapitel 3.1.3.2 bis 3.1.5.2) werden zeigen, dass sich dieses Modell auf alle Typen des *Twist Endings* übertragen lässt.

3.1.3.2 The Wicker Man (The Wicker Man; GB 1973, Robin Hardy)

Robin Hardys Horrorfilm The Wicker Man von 1973 enthält ebenfalls eine unmarkierte Meta-Inszenierung, die jedoch nicht im Sinne einer komödientypischen Konfliktlösung endet, sondern als Tragödie. Der streng christliche Sergeant Neil Howie wird in einem anonymen Brief darum gebeten, auf der abgelegenen Hebriden-Insel Summerisle das Verschwinden des Mädchens Rowan Morrison aufzuklären. Zu seinem Entsetzen sind sämtliche Inselbewohner Anhänger eines neo-heidnischen Fruchtbarkeitskults, der nicht zufällig stark an die Anfang der 1970er-Jahre bereits abklingende, aber umso mehr im *Mainstream* diskursivierte Hippie-Bewegung erinnert. Die freizügige Willow versucht auch den Sergeant zu verführen, aber Howie intendiert, bis zur Eheschließung jungfräulich zu bleiben. Abgesehen davon stößt Howie bei seinen Ermittlungen auf große Widerstände, da die meisten Inselbewohner vorgeben, Rowan nicht zu kennen.

Schließlich erfährt Howie, dass ein großes Fruchtbarkeitsfest bevorsteht und ein jungfräuliches Opfer erbracht werden soll, um die heidnischen Götter zu besänftigen. Er vermutet, dass es sich um Rowan handelt, und tarnt sich als die Maifeierfigur «Punch», damit er sich unter die Bevölkerung mischen kann. Als er Rowan findet und es ihm gelingt, mit ihr durch eine Höhle zu fliehen, erwarten ihn auf der anderen Seite Lord Summerisle und der Großteil der Inselbevölkerung. Der Lord erklärt ihm, was eigentlich vor sich geht: Das Verschwinden Rowans war nur inszeniert, um Howie auf die Insel zu locken – er ist das jungfräuliche Opfer, das im «Wicker Man» (einer gigantischen Weiden-Statue) verbrannt werden soll.

The Wicker Man ist einer der Fälle, in denen das *Twist Ending* die notwendige Auflösung überbietet – der Kriminalfall wandelt sich zur elaborierten Falle, der Kriminalfilm wird zum Horrorfilm. Es findet ein Genrewechsel, nicht aber ein Moduswechsel statt: Howie werden die für den *Plot Twist* wichtigen Informationen zeitgleich mit dem Zuschauer übermittelt, sodass beider *Anagnorises* zusammenfallen. Dem *Twist Ending* geht eine wichtige Wendung voraus, als Howie von dem jungfräulichen Opfer erfährt. Die zentrale Information zur Auflösung scheint vergeben, der Film steuert auf die schwierige Flucht Howies und Rowans von der Insel zu; diese wird aber durch die Offenbarung der Inszenierung überboten: Alles muss re-evaluiert werden.

The Wicker Man spielt zugleich mit zwei anderen Faktoren: (a) Das heidnische Jungfrauen-Opfer ist typischerweise mit einer jungen Frau assoziiert[19], nicht mit einem katholischen Polizisten. Die Zusatzklausel des Rituals – die Jungfrau muss freiwillig auf die Insel kommen –, wird erst mit der Auflösung offenbart, sodass für Howie und den von ihm repräsentierten Zuschauer die intertextuelle falsche Fährte dominant sein muss. Bei diesem Aspekt ist, im Vergleich zu Anger Management, das intertextuelle Vorwissen potenziell wichtiger als der Primäreffekt. Dieser spielt jedoch für Punkt (b) eine Rolle, denn die systemische Differenz zwischen dem christlichen, einzelnen Ermittler und der heidnischen Bevölkerung ist von Beginn an die Leitdifferenz der Fabel. Die Grenzüberschreitung des Helden ist sein tödlicher Fehler. Seine einzige Chance zur Befreiung und damit zur Integration (Willows Verführungsversuch) nimmt er in seiner systemischen Vorprägung nicht als solche wahr, sondern interpretiert sie als teuflische Versuchung. Paradoxerweise macht ihn das – entgegen üblicher kulturhistorisch verbürgter Oppositionen – zum idealen Opfer. In The Wicker Man wäre die Erlösung der Hauptfigur durch den sexuellen Akt zu erreichen, während dieser für Figuren im Hollywood-Horrorfilm das Todesurteil bedeutet.[20]

Die systemische Differenz zwischen zölibatstreuem Christentum und sexuell befreitem Heidentum wird in der ausgedehnten Finalszene nochmals thematisiert:

---

19 Neben den kulturgeschichtlichen Wurzeln des Jungfrauenopfers, die in diversen frühen Kulturen auszumachen sind (Gold 1999, 34), findet es sich in etlichen Filmen. Eines der frühesten Beispiele ist Ingagi (Ingagi; USA 1930, William Campbell).

20 Vgl. z. B. Wes Cravens Meta-Horrorfilm Scream (Scream – Schrei; USA 1996), der dies ausgiebig thematisiert.

3.1 Typologie des Twist Endings

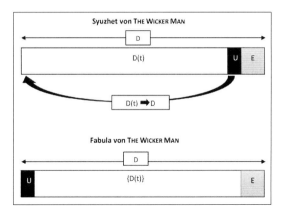

Grafik 4 Syuzhet (oben) und Fabula (unten) in THE WICKER MAN

Legende
D(t) = ‹falsche› diegetische Ebene bis zum *Twist*.
{D(t)} = Menge von Informationen aus D(t); Formel: {D(t)} = (D(t)) → (D(t) → D)
t = Zeitpunkt des *Twists*, der das *Twist Ending* initiiert (z. B. *Anagnorisis*). Im Syuzhet auf die Erzählzeit bezogen, in der Fabula auf die erzählte Zeit.
D = verborgene, ‹korrekte› Diegese; D = D(t) + U + E + (D(t) → D)
U = Umdeutung; Offenlegung der Verschwörung; ist Prämisse von D(t) bzw. D (je nach Fokalisierung); es gilt: U ∈ D.
E = Epilog; nicht von der Umdeutung betroffen; es gilt: E ∈ D.

Während die Inselbewohner die rituelle Verbrennung mit dem mittelenglischen Folk-Song *Sumer is icumen in* begleiten, zitiert der sterbende Howie schreiend Psalm 23, droht mit göttlicher Vergeltung und spricht ein letztes Gebet.

Der *Set-up Twist* re-evaluiert die erste diegetische Ebene, indem er einen scheinbar echten Kriminalfall in eine religiös motivierte Falle umdeutet (authentisch → inszeniert). Es findet kein Moduswechsel statt, und die *Anagnorisis* der Hauptfigur fällt mit derjenigen des Zuschauers zusammen. Gleichzeitig ist ein Genrewechsel zu beobachten, und dem üblichen *Script* eines Kriminalfilms wird ebenso widersprochen wie dem eines Horrorfilms. Diese Abweichungen unterstützen die Differenz von Inszenierung und Realität dahingehend, dass sie eine mögliche intertextuell konstituierte Erwartungshaltung nicht bedienen.

Wie in Grafik 4 zu sehen ist, kann THE WICKER MAN auf dieselbe Struktur abstrahiert werden wie ANGER MANAGEMENT (vgl. Kapitel 3.1.3.1).

3.1.3.3 THE GAME (THE GAME – DAS GESCHENK SEINES LEBENS; USA 1997, David Fincher)

David Finchers THE GAME weist einen *Set-up Twist* auf, der zwischen der Inszenierung von ANGER MANAGEMENT und der Verschwörung von THE WICKER MAN anzusiedeln ist. Nicholas Van Orton, ein Investment-Banker, wird an seinem 48. Geburtstag von zwei Problemen geplagt: der Langeweile eines reichen Mannes und Kindheitserinnerungen an den Selbstmord seines Vaters mit 48 Jahren. Sein besorgter Bruder Conrad spendiert ihm daher ein Geschenk «für den Mann, der alles hat» (0:07:12)[21]: «the Game».

Was genau «the Game» ist, wird zu Beginn nicht klar. Conrad verrät nur, dass die Firma mit dem vagen Namen «Customer Recreation Services» für die Ausführung verantwortlich sei. Er führt drei Argumente an, um Nicholas zu überzeugen: Das Spiel bringe Spaß in sein Leben, sei eine profunde Erfahrung, und er werde es mögen – ihm selbst habe es auch gefallen. Nicholas nimmt das Geschenk an. Anderen gegenüber bezeichnet er «the Game» zwar als «Selbstverbesserungs-Sekte» («one of those personal-improvement cults or something», 0:10:16), meldet sich aber kurz darauf bei CRS zur Datenerhebung an. Der CRS-Angestellte Mr. Feingold drückt sich ebenso vage aus wie Conrad: Das Spiel sei auf jeden Teilnehmer spezifisch zugeschnitten; ein großartiger Urlaub, der zu einem nach Hause komme – und es sei jedes Mal anders. Auch als Nicholas später zwei Männer belauscht, die sich über «the Game» unterhalten, hört er nur Positives; was es ist, bleibt jedoch nach wie vor vage. Das «Spiel» scheint zu diesem Zeitpunkt eine Art Schnitzeljagd für saturierte Reiche zu sein, aber vordergründig spielt das keine Rolle, denn CRS lehnt Nicholas ab. Da Conrad beim «Spiel» hingegen sehr gute Werte erzielt hat, kränkt die Ablehnung naturgemäß Nicholas' Stolz – und stellt sich später als erster Hinweis darauf heraus, dass das «Spiel» bereits begonnen hat.

Tab. 22 Die ‹Spielzüge› von CRS

a. Eine Clownpuppe liegt in Nicholas' Garten. Sie erweist sich als eine Art Trojanisches Pferd, als er sie ins Haus trägt und in ihren Augen später eine Kamera entdeckt.
b. Das Fernsehen wird von CRS manipuliert, sodass der Nachrichtensprecher Nicholas private Nachrichten übermittelt.
c. Der kostenlose Kugelschreiber von CRS ruiniert Nicholas' Hemd.
d. Ein Aktenkoffer, den Nicholas beruflich benötigt, wurde offenbar ausgetauscht, denn sein Schlüssel passt nicht mehr.
e. Eine Kellnerin (Christine) rempelt ihn an und wird deshalb gefeuert. Nicholas nimmt sich ihrer aus Mitleid an, und sie erweist sich später als CRS-Agentin.
f. Ein Mann simuliert auf der Straße seinen Zusammenbruch, und Nicholas muss als Zeuge mit ins Krankenhaus fahren. Zu diesem Zeitpunkt interpretiert Nicholas bereits fast alles als Teil des «Spiels».
g. Der Fahrstuhl bleibt stecken. Nicholas verliert seinen Koffer.
h. Die Sicherheitsleute von CRS verfolgen ihn, da er versehentlich bei ihnen eingebrochen ist.
i. Nicholas' Kreditkarte wurde im Hotel Nikko gefunden, wo man ein Zimmer für ihn hergerichtet hat. Der Zimmerschlüssel ist ihm bereits zugespielt worden. *Peripetie* ‹Spiel/Abenteuer → Erpressung›. Nicholas vermutet, dass der von ihm gefeuerte Anson Baer hinter dem «Spiel» steckt.
j. Nicholas' Haus wurde von Vandalen verwüstet. Er findet einen fingierten Abschiedsbrief von sich (= psychologischer Angriff wegen des Selbstmords seines Vaters).

21 Die Time-Code-Angaben zu THE GAME beziehen sich auf die DVD-Edition von Universal (1998).

3.1 Typologie des Twist Endings

k. Conrad gibt zu, dass CRS ihn erpresst habe, Nicholas zu engagieren. Er findet CRS-Schlüssel bei Nicholas im Handschuhfach und glaubt, dass dieser hinter «The Game» stecke. Sie streiten sich (*Set-up Twist*: Wirtschaftssekte).
l. Eine Telefonzelle in Nicholas' Nähe klingelt. Er nimmt ab und hört eine Aufzeichnung des Streits mit Michael (k).
m. Ein Taxifahrer entführt Nicholas. Er springt aus dem Fenster und lässt das Auto in die Hudson-Bucht rollen (= Mordanschlag 1).
n. Nicholas schaltet die Polizei ein; CRS ist mittlerweile umgezogen.
o. Christines Wohnung erweist sich als Attrappe. Nicholas zerstört den Rauchmelder, und das Haus wird mit Maschinengewehren beschossen (= Mordanschlag 2).
p. Christine offenbart Nicholas, dass CRS alle seine Konten geplündert habe. Auch sein Anwalt sei Teil des Komplotts (*Set-up Twist*: Verschwörung).
q. Nicholas wird von Christine betäubt und wacht auf einem Friedhof in Mexiko auf.
r. Nicholas muss die Uhr seines Vaters verkaufen, um wieder in die USA zu kommen (= Symbol des Loslassens 1).
s. Nicholas sieht Feingold im Fernsehen: Er ist Schauspieler. Nicholas konfrontiert und erpresst ihn (Widerspruch zu Christines Aussage, dass Feingold die Citibank gehackt habe).
=> Nicholas ergreift die Initiative, bricht ins Hauptquartier von CRS ein und sieht dort alle Verschwörer versammelt. Es kommt zur Konfrontation mit Christine und zum Finale, in dessen Verlauf Nicholas vom Dach springt wie einst sein Vater (= Symbol des Loslassens 2).

CRS dringt im Laufe der Handlung immer mehr in Nicholas' Leben ein und bedroht zuerst seine Privatsphäre, bevor sich das «Spiel» auch beruflich bemerkbar macht. Es erweist sich als Verschwörung mit potenziell tödlichem Ausgang für Nicholas: Der Film entwickelt sich zu einem Paranoia-Thriller mit einem nahezu allmächtigen Gegenspieler. CRS stellt sich in der Folge als Firma von Trickbetrügern heraus. «Mr. Feingold» war nur ein bezahlter Schauspieler, und Conrad wurde erpresst, Nicholas zu initiieren. Die zentralen Szenen für die Fundierung dieser Hypothese sind (k) und (p): Conrads Vermutung, dass Nicholas hinter dem «Spiel» steckt, lenkt bis auf Weiteres den Verdacht von Conrad ab. Da er das «Spiel» bereits absolviert hat, wäre sonst nicht zu motivieren, warum es nur bei Nicholas so sehr eskaliert. Christines Offenbarung gibt der Firma zudem ein Motiv: CRS spezialisiert sich auf reiche Leute, es geht ihnen um Geld.

Am Ende wird jedoch klar, dass das «Spiel» doch nur ein Spiel ist. Nicholas wird moralisch geläutert und gleichzeitig therapiert. Der Film zieht Parallelen zwischen seiner Midlife-Crisis und dem Selbstmord seines Vaters, von dem er sich symbolisch trennt, indem er in Mexiko seine Uhr verkauft. Der Sprung vom Dach ist schließlich der Abschluss des «Spiels» und läutert Nicholas von seinem potenziellen Selbstmordgedanken – ausgerechnet dadurch, dass er ihn ausführt (Farbabb. 6). Auch der Kontrolldiskurs spielt hier eine zentrale Rolle. Nicholas wird mehrfach als ‹kontrollsüchtig› charakterisiert, und zum Zeitpunkt der Konfrontation scheint der Selbstmord die einzige Möglichkeit zu sein, die Kontrolle zurückzuerlangen (vgl. FIGHT CLUB, Kapitel 2.2.2).

Bis dahin folgt der Film etablierten Mustern des Paranoia-Thrillers: Am Tiefpunkt ergreift der Protagonist erstmals erfolgreich die Initiative und dringt ins Herz der Organisation vor. Er nimmt eine Geisel, und die Operation wird fast abgebrochen, als Christine entdeckt, dass er eine echte Waffe bei sich trägt, die CRS angeblich nicht eingeplant hat. «Das ist alles das Spiel», offenbart sie ihm (1:48:40), und in dem daraus resultierenden Tumult erschießt Nicholas seinen Bruder Conrad, der ihn zur Überraschungsparty abholen wollte. Dies treibt Nicholas in den Selbstmord, aber auch die «echte Waffe» war Teil des Spiels, und Conrad hat den Einschlag der Platzpatrone überlebt.

Tab. 23 Die Struktur von THE GAME

a. Eskalation
Initiierung: Conrad schenkt Nicholas «The Game».
Peripetie ‹Spiel → Abenteuer›: Nicholas vermutet eine Erpressung durch Anson Baer.
Psychologischer Anschlag: Nicholas findet in seinem verwüsteten Haus seinen eigenen «Abschiedsbrief».
Set-up Twist 1: «The Game» ist eine Wirtschaftssekte, und Conrad war gezwungen, Nicholas zu initiieren.
Mordanschläge: Nicholas wird in einem Auto in die Hudson-Bucht gefahren und kurze Zeit später mit Maschinengewehren beschossen.
Set-up Twist 2: CRS hat Nicholas ausgeraubt; die Firma ist eine Gruppe von Trickbetrügern. Auch Vertraute von Nicholas sind Teil des Komplotts (Höhepunkt: Mexiko-Episode).
b. Konfrontation
Es gelingt Nicholas, bis ins Hauptquartier von CRS einzudringen und dort Christine als Geisel zu nehmen.
c. Auflösung
Set-up Twist (Spiel): Christine offenbart, dass alles Teil des Abenteuerspiels «The Game» gewesen sei und alle zu Nicholas' Geburtstagsparty versammelt sind; Nicholas erschießt – scheinbar ungeplant – seinen Bruder und begeht ‹Selbstmord›.
Set-up Twist II / *Final Plot Twist*: Erweiterung der Reichweite des «Spiels». Auch der Totschlag und der Selbstmord waren inszeniert. Nicholas hat die ‹Prüfung› bestanden.

Neben der Verarbeitung seines Kindheitstraumas dient das «Spiel» der moralischen Läuterung von Nicholas, der zu Beginn des Films als Misanthrop eingeführt wird. Conrad gibt diese Läuterung als Hauptgrund für die Inszenierung an: «Ich musste etwas tun. Du warst so ein Arschloch geworden» (1:58:37; Ü WS).[22] Ein weiterer Kerndiskurs des Films ist die Bewältigung einer Midlife-Crisis, die als Übersättigungs-Depression lesbar wird. Der gesellschaftlich angesehene Van Orton wird zu Beginn vollständig von seinem Alltag dominiert und durch das «Spiel» aus diesem gewaltsam herausgehoben. Er gerät mehrfach in Lebensgefahr und verliert zwischenzeitlich alles, was er besitzt, sodass er am Ende wieder etwas gewinnt. In dieser Hinsicht ist der Film fast konservativ in seiner moralischen Aussage über

---

22 «I had to do something. You were becoming such an asshole.»

3.1 Typologie des Twist Endings

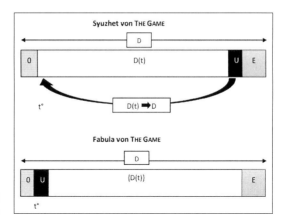

Grafik 5 Syuzhet (oben) und Fabula (unten) von THE GAME

Legende

D(t) = ‹falsche› diegetische Ebene bis zum *Twist*.
{D(t)} = Menge von Informationen aus D(t); Formel: {D(t)} = (D(t)) → (D(t) → D)
t = Zeitpunkt des *Twists*, der das *Twist Ending* initiiert (z. B. *Anagnorisis*). Im Syuzhet auf die Erzählzeit bezogen, in der Fabula auf die erzählte Zeit.
D = verborgene, ‹korrekte› Diegese; D = D(t) + U + E + (D(t) → D)
U = Umdeutung; Offenlegung der Verschwörung; ist Prämisse von D(t) bzw. D (je nach Fokalisierung); es gilt: U ∈ D.
E = Epilog; nicht von der Umdeutung betroffen; es gilt: E ∈ D.
t° = Das «Spiel» beginnt (unmarkiert).
0 = Exposition/Nullstelle: vor der Anmeldung; Nicholas' Leben vor dem «Spiel» bzw. Conrad meldet Nicholas an (je nach Fokalisierung).

die heutige Zeit: Das Funktionieren der Wirtschaftsfigur ist die oberste Priorität ihres sozialen Umfelds. David Fincher hat sich zwei Jahre später in FIGHT CLUB erneut mit Auswegen aus dem Alltag auseinandergesetzt und den Film ebenfalls mit einem *Twist Ending* beendet (vgl. Kapitel 2.2.2).[23]

Am Ende von THE GAME wird oberflächlich gesehen die für den *Set-up Twist* typische Umdeutung ‹authentisch → inszeniert› und ‹unwissend → eingeweiht› vorgenommen. Die erste Diegese-Ebene wurde als ‹Realität› eingeführt und hat sich als Inszenierung erwiesen. Die Kerndiskurse des Films – insbesondere die Midlife-Crisis – werden bereits zu Beginn etabliert und am Ende erneuert. Auch der Modus wechselt nicht; die *Anagnorisis* der Hauptfigur erfolgt zusammen mit derjenigen des Zuschauers. Der *Frame* des Paranoia-Thrillers wird jedoch am Ende verlassen, indem sich alles als harmlose Geburtstagsfeier entpuppt. Nicht zuletzt steckt dahinter jedoch auch die Aussage, dass das Durchleben eines Realität gewordenen

---

[23] Dieses ‹Mini-Genre› um die Jahrtausendwende scheint eine Affinität zum *Surprise Ending* bzw. *Twist Ending* zu haben; vgl. auch AMERICAN PSYCHO (AMERICAN PSYCHO; USA 2000, Mary Harron) und AMERICAN BEAUTY (AMERICAN BEAUTY; USA 1999, Sam Mendes).

Thrillers in Form eines Rollenspiels ohne Rahmenmarkierung ein ‹Placebo› für die ‹reale› Erfahrung sein kann. Für Nicholas ist es schließlich ein reales Erlebnis: Die wahrgenommene Lebensgefahr und die tatsächliche Lebensgefahr greifen ineinander, und die subjektive Perspektive ermöglicht eine Grenzerfahrung mit Sicherheitsnetz. In der ansonsten sicheren Umgebung des gelangweilten Investment-Bankers – so suggeriert es der Film – hat somit ein Ersatz-Abenteuer therapeutische Wirkung (vgl. auch hier FIGHT CLUB). Diese kann es jedoch nur entfalten, weil die Hauptfigur von der Inszenierung nichts weiß. Die erzählerische Strategie der Eskalation korrespondiert mit der Wirksamkeit von Nicholas' Therapie. Die Als-ob-Erfahrung funktioniert, weil sie als real wahrgenommen wird – was ebenso für die beim Zuschauer durch sein Unwissen erzeugte Spannung vermutet werden kann.

THE GAME weist nahezu dieselbe Struktur auf wie ANGER MANAGEMENT und THE WICKER MAN, wobei in diesem Fall eine Exposition hinzukommt, die Nicholas' Leben vor dem Beginn des Spiels darstellt (Grafik 5). Während dieser Zeit arbeitet Conrad möglicherweise bereits an der Inszenierung, deren Vorbereitungen zum Zeitpunkt der Einladung möglicherweise schon abgeschlossen sind. Da unentscheidbar ist, ob der Prolog ebenfalls am Ende umgedeutet wird, bleibt er in der Skizze als mögliche Initiationsphase erhalten. Dass der Beginn der Haupthandlung indessen nicht markiert ist, drückt die Bezeichnung «t°» aus.

Tab. 24 Der *Set-up Twist*

Set-up Twist Operationen der Umdeutung: authentisch → inszeniert unwissend → eingeweiht
Status der ersten Diegese-Ebene: a) Schauspiel/Inszenierung; b) Verschwörung/Betrug; c) Mischform
Beispiele: a) ANGER MANAGEMENT; b) THE WICKER MAN; c) THE GAME

3.1.4 *Perzeptiver Twist*

Beim *perzeptiven Twist* wird deutlich, dass die als objektiv dargestellte Realität nicht nur subjektiv gefärbt, sondern stark durch die spezifische subjektive Perzeption der Hauptfigur geprägt ist. Die anfangs als glaubhaft und objektivierbar bzw. verallgemeinerbar geltende Diegese wird durch die Einführung ihrer zweiten Ebene als nicht objektivierbar und Produkt einer Wahrnehmungsstörung desavouiert. Vermeintlich lebendige und gesunde Figuren erfahren, dass sie tot bzw. krank sind (eine dissoziative Identitätsstörung ist die häufigste Diagnose), wodurch die bisherigen Ereignisse umgedeutet werden müssen. Auch die Beeinträchtigung narrativer Grundsätze (vgl. Kapitel 3.1.5) kann auf Traumata zurückzuführen sein: Figuren, die unfähig sind, Zeitebenen voneinander zu trennen, gehören ebenfalls in dieses Kapitel.

Bei der Umdeutung ‹objektiv → subjektiv› ist eine genauere Abgrenzung notwendig, denn das Kriterium kann auch für den Traum und die eingeschränkte Weltsicht vor dem *Set-up Twist* angesetzt werden. Beim *perzeptiven Twist* ist jedoch eine spezifisch subjektiv veränderte Weltsicht gegeben, welche die Figur – anders als im Traum – nicht davon abhält, mit den Figuren aus der filmischen Realität tatsächlich zu interagieren. Im Gegensatz zum *Set-up Twist*, wo die ‹Fehlerhaftigkeit› der Diegese bei den anderen Figuren ausgemacht werden muss, liegt hier der Grund für die starke Diskrepanz zwischen subjektiver und intersubjektivierbarer Wahrnehmung bei der Hauptfigur.

3.1.4.1 The Uninvited (Der Fluch der 2 Schwestern; USA 2009, Charles Guard, Thomas Guard)

The Uninvited ist das US-Remake des südkoreanischen Films Janghwa, Hongryeon (Zwei Schwestern; 2003, Kim Jee-Woon). Es handelt sich um eine Heimkehr-Geschichte, welche die psychisch kranke Anna Rydell wieder in ihr Elternhaus und damit an den Ort ihrer Traumatisierung zurückführt. Von Anfang an wird ein Konflikt zwischen Anna und der neuen Frau ihres Vaters, Rachel, etabliert – hingegen steht Annas ältere Schwester Alex ihr stets zur Seite. Die beiden Schwestern geben Rachel die Schuld am Tod ihrer Mutter. Rachel hat die Mutter bis zu ihrem Tod gepflegt; diese ist jedoch nicht an ihrer schweren Krankheit gestorben, sondern bei einem nicht aufgeklärten Brand ums Leben gekommen. Subjektive Flashbacks von Anna zeigen Fragmente dieses Ereignisses. Darin ist zu sehen, wie die Mutter angesichts des ausgebrochenen Feuers mit einer Glocke um Hilfe ruft. Diese Glocke hat Rachel ihr gekauft, und sie kann als Symbol für Rachels potenzielle Schuld verstanden werden.[24]

Der Großteil der Handlung des Films ist ebenjener Schuldfrage gewidmet, denn Anna und Alex vermuten bald, dass Rachel auch sie vertreiben und ihren Vater ganz für sich allein haben möchte. Eine Recherche bestärkt die Schwestern in ihrem Verdacht: Rachel scheint unter einem falschen Namen bei ihnen zu wohnen, und möglicherweise ist sie die gesuchte Mörderin Mildred Kemp. Sie finden bei Rachel eine Perlenkette, die mutmaßlich Mildred gehört hat, und sind fortan von ihrer Schuld überzeugt. Am Ende kommt jedoch heraus, dass Anna an einer dissoziativen Identitätsstörung und Schizophrenie leidet – Alex ist damals mit ihrer Mutter verbrannt und existiert nur noch in ihrem Kopf. Ihr Vater kommt allerdings zu spät nach Hause: Anna hat Rachel bereits umgebracht.

---

24 Überhaupt erzählt der Film vieles in Symbolen: Eine der ersten Handlungen von Anna ist, dass sie die Kreidetafel der Mutter vom Dachboden holt und erneut aufhängt, wodurch die frühere Frau des Vaters wieder semiotisch im Haus vertreten ist.

Die interne Fokalisierung von Anna bewirkt, dass Alex wie eine existente Person wirkt, die mit anderen Menschen zu interagieren scheint. Im Nachhinein fällt zwar auf, dass Alex selten einen Raum betritt, sondern immer einfach auftaucht, was die abrupten Schnitte des Films zumeist verschleiern. Zudem wird sie nie direkt angesprochen – außer von Anna – und ist dennoch in alle Dialogszenen voll integriert. Eine Szene zeigt besonders deutlich, wie der Film dies inszeniert: Anna, Alex und der Vater stehen vor dem Haus, und die Schwestern möchten mit ihm sprechen. Rachel kommt und bietet Frühstück an. Sie bittet darum, dass ihr jemand beim Decken hilft. Der Vater möchte hineingehen, aber Alex kommt ihm zuvor; er bleibt draußen stehen und unterhält sich weiter mit Anna. Als Rachel erneut erscheint und fragt, ob alles in Ordnung sei, kann man davon ausgehen, dass Alex noch im Haus ist und gerade aufdeckt. Die Szene choreografiert die kommunikativen Akte so, dass sie sowohl mit Alex als auch ohne Alex funktionieren. Bei der Annahme, dass Alex für alle sichtbar ist, reagiert der Vater auf sie und bleibt deshalb draußen stehen. Existiert sie nicht, reagiert er verspätet auf Anna, was ebenso plausibel erscheint. Rachels Nachfrage ist im Nachhinein ebenfalls anders zu deuten, da ihr niemand zu Hilfe gekommen ist. In einer anderen Szene beobachtet Anna durch ein Fenster, wie Alex im Haus auf ihren Vater einredet. Dieser reagiert nicht, was als Trotzreaktion in dem Moment vollkommen plausibel erscheint. Ebenso plausibel ist im Nachhinein, dass er sie überhaupt nicht wahrnimmt.

Mehrere Träume scheinen Annas Schuldgefühle anzudeuten: (a) Ihre Mutter erscheint ihr am Tatort und bezeichnet sie als «Murderer».[25] Durch die uneindeutige Inszenierung der Blickachsen ist es jedoch ebenfalls möglich, dass sie dabei aus dem Fenster zeigt und nicht auf Anna. In einem weiteren Traum (b) erscheint ihr der ermordete Nachbarsjunge Matt in seltsam deformierter Gestalt und bittet sie um Hilfe. Während zu diesem Zeitpunkt noch Rachel unter Tatverdacht steht, hat ihn tatsächlich Anna ermordet. Mehrere Halluzinationen deuten indessen von Beginn an auf Mildred Kemps Geschichte hin. Im initialen Flashback, das die Ereignisse der traumatischen Nacht rekapituliert, findet Anna im Wald eine Mädchenleiche in einem Müllsack. Dieselbe Leiche taucht noch mehrmals in ihrer Umgebung auf – mal tot, mal lebendig – und führt sie schließlich gemeinsam mit ihren zwei Brüdern zu ihren eigenen Gräbern. Es handelt sich um die Wright-Familie, die Mildred Kemp ermordet hat. Am Ende des Films erweist sich Mildred Kemp als Annas Zimmernachbarin in der Psychiatrie, wodurch erklärbar wird, warum die Geschichte bereits zu Beginn Annas Erinnerungen kontaminiert. Die Genretradition des Horrorfilms markiert Anna zudem früh als einziges überlebendes Opfer (sog. «final girl»[26]), da sie dem Nachbarsjungen Matt im eröffnenden Flashback den sexuellen Akt versagt.

---

25 Wegen der geschlechtlichen Uneindeutigkeit des englischen Ausdrucks ist der Bezug auf Anna im Original nicht sicher. Aus diesem Grund wird hier das englischsprachige Wort zitiert, da «Mörderin» eine Festlegung mit sich brächte.
26 Vgl. Clover 1992.

Das *Twist Ending* offenbart Annas Täterschaft in einer Konfrontation und auf visueller Ebene. Nachdem Rachel sie scheinbar sediert hat, wacht Anna unversehrt auf und entdeckt Blutspuren, die durch das ganze Haus und bis zur Mülltonne im Hof führen. In der Mülltonne liegt Rachels Leiche, und Alex gesteht, dass sie die Mörderin ist. Ein Zeichentransfer deutet an dieser Stelle bereits auf den *perzeptiven Twist* voraus: Anna erwacht in einem sauberen weißen Kleid, das ihr am Abend zuvor angezogen worden ist – was eine rein subjektive Sicht impliziert. Unten trifft sie Alex in blutverschmierter Kleidung an. Als sie ihre Schwester tröstend umarmt, wird ihr Kleid ebenfalls mit Rachels Blut beschmiert – was ihr Äußeres objektiviert. Da sie den Mord begangen hat, ist ihr Kleid in einer objektiven Wahrnehmung bereits nach dem Aufwachen blutig. Die Tatwaffe wandert in ihre Hand, und als sie Alex sucht, findet sie nur ihr eigenes Spiegelbild. Der Moduswechsel wird auf visueller Ebene damit bereits vorweggenommen. Annas Vater trifft ein, und es folgt die Konfrontation. Er offenbart ihr, Alex sei ebenfalls im Feuer gestorben, und es wird klar, dass Anna unter einer Wahrnehmungsstörung leidet. Ein Flashback der traumatischen Nacht erläutert, was sich damals wirklich zugetragen hat. Anna beobachtet Rachel und ihren Vater beim sexuellen Akt durch ein Schlüsselloch und sieht dabei auch eine Glaskugel zu Boden fallen. Beides – Schlüsselloch und Glaskugel – sind Motive aus Annas Träumen, die vorher nur isoliert zu sehen waren. Anna schickt sich an, das Haus anzuzünden und die Ehebrecher zu ermorden, jedoch geht der Plan schief, und durch einen Unfall kommen Alex und ihre Mutter ums Leben.

Nachdem die Erinnerung an Alex' Tod reinstatiert ist, folgt ein *Flashback Tutorial*, das ausgewählte Szenen, in denen zuvor Anna und Alex zu sehen waren, umdeutet. Die Diegese D(t) zeigt somit die Ereignisse aus Annas stark verzerrter subjektiver Sicht, und die Re-Evaluation objektiviert die vorangegangenen Ereignisse zur Diegese D. Der Moduswechsel tilgt die Figur «Alex» und deutet die zuvor als ‹objektiv› wahrnehmbare Diegese als subjektiv kontaminiert um. Die Erzählung D(t) ist nicht nur intern fokalisiert, sondern wird von einer psychisch kranken Erzählerin vermittelt. Ein *Final Plot Twist* setzt ein Signal der Verunsicherung, ob Anna vielleicht doch zu einem gewissen Grad wusste, was sie tat: Zurück in der Psychiatrie, gibt sie Mildred die Perlenkette und sagt, sie habe beendet, was sie begonnen habe.

Das Schema von THE UNINVITED (Grafik 6) ähnelt stark den anderen Beispielen. Die Geschehnisse im Sanatorium rahmen die Handlung und sind damit von der Re-Evaluation ausgenommen.

In den vergangenen zwei Jahrzehnten sind einige weitere Filme erschienen, die aus der Perspektive eines oder einer psychisch Kranken erzählt werden. HAUTE TENSION (HIGH TENSION; F 2003, Alexandre Aja) hat ein sehr ähnliches Ende, in welchem sich ebenfalls die Hauptfigur als Mörderin mit dissoziativer Identitätsstörung herausstellt. NEVER TALK TO STRANGERS (NEVER TALK TO STRANGERS – SPIEL

3 Typen des Twist Endings

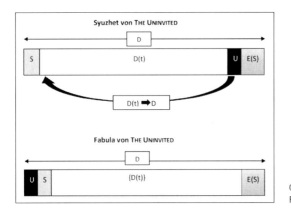

Grafik 6 Syuzhet (oben) und Fabula (unten) in THE UNINVITED

Legende
D(t) = ‹falsche› diegetische Ebene bis zum *Twist*.
{D(t)} = Menge von Informationen aus D(t); Formel: {D(t)} = (D(t)) → (D(t) → D)
t = Zeitpunkt des *Twists*, der das *Twist Ending* initiiert (z. B. *Anagnorisis*). Im Syuzhet auf die Erzählzeit bezogen, in der Fabula auf die erzählte Zeit.
D = verborgene, ‹korrekte› Diegese; D = D(t) + U + E + (D(t) → D)
E = E(S) = Epilog; nicht von der Umdeutung betroffen; es gilt: E ∈ D.
S / E(S) = Sanatorium; Rahmen der Erzählung.
U = Umdeutung; korrektes Flashback; ist Prämisse von D(t) bzw. D (je nach Fokalisierung); es gilt: U ∈ D.

MIT DEM FEUER; USA 1995, Peter Hall) ist der erste neuere Film dieser Machart, auch wenn der Topos bereits mindestens auf PSYCHO (PSYCHO; USA 1960, Alfred Hitchcock) zurückgeht. Der bekannteste, erfolgreichste und womöglich einflussreichste Film dieser Sorte ist David Finchers FIGHT CLUB (FIGHT CLUB; USA 1999, vgl. Kapitel 2.2.2). Auch Filme ohne *Twist Ending* setzen gelegentlich wahrnehmungsgestörte Figuren ein, manchmal, um einen komischen Effekt zu erzeugen wie in SHALLOW HAL (SCHWER VERLIEBT; USA/D 2001, Bobby Farrelly, Peter Farrelly). Dort nimmt der Protagonist des Films seine stark übergewichtige Freundin aufgrund einer vorangegangenen Hypnose als schlanke Frau wahr.

Der Unterschied zum *Wake-up Twist*, dem man ebenfalls eine Umdeutung ‹objektiv → subjektiv› zuschreiben könnte, besteht beim *perzeptiven Twist* darin, dass Ereignisse umgedeutet werden, die ein objektives Pendant besitzen, d. h. in der Fiktion tatsächlich stattgefunden haben. Der *Wake-up Twist* negiert in der Regel alles Vorangegangene als ‹irreal› oder als Manifestierungen des Unterbewusstseins, die keine direkte, sondern höchstens eine symbolische Entsprechung in der ‹Realität› haben.

3.1.4.2 THE OTHERS (THE OTHERS; USA/E/F/I 2001, Alejandro Amenábar)

Eine Texteinblendung am Beginn von THE OTHERS informiert darüber, wo und wann die Geschichte stattfindet: «Jersey, Channel Islands, 1945». Die dreiköpfige Familie um Grace und ihre beiden Kinder Anne und Nicholas wohnt in einem großen Anwesen, der Vater ist im II. Weltkrieg verschollen. Drei Diener – Mrs. Mills, Mr. Tuttle und Lydia – stellen sich vor, und Grace engagiert sie. Kurze Zeit später spukt es im Haus, was zunächst nur Anne wahrnimmt, nach und nach aber auch Grace anerkennen muss. Dies widerspricht der streng christlichen Erziehung, die sie den Kindern angedeihen lässt. Grace unterrichtet unter anderem, dass es mehrere Abschnitte der Hölle gebe; Kinder kämen in eine spezielle Vorhölle («children's limbo»). Überhaupt spielt die Religiosität der Mutter im gesamten Film eine sehr große Rolle, was durch ihre am Ende offenbarten Schuldgefühle nachträglich motiviert wird.

Tatsächlich sind alle Bewohner des Hauses tot – Grace und die Kinder ebenso wie die Diener. Dabei ähnelt die Konstellation derjenigen in THE SIXTH SENSE (vgl. Kapitel 2.1.8.G): Die Geister wissen nicht, dass sie tot sind, und tendieren dazu, unliebsame Informationen zu übersehen. Grace' Religiosität rührt daher, dass sie ihre Kinder erstickt hat. Ihren Tod hat sie als gottgegebene zweite Chance interpretiert. Die Diener sind bereits 1891 verstorben und kennen die Wahrheit daher schon länger. Daraus resultieren Missverständnisse, wenn sie sich untereinander austauschen, solange der Film die entscheidenden Informationen vorenthält. Es etabliert sich die Möglichkeit einer Verschwörung (*Set-up Twist*) der Diener.

Eine weitere Finte besteht in der Genre-Konvention. Das Aussehen der Geister entspricht nicht dem intertextuellen Stereotyp, den Anne ihrem Bruder im Film mehrfach erklärt: «Sie laufen in weißen Laken herum und tragen Ketten» (0:23:42; Ü WS).[27] Grace kann zudem problemlos ihr Spiegelbild sehen. Hingegen erscheinen die lebendigen Menschen im Haus wie Geister; die Rollen sind vertauscht.

Gleichzeitig finden sich im Film Hinweise darauf, dass eine alternative Realität dargestellt wird. Zu Beginn sagt Grace über die letzten Diener, sie seien einfach verschwunden und hätten nicht einmal ihr Gehalt eingefordert. Ihre Begründung dafür, dass sie den neuen Dienern nicht das ganze Haus zeigen möchte, ist ebenso wenig nachvollziehbar: Man könne manchmal nicht alles sehen; es sei schwierig auszumachen, ob ein Tisch, ein Stuhl oder ein Regal im Weg stehe (0:06:42). Später verdichtet sich die unklare Sicht zu einem Motiv. Das Haus liegt immer im Nebel[28], und die Vorhänge müssen permanent geschlossen sein, weil die Kinder unter einer starken Lichtallergie leiden. Letzteres ist besonders bemerkenswert, da hier die Licht-Metapher auf die Familie übertragen wird: Grace schützt ihre Kinder vor dem Licht der Erkenntnis und lässt sie im Dunkeln. Tatsächlich haben die Kinder nach ihrem Tod keine Lichtallergie mehr, was das Bild konsequent weiterführt. Das mit Erkenntnis korrelierte Licht unterstützt auf einer physikalischen Ebene die *Anagnorisis* und markiert zugleich den neuen, ‹erleuchteten› Status der Familienmitglieder.

---

27 «They go about in white sheets and carry chains» (vgl. 0:37:14 und 1:22:31). Die Time-Code-Angaben zu THE OTHERS beziehen sich auf die DVD-Edition von Universum (2010).
28 Auch wenn dies durchaus eine Genre-Konvention ist.

Zunächst sind jedoch die Lebenden «the others» und werden als Geister interpretiert. Die meisten ‹übernatürlichen› Signale gehen von ihnen aus:

Tab. 25 Spuk in THE OTHERS

Spuk 1	Weinende Kinderstimmen; der mutmaßlich imaginierte Junge Victor öffnet die ganze Nacht über die Vorhänge. Man hört seine Stimme, die allerdings von Anne imitiert sein könnte.
Spuk 2	Schritte und Gepolter; Grace hört Geräusche aus der Abstellkammer und findet diverse Objekte unter Laken (vgl. Geister-Stereotyp) vor. Anne fertigt eine Zeichnung von den Geistern an.
Spuk 3	Klavierspiel; Grace hört, dass der Vater der «Geister» Klavier spielt. Sie schließt das Klavier ab, es wird wieder geöffnet. Ihre Folgerung: «Es gibt etwas in diesem Haus. Etwas Diabolisches. Etwas, das nicht zur Ruhe kommt» (0:48:19; Ü WS).[29]
Spuk 4	Schleierszene; Anne spielt mit einem Schleier. Sie hat die Hand und das Gesicht einer alten Frau. Hypothese: *perzeptiver Twist*. Grace ist eventuell wahrnehmungsgestört.
Spuk 5	Die Vorhänge sind verschwunden. Es folgt die Konfrontation der Diener (Hypothese: *Set-up Twist*, Verschwörung der Diener).

Nach ‹Spuk 5› sucht Grace die Vorhänge, während Anne und Nicholas ausbrechen, um ihren Vater zu suchen. Dieser war kurz im Haus, ist aber wieder verschwunden.[30] Grace und die Kinder erleben parallel eine *Anagnorisis*: Die Diener sind seit über 50 Jahren tot. Unter einem Bett liegt eine Fotografie, datiert auf Dezember 1891, von den toten Dienern (1:21:48). Anne findet gleichzeitig das Grab der Dienerin Bertha Mills (1829–1891). Der *perzeptive Twist* bezieht sich auf die Wahrnehmungswelt der Figuren – die Geister sehen aus wie Menschen. Als «the others» werden zu diesem Zeitpunkt die Diener lesbar; die Hypothese, dass es sich um eine Verschwörung handelt, scheint sich zu bewahrheiten. Bertha Mills appelliert an Grace, dass Tote und Lebende lernen müssen, zusammenzuleben – das Haus gehöre auch ihnen. Sie solle außerdem nach oben gehen und mit den Eindringlingen, die für den Spuk verantwortlich seien, reden.

Das folgende ‹Gespräch› löst die zweite *Anagnorisis* und somit den letzten Teil des *Twist Endings* aus. Im oberen Stockwerk findet eine Séance statt, und der Geist der alten Frau erweist sich als lebendiges Medium, das befähigt ist, mit Geistern Kontakt aufzunehmen. Diese Geister sind Grace und ihre Kinder, die erfahren, dass sie bereits tot sind: Grace habe zunächst die Kinder mit einem Kissen erstickt und sich dann mit ihrer Flinte selbst gerichtet. Der Fokalisierungswechsel wird dadurch verdeutlicht, dass das Folgende aus zwei Perspektiven erzählt wird: Grace rüttelt am Tisch – ein typisches Séance-Motiv – und zerreißt die Zettel, die darauf liegen. Aus der Sicht der Lebenden ist Grace nicht zu sehen, und beide Akte erscheinen als Taten eines Geistes. Der Titel THE OTHERS wird erneut umgedeutet, denn jetzt sind es je nach Blickwinkel die Familie und die Diener bzw. die Lebenden.

---

29 «There is something in this house. Something diabolic. [...] Something which is not...not at rest.»
30 Am Ende wird deutlich, dass er im Krieg gestorben und als Geist kurzzeitig zurückgekehrt ist.

3.1 Typologie des Twist Endings

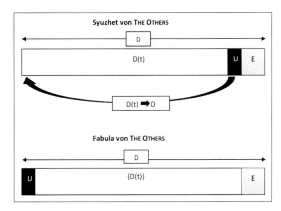

Grafik 7 Syuzhet (oben) und Fabula (unten) in THE OTHERS

Legende
D(t) = ‹falsche› diegetische Ebene bis zum *Twist*.
{D(t)} = Menge von Informationen aus D(t); Formel: {D(t)} = (D(t)) → (D(t) → D)
t = Zeitpunkt des *Twists*, der das *Twist Ending* initiiert (z. B. *Anagnorisis*). Im Syuzhet auf die Erzählzeit bezogen, in der Fabula auf die erzählte Zeit.
D = verborgene, ‹korrekte› Diegese; D = D(t) + U + E + (D(t) → D)
E = Epilog; nicht von der Umdeutung betroffen; es gilt: E ∈ D.
U = Umdeutung; korrektes Flashback; ist Prämisse von D(t) bzw. D (je nach Fokalisierung); es gilt: U ∈ D.

Die Licht-Metapher wird in der Folge eingelöst, und die christlichen Glaubenssätze werden aufgelöst. Während Grace vor der finalen Konfrontation noch ein Vaterunser gebetet hat, gibt sie jetzt zu, nicht mehr zu wissen als ihre Kinder. Das Genre des Films verändert sich zwar nicht – es handelt sich nach wie vor um einen Haunted-House-Horrorfilm –, erweist sich jedoch als Variation, welche die bekannte Geschichte aus der Gegenperspektive der Geister erzählt.

THE OTHERS unterscheidet sich von den Filmen mit ‹Totenbettfantasie› dadurch, dass die Geschichte erstens nicht mit dem Tod des Protagonisten abgeschlossen werden kann und zweitens die gezeigten Ereignisse in der filmischen Diegese tatsächlich stattgefunden haben. Es ändert sich nicht oder nur temporär die Fokalisierung, aber es ändern sich die Prämissen der Diegese. Die Erzählung bis zum *Plot Twist* D(t) zeigt lebendige Figuren, die sich in D als Tote erweisen; die Figuren erfahren allerdings davon. Der *Frame* des Haunted-House-Horrorfilms wird zwar aufgegriffen und sein *Script* in weiten Teilen befolgt, jedoch ist die Perspektive eine andere. Die Struktur von Syuzhet und Fabula (Grafik 7) ist aus den anderen Analysen bereits bekannt.

Der Film CARNIVAL OF SOULS (vgl. Kapitel 2.1.5) funktioniert ähnlich. Zwar greift er das Bierce-Modell der ‹Totenbettfantasie› auf, jedoch wird es dadurch variiert, dass die tote Hauptfigur tatsächlich mit den Lebenden interagiert und dies nicht nur imaginiert. David Hemmings' THE SURVIVOR (AUS 1981) folgt einem ähnlichen *Plot*: Am Ende wird der Pilot Keller, einziger Überlebender eines verheerenden Flugzeugabsturzes, tot im Cockpit der Unglücksmaschine aufgefunden. Ein Arzt stellt fest, dass er schon länger tot ist; vorher konnte er jedoch als Wiedergänger die Ursache des Absturzes aufklären. In der Diegese wird somit sein ‹falscher› Status nachträglich getilgt, die Interaktion mit anderen Menschen bleibt allerdings objektiviert. Die genannten Filme folgen also einem anderen Modell als z. B. JACOB'S LADDER (vgl. Kapitel 3.1.2.2), dessen ‹Totenbettfantasie› reine Imagination ist. Sie sind damit der Kategorie des *perzeptiven Twists* zuzuschlagen.

3.1.4.3 THE MACHINIST (DER MASCHINIST; E 2004, Brad Anderson)

Der abgemagerte Maschinist Trevor Reznik[31] hat seit einem Jahr nicht geschlafen. In seinem Arbeitsalltag macht sich dies kaum bemerkbar, jedoch wird er von Halluzinationen geplagt. Am Ende werden diese auf ein Trauma zurückgeführt: Reznik hat ein Kind überfahren und wurde niemals gefasst. Der Film begleitet den Erkenntnisprozess des traumatisierten Protagonisten und offenbart nach und nach die Natur seiner psychischen Störung.

Nach der Exposition lernt der Maschinist seinen neuen Arbeitskollegen Ivan kennen, der sich am Ende als Halluzination erweist. Durch seinen Schlafentzug hat Reznik also eine Art Schizophrenie entwickelt; Ivan repräsentiert die negative Seite des Maschinisten, die er verdrängt. Die Teufelsikonografie ist eindeutig: An einer Hand hat Ivan nur noch zwei Zehen, die ihm statt seiner fehlenden Finger angenäht wurden und die aussehen wie (Teufels-)Hufe oder wie zwei Hörner. Diese Operation nennt er auch als Ursache für sein Hinken. Er ist zudem Trevors Gegenteil: groß, füllig, glatzköpfig und aggressiv extrovertiert. Der christliche Motivkreis wird noch häufiger aufgegriffen: Einmal imaginiert Reznik einen Jahrmarktbesuch, bei dem er mit einer Geisterbahn namens «Route 666» fährt. In dieser gibt es eine Kreuzung, die entweder zum «Highway to Hell» oder zur «Road to Salvation» führt (0:40:47[32]; vgl. Matthäus 7, 13–14). Die Dichotomie der zwei Wege – in der Bibel führt der schmale Weg zu Gott und der breite zur Verdammnis – wird später wieder aufgegriffen, als der Maschinist vor der Polizei durch die Kanalisation flüchtet (1:09:53). Die optisch ähnliche Kreuzung lässt Trevor die Wahl zwischen einem beleuchteten und einem dunklen Gang; er wählt den dunklen, da er im hellen Gang den Schatten eines Menschen sieht. Am Ende wählt Trevor Reznik, indem er sich selbst anzeigt, den ethisch richtigen Weg, was auch der lichtdurchflutete Raum des Gefängnisses suggeriert. Zudem kann er schließlich wieder schlafen.

Ivans Verbindung zu Trevor wird früh deutlich, da ihn niemand anders zu kennen scheint. Trevor glaubt an eine Verschwörung, und kurzzeitig folgt der Film

---

31 Die namentliche Ähnlichkeit zum Nine-Inch-Nails-Sänger Trent Reznor kann kaum ein Zufall sein.

32 Die Time-Code-Angaben zu THE MACHINIST beziehen sich auf eine Ausgabe des Films, deren Ausstrahlungsdatum nicht zu recherchieren war. Die existierenden Schnittfassungen sind allerdings sehr ähnlich, sodass die Szene leicht zu finden sein dürfte.

dieser Hypothese (*Set-up Twist*), indem eine Fotografie eingeführt wird, auf der Ivan und Trevors Arbeitskollege Reynolds beim Angeln zu sehen sind. Ivan wird überdies zeichenhaft mit Trevor assoziiert, da sein Nummernschild rückwärts gelesen Trevors Nummernschild ergibt: 743CRN (Ivan) bzw. NRC347 (Trevor).

Die Frage nach der Identität, die der Film bereits in der ersten Szene aufwirft («Who are you?», 0:02:33), ist schließlich entscheidend für Trevors Heilung. Ivan repräsentiert Trevors Schuld und wird nach der Selbstanzeige nicht mehr gebraucht (Farbabb. 7) – deshalb bleibt er dem Gefängnis am Ende fern. Zudem legt Reznik unbewusst Fährten, indem er sich selbst Post-It-Zettel mit Rätseln schreibt und an den Kühlschrank hängt. Das ‹Galgenraten›-Spiel auf den Zetteln erfährt im Laufe des Films verschiedene Auflösungen: erst «Tucker» (Trevors Vorgesetzter), dann «Mother», dann «Miller» (Trevors Arbeitskollege), schließlich «Killer» (Trevor selbst).

Zuletzt identifiziert sich der Maschinist mit dem kleinen Jungen, den er überfahren hat. Maria, eine Kellnerin, die er mehrfach in einem Flughafencafé aufsucht, erweist sich am Ende als die Mutter des Jungen; die Besuche waren nur imaginiert.[33] Einmal trifft er sie außerhalb des Flughafens und geht mit ihr und ihrem Sohn Nicholas (das Unfallopfer) zum Jahrmarkt. Auch dies stellt sich später als Kindheitserinnerung heraus, in der Maria mit Trevors Mutter und Nicholas mit ihm selbst verschmilzt. Der Link ist ein Foto von Maria und Nicholas vor einem Karussell, das Trevor macht. Von ihm selbst und seiner Mutter existiert solch ein Foto, während der gesamte Ausflug nur eingebildet ist.

Ein weiterer Aspekt des Unbewussten in THE MACHINIST ist Trevors Hang zur Selbstbestrafung. Neben seiner Magersucht ist sein Reinigungszwang zu nennen: Mehrfach wäscht er seine Hände mit Bleichmittel, als wollte er sie von Blut reinigen.[34] Ferner putzt er akribisch mit einer Zahnbürste die Fugen seines Badezimmers, in welchem ebenfalls keine Blutspuren zu sehen sind.[35] Nachdem Trevor einen Arbeitsunfall verursacht hat, bei dem sein Kollege Miller seinen Unterarm verliert, widerfährt ihm kurz darauf etwas Ähnliches. Es bleibt in der Schwebe, ob dies aus Selbstbestrafung geschieht oder ob es sich um eine Racheaktion der Kollegen handelt (vgl. die *Set-up*-Hypothese). Gegen Ende lässt sich Trevor absichtlich von einem Auto anfahren, damit er einen Unfallbericht ausfüllen kann. Dies ist nicht nur eine Parallele zum Ende, sondern kann ebenfalls als Strategie

---

33 Den irrealen Status der Maria-Segmente kann man dadurch erkennen, dass alle Uhren am Flughafen und bei Maria zu Hause stets auf 1:30, der Uhrzeit des Unfalls, stehen geblieben sind. Zudem sind Marias und seine Küche identisch.

34 Dies kann als Metonymie mit potenziell allegorischer Komponente gesehen werden: Das imaginierte Blut an Trevors Händen steht für seine Tat.

35 Die ‹Leiche› befindet sich vielmehr im Kühlschrank, aus dem ab der Mitte des Films Blut ausströmt und sogar in die Wohnung darunter tropft. Trevor ignoriert diesen Zustand lange und entdeckt, als er den Kühlschrank schließlich öffnet, darin den Fisch, den er (nicht Ivan) mit Reynolds geangelt hat; dies ist ebenfalls als christliches Symbol lesbar.

der Selbstbestrafung gewertet werden. Überhaupt ist auch der Straßenverkehr als motivisches Feld lesbar: Während der imaginierte Ivan ohne Rücksicht auf Verkehrsregeln durch die Stadt ‹gleitet›, überfährt Trevor gelegentlich rote Ampeln. Manchmal sind zudem sehr kurze Flashbacks des Unfalls zu sehen, z. B. während der Fahrt in der Geisterbahn.

Ein Intertext des Films, der explizit im Bild erscheint, ist Fjodor Dostojewskis Roman *Idiot* (*Der Idiot*; 1869). Zwar entspricht die Handlung von THE MACHINIST nicht der Geschichte von *Idiot*, jedoch finden sich über den Film verteilt Spuren der Vorlage. So erleidet Nicholas in der Geisterbahn einen epileptischen Anfall – die Roman-Figur Myschkin ist ebenfalls Epileptiker. Wie Trevor endet Myschkin im Wahn, nachdem sein Widersacher Rogoshin (hier Trevors ‹Alter Ego› Ivan) jemanden umgebracht hat.

Mit dem *Twist Ending* des Films setzt Trevors *Anagnorisis* ein, welche die Bedingung für seine Heilung ist. Einige Motive des Films werden durch das vollständige, lineare Flashback am Ende re-evaluiert:

Tab. 26 Elemente der Umdeutung in THE MACHINIST

Vor dem *Plot Twist*: D(t)	Nach dem *Plot Twist*: D
Der 1996er Red Pontiac Firebird ist Ivans Auto.	Der 1996er Red Pontiac Firebird ist Trevors Auto.
Ivan ist auf dem Angel-Foto.	Trevor ist auf dem Angel-Foto.
Maria ist Trevors Kellnerin im Flughafen.	Maria ist eine Halluzination, die sich aus Trevors Mutter und der Mutter des Unfallopfers zusammensetzt.
Im Teppich eingerollt (1. Szene des Films) ist Ivans Leiche.	Im Teppich ist niemand, da Ivan nur imaginiert ist.
Alle Uhren im Flughafen und bei Maria sind um 1:30 Uhr stehen geblieben.	1:30 Uhr ist der Unfallzeitpunkt.
Trevor verfolgt Ivan durch einen Tunnel.	Trevor ist nach dem Unfall durch einen Tunnel geflüchtet.
Nicholas ist Marias Sohn, mit dem Trevor die Geisterbahn besucht.	Nicholas ist das Unfallopfer.
«Route 666» ist der Name der Geisterbahn.	Die Geisterbahn ist imaginiert; Trevor hat zum Zeitpunkt des Unfalls einen «Route-66»-Anhänger am Rückspiegel.
Ivan trägt häufig eine Sonnenbrille.	Trevor trug die Sonnenbrille zum Zeitpunkt des Unfalls.

Das Ende von THE MACHINIST stellt eine Sonderform des *Twist Endings* dar, durch welches vor allem die vielen Motive des Films umgedeutet werden. Die Wahrnehmungsstörung der Hauptfigur wird durch ihre Schlaflosigkeit begründbar, während der *perzeptive Twist* die Verdrängung eines Traumas offenlegt. Die Schuldgefühle führen dazu, dass Trevor große Teile seiner Welt aus Motiven des Unfalls

3.1 Typologie des Twist Endings

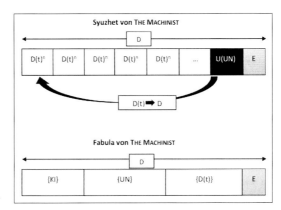

Grafik 8 Syuzhet (oben) und Fabula (unten) in THE MACHINIST

Legende

$D(t)^n$ = ‹falsche› Diegese vor dem *Twist*; aktuelle Erzählung, kontaminiert durch Flashbacks und Symbole aus n.
n = Flashbacks und Symbole aus {KI} und/oder {UN}; $n \in$ {KI; UN; KI + UN}.
{D(t)} = Menge von Informationen aus D(t); Formel: {D(t)} = (D(t)) → (D(t) → D).
t = Zeitpunkt des *Twists*, der das *Twist Ending* initiiert (z. B. *Anagnorisis*). Im Syuzhet auf die Erzählzeit bezogen, in der Fabula auf die erzählte Zeit.
KI = Informationen aus der Zeit der Kindheit des Protagonisten.
UN = Informationen aus der Zeit des Unfalls des Protagonisten.
D = verborgene, ‹korrekte› Diegese; D = D(t) + U + E + (D(t) → D).
U = Umdeutung; ‹korrektes› Flashback von UN; ist Prämisse von D(t) bzw. D (je nach Fokalisierung); es gilt: $U \in D$.
E = Epilog (Gefängnis); nicht von der Umdeutung betroffen; es gilt: $E \in D$.

zusammensetzt, die am Ende re-evaluierbar werden. Einige Passagen sind im Nachhinein vollständig als Halluzinationen lesbar, sodass der *perzeptive Twist* hier auch Züge eines *Wake-up Twists* hat. Die schematische Darstellung der Umdeutung (Grafik 8) weist demnach Abweichungen von den vorigen Beispielen auf. Einerseits muss berücksichtigt werden, dass die Diegese-Ebene vor dem *Twist* D(t) unregelmäßig von Flashbacks in Trevors Kindheit (KI) und zu dem von ihm verursachten Unfall (UN) kontaminiert ist. Die Umdeutung (U) zeigt den Unfall (UN) in voller Länge und steht in der Fabula somit zwischen Trevors Kindheit und der Informationsmenge der Ebene D(t). Die Segmente von D(t) sind nicht präzise dargestellt. Es soll der Hinweis ausreichen, dass sie von einem Wert n kontaminiert sind, der Elemente des Unfalls, der Kindheit oder von beidem umfassen kann. Die grobe Abfolge Umdeutung/Prämisse – umgedeutete Diegese – Epilog ist in der Fabula auch bei diesem komplexeren Beispiel zu erkennen.

Tab. 27 Der *perzeptive Twist*

Perzeptiver Twist
Operationen der Umdeutung: objektiv → subjektiv objektivierbar → wahrnehmungsgestört lebendig → tot (Wiedergänger) gesund → psychisch krank (liebeskrank, dissoziative/multiple Identität etc.)
Status der ersten Diegese-Ebene: a) Psychische Krankheit; b) Wiedergänger; c) Verdrängung/Traumatisierung
Beispiele: a) THE UNINVITED; b) THE OTHERS; c) THE MACHINIST

3.1.5 *Narrativer Twist*

Beim *narrativen Twist* werden Annahmen über die Beschaffenheit der Erzählung re-evaluiert, z. B. wird eine als Wahrheit angenommene Geschichte als Lüge markiert, die Hauptfigur schätzt den Status der Diegese falsch ein, der Erzähler ist ein anderer als eigentlich angenommen, oder als zeitgleich dargestellte Ereignisse haben in Wirklichkeit zu verschiedenen Zeitpunkten stattgefunden.

Zum Typ des *narrativen Twists* gehören ebenfalls die in Kapitel 1.1.3 diskutierten *Frame Shifters*, durch welche der diegetische Rahmen verändert wird. Die Veränderung kann sich auf räumliche oder zeitliche Aspekte der Diegese beziehen, sodass die Erde an die Stelle eines fremden Planeten treten kann oder die Handlung früher bzw. später stattfindet als anfangs etabliert.

3.1.5.1 TRAIN DE VIE (ZUG DES LEBENS; F/B/NL/ISR/ROM 1998, Radu Mihaileanu)

Obwohl im Verlauf des Syuzhets von TRAIN DE VIE zahlreiche Andeutungen darauf erfolgen, dass der Realitätsstatus der Geschichte zumindest problematisch ist, endet der Film mit einem abrupten und unvorbereiteten *Twist Ending*. Er beginnt als Schelmengeschichte: Als sich in einem osteuropäischen Schtetl die Nachricht verbreitet, dass die Bewohner der umliegenden Dörfer von den Nazis deportiert werden, suchen die Dorfweisen nach einem Ausweg. Ausgerechnet der Ratschlag des Dorfnarren Shlomo wird befolgt, der vorschlägt, einen eigenen Deportationszug zusammenzustellen und den Nazis mithilfe dieser Maskerade zu entgehen. Einige der Dorfbewohner werden als Nazis verkleidet, andere bleiben Juden. Der Film trägt Elemente einer typischen Verwechslungskomödie und spielt mehrfach mit dem Kleider-machen-Leute-Topos. So befördert sich Mordechai mithilfe des Stoffes einer NS-Flagge zu einem ranghöheren Offizier und fordert von den nunmehr untergebenen Nationalsozialisten die Zubereitung koscheren Essens an, was die Gruppe fast enttarnt.

Nicht nur diese Episode überdehnt die Grenzen akzeptabler Realität. Die Gruppe wird von der Résistance verfolgt, und an Bord des Zuges wird eine Partei von Marxisten gegründet. Gegen Ende des Films trifft der Geheimzug auf eine Gruppe flüchtender «Zigeuner» (sic!), von denen sich ebenfalls einige als Nazis verkleidet haben. Beim anschließenden gemeinsamen Fest wird die Bedeutung dieser Episoden klar. Eine Tanzszene zu gemeinschaftlicher Musik beider ethnischer Gruppen vereint in einer temporären Utopie Nazi-Offiziere, Rabbiner, «Zigeuner» und Kommunisten einträchtig im Fest. Die allegorische Dimension der Szene nimmt dem Abenteuerfilm erneut die Ernsthaftigkeit und weist darauf hin, dass hier primär symbolisch erzählt wird. Das *Happy Ending* folgt zuverlässig: Der Zug erreicht die deutsch-russische Front. Die fliegenden Raketen werden aufgrund der Freude der Gruppe inszeniert wie harmlose Feuerwerkskörper beim Neujahrsfest – das *Happy Ending* ist aber aufgrund der es umgebenden Kriegssituation nur sehr eingeschränkt als solches wahrnehmbar. Spätestens an dieser Stelle wird deutlich, dass Shlomo nicht nur die Idee für das Unterfangen hatte, sondern auch der Erzähler der Geschichte ist: Sein Voice-Over erklärt, was aus den Hauptfiguren des Schtetls nach der geglückten Flucht geworden ist, und zitiert damit eine weitere Finalisierungskonvention, die fast ebenso unpassend erscheint wie das währenddessen sichtbare Fest an der Front.

Erst in Shlomos Abmoderation ist das *Twist Ending* versteckt, und die als märchenhaft ausgeschmückte Wahrheit lesbare Geschichte wird durch ein einziges Bild als Lüge erkennbar. «Das ist die wahre Geschichte meines Schtetls», hebt Shlomo an, und nach einer Überblendung sieht man ihn in Sträflingskleidung sprechen. Als die Kamera zurück fährt, erkennt man, dass er – wie mutmaßlich auch die übrigen Schtetl-Bewohner – in einem Konzentrationslager ist (Farbabb. 8). «Naja, fast», fügt er folgerichtig hinzu, und ein elegischer Abgesang über das Schtetl begleitet die Abspanntitel.

Die ‹Realität› löst mit dem *Twist Ending* die märchenhafte Erzählung von TRAIN DE VIE in zweierlei Hinsicht ab: durch die Entlarvung als potenziell vollständig erdachte Schelmengeschichte und durch den historischen Hintergrund der Diegese. Die fiktive Tragödie von Shlomo und seinem Schtetl wird um die reale Tragödie des Holocaust ergänzt und stattet das Finale mit einer Schockwirkung aus, die potenziell über die Grenzen der Fiktion hinausgeht (vgl. Kapitel 1.1.3). Shlomos Geschichte war nicht nur erlogen, sondern sprichwörtlich ‹zu schön, um wahr zu sein›. Das *Twist Ending* ist somit auch ein Diskursregulator, der die komödiantische Verarbeitung der Judenverfolgung um die historische Tragik der Situation ergänzt. Die märchenhaften Elemente sind somit nicht stilistische Aspekte eines magischen Realismus, sondern daraus begründet, dass die Geschichte ein Märchen ist. Der «Zug des Lebens» ist eine ‹fiktive› Opposition zum ‹realen› Todeszug, den die Bewohner des Schtetls tatsächlich bestiegen haben.

Außerdem ist nicht markiert, wann und wo die Märchengeschichte von der ‹Realität› abweicht: Das *Twist Ending* gibt keinen Aufschluss darüber, ob die gesamte Erzählung als Lüge gewertet werden muss. Die anfängliche Verbreitung der Nachricht, dass die Nazis mit der Deportation begonnen haben, mag noch Teil der ‹korrekten› Diegese D sein – ebenso eine spätere, parallel montierte Szene, in welcher SS-Angehörige zu sehen sind, die das Schtetl in Brand setzen. Der Rest der

3 Typen des Twist Endings

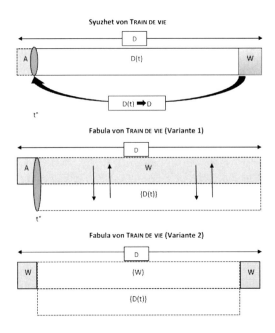

Grafik 9 Syuzhet (oben) und Fabula (Mitte und unten) in TRAIN DE VIE

Legende
D(t) = ‹falsche› diegetische Ebene bis zum *Twist*.
{D(t)} = Menge von Informationen aus D(t); Formel: {D(t)} = (D(t)) → (D(t) → D).
t = Zeitpunkt des *Twists*, der das *Twist Ending* initiiert (z. B. *Anagnorisis*). Im Syuzhet auf die Erzählzeit bezogen, in der Fabula auf die erzählte Zeit.
D = verborgene, ‹korrekte› Diegese; D = D(t) + W + A + (D(t) → D).
W = E = U = Epilog und Umdeutung (Wahrheit); Erzählsituation (KZ) markiert D(t) als Lüge; es gilt: W ∈ D.
A = Exposition.
t° = Beginn der Lügengeschichte; unmarkiert. Was zu W und was zu D(t) gehört, ist nicht klar zuzuordnen. Ebenso bleibt die zeitliche Relation ungeklärt (repräsentiert durch die gestrichelte Linie).
Variante 1: A ∈ W, d. h. die Exposition ist Teil der wahren Geschichte.
Variante 2: A ∉ W, d. h. die Exposition gehört zu Shlomos Erzählung; das gesamte Syuzhet wird vom KZ aus erzählt. (W) ist die Erzählzeit; {D(t)} die erzählte Zeit.

Geschichte aber mag oder mag nicht gelogen sein; weder Grad noch Zeitpunkt der Abweichung sind zu ermitteln.

Die schematische Darstellung von TRAIN DE VIE (Grafik 9) ist trotz der scheinbaren Offensichtlichkeit seiner erzählerischen Struktur problematisch. Dies liegt vor allem daran, dass zwei Varianten der Fabula denkbar sind: (a) Die Exposition stellt bis zu einem unmarkierten Zeitpunkt eine wahre Geschichte und somit ein Flashback dar (Variante 1). (b) Die gesamte Geschichte wird vom Konzentrationslager aus erzählt, und die Exposition ist genauso Teil der Lüge wie der gesamte Rest

(Variante 2). Das zeitliche Verhältnis zwischen der Wahrheit (W) und der gezeigten Geschichte erscheint nicht erfassbar, und der Beginn der Lügengeschichte t° ist nicht markiert. Dies stellt auf der Syuzhet-Ebene kein größeres Problem dar, verunklart aber die Struktur der Fabula – die Abbildung weist diese Grauzonen auf und deutet die möglichen Lesarten an.

Bryan Singers THE USUAL SUSPECTS (DIE ÜBLICHEN VERDÄCHTIGEN; USA 1995) endet ebenfalls mit einem *Twist Ending*, das große Teile der Erzählung zur Lüge umdeutet. Der Ermittler Dave Kujan ist schon länger dem Kriminellen Dean Keaton auf der Spur und vernimmt in diesem Zusammenhang den einzigen Augenzeugen eines massakerartigen Konflikts in Keatons Milieu, Verbal Kint. In dem Gespräch kommt heraus, dass eine neue kriminelle Macht auf den Plan getreten ist: der mysteriöse Keyser Söze. Kujan vermutet bald, dass Keaton selbst Keyser Söze ist, aber Verbal deckt Keaton und inkriminiert stattdessen Söze. Kurz bevor ein Fahndungsfoto von Keyser Söze auf dem Revier eintrifft, verlässt Verbal Kint die Polizeistation als freier Mann. In einem *Flashback Tutorial* (vgl. Kapitel 2.2.2) wird Kujans *Anagnorisis*, dass Verbal Kint der geheimnisvolle Keyser Söze ist, visualisiert. Aus verschiedenen Elementen von Kujans Pinnwand hat er eine Geschichte ersonnen, die nicht ferner von der Wahrheit sein könnte. Der Film stützt Verbals Erzählung durchweg mit beglaubigenden Flashbacks, die am Ende umgedeutet bzw. verworfen werden. Das Fahndungsfoto zeigt Verbal Kint, und in den letzten Aufnahmen sieht man eine Parallelmontage, die sein Entkommen und Kujans Reaktion nebeneinanderstellt.

Auch in THE USUAL SUSPECTS ist nicht zu entscheiden, was die ‹korrekte› Grundlage von Verbals Geschichte darstellt. Seine Lügen werden visualisiert und aufgedeckt, jedoch spielt die ‹Wahrheit› am Ende keine Rolle mehr. Das *Twist Ending* thematisiert eine narrative Prämisse und problematisiert die ‹objektive Erzählung› auf der sprachlichen wie auf der visuellen Ebene.

Gregory Hoblits ein Jahr später erschienener Film PRIMAL FEAR (ZWIELICHT; USA 1996) macht ebenfalls eine erfundene Zeugenaussage zu seinem Gegenstand. Der erfolgsbesessene Anwalt Martin Vail nimmt sich des allen Indizien nach eindeutig an einem Mord schuldigen Messdieners[36] Aaron an. Obwohl Aaron seine Schuld nicht zugibt, scheint der Prozess auf seine Verurteilung hinauszulaufen. In einem der Verhöre entdeckt Vail, dass der Junge offenbar an einer dissoziativen Identitätsstörung erkrankt und sein Alter Ego «Roy» für den Mord verantwortlich ist. Dies ändert die Verhandlungsposition, und Vail erreicht Aarons Freispruch. Im letzten Gespräch zwischen Anwalt und Angeklagtem gesteht Aaron, dass er alles vorgetäuscht habe – es gebe nur «Roy», und Aaron sei eine erfundene Persona gewesen.

PRIMAL FEAR nimmt eine ähnliche Wendung wie THE USUAL SUSPECTS: Die Zeugenaussagen erweisen sich als Lügen, und die Annahmen über eine der Hauptfiguren werden re-evaluiert. Dennoch hat PRIMAL FEAR kein *Twist Ending*. Von Anfang

---

36 «Altar boy» beschreibt im Englischen sprichwörtlich einen ‹unschuldigen Jungen›.

an existieren mehrere Lesarten der Figur ‹Aaron› – seine Schuld und sein Charakter stehen fortwährend zur Disposition, während im Fall von THE USUAL SUSPECTS die hermetische räumliche Konstruktion des Kammerspiels dafür sorgt, dass die gesamte Diegese-Ebene D(t) als Täuschung inszeniert werden kann. Martin Vail hat sich in seiner Einschätzung von Aaron geirrt, aber Verbal Kint hat die gesamte Geschichte, um die es geht, erfunden bzw. verfälscht und obendrein seine Identität verheimlicht. PRIMAL FEAR hat etliche Subplots, die nicht an Aaron gebunden sind – Verbal Kint ist hingegen die alles kontrollierende Figur der filmischen Diegese. Bei TRAIN DE VIE verhält es sich ähnlich: Shlomos Erzählung wird ohne Alternative visualisiert; sie nimmt den gesamten Raum der Diegese ein. Die filmische Diegese ist Shlomos Diegese – Verbal Kint besitzt die diskursive Macht in gleicher Weise.

3.1.5.2 THE VILLAGE (THE VILLAGE – DAS DORF; USA 2004, M. Night Shyamalan)

THE VILLAGE inszeniert die Begebenheiten in einem abgeschiedenen Dorf, das sich durch eine künstliche Grenze von der Außenwelt isoliert. Die Handlung findet allen Indizien zufolge im 19. Jahrhundert statt: Die Kleidung, der Stand der Technologie und die Sprache der Bewohner scheinen eindeutige Belege dafür darzustellen. Am Ende wird deutlich, dass dies eine Fehlannahme ist. Das Dorf bildet nur eine Enklave inmitten eines Nationalparks, von der nicht einmal die zeitgenössischen Parkaufseher wissen.

Die natürliche Grenze, die das Dorf von der Außenwelt trennt, sind die Covington Woods, wo angeblich monsterartige Wesen, «those we don't speak of», leben. Tatsächlich sind diese nur Erfindungen der Angehörigen des Ältestenrats, was jedoch erst gegen Ende des Films deutlich wird. Die fantastischen Elemente der Diegese werden ebenso wie die irreführende chronologische Einordnung zurückgenommen.

Viele der Gesetze, die im Dorf gelten, beziehen sich auf einen Friedensvertrag, der angeblich mit den Monsterwesen geschlossen wurde. So spielt die Farbsemiotik im Film eine wichtige Rolle: Rote Objekte sind verboten, gelbe hingegen erwünscht. Erstere erzürnen die Monster, Letztere beruhigen sie. Die natürliche Grenze zwischen Wildnis/Wald einerseits und Zivilisation/Dorf andererseits wird durch gelbe Markierungen um das Dorf herum zusätzlich künstlich markiert. Tatsächlich handelt es sich primär um eine künstliche Grenze, da sie durch die Gesetze des Dorfes und gelegentliche ‹Fleischwerdungen› der fiktiven Monster aufrechterhalten wird.

Drei Personen überschreiten im Verlauf des Films die Grenze: der geistig zurückgebliebene Noah, der stoische Lucius und die blinde Ivy. Die erste Grenzüberschreitung (a) erfolgt unbemerkt und bleibt ohne Konsequenzen – sie wird nicht einmal *onscreen* gezeigt. Noah bringt rote Beeren aus den Covington Woods mit, was ein doppeltes Risiko darstellt. Sowohl die Grenzüberschreitung als auch die Farbe Rot könnten von den Monstern als Provokation gewertet werden. Später überschreitet Lucius die Grenze (b). Der Grund dafür wird nicht erläutert, aber womöglich erfolgt seine Transgression aus Trotz. Sie bleibt indessen nicht unbemerkt und provoziert ihrerseits eine Grenzüberschreitung der Monster, welche die Türen der Dörfer zur Warnung rot markieren.[37]

Die dritte Grenzüberschreitung (c) ist notwendig, als Lucius im Sterben liegt. Noah hat von Ivys und Lucius' Verlobung erfahren und sticht den Bräutigam *in spe* aus Eifersucht nieder.[38] Ivy bittet deshalb um Erlaubnis, aus der nächsten Stadt Medikamente zu holen, und wird durch den Wald hindurch in die Zivilisation geschickt.[39] Zuvor erklärt ihr der Vater, dass die Monster nicht existieren: «Es ist bloß eine Farce.» Ivy erhält die Erlaubnis für die Reise auch deshalb, weil sie blind ist und von der Welt jenseits der Grenze weniger berichten kann als andere.[40] Die Außenwelt wird dennoch mit Bildern versehen, da der Film Ivys Perspektive nicht aufgreift. Kurz vor dem Erreichen der physikalischen Grenze, die auf der einen Seite eine Hecke, auf der anderen Seite eine Mauer ist, beginnt das *Twist Ending*.

Es erfolgt in zwei Schritten: Ivys Vater öffnet im Dorf eine Schatulle mit Fotografien, die einige der Dorfbewohner vor der Auswanderung zeigen. Diese haben aufgrund von traumatischen Erlebnissen in der Abgeschiedenheit der Natur ein neues Dorf gegründet. Angesichts der dichten Besiedelung Amerikas war die Erschließung neuer Landstriche offenbar nicht mehr möglich, weshalb sie eine Art ‹innere Emigration› wählten. Die fiktiv erschaffene Grenze ist somit auch auf den amerikanischen Frontier-Gedanken beziehbar. Ihre Kinder lassen sie über ihre Situation im Unklaren, und die «Monster» sorgen dafür, dass es so bleibt. Der zweite Schritt ist Ivys tatsächliche Grenzüberschreitung (1:28:43)[41]: Jenseits der Mauer verläuft eine Straße, und Ivy wird sofort von einem Ranger gestellt, der sie über ihre Herkunft und ihr Vorhaben ausfragt. Die Retrospektive wird um eine aktuelle Bekräftigung ergänzt, dass die narrativen Annahmen über die Diegese bis zum *Twist* D(t) falsch waren.

Die Regelmäßigkeit der erzählerischen Struktur von THE VILLAGE spiegelt sich auch im entsprechenden Schaubild wider (Grafik 10), das keine Abweichungen von der mehrfach beobachteten Struktur aufweist.

---

[37] Die zweite und dritte Grenzüberschreitung werden vom Film stark ästhetisch hervorgehoben, um ihre Besonderheit zu betonen. Dies geschieht durch einen desorientierenden Kameraschwenk und ein starkes Bewegungsgeräusch auf der Tonebene.

[38] Hier wird die intradiegetische Farbsemiotik an tradierte symbolische Bedeutungen der Farbe Rot geknüpft, indem Noah nach der Tat seine blutigen Hände zeigt und kommentiert: «Die böse Farbe!» («The bad color!»)

[39] Ein Topos in Literatur, Film und Computerspiel. Vgl. das Märchen *Das Wasser des Lebens* in der Sammlung der Brüder Grimm (KHM 97), den Film SUBIDA AL CIELO (DER WEG, DER ZUM HIMMEL FÜHRT; MEX 1951, Luis Buñuel) und die Bananette-Episode im Spiel *StarTropics* (NES, Nintendo 1990, Genyo Takeda).

[40] Zunächst werden ihr zwei Eskorten zur Seite gestellt, welche die Anweisung erhalten, nach der Durchquerung des Waldes umzukehren und nicht der Straße zu folgen. Dies verdeutlicht, dass Ivys Blindheit eine wichtige Motivation für die Erlaubnis darstellt. Nach Lotmans Raumsemantik-Modell, dessen Anwendung bei diesem Film naheliegend ist, macht Ivys Blindheit den Text als restitutiv lesbar: Ihre Grenzüberschreitung bleibt ohne Folgen.

[41] Die Time-Code-Angaben zu THE VILLAGE beziehen sich auf die DVD-Edition von Disney (2005).

3 Typen des Twist Endings

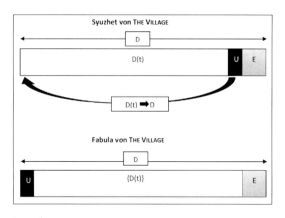

Grafik 10 Syuzhet und Fabula in THE VILLAGE

Legende
D(t) = ‹falsche› diegetische Ebene bis zum *Twist*.
{D(t)} = Menge von Informationen aus D(t); Formel: {D(t)} = (D(t)) → (D(t) → D)
t = Zeitpunkt des *Twists*, der das *Twist Ending* initiiert (z. B. *Anagnorisis*). Im Syuzhet auf die Erzählzeit bezogen, in der Fabula auf die erzählte Zeit.
D = verborgene, ‹korrekte› Diegese; D = D(t) + U + E + (D(t) → D)
U = Umdeutung; Offenlegung der Verschwörung; ist Prämisse von D(t) bzw. D (je nach Fokalisierung); es gilt: U ∈ D.
E = Epilog; nicht von der Umdeutung betroffen; es gilt: E ∈ D. Tatsächliche Grenzüberschreitung und Rückkehr ins Dorf.

Ein weiteres *Twist Ending*, das die zeitlichen Prämissen der Diegese re-evaluiert, findet sich bereits in Roger Cormans B-Movie TEENAGE CAVE MAN von 1958. Der Film beginnt mit einer Sequenz, welche die Geschichte des Universums bis zur Evolution des Menschen kurz zusammenfasst. Die sich anschließende Erzählung spielt konsequent in der Steinzeit und handelt von einer kleinen Gruppe Höhlenmenschen, die nach religiösen Gesetzen organisiert ist. Diese Gesetze verbieten das Überschreiten einer topografischen Grenze, hinter der sich die «Verbotene Zone» befindet. Ein rebellierender Teenager verstößt gegen dieses Gesetz und soll getötet werden, allerdings stellt sich sein Vater, ein «Symbolmacher», schützend vor ihn. Die Rebellion des jungen Mannes richtet sich gegen das Gesetz und das propagierte «göttliche Wort» – nicht etwa gegen seinen Vater, der ihn stets unterstützt. Das Finale inszeniert eine weitere Transgression: die des Sohnes, des Vaters und einer Gruppe von gesetzestreuen Verfolgern. Jenseits der Grenze trifft der Sohn auf ein Monster, das von den Höhlenmenschen als Gott verehrt wird. In der Konfrontation wird das Monster getötet und erweist sich als alter Mann in Verkleidung. «Das Gesetz ist tot» («The law is dead»), deklariert der Teenager und findet ein Buch in der Tasche des Unbekannten. Darin sind Fotografien zu sehen (vgl. THE VILLAGE), die anscheinend Szenen aus dem 20. Jahrhundert abbilden – vor einem Atomkrieg. Es wird deutlich, dass die Menschen vor der gezeigten Steinzeit bereits auf einem höheren Technologie-Stand waren, und der Film wird als post-nukleare Dystopie lesbar. «Ein neues Gesetz wird gemacht» («A new law is made»), meint nun der Teenager, und es scheint, dass die Menschheitsgeschichte ab diesem Moment noch einmal ihren gewohnten Lauf nimmt.

In einer Rücknahme dieser Erkenntnis ergreift jedoch der sterbende «Gott» das Wort und erweist sich als der Voice-Over-Erzähler vom Beginn des Films. Seine Erklärungen lassen erkennen, dass die Geschichte doch in der Steinzeit spielt und ein Nuklearkrieg die Erde bereits einmal verwüstet hat. Falls der Mensch nichts dazulerne, werde seine Entwicklung erneut darauf hinauslaufen. Aus der post-nuklearen Dystopie wird eine prä-pleistozäne Parabel.

Da TEENAGE CAVE MAN durch seinen Genrewechsel vom Steinzeitfilm zur postnuklearen Dystopie eine große Ähnlichkeit zu PLANET OF THE APES aufweist (vgl. Kapitel 2.1.6.E), kann sein Ende als Vorläufer des wesentlich berühmteren *Twist Endings* von 1968 gelten. Auch PLANET OF THE APES nimmt am Ende eine Umdeutung diegetischer Prämissen vor, die in erster Konsequenz jedoch eher räumlich ist, wenn die Parameter Raum und Zeit auch in vielen Beispielen zusammenhängen. Dass sich der ‹Alien-Planet› der Affen als der Planet Erde herausstellt, deutet die fremde Science-Fiction-Welt als vertraute Erdenwelt um, die aufgrund ihrer zukünftigen Veränderungen kaum noch zu erkennen ist. Wenn man bei TEENAGE CAVE MAN somit von einer Re-Evaluation ‹prähistorisch → posthistorisch → prähistorisch/uchron (postnuklear)› sprechen kann, ist bei PLANET OF THE APES die Umdeutung ‹fremd → vertraut› zutreffend.

Narrative Twists, die Annahmen über Raum und Zeit der Diegese als falsch kennzeichnen, gehen in der Regel auf die Exposition zurück, da zu Beginn des Films häufig die entscheidenden Parameter zeichenhaft festgelegt werden. Diese Form des *Twist Endings* ist deshalb stärker von der Exposition des Films determiniert als andere Typen.

Ein weiterer narrativer Parameter, der durch ein *Twist Ending* eine Umdeutung erfahren kann, ist die Identität des Erzählers. Gregory Hoblits Film FALLEN (DÄMON – TRAU KEINER SEELE aka FALLEN – TRAU KEINER SEELE; USA 1998) ist durch eine Szene gerahmt, von der aus der übrige Film in einer Binnenhandlung retrospektiv erzählt wird. In der ersten Hälfte des Rahmens erklärt ein Voice-Over-Erzähler, er berichte im Folgenden davon, wie er einmal fast gestorben sei. Die Hauptfigur der Binnenhandlung ist der Polizist John Hobbes, sodass konventionellerweise der Voice-Over mit ihm verknüpft sein müsste. Dies wird dadurch gestützt, dass es Hobbes' Stimme ist, welche die Erzählung einleitet. Am Ende erweist sich dies jedoch als Irrtum: Der Dämon Azazel, ein Geist, der in verschiedene Wirtskörper schlüpfen kann, stellt sich als der Erzähler heraus. Er spricht mit Hobbes' Stimme, da er ihn zum Zeitpunkt der Rahmenhandlung kontrolliert. Dies wird deutlich, als Hobbes am Ende stirbt und der Erzähler sich dennoch nicht als Lügner erweist: Der Film handelt davon, wie jener fast gestorben wäre, da Azazel am Ende knapp überlebt. FALLEN ist ein Sonderfall, der anscheinend auf ein sehr viel älteres Beispiel rekurriert: den Animationsfilm THE FIRST BAD MAN (USA 1955) von Tex Avery, in dem sich der Erzähler entgegen aller Wahrscheinlichkeit als ein seit der Steinzeit im Gefängnis sitzender Häftling herausstellt.

Roger Donaldsons Film NO WAY OUT (NO WAY OUT – ES GIBT KEIN ZURÜCK; USA 1987) verbirgt hingegen bis zum Ende die geheime Identität des Protagonisten. Dieser wird zwischenzeitlich für den russischen Spion «Yuri» gehalten – ein Irrtum, der sich kurz vor Schluss auflöst. Im Epilog wird jedoch deutlich, dass der amerikanische Protagonist tatsächlich «Yuri» ist und bereits sehr lange *undercover* in den USA lebt. In diesem Fall wird nicht der homodiegetische Erzähler der falschen Figur zugeordnet, sondern die fokalisierte Hauptfigur mit Eigenschaften, die auf Fehlannahmen beruhen, versehen. Dabei handelt es sich um eine typische finale Pointe. Ihre große Reichweite kommt dadurch zustande, dass fast die gesamte Erzählung auf der Perspektive des Protagonisten beruht – entsprechend viel wird am Ende re-evaluiert. Es fehlt die interne, subjektive Perspektive der Hauptfigur, die diese nicht nur extern in den Fokus rückt, sondern über die tatsächlichen Motive von «Yuri» informieren kann. Durch diese narrative Positionierung entsteht ein ‹blinder Fleck›, welcher in der letzten Wendung explizit wird (vgl. Strank ³2013).

3.1.5.3 LES MAÎTRES DU TEMPS (HERRSCHER DER ZEIT; F 1982, René Laloux)

Der französische Animationsfilm LES MAÎTRES DU TEMPS weist an seinem Ende ein Zeitparadoxon auf, welches auf der Erkenntnis basiert, dass die Hierarchie der gezeigten Erzählebenen anfangs falsch dargestellt wurde. Der Waisenjunge Piel wartet auf dem Planeten Perdida darauf, dass der Reisende Jafar ihn abholt. Die einzige kommunikative Verbindung zwischen Perdida und Jafars Raumschiff ist ein eiförmiges Funkgerät, das über große Distanzen hinweg synchron den Ton übertragen kann. Auf dem Weg sammelt Jafar den legendären Astronauten Silbad ein, der aufgrund seiner detaillierten Ortskenntnis von Perdida Piels neuer Ratgeber aus der Ferne wird. Über die Figur Silbad wird der *Plot Twist* inszeniert: Silbad erweist sich als 60 Jahre ältere Inkarnation von Piel, der wiederum Silbad als kleiner Junge ist. Es stellt sich heraus, dass der Planet Perdida von den «Herrschern der Zeit», einer Rasse von ‹Chronoformern›, um 60 Jahre zurückversetzt wurde, damit die Besiedlung leichter vonstatten gehen kann. Dadurch wird auch Piel um 60 Jahre in die Vergangenheit geworfen, wo ihn ein Astronaut aufnimmt und er nach und nach zu Silbad wird. Das Ereignis, das zu Beginn der Handlung in der Zukunft liegt (der Eingriff in die Zeit), wird somit in die Vergangenheit verlegt (Piel → Piel') und ermöglicht damit die Gegenwart (Silbad). Die räumliche Distanz zwischen Silbad und Piel repräsentiert die Tatsache, dass die beiden nicht simultan existieren können – die Synchronie wird als Diachronie umgedeutet und Silbad mit Piel biologisch gleichgesetzt. Durch Silbads Tod wird das Ereignis ‹Waisenjunge Piel in Not› erläutert und gleichzeitig getilgt.

Auch der Animationsfilm inszeniert in einem erläuternden Flashback, wie Piels weiteres Leben – nunmehr vor 60 Jahren – abgelaufen ist, und folgt damit der Konvention vieler Spielfilme (vgl. Kapitel 2.2.2). Die bisherigen Geschehnisse sind indessen nicht umzudeuten, da die verbale Interaktion zwischen Piel und Jafars Crew durchaus stattgefunden hat. Die raumzeitlichen Prämissen – Piel und Silbad sind verschieden alt und leben gleichzeitig – werden hingegen im Nachhinein reevaluiert.

Einige Schizophrenie-*Twists*[42] können ebenfalls als Verschiebungen narrativer Hierarchien beschrieben werden. In Shane Meadows' DEAD MAN'S SHOES (DEAD MAN'S SHOES – BLUTRACHE; GB 2004) offenbart sich am Ende, dass die Hauptfigur Richard für die Misshandlung ihres geistig zurückgebliebenen Bruders Anthony Rache nimmt. Die Information, dass der Bruder – fast permanent *onscreen* als Begleiter zu sehen – schon lange tot ist, ermöglicht die Deutung als *perzeptiven Twist* (vgl. THE UNINVITED oder THE MACHINIST, Kapitel 3.1.4.1 und 3.1.4.3): Womöglich handelt es sich bei Richard um einen Schizophreniekranken, der sich seinen toten Bruder lediglich einbildet. Der sichtbare tote Bruder repräsentiert allerdings einerseits die psychologische Motivation des Rächers, andererseits steht er auch für eine Vergangenheitsebene, welche die gesamte Handlung des Films nachträglich motiviert. Die Grausamkeit der Racheakte wird durch dieses Wissen zusätzlich plausibilisiert. Anthony ist eine visualisierte Erinnerung und erfüllt – wie zahlreiche andere tote Begleiter im Film – eine dramaturgische Funktion. Gleichzeitig wird zu Beginn nicht deutlich, dass er chronologisch gesehen einer anderen Zeit zuzuordnen ist. Stattdessen wird er vom Film als synchrones Zeichen eingestuft, das sich am Ende als anachronistisch erweist.

Tab. 28 Der *narrative Twist*

Narrativer Twist
Operationen der Umdeutung: Wahrheit → Lüge Wissen → falsche Annahme Identität → andere Identität Synchronie → Diachronie
Status der ersten Diegese-Ebene: a) Lüge oder Falschaussage [Wahrheitsstatus]; b) Fehlannahme diegetischer Prämissen [Raum/Zeit/Erzähler ist anders als erwartet]; c) Vermischung von Zeitebenen [Narrative Hierarchien sind anders als erwartet]
Beispiele: a) TRAIN DE VIE; b) THE VILLAGE; (TEENAGE CAVEMAN, PLANET OF THE APES, FALLEN); c) LES MAÎTRES DU TEMPS; (DEAD MAN'S SHOES)

---

42 Dies bezeichnet Wendungen, in denen sich die fokalisierte Hauptfigur als schizophren erweist.

3.1.6 Mischformen

Etliche *Twist Endings* lassen sich als eine Mischform der Typen 3.1.2 bis 3.1.5 klassifizieren.[43] Ein Film wie ANGEL HEART (vgl. Kapitel 2.1.7.F) nimmt durch sein *Twist Ending* beispielsweise gleich mehrere Umdeutungen vor: (a) Der Protagonist erweist sich als ein anderer (*narrativer Twist*). (b) Die ‹objektive› Ebene der Erzählung, abgesetzt von den als subjektiv markierten Träumen und Flashbacks, war ebenfalls subjektiv verfremdet und durch Ellipsen entstellt (*perzeptiver Twist*). (c) Der Auftrag Louis Cyphres entpuppt sich als Inszenierung einer Selbstfindungsreise (*Set-up Twist*). Das Beispiel wird zudem dadurch verkompliziert, dass am Ende Aspekte der Diegese verändert werden: Die bis zum *Twist Ending* realitätskompatible Welt wird durch die übernatürliche Existenz des Teufels zu einer fantastischen umgedeutet. Intertextuell gesehen verstößt ANGEL HEART damit ebenfalls gegen das übliche *Script* des *Frames* «film noir», denn wenn *Plot Twists* an dessen Ende nicht unüblich sind, gilt dies für übernatürliche Diegese-Elemente allemal.

Die Ausgangssituation von IDENTITY (IDENTITÄT; USA 2003, James Mangold) scheint dem absurden Theater zu entstammen: Aufgrund eines meteorologischen Ereignisses ‹stranden› zehn Personen in einem Motel. Unter ihnen befindet sich ein Polizist, der einen gefährlichen Serienmörder eskortiert. Diesem gelingt die Flucht, und als eine Mordserie einsetzt, entwickelt sich eine Kriminalfilm-Handlung.

Am Ende wird deutlich, dass alle Personen nur Inkarnationen derselben Figur sind. Die Situation im Motel erweist sich als ein Therapie- und Ermittlungsversuch. Der Serienmörder Malcolm Rivers leidet an einer multiplen Persönlichkeitsstörung, und das Planspiel diente dazu, unter seinen zehn Persönlichkeiten den Mörder zu finden. Die Umdeutung erfolgt nun in zweierlei Hinsicht: (a) Die Motel-Handlung erweist sich als intern fokalisierte Halluzination des Serienmörders (*Wake-up Twist*). (b) Aufgrund seiner multiplen Persönlichkeitsstörung nimmt der Mörder die Realität durch die Augen verschiedener Personen wahr; das Planspiel simuliert folglich seine spezifische Perzeption (*perzeptiver Twist*). (c) Die Erzählsituation erweist sich als eine andere als angenommen – die fokalisierte Hauptfigur ist nur eine von zehn halluzinierten Persönlichkeiten (*narrativer Twist*). (d) Die Motel-Handlung ist ein von seinen Ärzten inszeniertes Planspiel, das einen Heilungsversuch des psychisch Kranken darstellt (*Set-up Twist*).

Auch einige der in den Detailanalysen behandelten Filme sind mehreren Typen zuzuordnen – so kann man JACOB'S LADDER auch als Erzählung mit *perzeptivem Twist* beschreiben oder ABRE LOS OJOS als Inszenierung einer virtuellen Realität. In diesen Fällen ist die dominante Lesart des *Twist Endings* herausgestellt worden, die sich in einer genauen Analyse zumeist ermitteln lässt.

---

43 Für eine genaue Einordnung aller bekannten Beispielfilme vgl. die kommentierte Filmografie im Anhang.

3.1.7 Multiple *Twists*: THE DEVIL'S ADVOCATE (IM AUFTRAG DES TEUFELS; USA/D 1997, Taylor Hackford)

Manche Filme staffeln nicht nur das *Twist Ending* in einem mehrteiligen Finale, sondern haben gleich mehrere *Final Plot Twists*. Durchaus üblich ist ein gewisses Verunsicherungsmoment, das nach dem Aufwachen aus einem Traum (SOMEWHERE, TOMORROW) oder bei der Präsentation einer abschließenden Erklärung (SHUTTER ISLAND) einen Restzweifel zurücklassen kann.

Seltener sind hingegen Filme, die das Ende mehrfach drehen. Am weitesten wird dieses Spiel wohl von THE DEVIL'S ADVOCATE getrieben, in dem auf das *Twist Ending* (*Wake-up Twist*) noch weitere Wendungen folgen. Nachdem die Handlung etwa anderthalb Stunden lang linear verlaufen ist, besteht das finale Viertel des Syuzhets aus einer Serie von solchen *Twists*, die damit beginnt, dass sich John Milton, der Chef der Hauptfigur Kevin Lomax, als der Teufel offenbart. Diese erste Information wird durch diverse Anspielungen im Laufe des Films vorbereitet, jedoch folgen noch weitere Wendungen: Milton ist Lomax' Vater, und Lomax' gesamte Karriere als Anwalt bis hin zu diesem Punkt ist von ihm heimlich überwacht und gefördert worden (*Set-up Twist*). Christabella, die hübsche Kollegin von Lomax, ist zudem seine Halbschwester. Der Teufel verlangt nun von ihnen, dass sie gemeinsam den Antichrist zeugen, der ihm eine bessere Ausgangsposition für die nahende Zeit der Apokalypse verschaffen soll. Lomax' einziger Ausweg ist der Selbstmord: Er tötet sich in Berufung auf seinen freien Willen und durchbricht damit den Plan des Teufels.

In einem darauf folgenden zweiten *Twist* offenbart sich der Großteil der Handlung als (Tag-)Traum (*Wake-up Twist*), und der Film kehrt zur ersten Szene zurück, in welcher anfangs eine Art moralischer Scheideweg für Lomax inszeniert wurde. Bei seiner ‹zweiten Chance› entscheidet sich Lomax für die moralische Variante und verlässt geläutert den Gerichtssaal. Ein letztes Moment der Verunsicherung folgt, als Lomax auf einen Reporter trifft, der ihn zum Star machen möchte. Der Anwalt gibt ihm nach anfänglichem Zögern nach – woraufhin sich der Reporter in Milton/den Teufel verwandelt, den Lomax offensichtlich nur im Traum überwunden hat.

Die Auflösung beginnt also mit einer Information zu Miltons wahrer Identität (*Plot Twist*), die dazu führt, dass zwischenzeitlich alles als Inszenierung markiert wird (*Set-up Twist*). Die nächste Information betrifft Christabella und umfasst wiederum lediglich die Nebenfigur selbst (*Plot Twist*), wohingegen Lomax' überraschender Selbstmord (*Plot Twist*) das zweite Ende initiiert (*Twist Ending*: *Wake-up Twist*). Als die Identität des Reporters geklärt wird (*Final Plot Twist*), zieht dies nochmals den Realitätsstatus der letzten diegetischen Ebene bzw. die Annahme, dass es sich ‹nur› um einen Traum gehandelt habe, in Zweifel. Es handelt sich dabei um eine Information, die dem *Twist Ending* nach dessen Etablierung widerspricht und damit ein typisches Verunsicherungselement darstellt.

3 Typen des Twist Endings

Tab. 29 Tabelle des Finales von THE DEVIL'S ADVOCATE

1. *Plot Twist*	Milton ist Satan; Milton ist Lomax' Vater.
2. *Plot Twist* II: *Set-up Twist*	Milton hat alles inszeniert.
3. *Plot Twist* III	Christabella ist Lomax' Schwester.
4. *Twist Ending* (*Plot Twist* IV): *Wake-up Twist*	Alle Ereignisse ab der Badezimmer-Szene erweisen sich als Traum.
5. *Final Plot Twist* (V)/Verunsicherung	Der Reporter hat John Miltons/Satans Gesicht.

3.1.8 Sonderformen

Einige Filme mit *Twist Ending* lassen sich weder hinreichend als Mischformen beschreiben noch in die erstellte Typologie einsortieren, ohne dass wesentliche Aspekte ihrer Funktionsweise verloren gehen. Gerade die avantgardistischen Spielarten des *Twist Endings* entziehen sich einer klaren Zuordnung.

a. Experimentalfilmaffine Spielfilme
Einer dieser Sonderfälle ist Nicolas Roegs DON'T LOOK NOW (WENN DIE GONDELN TRAUER TRAGEN; GB/I 1973). Während das Ende durchaus eine Deutung als ‹Totenbettfantasie› nahelegt (vgl. auch Strank ²2013), ist dies in Bezug auf die Erzählstruktur problematisch – und zwar aus mehreren Gründen: (a) Die ‹Totenbettfantasie›-These erklärt nur oberflächlich die grundsätzliche Disposition der Narration mit ihren Ellipsen, Zeitsprüngen und Paradoxien; (b) Es ist eine dominant motivische Erzählweise zu beobachten, die nach und nach die narrationsgebundene Erzählweise ablöst; (c) Die psychoanalytischen Komponenten der Inszenierung stützen die Existenz einer Verheißungs-/Erfüllungs-Kausalität; die Wahrnehmung der Hauptfigur John Baxter ist durch ihr Trauma gefiltert und gesteuert; (d) Der kulturhistorische Hintergrund der Schwarzen Romantik (v. a. das Doppelgängermotiv, vgl. Strank ²2013) lässt kaum ein anderes Ende zu als die Konfrontation mit dem Doppelgänger. Man kann das Ende des Films als *Twist Ending* interpretieren, muss dies jedoch nicht tun. Aber selbst wenn man so vorgeht, erfasst dies nicht alle wesentlichen Aspekte des Endes, das über eine bloße Re-Evaluation des vorangegangenen Materials weit hinausgeht. Das *Twist Ending* stellt also eine mögliche Deutung dar, die nur dann dem Film gerecht wird, wenn sie um zumindest die vier oben genannten Aspekte ergänzt wird. Damit wäre eine Einordnung in die Kategorie *Wake-up Twist* zwar möglich, aber nicht hinreichend.

Ähnlich verhält es sich bei THE MACHINIST (DER MASCHINIST; E 2004, Brad Anderson, vgl. Kapitel 3.1.4.3). Die ästhetische Komposition des Films basiert ähnlich stark auf motivisch-symbolischer Arbeit wie diejenige von ANGEL HEART. Das Ende, letztlich der Abschluss eines Erinnerungsvorgangs, der Entschlüsselung eines verdrängten Traumas, lässt sich wie oben als *perzeptiver Twist* kategorisieren.

Dennoch ist nicht alles auflösbar. Es ist anzunehmen, dass Großteile der gezeigten Bilder eine Kombination darstellen: aus Erinnerungen und Erfahrungen der Hauptfigur Trevor Reznik und der aktuellen, synchron und linear entfalteten Narration. Die meisten der Bilder werden durch das Ende in die neue Lesart integriert, dennoch haben sie als kognitive Realität der Hauptfigur auch über das *Twist Ending* hinaus Bestand. Auffällig ist, dass in den meisten inszenierten Momenten der *Anagnorisis* die Konsequenz einer Integration, Überlagerung oder Auslöschung der erstetablierten Diegese-Ebene entspricht. In Andersons Film ist es – wie z. B. auch bei SHUTTER ISLAND – signifikant anders: Der Weg wird nicht nur synthetisch in das Ziel integriert, sondern bleibt als kognitive Vergangenheit integraler Bestandteil der zweiten Diegese-Ebene.

David Lynchs MULHOLLAND DRIVE (USA 2001) entzieht sich allein aus programmatischen Gründen einer holistischen Deutung. Paradoxien sind konstitutiv für den Handlungsverlauf, dennoch ist eine Lesart als Film mit *Twist Ending* plausibel (vgl. Wilson 2006, 82). Der häufig angesetzte *Wake-up Twist* kann zwar ebenfalls nicht alle Elemente der Handlung hinreichend erklären – zumal er relativ früh einsetzt –, dennoch ist das *Twist Ending* in diesem Fall, wenn auch nicht widerspruchsfrei, so doch eine mögliche Deutungsvariante für einige narrative Aspekte des Films (vgl. McGowan 2004).

b. Dokumentarfilm

CATFISH (USA 2010, Henri Joost, Ariel Schulman) ist ein Dokumentarfilm über eine Familie, die der Protagonist Nev nur per Telefon bzw. Facebook kennt. Die achtjährige Abby hat begonnen, seine Fotografien nachzumalen und ist dabei zu einer erfolgreichen lokalen Künstlerin in Michigan avanciert. Ihre Halbschwester Megan verliebt sich über die Distanz in Nev, und die beiden beginnen eine Art Fernbeziehung, ohne einander jemals begegnet zu sein. Der Film dokumentiert in seiner ersten Hälfte diese Liebesgeschichte, bevor Megan ihre Songs an Nev schickt. In einer ersten Wendung offenbart sich, dass die Songs nicht von Megan stammen. Dann finden sich mehr Ungereimtheiten, und ein Team, bestehend aus den Filmemachern und dem Protagonisten, fährt nach Michigan, um die Familie mit ihren Lügen zu konfrontieren.

Dabei stellt sich heraus, dass die Eltern Angela und Vince anders aussehen als auf den Fotos, Megan nicht existiert und Abby nicht malt. Angela hat 15 Facebook-Accounts selbst unterhalten und damit ein stabiles soziales Mini-Netzwerk konstruiert. Durch die investigative Vorgehensweise der Filmemacher wird der Eindruck erweckt, dass Zuschauer und Protagonisten quasi gemeinsam neue Informationen erhalten und das Erscheinungsbild der Familie zeitgleich re-evaluieren.[44] Zunächst geschieht dies anhand von Indizien – Abbys ‹Galerie› steht leer,

---

44 Dies ist natürlich Teil der Inszenierung, da es sich nicht um einen Live-Dokumentarfilm handelt.

Megan singt nicht selbst. Aus sechs Kindern werden drei, Abby malt nicht, aber Angela. Die erfundene Familie wird vom Film dadurch motiviert, dass Angela ihre Wünsche für die zurückgebliebenen Söhne ihres Mannes Vince geopfert hat – die Facebook-Freundschaft mit Nev bzw. ihre Romanze als «Megan» war die virtuelle Projektion eines Lebens, das hätte sein können. Auch im persönlichen Gespräch sagt Angela nicht immer die Wahrheit. Sie behauptet, dass Megan in einer Entzugsklinik sei und sie selbst Gebärmutterkrebs habe. Eine Texttafel am Ende des Films klärt darüber auf, dass beides nicht der Wahrheit entspricht.[45]

Der Film CATFISH ist ein Sonderfall, da er im dokumentarischen Modus gefilmt ist und somit die *Anagnorisis* nicht nur für den Protagonisten erfolgt, sondern inszenatorisch mit dem Regisseur synchronisiert ist. Dies passiert zwar nachträglich durch die Montage, die Reaktionen werden jedoch als ‹authentisches›[46] Material markiert. Dadurch passen sie die realzeitlichen Erkenntnisse der Filmemacher im Nachhinein an diejenigen des Zuschauers an. Der dokumentarische Modus ermöglicht zudem die Diskussion fiktiver Realität jenseits von Fiktion: Angela nutzt digitale Medien zur Konstruktion einer Diegese, die durch die Recherche in eben diesen Medien widerlegt wird. Die Umdeutung ähnelt dem *Twist Ending*, obwohl der ‹Plot Twist› dafür zu früh gesetzt ist. Damit wird der zweite Teil des Films zu einem fortwährenden Prozess der Offenlegung einer bis dahin verborgenen Diegese-Ebene, ähnlich wie bei vergleichbaren fiktionalen Formaten. Die grundsätzliche Konstruiertheit von Realität schließt die Möglichkeit der Konstitution einer Schein-Realität mit ein. Investigativer Dokumentarismus sorgt im Fall von CATFISH also dafür, dass seine Anlage mit dem vorgestellten Modell des *Twist Endings* immerhin korrespondiert.

c. Selbstreflexiver Twist

Neben Filmen, in denen das *Twist Ending* nicht die dominante narrative Strategie darstellt, und Dokumentarfilmen mit *Plot-Twist*-artigen Wendungen kann man eine Sonderform des *Twist Endings* beschreiben, für die der Ausdruck *selbstreflexiver Twist* zutreffend erscheint. Der bereits mehrfach genannte Animationsfilm RIDE HIM, BOSKO! gehört in diese Sparte ebenso wie MONTY PYTHON AND THE HOLY GRAIL. Der zuletzt genannte Film spielt zwar – mittels Texttafeln, chronologischen Brüchen und Anachronismen sowie eingeschobenen Zitaten von TV-Formaten – permanent mit seiner Gemachtheit, jedoch entkoppeln die selbstreflexiven Ebenenwechsel den Hauptplot niemals vollständig von seiner mittelalterlichen Diegese. Man kann diese als diegetische Unterbrechungen bezeichnen.

Anders verhält es sich am Ende, als die Artusritter als Verrückte festgenommen werden und die zeitgenössische Polizei die als ‹Schauspieler› entlarvten Schauspie-

---

45 Dies mag natürlich ebenso gelogen sein. Die ‹Authentizität› der Texttafel ist bestenfalls zeichenhaft.
46 Aufgrund der Problematik, die das Wort in ontologischer wie in theoretischer Hinsicht mit sich bringt, wird es in einfache Anführungszeichen gesetzt.

ler abführt. Konnte vorher trotz der Unterbrechungen von einer Trennung der Ebenen – zeitgenössisches Fernsehen und filmischer Kommentar vs. im Mittelalter verortete Handlung – ausgegangen werden, ist dies spätestens nicht mehr möglich, als einer der Ritter den Dreh einer Historiendokumentation stürmt und kurz darauf als Mörder polizeilich gesucht wird. Der ‹Kollaps der Ebenen› führt zur Re-Evaluation der mittelalterlichen Diegese-Ebene als zeitgenössische, während der Schlussgag in Sachen Selbstreflexivität das *Twist Ending* überbietet: Statt eines Abspanns endet der Film mit dem inszenierten Riss des Filmstreifens, sodass sowohl die Kategorie der *found footage* als auch diejenige des Fragments aufgerufen wird.

Trotz der strukturellen Ähnlichkeit zum *Twist Ending* ist zu bezweifeln, ob der *selbstreflexive Twist* tatsächlich eine eigene Kategorie der beschriebenen Finalisierungsvariante bilden kann. Im Beispiel von RIDE HIM, BOSKO! müsste eine verborgene Diegese-Ebene ‹Realfilm› durch den vorangestellten Animationsfilm überlagert werden, was das Verhältnis der Ebenen zueinander nicht ausreichend beschreibt. Dass der *selbstreflexive Twist* am Ende eine Spielart des *Surprise Endings* ist, steht hingegen außer Zweifel. Der Ebenenwechsel kann akkurat als Transition beschrieben werden, nicht so sehr als Re-Evaluation: Durch den *selbstreflexiven Twist* wird eine neue Diegese-Ebene offenbar, die außerhalb des darstellerischen Möglichkeitsbereiches der ursprünglichen Diegese-Ebene zu liegen schien. Damit weist das selbstreflexive *Surprise Ending* Parallelen zum *Twist Ending* auf, stellt jedoch eine verwandte Alternative dar, die eine Umdeutung der diegetischen Prämissen – also der Meta-Diegese – notwendig macht.

3.2 Randbereiche und Grenzgänge

3.2.1 Verwandte Phänomene

Im Zuge der wissenschaftlichen Definition des Begriffs *Twist Ending* wurden etliche weitere Phänomene berührt, die durch die Operation der Re-Evaluation mit dem *Twist Ending* verwandt sind. Beim erwähnten «Schock des Realen» (vgl. Kapitel 1.1.3) handelt es sich um eine primär rezeptionsästhetische Kategorie, deren Wirkmechanismen ohne empirische Studien nicht präzise beschrieben, sondern bestenfalls grob eingeschätzt werden können.[47]

Eine weitere rezeptionsästhetische Parallele findet sich im intertextuell etablierten Script- bzw. Framefehler. Der Scriptfehler kann z.B. eine Genrevariation darstellen. Narrative Finalisierungskonventionen eines Genres – wie etwa das Überleben einer einzigen Figur im Slasherfilm oder das Zusammenfinden eines Paares im

---

47 Aus demselben Grund wurde die Wirkung des *Twist Endings* in der vorliegenden Arbeit nur im theoretischen Teil berücksichtigt und in den Analysen lediglich auf die filmischen Möglichkeiten bezogen.

Liebesfilm – werden verletzt. Die daraus resultierende Abweichung kann als intertextuelle Überraschung gelten, obwohl es in vielen Fällen problematisch ist, einen geeigneten generischen ‹Prototyp› auszumachen, dessen Variation ein signifikantes Ereignis darstellt. ‹Fehler› in der Struktur des *Frames* funktionieren ähnlich, indem diegetische Prämissen eine Erweiterung oder Reduktion erfahren bzw. in Widerspruch zu den etablierten Prämissen geraten. In diesem Fall kann ein *Twist Ending* vorliegen. Beispiele für weitreichende *Plot Twists* vor dem Ende eines Films werden in Kapitel 3.4 diskutiert.

Das *Lying Flashback* (vgl. Kapitel 2.2.1) ist in narratologischer Hinsicht mit dem *Twist Ending* verwandt, da auch hier eine Information bewirkt, dass dem narrativen Segment eine neue Bedeutung zugewiesen wird. Diese neue Bedeutung aktualisiert die erste Bedeutung mittels einer Substitution: Das dem *Lying Flashback* im Syuzhet zugewiesene Signifikat wird durch ein neues Signifikat (‹korrektes› Flashback) ersetzt. Auf der Ebene der Fabula handelt es sich um eine paradigmatische Substitution, da die neue Information als gleichberechtigt oder als höherwertig an die Stelle der alten tritt.

Der in Kapitel 3.1.8 vorgestellte *selbstreflexive Twist* stellt ein Pendant zum *Twist Ending* dar. Die selbstreflexive Grenzüberschreitung aktualisiert die Prämissen der Diegese-Ebene vor dem *Twist* D(t), jedoch macht sie in der Regel keine semantische Re-Evaluation der Narration vor dem *Twist* erforderlich. Der *selbstreflexive Twist* kann also als singuläres Ereignis ohne Konsequenzen für D(t) beschrieben werden.

Grundsätzlich ist jedes Phänomen, das die Neubewertung von früher im Syuzhet platziertem Material umfasst, mit dem *Twist Ending* verwandt. Die Serie Damages (vgl. Kapitel 2.2.1) führt kohärente Montagefolgen ein, deren Status gelegentlich aktualisiert werden muss, da sich ihr Zusammenhang als ‹falsch› erweist. Dadurch werden neue Ellipsen sichtbar, vorherige Ellipsen aufgefüllt und die Segmente der Montagefolge in ein neues hierarchisches Verhältnis zueinander gesetzt. Die Aktualisierung von Informationen beim *Twist Ending* funktioniert ähnlich.

Da die Bedeutungsgrenzen eines Begriffs mithin Aussagen über seinen definitorischen Kern zulassen und Grauzonen als Regulativa einer Typologie gelten können, werden im Folgenden einige Grenzfälle des *Twist Endings* analytisch erfasst: (a) der Zeitreise-Film, an dessen Ende häufig eine Re-Evaluation der Chronologie der Fabula steht (Kapitel 3.2.2); (b) der *Set-up Twist* am Ende eines Films ohne *Twist Ending*, in welchem zwar eine Verschwörung bzw. Inszenierung aufgedeckt wird, diese jedoch nicht für die gesamte Diegese relevant ist (Kapitel 3.2.3); (c) Film-Enden, die das *Twist Ending* als mögliche Lesart umfassen (Kapitel 3.2.4); (d) Filme, deren dominanter Diskurs am Ende re-evaluiert wird (Kapitel 3.2.5).

3.2.2 Zeitreise-Filme: TWELVE MONKEYS (12 MONKEYS; USA 1995, Terry Gilliam)

Viele Zeitreise-Filme thematisieren die Tatsache, dass eine Reise in die Vergangenheit Konsequenzen für die (neue) Gegenwart hat. Eine solche Alteration der Vergangenheit löst eine Re-Evaluation aus, d. h. ein aktuelles Ereignis wird unter den Prämissen der aktualisierten Diegese neu bewertet. TWELVE MONKEYS – eine Adaption des «Photoromans» LA JETÉE von Chris Marker – weist eine Variation dieses Prozesses auf: Am Ende wird deutlich, dass eine wiederkehrende Kindheitserinnerung der Hauptfigur gleichzeitig eine Vorausdeutung auf ihren Tod ist.

Die Handlung spielt im Jahr 2035. Der Gefängnisinsasse James Cole verpflichtet sich zu Zeitreisen in die Vergangenheit, um dem Ausbruch eines tödlichen Virus retroaktiv vorzubeugen. Bei seiner letzten Zeitreise wird Cole erschossen und kollabiert im Terminal eines Flughafens. Durch die visuelle Ähnlichkeit mit dem früheren Flashback, das die Erinnerung des Protagonisten repräsentiert hat, ist dieses im Nachhinein auch als Flashforward lesbar. Die Zeitreise verursacht eine paradoxe Überschneidung der Ebenen: Der junge Cole hat seinen eigenen Tod beobachtet.

Durch die *Anagnorisis* der Hauptfigur wird zwar nicht eine diegetische Ebene vollständig re-evaluiert, allerdings weist die Umdeutung des Flashbacks zum Flashforward Überschneidungen zu den Mechanismen des *Twist Endings* auf. Der Rahmen der Diegese bleibt stabil, die Re-Evaluation findet innerhalb dieses Rahmens statt. Die Umdeutungen sind punktuell und in einem chronologischen Ursache-Wirkung-Verhältnis zu beschreiben.

3.2.3 *Set-up Twist* ohne *Twist Ending*: BODY DOUBLE (DER TOD KOMMT ZWEIMAL; USA 1984, Brian De Palma)

Ein Ergebnis der Recherche von Filmen mit überraschendem Ende ist, dass die Anzahl der Filme mit *Set-up Twist*, aber ohne *Twist Ending* enorm hoch ist.[48] Zwei Regisseure, die viel mit dieser Konstruktion gearbeitet haben, sind Alfred Hitchcock und der stark von dessen Œuvre beeinflusste Brian De Palma.

In Brian De Palmas BODY DOUBLE verliert der Schauspieler Jake Scully zuerst seine Freundin und dann seinen Job, woraufhin ihn sein Kollege Sam Bouchard bei sich aufnimmt. Von dessen turmartigem Appartement aus kann Jake eine freizügige Nachbarin namens Gloria Revelle beim Tanzen beobachten, was Bouchard ihm nahelegt. Eines Tages wird Jake auf diese Weise Zeuge ihrer Ermordung – und gibt bei der Polizei an, der Täter sei ein Indianer gewesen.

Gegen Ende des Films versteht Jake, dass alles eine Inszenierung war, um Bouchard alias Alexander Revelle ein Alibi zu verschaffen. Die Tänzerin der ersten Abende war der Pornostar Holly Body – Revelle hatte sie als ‹Body-Double› für

---

48 Einige Beispiele sind in der Filmografie im Anhang aufgeführt.

seine Frau Gloria engagiert. Der geheimnisvolle ‹Indianer› erweist sich zudem als der maskierte Alexander Revelle. Jake hatte die Situation offenbar bereits verstanden, als er Holly Body im Fernsehen tanzen gesehen hat. Dies wird hingegen erst explizit gesagt, als Jake Holly damit konfrontiert – obwohl die visuelle Ähnlichkeit der Frauen vorher bereits auffällig war.

Der *Set-up Twist* deutet nur Revelles Verbrechen um und hat keinen Bezug zu den anderen Handlungen und Figuren innerhalb der Diegese des Films. Außerdem ist er nicht ganz am Ende gesetzt, sondern im letzten Drittel. Ansonsten funktioniert der *Set-up Twist* gemäß der Dynamik, die in Kapitel 3.1.3 beschrieben wird: Die Umdeutung ‹unwissend → eingeweiht› und ‹real → inszeniert› gilt auch hier. Es kann dem Film zudem eine hohe Selbstreflexivität attestiert werden. Bouchard/Revelle, Scully und Body sind Schauspieler, und zwischendurch wird gar die Produktion eines Pornofilms gezeigt. Die Inszenierung besteht folglich aus Schauspielern, die einen Schauspieler täuschen, und wird selbst mehrfach thematisiert: Als Jake die Wohnung von Bouchard/Revelle übernimmt, bemerkt er: «What a set-up!» (00:19:04)[49], was im Nachhinein eine zweite Bedeutungsebene erhält. Der positive Aspekt (set-up = Arrangement) wird nach dem *Plot Twist* als negativer Aspekt (set-up = Inszenierung) verständlich. Und als Jake den enttarnten Revelle schließlich mit seinen Erkenntnissen konfrontiert, ist dieser darüber verärgert, dass sein überraschendes Ende ruiniert wurde.[50] Als Regisseur des ‹Set-ups› gönnt er dem klaustrophoben Jake dann auch «ein weiteres Take», und Jake gelingt es – in der Filmproduktions-Metaphorik verbleibend[51] – sich aus dem offenen Grab zu befreien, indem er sich vorstellt, dass alles nur ein Filmdreh und nicht die ‹Realität› ist.

Deutlich näher am *Twist Ending* ist das Finale von De Palmas Film Obsession (Schwarzer Engel; USA 1976). Den Protagonisten plagen Schuldgefühle wegen seiner im Verlauf einer Entführung gestorbenen Frau. Als er Jahre später in Florenz ist, trifft er dort ihre nahezu identische Doppelgängerin (vgl. Alfred Hitchcocks Vertigo). Kurz vor der Hochzeit kommt heraus, dass es sich um seine verschollene Tochter handelt, die mittlerweile ihrer Mutter sehr ähnlich sieht. Die gesamte Handlung seit dem Florenz-Besuch erweist sich als Inszenierung der Entführer seiner Frau, in welche seine engsten Vertrauten von Anfang an eingeweiht waren. Die Tochter hat seit der Entführung Rachegedanken gehegt, weil ihr Vater den Lösegeldforderungen nicht nachgekommen war. Obsession ist ein Grenzfall, da er nur einen Handlungsstrang an seinem Ende re-evaluierbar macht. Es ist diskutabel, ob dadurch die Prämissen der Diegese umgedeutet werden und somit ein *Twist Ending* festgestellt werden kann.

---

49 Die Time-Code-Angaben zu Body Double beziehen sich auf eine Ausgabe des Films, deren Ausstrahlungsdatum nicht zu recherchieren war. Die existierenden Schnittfassungen sind allerdings sehr ähnlich, sodass die Szene leicht zu finden sein dürfte.
50 «You ruined my surprise ending» (1:43:50).
51 Hier wird ein weiterer selbstreflexiv lesbarer Begriff in seiner Doppeldeutigkeit genutzt: «to act» als schauspielern bzw. handeln.

3.2.4 *Twist Ending* als Möglichkeit: Le Orme (Spuren auf dem Mond; I 1975, Luigi Bazzoni)

Der italienische Giallo-Film Le Orme stellt ein Beispiel für einen Grenzfall zwischen *Surprise Ending* und *Twist Ending* dar. Der Originaltitel heißt wörtlich übersetzt «Die Spuren». Dies bezieht sich einerseits auf die Spurensuche der Hauptfigur Alice, andererseits auf den Titel eines fiktiven Films, den sie gesehen zu haben glaubt. «Footprints on the Moon» ist zusätzlich ein intertextueller Verweis auf die einzige zeitgenössische Mondlandungs-Dokumentation im Kinoformat, Footprints on the Moon: Apollo 11 (USA 1969, Bill Gibson).[52]

In Alice' Erinnerung fehlen zwei Tage, als sie an einem Donnerstag aufwacht und diesen für einen Dienstag hält. Es stellt sich heraus, dass sie im Ferienort Garma gewesen ist, sich dort als Nicole ausgegeben und aus Angst vor mysteriösen Verfolgern ihr Erscheinungsbild verändert hat. Am Ende des Films wird klar, dass diese Angst sich auf die vermutlich fiktiven Figuren aus dem erinnerten Film bezieht, von denen sie sich verfolgt wähnt.

Die Teile der Fabula werden dabei im Syuzhet so angeordnet, dass die Hauptfigur von ihren früheren Aufenthalten in Garma anfangs selbst nichts weiß. Zeitlich kann man die Ereignisse in etwa wie folgt strukturieren:

Tab. 30 Zeitstruktur in Le Orme

Garma I	«vor Jahren»	Kindheitserinnerung mit Harry (Flashbacks)
Mond/Kommandobasis	im Film	Erinnerung an einen Kinobesuch zu einem unbestimmten Zeitpunkt (Flashbacks)
Garma II	Dienstag und Mittwoch	als «Nicole» (Dialog)
Italien	Donnerstag	Alice' Berufsleben (Drama)
Garma III	ab Freitag	Aufarbeitung der fehlenden Erinnerungen (Drama)

Die Suche nach der Erklärung für «Garma II» motiviert den Hauptteil der Handlung; dabei werden vom Film prinzipiell drei Möglichkeiten angeboten: (a) Alice leidet unter Amnesie und hat bewusst die Rolle der «Nicole» angenommen; (b) Alice leidet unter einer dissoziativen Identitätsstörung; (c) Alice ist das Opfer einer Verschwörung. Diese Hypothesen sind zu verschiedenen Zeitpunkten des Syuzhets unterschiedlich wahrscheinlich.

In Garma angekommen, wird Alice von einigen Personen zunächst nicht wiedererkannt, aber es häufen sich die Zeichen, dass sie vor einigen Tagen als «Nicole» bereits dort war. Ein kleines Mädchen namens Paola ist sich nicht ganz sicher, ob Alice wirklich «Nicole» ist; zudem erkennt Fox, ein streunender Hund, sie nicht wieder. Das

---

52 Ihr Vorname stellt zudem den Bezug zu einem möglichen Intertext her: Lewis Carrolls *Alice's Adventures in Wonderland*.

unterschiedliche Erscheinungsbild wird durch eine rote Perücke und die Fähigkeiten des Make-Up-Künstlers Marcel erklärt, der ihr gesamtes Aussehen verändert habe.

Ein Einheimischer gibt sich schließlich als Alice' Jugendfreund Harry aus. Seine Identität wird jedoch lange nicht geklärt, und als Alice ihn mit einer Schere ersticht, zeigt zwar eine Großaufnahme ein Namensschild («HARRY») um seinen Hals – Alice selbst trägt jedoch eine Tasche mit dem Schriftzug «Nicole» bei sich, sodass der Film geschriebene Namensbezeichnungen nicht als glaubwürdige Informationen einführt. Es ist auch ein Namensschild, welches suggeriert, dass Alice vor Jahren bereits in Garma gewesen sein muss: Derartige Schilder wurden von einem ortsansässigen Künstler gefertigt, der schon lange tot ist.

Zum Ende hin folgt Alice ihren eigenen Fußspuren: Sie findet heraus, dass Nicole eine Schere gekauft hat, und tut dasselbe; sie läuft durch den Wald und fällt dort in Ohnmacht. Kurz darauf wacht sie offensichtlich zum wiederholten Male im Haus von Harry auf, in welchem sie einen gläsernen Pfau an einem der Fenster wiedererkennt. Als Alice ein Telefongespräch belauscht und mitbekommt, dass Harry jemandem garantiert, dass sie diesmal nicht entkomme, wird die Lesart ‹Verschwörung› zwischenzeitlich zwar dominant, nach Harrys Tod aber wieder zurückgenommen. Alice flüchtet und wird von zwei Astronauten am Strand eingefangen. Die Aufnahmen vom Strand markieren durch ihre blaue Färbung möglicherweise die Irrealität der Szene. Nach einem Schnitt endet der Film mit einem Bild von Fußspuren im Sand. Eine Texttafel informiert im Anschluss darüber, dass Alice «seit dem 15. Oktober 1971» in einer Nervenheilanstalt in der Schweiz einsitzt – das Rätsel scheint gelöst.

Tab. 31 Das Finale (ab 1:07:35)[53]

1. Alice wacht an einem unbekannten Ort auf; sie erkennt den gläsernen Pfau. = Sie war bereits hier (Garma I).
2. Der Einheimische stellt sich als ihre Jugendliebe Harry vor. => Sie glaubt ihm und gibt sich ihm hin.
3. Alice wacht wieder bei Harry auf und findet im Bad ihren verschwundenen Ohrring wieder. = Sie war gerade erst hier (Garma II).
4. Harry versichert einem Unbekannten am Telefon, dass Alice diesmal nicht entkommen werde (Möglichkeit: *Set-up Twist*).
5. Harry erzählt ihr seine Version der Ereignisse; sie sei paranoid gewesen, und er habe sie bei sich aufgenommen (Möglichkeit: *perzeptiver Twist*).
6. Sie tötet ihn mit den Worten: «Du bist nicht Harry».
7. Alice flüchtet; Blackmann befiehlt ihre Festnahme, um sie auf dem Mond auszusetzen; der Gegensatz der Materialebenen löst sich auf (Traum/Realität bzw. Film-im-Film/Film; Möglichkeit: *selbstreflexiver Twist*).
8. Zwei Astronauten erscheinen am See und verfolgen Alice, ergreifen sie; Shot auf Fußspuren; Texttafel.

53 Die Time-Code-Angaben zu Le Orme beziehen sich auf eine Ausgabe des Films, deren Ausstrahlungsdatum nicht zu recherchieren war. Die existierenden Schnittfassungen sind allerdings sehr ähnlich, sodass die Szene leicht zu finden sein dürfte.

Es ist auffällig, dass der «Footprints»-Film sich parallel zur Haupthandlung erzählerisch entwickelt. Er beginnt mit unkommentierten Bildern auf dem Mond; an Bord des Flugzeugs, das Alice in die Nähe von Garma bringt, träumt sie erneut vom Film. In Garma entwickelt sich die Handlung dann weiter: Alice liegt in ihrem Hotelzimmer, als sie träumt, wie Blackmann angesichts des nahenden Todes des Astronauten befiehlt, ihm neue Versuchskaninchen zu bringen. Der Astronaut stirbt schließlich, als Alice in der Kirche von ihrem früheren Aufenthalt in Garma (I) erfährt. In Harrys Haus vermischen sich Blackmanns Worte mit denen von Harry: Diesmal werde sie nicht entkommen. Nach dem Mord schließlich erkennt Blackmann, dass Nicole und Alice dieselbe Person sind, und gibt das Kommando, sie als Versuchskaninchen zu ergreifen. Alice erleidet mutmaßlich einen Zusammenbruch.

Das Ende suggeriert, dass Alice' paranoide Angstzustände sich visuell durch den Motivkomplex der Raumfahrt manifestieren. Der erinnerte Film kann als Metapher für ihren Seelenzustand gelesen werden. Die Konferenz, auf der Alice anfangs arbeitet, dreht sich ebenfalls um Raumfahrt – ein potenzieller Trigger und gleichzeitig ein Moment der Verunsicherung, ob die Handlung überhaupt realistisch oder nicht vielmehr vollständig subjektiv erdacht ist. Ein weiterer Hinweis auf eine solche Lesart findet sich in einem Flashback, das Alice' Erinnerungen an die Konferenz zeigt. Das rote Kleid einer Frau wird dabei von ihrem Voice-Over deutlich betont, obwohl das Flashback in Schwarzweiß gehalten ist. Die Erinnerung gipfelt darin, dass Alice' Paranoia offensichtlich überhand nimmt und sie ohne ersichtlichen Grund von ihrem Arbeitsplatz flüchtet. Bereits hier wird ihre Instabilität deutlich inszeniert und die Möglichkeit postuliert, dass ihre Wahrnehmung nicht objektivierbar ist.

Zudem ergibt sich ein zeitliches Problem: Alice' Kalender zeigt zu Beginn des Syuzhets, dass die Haupthandlung ungefähr vom 6. bis zum 12. September spielt – welchen Jahres, wird nicht klar. Die Texttafel am Ende besagt jedoch, dass sie erst am 15. Oktober 1971 eingewiesen wurde, was folgende Lesarten nahelegt: (a) Die Handlung spielt im Jahre 1971. Alice erkrankt spätestens am 6. September an einer paranoiden, dissoziativen Identitätsstörung mit Zuständen der Amnesie. Sie fährt nach Garma (Garma II), um ihre Jugendliebe Harry zu suchen, und tarnt sich als ‹Nicole›, um nicht von Blackmann gefunden zu werden. Als sie Harry ausfindig macht, übernachtet sie bei ihm, attackiert ihn mit einer Schere und flüchtet dann nach Hause, wo sie am Donnerstag ohne Erinnerungen an Garma II aufwacht. Ab dem 9. September 1971 beginnt sie die Nachforschungen darüber (Garma III), warum sie eine Postkarte von Garma in ihrem Haus hat und wo sie an den vergangenen Tagen gewesen ist. Spuren deuten darauf hin, dass sie vor Kurzem schon einmal in Garma war. Diesmal tötet sie Harry in einem paranoiden Wahnzustand und flüchtet. Am Strand wird sie möglicherweise von Pflegern oder Polizisten festgenommen, die sie als Astronauten wahrnimmt; die Spuren im Sand unterstützen diese Lesart. Ein kleineres Problem besteht in diesem Fall darin, dass ein ganzer Monat nach Abschluss der Filmhandlung vergeht, bevor Alice in eine Nervenheilanstalt in der Schweiz eingewiesen wird. Dies erscheint zumindest unwahrscheinlich, und es gibt keinen ersichtlichen Grund, warum auf der Texttafel nicht der 15. September genannt ist.

Geht man davon aus, dass die Handlung zeitgenössisch sein soll, kann man Lesart (b) annehmen: Die gezeigten Ereignisse finden später als 1971 statt. In diesem Fall würde Alice entweder alles oder große Teile der Handlung halluzinieren. Die Halluzination würde sich demnach aus Film- und Kindheitserinnerungen speisen, was nicht unwahrscheinlich erscheint. Möglich ist auch, dass der Ausflug nach Garma eine Art Ausbruch aus der Nervenheilanstalt ist – genaue Antworten gibt der Film dazu nicht.

LE ORME lässt somit offen, worauf sich das Ende genau bezieht. Die Möglichkeit eines *Twist Endings* ist gegeben, plausibler scheint jedoch, dass die Handlung die allmähliche Erkrankung der Hauptfigur nachzeichnet. Auch spielt das Ende mit der Existenz mehrerer *Final Plot Twists*: einem *perzeptiven* (sie hat eine dissoziative Identitätsstörung), einem *narrativen* (ihre Perspektive erweist sich als lückenhaft) und einem *Set-up Twist* (es handelt sich um eine Verschwörung, analog zu ihren Film-Flashbacks).

3.2.5 Bruch mit dem Diskurs: GRAN TORINO (GRAN TORINO; USA/D 2008, Clint Eastwood)

Clint Eastwoods Film GRAN TORINO kann als weiterer Grenzfall gelten. Während die Enden der Zeitreise-Filme (Kapitel 3.2.2) in syntagmatischer Hinsicht – bezogen auf das filmische Syuzhet – nicht als *Twist Endings* interpretierbar sind, ist die Reichweite (*Scope*) von BODY DOUBLE (Kapitel 3.2.3) in paradigmatischer Hinsicht nicht ausreichend. Die ‹diegetischen Konsequenzen› des Endes von GRAN TORINO beziehen sich hingegen auf einen anderen Aspekt – die moralischen Diskurse des Films. Die Realitätskonzeption der Diegese verändert sich nicht. Nachdem sich der Protagonist Walt Kowalski in einer Abfolge von Gewalt und Gegengewalt mit einer kriminellen Jugendgang gemessen hat, weicht er am Ende von seinem bisherigen Verhalten ab. Sein letzter Akt besteht in einem Selbstopfer, das zur Verhaftung der jugendlichen Kriminellen führt: Er provoziert die Mitglieder der Gang und lässt sie glauben, er sei bewaffnet; als sie ihn erschossen haben, stellen sie fest, dass dies nicht der Fall ist. Die Handlung bis zum Finale ist von dem genannten ‹Teufelskreis› von Gewalt und Gegengewalt geprägt, welcher durch Walts gewaltloses Selbstopfer durchbrochen wird. Dadurch tritt ein neutestamentarisches Konzept der Nächstenliebe an die Stelle der alttestamentarischen Racheethik. Ein Aspekt der Diegese wird verändert, was für den moralischen Diskurs des Films Auswirkungen hat, jedoch die übrigen Diskurse nicht berührt.[54]

---

54 Im Sinne von Wulff (2007) kann man dies als Re-Evaluation einer der diegetischen Schichten beschreiben (vgl. Kapitel 1.2.2).

Bereits bei Filmen mit *Wake-up Twist* stellt sich die Frage, ob die Traum-Ebene mit dem *Twist Ending* vollständig verworfen wird oder ob ihre Diskurse nicht vielmehr als Elemente des Unterbewusstseins der/des Träumenden lesbar sind. Die Tiefenstrukturen der Narration können trotz des *Twist Endings* erhalten bleiben (wie z. B. in Somewhere, Tomorrow, vgl. Kapitel 3.1.2.1). Auch der *Set-up Twist* macht die ideologischen Positionen von D(t) nicht notwendigerweise überflüssig. Der hierarchische Status dieser ‹Rückstände› ist in aller Regel gering, da beim *Twist Ending* die neue Lesart eindeutig dominant und ‹objektiv› gesetzt ist. Außerdem ist immer der Umfang der Umdeutung zu betonen, der das *Twist Ending* von allen Grenzfällen absetzt: Es verwirft und re-evaluiert potenziell alles, was vor ihm kam.

3.3 *Twist Ending* als intertextuelles Phänomen

3.3.1 Informationsvergabe und Kontextualisierung

Die Idee der Informationsvergabe bezieht sich aus medienwissenschaftlicher Sicht primär auf eine Frage nach Kontextualisierungsprozessen bzw. nach Wechselwirkungen zwischen etablierten und neuen Informationen, die in Form von dekodierbaren Zeichen durch das Medium Film vermittelt werden.

Die Filmanalysen haben gezeigt, dass das *Twist Ending* in dieser Hinsicht ein Re-Kontextualisierungsphänomen ist – innerhalb der eigenen Form leitet es Prozesse der Informationsvergabe ein, die den Ergebnissen vorangegangener Prozesse notwendigerweise widersprechen.

Den Informationen kann eine syntagmatische zeitliche Verortung im Syuzhet zugeteilt werden, die ebenfalls narratologisch beschreibbar ist. Anhand der gewählten Definition des Film-Endes ist daher eine Unterscheidung möglich, ob ein *Plot Twist* am materiellen oder am narrativen Ende des Syuzhets steht. Außerdem kann eine Aussage über den Umfang der Umdeutung getroffen werden, welche die neue Information auslöst. Dabei mag es sich um die Ergänzung eines Details handeln, das einen Subplot abschließt oder aber eine zentrale Frage des Films beantwortet. Beim *Twist Ending* ist der re-evaluative Umfang maximal, indem sich die bis zum *Twist* gültige diegetische Ebene als ‹falsch› erweist.

3.3.2 Erzählkonventionen (Genre, Muster, Schema)

Die Wirkungsweise des *Twist Endings* wurde notwendigerweise anhand kasuistischer Analysen beschrieben, die eine Interpretation innerhalb der eigenen filmischen Form ermöglichen. Es wird im Folgenden geprüft, inwiefern aus den Einzeltextbeobachtungen auch Rückschlüsse auf intertextuell verknüpfte Systeme gezogen werden können.

Bereits 1979 konstatiert Umberto Eco: «Jeder Charakter (bzw. jede Situation) eines Romans ist unmittelbar mit Eigenschaften versehen, die der Text nicht direkt manifestiert; der Leser wurde darauf ‹programmiert›, diese aus der Schatzkammer der Intertextualität zu borgen» (Eco 1979, 21; Ü WS)[55]. Auch Genettes Idee von der «Architextualität», die er in seiner Schrift *Palimpseste* (1993) formuliert, spielt für diesen Komplex eine Rolle (vgl. Kapitel 1.2.6.2). Die Ausprägung von Intertexten und Architexten kann auch dem *Twist Ending* attestiert werden. Dabei sind mehrere Varianten denkbar: (a) Ein Film mit *Twist Ending* ruft Intertexte ohne *Twist Ending* auf (z. B. Genre-Variationen). (b) Ein Film mit *Twist Ending* bezieht sich auf andere Filme mit *Twist Ending* (vgl. die Analyse von SHUTTER ISLAND in Kapitel 2.1.9.H). (c) Der architextuelle ‹Film mit *Twist Ending*› dient als Bezugspunkt für weitere Filme mit *Twist Ending*, die mit ihm intertextuell verknüpft sind.

Das *Twist Ending* kann als konventionalisierte narrative Variante eingestuft werden. Es hat in seiner Funktionsweise einen eigenständigen, unersetzbaren Typus ausgebildet, der zum Verständnis von Filmdramaturgien im Allgemeinen relevant ist. Als es zur Stummfilmzeit eine radikalisierte Form der Auflösung darstellte, war es von *Surprise Endings* rezeptionshistorisch noch nicht klar abzugrenzen.[56] Zur Tonfilmzeit war das *Twist Ending* zunächst ein avantgardistisches Mittel, das zum Bruch mit erzählerischen Konventionen führte, indem es das klassische Modell der finalen Auflösung um eine Meta-Ebene ergänzt hat. Mit seiner Etablierung im filmischen *Mainstream* in den 1990er-Jahren wurde es zu einem spielerischen Täuschungsmittel und bediente eine Generation aktiv am Filmdiskurs teilnehmender Zuschauer, die bereits in der Mitte des Films zu raten begann, worin der *Twist* besteht.[57]

Das *Twist Ending* wurde in der vorliegenden Untersuchung aus Gründen der Transparenz und der Reduktion von Komplexität zur Bildung von Modellen und Typologien zwischenzeitlich als homogenes Phänomen dargestellt. Dabei wurden Sonderformen und komplexere Varianten jedoch nicht außer Acht gelassen und stets auf einen abstrakten ‹Prototyp› des *Twist Endings* bezogen. Die theoretische Grundlegung, die Beschreibung historischer Veränderungen und die strukturelle Analyse der verschiedenen Typen haben zu dem Ergebnis geführt, dass das *Twist Ending* von 1900 bis 2012 nach denselben narratologischen Gesetzmäßigkeiten funktioniert und beschreibbar ist.

Der *Wake-up Twist* war dabei schon immer Teil des erzählerischen Repertoires und somit auch des filmischen *Mainstreams* – diese einfachste Form des *Twist*

---

55 «Every character (or situation) of a novel is immediately endowed with properties that the text does not directly manifest and that the reader has been ‹programmed› to borrow from the treasury of intertextuality.»
56 Nach der Definition in Kapitel 1.2.7 ist dies allerdings problemlos möglich.
57 Dies lässt sich am regen Diskussionsbetrieb um Filme mit *Twist Endings*, z. B. in den imdb-Foren, ablesen. Vgl. auch Kapitel 2.1.9.

Endings wird seit Jahrzehnten zur Rücknahme fantastischer Elemente oder als simple *Deus-ex-Machina*-Operation und dramaturgischer Abbruch verwendet, der Probleme der erzählerischen Verwicklungen mit einem Schlag auflösen kann. Der *Set-up Twist* ist in seiner Funktion der Aufdeckung einer Inszenierung, Verschwörung oder eines geheimen Plans ebenfalls ohne *Twist Ending* möglich und in Filmen wie THE STING (DER CLOU; USA 1973, George Roy Hill) oder OCEAN'S ELEVEN (FRANKIE UND SEINE SPIESSGESELLEN; USA 1961, Lewis Milestone) allein aus genrekonstitutiven Gründen üblich (vgl. Kapitel 3.2.3).[58] Die genannten Filme unterscheiden sich dadurch vom *Twist Ending*, dass der re-evaluative Umfang ihres *Set-up Twists* deutlich geringer ist.

Der *Final Plot Twist* – besonders in seiner vermutlich häufigsten Form, dem ‹doch-nicht-tot-*Twist*› (vgl. Kapitel 1.1.6) – ist ungleich verbreiteter als das radikalere *Twist Ending*. Auch wenn Letzteres als Finalisierungsvariante mittlerweile als etabliert gelten kann, stellt es keineswegs die Norm, sondern nach wie vor einen Sonderfall und damit eine mögliche Abweichung dar. Die Radikalität des *Twist Endings* ist sein Alleinstellungsmerkmal, sodass ‹Filme mit Umdeutung am Ende› keinesfalls eine homogene Kategorie darstellen.

Eine weitere Möglichkeit der intertextuellen Verknüpfung bieten Remakes und intermediale Adaptionen. Im folgenden Kapitel sollen kurz anhand zweier markanter Beispiele Möglichkeiten für die Variation bzw. Transformation eines *Twist Endings* in entsprechenden Intertexten aufgezeigt werden.

3.3.3 Erzählerische Varianten: Literatur-Adaptionen und Remakes

a. Drei Adaptionen von An Occurrence at Owl Creek Bridge
Ambrose Bierce' Kurzgeschichte *An Occurrence at Owl Creek Bridge* (1890; vgl. Kapitel 2.1.1.c) hat die Genese zahlreicher intertextueller Nachfolger angestoßen und kann als modellbildend gelten (vgl. Kapitel 3.1.2.2). Im Folgenden soll die Frage geklärt werden, wie die Verfilmungen der Geschichte ihr *Twist Ending* inszenieren und ob es problemlos vom einen Medium ins andere übertragbar ist.

Es gibt drei kanonisierte Verfilmungen von *An Occurrence at Owl Creek Bridge*: einen experimentellen Stummfilm von Charles Vidor (THE SPY aka THE BRIDGE, USA 1929), eine 30-minütige Episode der TV-Serie ALFRED HITCHCOCK PRESENTS (5. Staffel, Episode 19: «An Occurrence at Owl Creek Bridge», USA 1959, Robert Stevenson) und einen oscarprämierten Kurzfilm ohne Dialog (LA RIVIÈRE DU HIBOU, F 1962, Robert Enrico), der auch als Teil der fünften Staffel der Serie THE TWILIGHT ZONE ausgestrahlt wurde.

---

[58] Der Topos des ‹betrogenen Betrügers› ist im sogenannten «heist movie» und ähnlichen Genres weit verbreitet. Vgl. neben den genannten Filmen auch THE LADYKILLERS (LADYKILLERS; GB 1955, Alexander Mackendrick), THE SPANISH PRISONER (DIE UNSICHTBARE FALLE; USA 1997, David Mamet) oder auch SNATCH. (SNATCH – SCHWEINE UND DIAMANTEN; GB/USA 2000, Guy Ritchie).

Charles Vidors Debütfilm THE BRIDGE[59] erzählt die Geschichte in ca. zehn Minuten nach. Die Vorgeschichte (Teil B) wird dabei nicht berücksichtigt und der Grund für die Hinrichtung erst in der vorletzten Einstellung des Films deutlich. Der Film kann somit in drei Teile unterteilt werden:

Tab. 32 Die Struktur von THE BRIDGE

Brücke I	0:50:38-0:53:56[57]	Dauer ca. 3'18"
Flucht	0:53:57-0:59:59	Dauer ca. 6'02"
Brücke II	1:00:00-1:00:22	Dauer ca. 0'22"

Die Flucht kann man zudem in drei Episoden unterteilen: Zunächst schwimmt der namenlose Spion durch den Fluss, was durch schnelle Gegenschnitte choreografiert wird. Als er an Land kommt, signalisiert er Euphorie und tänzelt glücklich-verspielt einen Weg entlang. In seinem Übermut ahmt er mit einem Stock die Schüsse der Soldaten nach. Im dritten Teil fühlt er sich verfolgt und läuft scheinbar hektisch und verängstigt durch einen Wald. Am Ende sieht man ihn von vorn einen Sandweg entlanglaufen und seine Familie halluzinieren, die immer wieder vor seinen Augen verschwindet. Anscheinend bekommt er beim Laufen immer weniger Luft, und als er stehen bleibt, wird die Situation in einem Schuss-Gegenschuss-Verfahren aufgelöst: Die halluzinierte Familie (Schuss; POV-Shot) wendet sich ab und geht davon, während im *Reaction Shot* die Kamera dem Spion immer näher kommt (Gegenschuss; von der Halbtotalen bis zur Nahen). An dieser Stelle macht sich der Rahmen bemerkbar, indem sich ein Motiv vom Anfang wiederholt.

Dieses Motiv wurde bereits kurz vor dem Sturz von der Brücke eingeführt. Die Trommel, die einer der Soldaten spielt, wird aus ihrem Kontext gelöst und erscheint mittels einer Überblendung zeitgleich mit dem Spion im Bild. Sie ist in verschiedenen Positionen zu sehen und repräsentiert das Herz bzw. den Herzschlag des Delinquenten, indem sie auf seiner linken Brustseite überblendet wird. Als der Spion stürzt, folgt eine schnelle Montage, die zwischen dem Gehängten und Bildern von seiner Familie (Frau und Kind) wechselt. Das Seil reißt und löst die rhythmische Spannung der hektischen Montage. Es beginnt die Fluchtsequenz.

Am Ende wird dieses Motiv zur Markierung des *Twist Endings* wieder aufgegriffen: Nachdem sich die halluzinierte Familie abgewendet hat und die räumliche Trennung von imaginierter Fantasie und imaginierter Realität somit als unüberwindbar etabliert wurde, rahmt die übergeblendete Trommel das entsetzte Gesicht des Spions. Es folgen drei Bilder von Mutter und Kind, in deren letztem das Kind

---

59 1931 nochmals veröffentlicht unter dem Namen THE SPY.
60 Die Zeitangaben beziehen sich auf die DVD-Veröffentlichung des Films auf der vierten DVD der Box «Unseen Cinema. Early American Avant-Garde Film 1894–1941. Inverted narratives. New directions in storytelling.»

weint: eine vorweggenommene Reaktion auf das nächste Bild, welches das letzte Zucken des sterbenden Spions kadriert. Es folgt ein Moduswechsel; die Trommel, die jetzt zu sehen ist, gehört zur ‹objektivierten Realität› der Soldaten und nicht mehr zur Introspektive des Spions. Sie beginnen den Abmarsch, und es folgen noch zwei Bilder: eine Detailaufnahme eines Zettels an der Brücke, auf dem «Spy!!» zu lesen ist, und eine Totale von der Brücke und ihrer Umgebung, von deren Mitte der aufgeknüpfte Protagonist baumelt.

Der Schluss ist genauso abrupt und kurz wie in Bierce' Vorlage. Dass die Analepse ausgelassen wird, fängt der Film durch eine inszenatorische Verschleierung des Übergangs von der fiktionalen Realität zur subjektiven Halluzination der Hauptfigur auf. Die schnelle Bildfolge zu Beginn der Strangulation endet nämlich mit dem Sturz ins Wasser, sodass ein klarer Unterschied zur vorangegangenen, durch Todesangst motivierbaren Halluzination besteht. Erst im letzten Drittel der Fluchtsequenz wird die Idee der Halluzination motivisch wieder aufgegriffen und deutet darauf hin, dass nicht alles so ist, wie es dargestellt wurde. Dennoch sind die widersprüchlichen Zeichen zumindest ausreichend motiviert: Die Atemlosigkeit kann durch das Laufen begründet werden, die Halluzination durch die enorme körperliche Anstrengung der Flucht. Der Rahmen wird erst durch das Motiv der Trommel wieder sichtbar – es repräsentiert sowohl das Hinrichtungsritual als auch den gesteigerten Herzschlag der Hauptfigur. Damit bezieht es sich auf auditive Signale, die vom Zuschauer ergänzt werden müssen. Dies verdeutlicht die eigentliche Hierarchie der Realitätsebenen und widerlegt somit die vermeintliche Ordnung der Narration. Die Re-Evaluation ist somit primär strukturell: Die Visualisierung einer bedrohlichen Situation wird im Nachhinein als Rahmen einer Halluzination lesbar.

Die Episode «An Occurrence at Owl Creek Bridge» aus der Fernsehserie Alfred Hitchcock Presents erzählt in den formatüblichen 25 Minuten Bierce' Kurzgeschichte filmisch nach. Mehrere Andeutungen von Bierce werden im Zuge der Dramatisierung amplifiziert, indem z. B. dem Sklavenhalter Farquhar zwei Sklaven an die Seite gestellt werden, die als Nebenfiguren fungieren. Ferner wird in der Analepse eine ausführliche Beschreibung der Planung und Durchführung des Anschlags geliefert, die auf eine Konfrontation mit dem (inkognito gereisten) Nordstaatler-Scout hinausläuft. Eine weitere Veränderung besteht darin, dass Farquhars Frau in Stevensons Verfilmung vor Kurzem gestorben ist. Die nicht bewältigte Trauer wird als Motiv für die töricht-mutige Handlung der Hauptfigur und ihren Todeswunsch genutzt. Zudem erscheint die Halluzination der Familie am Ende des Films dadurch noch irrealer und erweitert zudem das oben beschriebene Heimkehr-Motiv um eine christlich-eschatologische Lesart. Bis auf diesen Kontrast basieren die Erweiterungen auf Aussagen der Vorlage («slave owner», «he was a Federal scout»). Die Balance zwischen der Zeitraffung in der Analepse und der Zeitdehnung in der Halluzination wird aufrechterhalten und erfüllt eine ähnliche narrative Funktion wie für Bierce beschrieben.

Die bei Charles Vidor nur angedeutete Erinnerung der Hauptfigur wird in Stevensons Verfilmung über etwa zehn Minuten hinweg ausgeschmückt (0:02:24 bis 0:10:20)[61]. Als erzählte Zeit werden dafür die letzten 12 Stunden veranschlagt.

Die Halluzinationen der Hauptfigur beginnen bereits in der Analepse und deuten auf den nicht verarbeiteten Tod der Ehefrau hin: Im erinnerungsbehafteten Haus glaubt Farquhar eine Harfe zu hören – was bei Bierce Teil der paradiesischen Metaphorik im Laufe der Fluchtepisode ist. Als Überleitung zurück zum Geschehen auf der Brücke fungiert eine Armverletzung, die der verräterische Yankee-Offizier – der zuvor gar mit falschem Südstaaten-Akzent gesprochen hat, um Farquhar zu täuschen – dem ertappten Südstaatler zufügt.

Die Hinrichtung selbst wird zweimal unmittelbar nacheinander gezeigt. Beim ersten Mal sieht man den Strang in Großaufnahme, dann als Reaction-Shot das Gesicht des Delinquenten. Man hört zudem die aus dem Weg rollende Planke, welche die Strangulation auslöst, und dann einen Aufprall auf dem Wasser. Eine Schwarzblende beendet konventionell die Szene.

Es folgt jedoch die Wiederholung des Geschehens, das noch einmal auf der Brücke einsetzt. Trommeln sind zu hören, und der Gefangene folgt diesmal der Anweisung, in den Himmel zu schauen. Man sieht diesen aus seiner Perspektive und hört Farquhars inneren Monolog: Er hofft, dass das Seil reißen werde. Dies deutet bereits die folgende Subjektivierung an, die sich im Nachhinein auf die gesamte Heimkehrsequenz beziehen lässt. In diesem Moment ist die Subjektivierung jedoch als Intensivierung begreifbar, da nach dem Vorspiel jetzt gewissermaßen die Haupthandlung einsetzt.

Man hört das Messer, wie es das Seil von der Planke löst, und die Hinrichtung erfolgt erneut. Doch diesmal wird weitererzählt: Ein Match-Cut von Himmel und Wasser suggeriert, dass das Seil gerissen ist, man hört erneut den Aufprall. Der innere Monolog wird in der Folge fortgesetzt, er kommentiert die anhebende Flucht und betont nochmals die Subjektivität der Erzählung.

An Land begegnet Farquhar seinem totgeglaubten Sklaven Josh, was als eine erste Verunsicherung gewertet werden kann. Josh spricht nicht viel, sondern singt lieber. In seiner Begleitung gelangt Farquhar nicht nur ungeschoren vorwärts, sondern wird von einer kleinen Gruppe Soldaten nicht einmal wahrgenommen – auch dies deutet an, dass die Erzählung womöglich nicht ‹real› ist.

Die Heimkehr-Metapher wird indessen mehrfach aufgegriffen: Als Farquhar zu Hause ankommt, hört er wieder die eingebildeten Harfenklänge; seine (verstorbene) Frau wartet auf ihn und kommt auf ihn zugelaufen, als sie ihn erblickt. Joshs Gesänge verknüpfen die Sach-Ebene der Metapher (Tod) mit ihrer bildhaf-

---

61 Die Time-Code-Angaben zu dieser TV-Episode beziehen sich auf eine Ausgabe des Films, deren Ausstrahlungsdatum nicht zu recherchieren war. Die existierenden Schnittfassungen sind allerdings sehr ähnlich, sodass die Szene leicht zu finden sein dürfte.

ten Ebene (Heimkehr). Der Refrain des Spirituals, das Josh unentwegt singt, lautet «gone home to stay at last» – heimgekehrt, um schließlich zu bleiben (z. B. 0:20:28). Kurz vor der «Ankunft» will Farquhar schon aufgeben, aber Josh motiviert ihn: «Du willst nach Hause gehen, oder? Es ist jetzt nicht mehr weit!» (Ü WS).[62]

Farquhars Tod wird somit metaphorisch vorbereitet und mit christlicher Symbolik verknüpft, ähnlich wie bei Bierce. Das *Twist Ending* ist ebenfalls abrupt und wechselt von einer Sekunde auf die andere von einem Bild der erschrockenen Hauptfigur (0:21:47) zum Toten am Strick aus einer Außenperspektive (0:21:48). Der Moduswechsel erfolgt binnen eines Bildes[63] – gleichzeitig mit dem Tod der Hauptfigur. Die Kriegstrommeln sind wieder zu hören, und auch vom Befehlshaber der Soldaten wird festgestellt, dass der Todeskampf vorbei ist. Er gibt die Anweisung, das Seil durchzuschneiden, und die Folge endet.

Problematisch bleibt noch der Einstieg in die subjektive Halluzination der Hauptfigur, die durch den doppelten Sturz signalisiert wurde. Man kann vermuten, dass die Fantasie nach der Strangulation einsetzt und das erste Wassergeräusch den Fluchtgedanken symbolisiert. Die Schwarzblende kann als filmische Vokabel des Endes (einer Szene, der Fabula) angesehen werden – hier nimmt sie das Ende der Figur vorweg, denn aus der Perspektive Farquhars erhält man in der Folge keine objektivierbaren Informationen mehr. Erst mit dem Wechsel der Fokalisierung am Ende wird die strikt subjektive Ebene des Sterbenden wieder verlassen und an die Schwarzblende angeknüpft. Der doppelte Sturz symbolisiert die zwei Erzählperspektiven bzw. die zwei diegetischen Ebenen, die sich an dieser Stelle überlagern und somit das *Twist Ending* ermöglichen.

Robert Enricos Verfilmung aus dem Jahre 1962 verfolgt auffälligere Ästhetisierungsstrategien und ist damit näher an Vidors Verfilmung als an Stevensons sachlich-nüchterner Inszenierung. Auch hier wird die Analepse fast gänzlich ausgelassen; nur der Gedanke an Frau und Kind wird kurz vor der Hinrichtung visualisiert. Ein Close-Up von Farquhars Gesicht und seinen gebundenen Händen leitet die Exekution ein. Der Sturz wird aus einer POV-Perspektive gezeigt, und Farquhar fällt direkt ins Wasser (0:08:35)[64]. Dies ist die vollkommen unmarkierte Überleitung zu seiner Halluzination. Der Beginn der Flucht ist sehr nah an Bierce' Vorlage: Nach einem längeren Todeskampf unter Wasser wird die unnatürlich geschärfte Wahrnehmung der Hauptfigur in drei Schritten betont. Zunächst sind Detailaufnahmen von Insekten und Spinnen zu sehen, dann hört man verzerrte Stimmen auf der Brücke, und zuletzt wird das Auge eines der Schützen im Detail gezeigt. Alle

---

62 «You want to go home, don't you? 't ain't much further now!»
63 Dies kann auch als Beispiel zu den Ausführungen zum Thema ‹Schock des Realen› gesehen werden, vgl. Kapitel 1.1.3.
64 Die Time-Code-Angaben zu La rivière du hibou beziehen sich auf eine Ausgabe des Films, deren Ausstrahlungsdatum nicht zu recherchieren war. Die existierenden Schnittfassungen sind allerdings sehr ähnlich, sodass die Szene leicht zu finden sein dürfte.

drei Phänomene sind als POV-Struktur angelegt, sodass erkennbar wird, wie unrealistisch es ist, dass der Flüchtende diese Informationen tatsächlich wahrnimmt. Wie bei Bierce folgt eine Flucht in mehreren Teilen: im Wasser, während auf Farquhar geschossen wird; an Land, wo der Delinquent überglücklich angeschwemmt wird; über einen Weg und durch einen Wald, den er laufend durchquert. Eine Allee markiert den letzten Abschnitt, in dem allmählich die Kräfte des Mannes schwinden. Als er ein großes Tor wiedererkennt, läuft er noch einmal und schleppt sich dann mit letzter Kraft nach Hause, wo seine Frau auf ihn zukommt. Die Ankunft wird in einer alternierenden Montage aufgelöst – der laufende Farquhar und die Frau kommen einander immer näher, was sich auch durch die allmähliche Annäherung der Kamera zeigt. Als beide in einem Kader vereint zu sehen sind und sie ihn gerade berühren möchte, erfolgt der *Twist*: Farquhar schreit auf, und man sieht ihn am Strick unter der Brücke ein letztes Mal zucken (0:26:00). Die Soldaten marschieren ab, und die Kamera zieht sich in Analogie zum Beginn des Films wieder in den Wald zurück; am Ende ist noch einmal von Weitem die Brücke zu sehen. Bis auf die unnatürlich gesteigerte Wahrnehmung spart der Film jegliche Markierungen des irrealen Status der Halluzination aus. Das *Twist Ending* ist somit unmarkiert und größtenteils unvorbereitet.

Ein weiterer Autor, der eher die Tradition der fantastischen Literatur im Sinne Lewis Carrolls fortsetzte, aber ebenfalls einen gewissen Einfluss auf die Drehbuchgeschichte hatte, war L(yman) Frank Baum (1856–1919), dessen berühmtester Roman *The Wonderful Wizard of Oz* (1900) auch die Vorlage zu der berühmtesten Verfilmung eines seiner Werke (THE WIZARD OF OZ, USA 1939, Victor Fleming et al.) ist.[65] Interessant erscheint, dass die Verfilmung von 1939 das berühmte Kinderbuch zusätzlich mit einem *Twist Ending* ausstattet, während das Buch Dorothys Abenteuer in Oz als (fantastische) Realität darstellt. Das für die vorliegende Untersuchung relevante Ende lässt sich in Baums Roman nicht finden. Seine Nennung bezieht sich demnach nicht auf sein literarisches Œuvre selbst, sondern auf dessen Wirkung im Kontext der Filmgeschichte.

b. Remakes: PLANET OF THE APES (PLANET DER AFFEN; USA 2001, Tim Burton)
In Tim Burtons Remake aus dem Jahre 2001 ist das Ende des Originals deutlich abgewandelt, da der Bekanntheitsgrad des ursprünglichen *Twist Endings* zu groß war, als dass es hätte beibehalten werden können. Tatsächlich scheint es sich beim

---

65 Die Verfilmung von 1939 ist nicht die früheste Verfilmung des *Oz*-Stoffes: THE WONDERFUL WIZARD OF OZ (nach der Musical-Bearbeitung, USA 1910, Otis Turner), HIS MAJESTY, THE SCARECROW OF OZ (USA 1914, L. Frank Baum), THE WIZARD OF OZ (USA 1925, Larry Semon), THE WIZARD OF OZ (CAN 1933, Ted Eshbaugh; bereits in diesem (Animations-)Film sind die Kansas-Szenen in Schwarzweiß und die Oz-Szenen in Farbe zu sehen!) und THE WIZARD OF OZ (CAN 1938, Kenneth McLellan) sind Belege für eine langjährige Tradition von *Oz*-Filmen vor 1939; zahlreiche spätere Verfilmungen seien hier ausgespart.

Twist Ending grundsätzlich um eine so dominante Struktur zu handeln, dass sie im Remake kaum kopierbar ist, ohne den Ausgang vorhersehbar zu machen. Während also zwei Szenen bereits explizit verdeutlichen, dass Leo eine Zeitreise unternimmt[66], wird zudem die Vergangenheit von Menschen und Affen in umgekehrtem Herren- und Sklaven-Verhältnis schon lange vor dem Ende verraten. Die Überraschung für die Kenner der Vorlage von 1968 besteht also vor allem darin, dass sich Leo nicht auf der Erde befindet. Der Kalte Krieg ist im 21. Jahrhundert keine allgemein verständliche Hintergrundfolie mehr und wird dadurch ersetzt, dass der Film sich zunächst auf einen fremden Planeten bezieht. Das Remake bricht das *Twist Ending* zum *Surprise Ending* herunter – als Leo nämlich hundert Jahre später als geplant zur Erde zurückkehrt, scheint in Washington zunächst alles in Ordnung zu sein. Dort entdeckt er jedoch, dass die Lincoln-Statue in einen affengesichtigen Präsidenten nach dem Vorbild des Affenherrschers Thade verwandelt wurde. Es zeigt sich, dass auch die Erde jetzt ein ‹Planet der Affen› ist und sein Widersacher Thade offenbar das Zeitreisen erlernt hat. Indem gerade eine Statue von Abraham Lincoln in der finalen Montage für die wesentliche Überraschung sorgt, nimmt der Film einerseits auf das Sklavenverhältnis, das sich in der Diegese des Films historisch verkehrt hat, Bezug.[67] Zum anderen wird der intertextuelle Bezug zum Originalfilm deutlich, da auch dort das Einzelbild eines entstellten identitätsstiftenden Nationaldenkmals die *Anagnorisis* der Hauptfigur bewirkt.

Die Analyse der Adaptionen hat gezeigt, dass ein *Twist Ending* verschiedenen Darstellungskonventionen folgen kann (vgl. Kapitel 2.2.3), dabei jedoch seine Struktur stabil bleibt. Alle drei Inszenierungen lassen jeweils andere Aspekte der Literaturvorlage außer Acht und bereiten das Ende somit verschiedenartig vor – dessen Funktionsweise ist jedoch immer gleich. Das *Twist Ending* ist eine äußerst stabile und klar definierbare Finalisierungsstrategie, die vom Kontext zwar jeweils semantisch, aber nicht strukturell abhängig ist.

Für das Remake-Kapitel wurde nicht eines der zahlreichen originalgetreuen Remakes von Filmen mit *Twist Ending* (vgl. Kapitel 2.1.8) gewählt, sondern eine Variation, die es durch ein *Surprise Ending* ersetzt. Der zeitliche Querstand am Ende von Burtons Film kann als Substitution der komplexen Finalisierungsstrategie des Originals durch eine vergleichbar komplexe Auflösung interpretiert werden. Der re-evaluative Umfang des Endes von 2001 ist jedoch sehr viel geringer, sodass es als Rücknahme gelten kann. Wird das *Twist Ending* durch eine andere Finalisierungsstruktur substituiert, ändern sich Funktion und Anlage des Endes. Es ist eine derart dominante Form, dass es in allen anderen bekannten Remakes erhalten bleibt.

---

66 Drei Zeitebenen werden etabliert: Earth Time 2029 (die ‹Gegenwart›), Earth Time 3002 (auf dem Affenplaneten) und Earth Time 2130 (nach Leos Rückkehr).

67 Die Befreiung der Affen folgt auf die Befreiung der menschlichen Sklaven, Lincoln ist der ihnen zustehende Held; es handelt sich um Geschichtsfälschung.

3.4 Schluss: Zur Reichweite des *Twist Endings*

Die Analysen im historischen und im typologischen Teil haben die anfängliche Definition des *Twist Endings* (Kapitel 1.2.7) bestätigt: Seine re-evaluative Funktion ist das dominante Merkmal, welches es von den gezeigten Grenzfällen (Kapitel 3.2) absetzt. Auch seine Eindeutigkeit kann als Definiens gelten, da mehrdeutige Varianten als Meta- oder Hybrid-Ende beschrieben werden müssen (vgl. Kapitel 2.1.9.H und 3.2.4). Die Formel ‹D(t)→(D→D(t))› gilt für alle *Twist Endings* – zudem gibt es eine Modellstruktur, die ANGER MANAGEMENT, THE WICKER MAN, THE GAME, THE UNINVITED, THE OTHERS und THE VILLAGE gleichermaßen aufweisen. Komplexere Enden wie die von ABRE LOS OJOS, JACOB'S LADDER, THE MACHINIST und TRAIN DE VIE lassen sich indessen als strukturelle Abweichungen bzw. Variationen beschreiben, auf welche in übergeordneter Betrachtung die zirkuläre Formel ebenfalls zutrifft. Die jeweiligen Spezifika – Interferenzen der diegetischen Ebenen, ein unmarkierter Erzähleinstieg und die Unentscheidbarkeit zeitlicher Relationen – sind in den entsprechenden Analysen beschrieben. Während das *Twist Ending* semiotisch gesehen eine Struktur darstellt, die durch ihre zirkuläre, selbstreferenzielle Anlage oberflächlich tatsächlich an Luhmanns Re-Entry-Modell (vgl. die Bemerkung in der Einleitung) erinnert, erfolgt die Auflösung dieses Querstands auf der semantischen Ebene: Durch die Neu-Bewertung desselben Zeichenbestandes entsteht eine Hierarchie zwischen den diegetischen Ebenen, welche sich in der Struktur der Fabula ausdrückt.

Bordwells (1982) Konzept des zweigeteilten Endes (vgl. Kapitel 1.1) lässt sich idealtypisch auch auf das *Twist Ending* applizieren. Das Segment ‹Umdeutung› (U) umfasst den entscheidenden *Plot Twist*, dessen Reichweite groß genug sein muss, um eine verborgene diegetische Ebene D zum Vorschein zu bringen. Er bewirkt die semantische Re-Evaluation des semiotischen Materials von D(t) und synthetisiert es mit D. Im Epilog ist die re-evaluative Prämisse bereits bekannt, weshalb er keine Umdeutung erfährt. In den meisten Fällen stellt der Epilog auch chronologisch gesehen das letzte Ereignis der Diegese dar – und steht somit sowohl am Ende des Syuzhets als auch der Fabula. Das Segment ‹Umdeutung› (U) hingegen rückt im Regelfall an den Anfang der Fabula, da es die – nicht notwendigerweise visualisierte – Prämisse darstellt, deren späte Positionierung im Syuzhet die Täuschung und schließlich die Umdeutung bewirkt.

Zwar kann das *Twist Ending* als eine Finalisierungsvariante und Subkategorie des *Surprise Endings* beschrieben und analysiert werden, jedoch kann es auch als radikalster möglicher Wendepunkt gelten. Am Ende dieser Untersuchung geht es also um die Reichweite des *Twist Endings*, die sich sowohl paradigmatisch als auch syntagmatisch beschreiben lässt.

Die ‹paradigmatische Reichweite› des *Twist Endings* bezieht sich darauf, wie grundlegend die Prämissen der Diegese mit dem *Plot Twist* verändert werden

3.4 Schluss: Zur Reichweite des Twist Endings

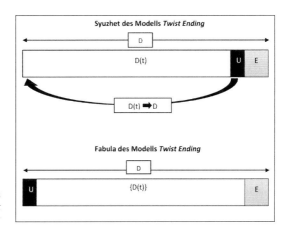

Grafik 11 Das Finalisierungsmodell *Twist Ending*

Legende
D(t) = ‹falsche› diegetische Ebene bis zum *Twist*.
{D(t)} = Menge von Informationen aus D(t); Formel: {D(t)} = (D(t)) → (D(t) → D).
t = Zeitpunkt des *Twists*, der das *Twist Ending* initiiert (z. B. *Anagnorisis*). Im Syuzhet auf die Erzählzeit bezogen, in der Fabula auf die erzählte Zeit.
D = verborgene, ‹korrekte› Diegese; D = D(t) + U + E + (D(t) → D).
U = Umdeutung; ist Prämisse von D(t) bzw. D (je nach Fokalisierung); es gilt: U ∈ D.
E = Epilog; nicht von der Umdeutung betroffen; es gilt: E ∈ D.

(«Umfang der Umdeutung»; vgl. Grafik 11). Die Typologie bietet mehrere Umdeutungsmöglichkeiten mit maximaler Reichweite an, das heißt: Sie ändern nicht nur wenige diegetische Details, sondern grundlegende Annahmen, die wiederum Auswirkungen auf nahezu alle Zeichen der Diegese-Ebene D(t) haben. Die ‹syntagmatische Reichweite› des *Twist Endings* betrifft das Syuzhet. Sie bezieht sich darauf, ab welchem Moment sich die ‹falsche› Diegese-Ebene D(t) über die ‹richtige› Diegese D schiebt und diese verbirgt. Dadurch wird bestimmt, welcher Anteil des Syuzhets von der Re-Evaluation betroffen ist («t (*Twist*)»; vgl. Grafik 11). Die beiden Achsen sind miteinander dadurch korreliert, dass der mögliche Umfang der Umdeutung zunimmt, je später der *Twist* gesetzt ist. Je länger die filmische Diegese existiert, desto stabiler ist sie.

Im Folgenden werden als Beleg drei Filme angeführt, die einen *Plot Twist* in der Mitte des Films ansetzen, der paradigmatisch gesehen einen ähnlichen re-evaluativen Umfang aufzuweisen scheint wie ein *Twist Ending*: À LA FOLIE…PAS DU TOUT (WAHNSINNIG VERLIEBT; F 2002, Laetitia Colombiani), A BEAUTIFUL MIND (A BEAUTIFUL MIND – GENIE UND WAHNSINN; USA 2001, Ron Howard) und MOON (MOON; GB 2009, Duncan Jones).

In À LA FOLIE…PAS DU TOUT findet ein narratives Prinzip Anwendung, das Orth (2010, 70; Hv. entfernt) als «korrigierende Form polyfokalisierten Erzählens» bezeichnet: «Eine interne Fokalisierung korrigiert eine andere in Bezug auf die Realität in der Fiktion.» Damit zerfällt das Syuzhet des Films in drei Teile: (a) Es wird eine Romanze aus der Sicht der jungen Kunststudentin Angelique erzählt. (b) Dieselbe Erzählung erfolgt aus der Perspektive ihres ‹Partners› Loïc, der sich als ‹Stalking-Objekt› von Angelique herausstellt. Dabei wird deutlich, dass Angelique an Erotomanie erkrankt ist (*perzeptiver Twist*). (c) Dieser Teil umfasst die Fortsetzung und Auflösung aus einer ‹objektiven› Perspektive. Das Finale (c) knüpft an den bisherigen, konsekutiv doppelt fokalisierten Film an, da durch den *perzeptiven Twist* in der Mitte des Syuzhets (ca. 0:38:00)[68] Angeliques abweichende Wahrnehmung bereits bekannt ist. Der Übergang von Teil (a) zu Teil (b) ist insofern überdeutlich, als das ‹Zurückspulen des Films› sichtbar inszeniert wird.

Die Täuschung von À LA FOLIE…PAS DU TOUT basiert aber nicht nur auf der Einschränkung der Wahrnehmung durch die restriktive Fokalisierung. Besonders das suggestive Potenzial der Montage wird genutzt, um Angeliques Geschichte zu beglaubigen. Angelique und Loïc sind zwar räumlich voneinander getrennt zu sehen, jedoch signalisiert die Montage Kontinuität: Sie scheinen aufeinander zu reagieren, sich in ähnlichen Situationen zu befinden und einander vertraut zu sein.[69] Aus diesem Grund funktionieren die Bilder in Teil (b) ebenso aus Loïcs Perspektive. Die Umdeutung erfolgt nicht in Flashbacks[70], sondern im Verlauf der Erzählung – man kann die gesamte zweite Hälfte des Films somit als ein ‹gedehntes *Twist Ending*› beschreiben.

Dass diese Klassifizierung problematisch ist, liegt auf der Hand, denn anders als bei der Re-Evaluation am Film-Ende wird die überlagerte Diegese-Ebene D bereits nach 38 Minuten sichtbar. Die Operation der Umdeutung selbst erinnert allerdings an diejenige, welche durch das *Twist Ending* erfolgt, was darauf hindeutet, dass sie in Sonderfällen womöglich auch früher gesetzt sein kann.

In A BEAUTIFUL MIND erfolgt der *perzeptive Twist* ebenfalls nicht am Ende, sondern eher in der Mitte des Syuzhets. Der brillante Mathematiker John Nash erweist sich als schizophren, und manche seiner Freunde sind Halluzinationen. Nachdem ein Arzt diese Information seiner Ehefrau Alicia übermittelt hat, müssen zentrale Aspekte des Films re-evaluiert und in der Folge anders gedeutet werden als zuvor.

Auch in Duncan Jones' Science-Fiction-Film MOON zieht die Vermittlung einer neuen Information etwa in der Mitte des Films eine vollständige Umdeutung nach sich. Sam Bell ist der einzige Bewohner des Mondes; er ist für die Überwachung eines Energiespeichers zuständig und besitzt einen Dreijahresvertrag. Die Handlung setzt kurz vor seiner Rückkehr auf die Erde ein – diese wird jedoch niemals

---

68 Die Time-Code-Angaben zu À LA FOLIE … PAS DU TOUT beziehen sich auf die DVD-Edition von Universal/Polygram (2003).
69 Letztlich profitiert der Film damit vom Kuleshov-Effekt, da die irreführende Kontextualisierung der Bilder für die Fehlannahme sorgt und nicht die Bilder selbst fehlerhaft sind.
70 Als Loïc am Ende versteht, dass Angelique seine Verfolgerin war (*Anagnorisis*), ist allerdings ein Flashback zu sehen, das die Initiation ihrer Erotomanie – ihre erste Begegnung – visualisiert.

erfolgen: Es stellt sich heraus, dass Sam Bell ein Klon ist und seine Lebenserwartung etwa drei Jahre beträgt. Er hat sich niemals auf der Erde befunden, sondern wurde auf dem Mond aktiviert; seine Erinnerungen gehören dem echten Sam Bell und stehen jedem anderen Klon seiner Art ebenso zur Verfügung. Der ‹Arbeitsplatz› wird als ein geschlossenes System lesbar, das im Moment der Selbsterkenntnis des Protagonisten nicht mehr funktioniert. Sams *Anagnorisis* beginnt, als er einem weiteren Klon begegnet, und setzt sich über große Teile des Films stückweise fort.[71] Der re-evaluative Umfang ist ähnlich groß wie bei einem *Twist Ending*, allerdings erfolgt der Übergang von der einen diegetischen Ebene zur anderen nicht in einem einzigen *Plot Twist*, sondern in vielen fragmentierten Bestandteilen dieser abstrakt konstituierten Wendung.

Die Ähnlichkeit zwischen einem umfangreichen *Middle Plot Twist* und einem *Twist Ending* wird ebenfalls deutlich, wenn man die Auswirkung auf die Fabula betrachtet: Auch wenn der *Plot Twist* im Syuzhet an einer anderen Stelle steht, rückt er in der Fabula an den Beginn (vgl. Kapitel 3.1). Dies kann als weiteres Indiz für die Verwandtschaft von *Twist Ending* und *Middle Plot Twist* gelten.

Gegen eine Gleichsetzung von *Middle Plot Twist* und *Twist Ending* können jedoch einige Argumente angeführt werden: (a) Beim *Twist Ending* ist die mögliche Umdeutung auch in Bezug auf die Erzählzeit maximal. Es wurde bereits erwähnt, dass Filme wie Sunnyside oder Abre los ojos, in denen nur ein kleiner Teil bzw. zwei Drittel des Films am Ende umgedeutet werden, anders funktionieren als die vollständige Umdeutung in Filmen wie Train de vie. (b) Beim *Middle Plot Twist* ist zu vermuten, dass die Hälfte des Films ausreicht, um eine neue stabile diegetische Ebene zu etablieren, die D(t) zwar widerspricht, diese jedoch nicht vollständig substituiert bzw. re-evaluiert. In den gezeigten Beispielen ist der Umfang der Umdeutung sehr groß, dennoch ist die Struktur der Re-Evaluation anders als beim *Twist Ending*: À la folie…pas du tout und A Beautiful Mind zerfallen in zwei verschiedenartig fokalisierte Hälften, wohingegen sich in Moon diegetische Prämissen verändern, die D(t) und D schrittweise einander annähern und schließlich synthetisieren. In keinem der Fälle ist eine plötzliche, vollständige Re-Evaluation nötig; die Filme nehmen sich im Gegenteil viel Zeit für die allmähliche Integration der neuen Information des *Plot Twists*. (c) Den Ergebnissen der Recherche zufolge handelt es sich bei den drei Beispielen um Ausnahmefälle, die eine Ähnlichkeit zu Filmen mit *Twist Ending* aufweisen, jedoch viel seltener existieren als die Finalisierungsstrategie. Sie können daher als Variation klassifiziert werden, die in ihrer Funktionsweise auf das *Twist Ending* zu beziehen sein kann.

---

71 Man kann es auch narratologisch deuten: Die restriktive Fokalisierung auf einen Protagonisten muss aufgegeben werden, als eine scheinbar identische zweite Hauptfigur auftritt. Der Zusammenbruch der Täuschung ist die narrative Konsequenz.

Um die Möglichkeiten der Re-Evaluation zu verdeutlichen, kann man sich die verschiedenen *Plot Twists* in einem Achsensystem vergegenwärtigen. Die horizontale Achse stellt die Erzählzeit des Syuzhets dar, während die vertikale Achse den Umfang der Umdeutung durch den *Plot Twist* repräsentiert. Potenziell ist jeder Film – seinem dominanten *Plot Twist* folgend – in dieses Koordinatensystem integrierbar. Bei einer präziseren Notierung könnten Filme mit mehreren Wendungen als ‹dramaturgische Kurve› eingetragen werden, welche die Struktur der Wendepunkte eines Films abbildet. Filme mit *Twist Ending* weisen das Spezifikum auf, dass ihr Kurvenhöhepunkt am oberen rechten Rand des Koordinatensystems liegt. Die genannten Beispiele für den *Middle Plot Twist* sind daher vom *Twist Ending*, was ihren dramaturgischen Verlauf angeht, deutlich zu unterscheiden.

An die Ergebnisse dieser Arbeit können sich etliche Untersuchungen anschließen, die z. B. unterschiedliche Typen von *Surprise Endings*, Umdeutungen an anderen Positionen des Syuzhets (*Middle Plot Twist*, *Early Plot Twist*) oder die aus Platzgründen nur kursorisch behandelten *selbstreflexiven Twists* zum Gegenstand haben. Außerdem stellt die wissenschaftliche Untersuchung überraschender Enden in anderen Medien – z. B. Literatur, Computerspiel und Comic – nach wie vor ein Forschungsdesiderat dar.

Filmografie

Legende ⌘ Twist Endings
) (Surprise Endings
◇ Sonderfälle
❖ Grenzfälle

Die Filme sind chronologisch sortiert. Bei gleichem Erscheinungsjahr sind sie alphabetisch sortiert; Artikel werden dabei nicht berücksichtigt. Gelegentlich werden Filme mit aufgeführt, die a) kein *Twist Ending* haben, deren Ende aber häufig so bezeichnet wird; b) ein dem *Twist Ending* verwandtes Ende haben.

A Stummfilmzeit (1900–1929)

⌘ LET ME DREAM AGAIN (GB 1900, George Albert Smith)
Wake-up Twist: Traum
Enthält die früheste Traumsequenz der Filmgeschichte; nach heutigen Maßstäben Kurzfilm.

⌘ RÊVE ET RÉALITÉ (F 1901, Ferdinand Zecca)
Wake-up Twist: Traum
Remake von G. A. Smiths Film; Auftragsarbeit für Pathé.

) (ALICE IN WONDERLAND (ALICE IM WUNDERLAND; GB 1903, Cecil Hepworth, Percy Stow)
Wake-up Twist: Markierter Traum
Erste Verfilmung von Carrolls Buch; der Traum ist durch eine Texttafel markiert.

Filmografie

⧓ Tʜᴇ Nᴇᴄᴋʟᴀᴄᴇ (USA 1909, D. W. Griffith)[1]
Final Plot Twist: Tragische Ironie
Nach der Story *La Parure* (1884) von Guy de Maupassant; zweite de-Maupassant-Verfilmung.

⧓ Tʜᴇ Sᴀᴄʀɪꜰɪᴄᴇ (USA 1909, D. W. Griffith)[2]
O. Henry Twist: Situative Ironie
Nach der Story *The Gift of the Magi* (1906); erste O. Henry-Verfilmung.

⧓ Aʟɪᴄᴇ's Aᴅᴠᴇɴᴛᴜʀᴇs ɪɴ Wᴏɴᴅᴇʀʟᴀɴᴅ (USA 1910, Edwin S. Porter)
Wake-up Twist: Markierter Traum
Zweite Verfilmung von Carrolls Buch.

⧓ Tʜᴇ Gʜᴏsᴛ Bʀᴇᴀᴋᴇʀ (USA 1914, Oscar Apfel, Cecil B. DeMille)
Urahn der späteren Ghost-Breaker-/Haunted-House-Filme (1922, 1940)
Der Film ist verschollen.

⧓ Aʟɪᴀs Jɪᴍᴍʏ Vᴀʟᴇɴᴛɪɴᴇ (USA 1915, Maurice Tourneur)
O. Henry Twist: Finale Überraschung
Nach der Story *A Retrieved Reformation* (1909)

⧓ Aʟɪᴄᴇ ɪɴ Wᴏɴᴅᴇʀʟᴀɴᴅ (Aʟɪᴄᴇ ɪᴍ Wᴜɴᴅᴇʀʟᴀɴᴅ; USA 1915, W. W. Young)
Wake-up Twist: Markierter Traum
Dritte Verfilmung von Carrolls Buch

⧓ Lɪᴜʙᴠɪ sʏᴜʀᴘʀɪᴢʏ ᴛsʜᴄʜᴇᴛɴʏᴇ (RUS 1916, Vyacheslav Viskovsky)
O. Henry Twist: Situative Ironie
Nach der Story *The Gift of the Magi* (1906)

⧓ Tʜᴇ Gɪꜰᴛ ᴏꜰ ᴛʜᴇ Mᴀɢɪ (USA 1917, Brinsley Shaw)
O. Henry Twist: Situative Ironie
Nach der Story *The Gift of the Magi* (1906)

◇ Sᴜɴɴʏsɪᴅᴇ (Aᴜꜰ ᴅᴇʀ Sᴏɴɴᴇɴsᴇɪᴛᴇ; USA 1919, Charles Chaplin)
Wake-up Twist: Traum

---

1 Für die Filmografie wurden zur Repräsentation von Guy de Maupassant die frühen Guy-de-Maupassant-Verfilmungen (1909–1921) der im Haupttext behandelten Story *La Parure* (1884) berücksichtigt.

2 Für die Filmographie wurden zur Repräsentation des O. Henry-Twists die frühen O. Henry-Verfilmungen (1909–1933) der im Haupttext behandelten Stories *The Cop and the Anthem* (1904), *The Gift of the Magi* (1906) und *A Retrieved Reformation* (1909) berücksichtigt.

partielles *Twist Ending*; eine der Episoden vor dem Ende wird als unmarkierter Traum enthüllt; nach heutigen Maßstäben kurz bis mittellang.

⌘ Alias Jimmy Valentine (USA 1920, Edmund Mortimer, Arthur Ripley)
O. Henry Twist: Finale Überraschung
Nach der Story *A Retrieved Reformation* (1909)

⌘ Das Cabinet des Dr. Caligari (D 1920, Robert Wiene)
Wake-up Twist: Traum, Halluzination; *Perzeptiver Twist*; Set-up Twist
vgl. Kapitel 2.1.3.A

⌘ The Diamond Necklace (GB 1921, Denison Clift)
Final Plot Twist: Tragische Ironie
Nach der Story *La Parure* (1884) von Guy de Maupassant

⌘ The Kid (Der Vagabund und das Kind; USA 1921, Charles Chaplin)
Final Plot Twist: Doppeltes Ende
Traum-Ende ist Vorausdeutung des überraschenden *Happy Endings*.

⌘ The Ghost Breaker (USA 1922, Alfred E. Green)
Final Plot Twist: Rücknahme des Übernatürlichen
Erster *Plot Twist*, der übernatürliche Geister in ihre natürlichen Gegenparts überführt (vgl. The Cat and the Canary u. a.); Remake des deMille-Films von 1914.

⌘ Greed (Gier; USA 1924, Erich von Stroheim)
Final Plot Twist
Beide Kontrahenten sterben im Death Valley.

⌘ Orlacs Hände (D 1924, Robert Wiene)
Set-up Twist: Inszenierung/Betrug; auch: Er ist ein anderer.
Orlac denkt, dass die ihm transplantierten Hände des Mörders ihn auch morden lassen, jedoch ist zumindest der folgende Mord an seinem Vater die Inszenierung eines Betrügers. Umdeutungen: real → inszeniert; Horrorfilm → Kriminalfilm

⌘ The Wizard of Oz (USA 1925, Larry Semon)
Wake-up Twist
Das gesamte Abenteuer in Oz entpuppt sich als Traum eines Kindes; der bekannte Plot ist durch die Erzählung eines Puppenbastlers gerahmt.

⌘ The Bat (Das Rätsel der Fledermaus; USA 1926, Roland West)
Final Plot Twist: Falsche Identität

«The Bat» hat Detektiv Moletti getötet und seine Identität angenommen. *Batman*-Vorläufer; frühes Beispiel für «haunted-house»-Horrorfilme. Erster Zwischentitel des Films: «Can you keep a secret? Don't reveal the identity of The Bat. Future audiences will fully enjoy this mystery play if left to find out for themselves.»

⌘ THE CAT AND THE CANARY (SPUK IM SCHLOSS; USA 1927, Paul Leni)
Final Plot Twist: Set-up Twist
Der als «The Cat» bekannte Kriminelle war der nächstmögliche Erbe, falls die Hauptfigur Annabelle verrückt würde; daher versuchte er, sie in den Wahnsinn zu treiben.

⌘ FELIX THE CAT DUCKS HIS DUTY (USA 1927, Otto Messmer)
Final Plot Twist: Pointe
Die Ehe ist schlimmer als der Krieg.
* Animationsfilm

⌘ THE GORILLA (USA 1927, Alfred Santell)
Final Plot Twist: Unwahrscheinlicher Täter
Der unwahrscheinlichste Täter erweist sich als der «Gorilla».

⌘ THE LODGER: A STORY OF THE LONDON FOG (DER MIETER; GB 1927, Alfred Hitchcock)
Final Plot Twist: Falscher Verdacht
Frühes Beispiel für Hitchcock-*Twist*: Indizien deuten immer mehr darauf, dass der «Lodger» ein gesuchter Serienmörder ist; er wird verhaftet und von einem Lynchmob verprügelt, ehe in letzter Sekunde bekannt wird, dass der wahre Mörder gefasst wurde.

⌘ LONDON AFTER MIDNIGHT (UM MITTERNACHT; USA 1927, Tod Browning)
Mutmaßlich Final Plot Twist
Detektiv hat als Vampir verkleidet ermittelt. Es gibt keine Vampire – Rücknahme des Übernatürlichen. Verschollener Film.

⌘ THE BRIDGE (aka THE SPY) (USA 1929, Charles Vidor)
Wake-up Twist (‹Totenbettfantasie›)
Adaption von Ambrose Bierce' *An Occurrence at Owl Creek Bridge*
vgl. Kapitel 3.3.3

B Der Hollywood-Tonfilm bis zum Ende des II. Weltkriegs (1928–1945)

⋊ Alias Jimmy Valentine (USA 1928, Jack Conway)
O. Henry Twist: Finale Überraschung
Nach der Story *A Retrieved Reformation* (1909); erster vollständiger «Talkie» von MGM; der Film ist verschollen.

⋊ The Bat Whispers (USA 1930, Roland West)
Talkie-Remake von The Bat (1926).

⋊ The Gorilla (USA 1930, Bryan Foy)
Talkie-Remake von The Gorilla (1927).

⌘ The Laurel-Hardy Murder Case (Spuk um Mitternacht; USA 1930, James Parrott)
Wake-up Twist: Traum
Parodie von The Cat and the Canary und The Bat; die Mordgeschichte ist ein unmarkierter Traum (bzw., in einer selbstreflexiven Lesart, Fiktion, beeinflusst von der Filmerfahrung).
* Kurzfilm[3]

❖ Bimbo's Initiation (USA 1931, Dave Fleischer)
Perzeptiver Twist; Grenzfall
Betty-Boop-Film; Sektenmitglieder erweisen sich als Klone von Betty Boop, sobald die Hauptfigur Bimbo aufgrund von Bettys Balztanz konvertiert ist.
* Kurzfilm, Animationsfilm

⌘ Smile, Darn Ya, Smile! (USA 1931, Kein Regiecredit)
Wake-up Twist
Achterbahnfahrt am Ende mündet in Aufwachen im Bett; Titelthema erweist sich als Melodie des Weckers.
* Kurzfilm, Animationsfilm

⌘ Ride Him, Bosko! (USA 1932, Kein Regiecredit)
Selbstreflexiver Twist
Moduswechsel am Ende; vom Animationsfilm zum Realfilm; selbstreflexive Offenlegung der Gemachtheit der Diegese; Parodie von Ride Him, Cowboy! (USA 1932, Fred Allen); vgl. auch You Ought to Be in Pictures (USA 1940, Fritz Freleng).
* Kurzfilm, Animationsfilm

---

3   Im Abschnitt zur Stummfilmzeit werden Kurzfilme nach heutigen Maßstäben nicht als solche markiert, da die übliche Filmlänge späterer Zeiten nicht als etabliert gelten kann.

⌘ **Betty Boop's Big Boss** (USA 1933, Dave Fleischer)
Final Plot Twist: Fehlannahme
Betty fühlt sich anfangs sexuell belästigt, gibt sich aber am Ende dem Boss hin. Außenwahrnehmung vs. Innenwahrnehmung.
* Kurzfilm, Animationsfilm

⌘ **The Ghoul** (GB 1933, T. Hayes Hunter)
Final Plot Twist: Andere Identität
Kostümenthüllung: «The Ghoul» ist eigentlich Zwillingsbruder des angeblich spukenden Toten, der verschiedene Figuren verkörpert hat und am Ende entlarvt wird. Übernatürlich → Natürlich.

⌘ **The Mad Doctor** (Der verrückte Arzt; USA 1933, David Hand)
Wake-up Twist
Aufwachen aus einem Albtraum (geweckt von Hund Pluto).
* Kurzfilm, Animationsfilm

⌘ **Mickey's Gala Premier** (USA 1933, Kein Regiecredit)
Wake-up Twist
Aufwachen aus einem positiven Traum (geweckt von Hund Pluto, vgl. The Mad Doctor).
* Kurzfilm, Animationsfilm

⌘ **Velikiy uteshitel** (UdSSR 1933, Lev Kuleshov)
O. Henry Twist: Finale Überraschung
Nach der Story *A Retrieved Reformation* (1909).

⌘ **Oliver the Eighth** (Das Privatleben Olivers des Achten; USA 1934, Lloyd French)
Wake-up Twist: Albtraum
Ollie wacht im Friseurladen vom Beginn auf und sagt: «I just had a terrible dream»; Titel Anspielung auf *Blaubarts achte Frau*, da Witwe zuvor sieben Olivers getötet hat. Laurel&Hardy-Film; Traum beginnt durch Blende, ist aber nicht als solcher markiert. Repräsentiert Ollies schlechtes Gewissen, dass er Stans Brief nicht eingeworfen hat.
* Kurzfilm

⌘ **Betty in Blunderland** (Betty im Flunkerland; USA 1934, Dave Fleischer)
Wake-up Twist
Zitat des *Alice-Wake-up Twists*; Betty schläft ein und «wacht auf», folgt dann dem weißen Hasen ins Wunderland; wacht am Ende nochmals auf. Grenzen werden am Anfang und am Ende verunklart → Spiel mit der Form.
* Kurzfilm, Animationsfilm

⌘ Good Morning, Eve! (USA 1934, Roy Mack)
Doppeltes Twist Ending: *Wake-up Twist* und *narrativer Twist*
Adam und Eva im Garten Eden. Sie begeben sich auf eine Zeitreise. Adam wacht auf, und die Zeitreise erweist sich als Traum. Am Ende: Adam ist nicht «Adam», sondern Mitglied einer Nudistenkolonie, Polizei stürmt am Ende den Schirm. Sehr frühes Technicolor-Experiment; Musical; Artifizialität von Anfang an sichtbar (Adams Schuhe und Strümpfe, der Tisch mit dem Obst).
* Kurzfilm

⋈ Service with a Smile (USA 1934, Roy Mack)
Final Plot Twist: *Narrativer Twist*
Tankstellen-Besitzer erhält nächtlichen Anruf, dass seine Tankstelle zerstört ist; sucht die Versicherung auf und zeichnet Bild von Tankstellen-Utopie «Service with a smile»; Angestellter sagt Wiederaufbau zu und fährt mit ihm zu den vermeintlichen Ruinen; seine Angestellten haben ihm einen Aprilscherz gespielt; sein versuchter Versicherungsbetrug fliegt auf. Frühes Technicolor-Experiment; Musical.
* Kurzfilm

⋈ Branded A Coward (USA 1935, Sam Newfield)
Final Plot Twist: *Anagnorisis*
Western mit *Anagnorisis*: Der Hauptcharakter findet heraus, dass der Widersacher «The Cat» sein totgeglaubter Bruder Billy ist.

⌘ Mark of the Vampire (Das Zeichen des Vampirs; USA 1935, Tod Browning)
Set-up Twist
Enthüllung der Vampire als Schauspieler, die dabei helfen sollen, einen Mörder zu fassen. Talkie-Remake von London after Midnight (1927); mit Bela Lugosi (vgl. auch The Gorilla, 1939); Relativierung des Übernatürlichen durch Offenbarung der natürlichen Grundlagen.

⋈ Pluto's Judgement Day (Pluto vor Gericht; USA 1935, David Hand)
Final Plot Twist: Markierter Traum
Aufwach-Passage, aber vorbereitet, da das Einschlafen zu sehen ist (Katzenhölle) und Traum klar markiert.
* Kurzfilm, Animationsfilm

⋈ Who Killed Cock Robin? (Wie starb Cock Robin?; USA 1935, David Hand)
Final Plot Twist: Doch-nicht-tot-Twist
Cock Robin lebt noch, wurde nur von Amor (Cupid) mit einem Liebespfeil getroffen; wird am Ende wiederbelebt; eine der «Silly Symphonies» (Disney).
* Kurzfilm, Animationsfilm

Filmografie

⌘ Fɪsʜ Tᴀʟᴇs (USA 1936, Jack King)
Final Plot Twist: Markierter Traum
vgl. Pʟᴜᴛᴏ's Jᴜᴅɢᴇᴍᴇɴᴛ Dᴀʏ: Aufwach-Passage, aber Einschlafen ist zu sehen, Traum ist markiert. Porky-Pig-Film.
* Kurzfilm, Animationsfilm

⌘ Gᴏ-Gᴇᴛ-'ᴇᴍ-Hᴀɪɴᴇs (USA 1936, Sam Newfield)
Final Plot Twist: Andere Identität
Murder Mystery auf Schiff (vgl. Tʜᴇ Pʀɪɴᴄᴇss Cᴏᴍᴇs Aᴄʀᴏss, USA 1936, William K. Howard); nach dem Mord an Edward Baldwin kommt heraus, dass er nicht Edward Baldwin, sondern dessen Zwillingsbruder war, der bereits an Land den echten Edward getötet hatte.

⌘ Tʜʀᴜ ᴛʜᴇ Mɪʀʀᴏʀ (Mɪᴄᴋʏ ɪᴍ Tʀᴀᴜᴍʟᴀɴᴅ; USA 1936, Kein Regiecredit)
Final Plot Twist: Markierter Traum
Mickey Mouse liest *Alice im Wunderland*, schläft ein, träumt, wacht auf; vgl. Bᴇᴛᴛʏ ɪɴ Bʟᴜɴᴅᴇʀʟᴀɴᴅ, nur hier markiert wie bei Pʟᴜᴛᴏ's Jᴜᴅɢᴇᴍᴇɴᴛ Dᴀʏ.
* Kurzfilm, Animationsfilm

⌘ Hᴏᴛᴇʟ ᴀ ʟᴀ Sᴡɪɴɢ (USA 1937, Roy Mack)
Wake-up Twist
Reeds Übernahme des Hotels erweist sich als Traum; sie werden lediglich als Putzkräfte angestellt und nicht als Leitungspersonal. Weiterer Eintrag der «Broadway Brevities»-Serie von Warner Bros. (vgl. andere Roy-Mack-Filme).
* Kurzfilm

⌘ Lɪᴛᴛʟᴇ Bᴜᴄᴋ Cʜᴇᴇsᴇʀ (Mäᴜsᴇʀɪᴄʜs Mᴏɴᴅғᴀʜʀᴛ; USA 1937, Hugh Harman, Rudolf Ising)
Wake-up Twist
Der kleine Cheeser möchte wie sein Idol Buck Rogers zum Mond fliegen und baut mit seinen Mäusefreunden eine Rakete; als nach diversen Komplikationen die Rakete am Ende abzustürzen droht und explodiert, wacht Cheeser auf. Alles war nur ein Traum.
* Kurzfilm, Animationsfilm

⌘ Sʜ! Tʜᴇ Oᴄᴛᴏᴘᴜs (USA 1937, William C. McGann)
Wake-up Twist
Variante von Tierschurken-Horrorfilmen, hier eher als Agentenfilm inszeniert; relativ unverdächtige Frau Nanna erweist sich als der Schurke «The Octopus»; die gesamte Geschichte erweist sich jedoch als Traum, den Kelly (einer der ermittelnden Polizeibeamten) hatte. Dieser war in Ohnmacht gefallen (= unmarkierter Beginn des Traums), als er erfahren hatte, dass seine Frau Zwillinge geboren hat.

Sein Kollege Dempsey fällt nun wiederum in einem letzten *Plot Twist* in Ohnmacht, da er erfährt, dass es seine Frau ist, die Zwillinge hat, und nicht Kellys.

⌘ A-Lad-In Bagdad (USA 1938, Cal Dalton, Cal Howard)
Final Plot Twist: Ironische Pointe
Egghead gewinnt eine magische Lampe und erobert mit ihrer Hilfe die Tochter des Sultans; diese benutzt die Lampe, um ihn gegen einen maskulineren Mann umzutauschen.
* Kurzfilm, Animationsfilm

❖ Count Me Out (USA 1938, Cal Dalton, Ben Hardaway)
Wake-up Twist (partiell)
Egghead-Film; Zweite Hälfte des Films besteht aus Wettkämpfen, die sich als Elemente eines Traums entpuppen.
* Kurzfilm, Animationsfilm

⌘ The Gorilla (USA 1939, Allan Dwan)
Set-up Twist
2. Remake des Stoffs (1927, 1930) mit Bela Lugosi, der aufgrund seiner früheren Rollen verdächtig ist, aber nicht der Täter (intertextuelle Irreführung). Der Hilferuf vom Anfang erweist sich als Teil der Inszenierung des Gastgebers, der den Gorilla-Mörder anlocken wollte, um ihn zu fassen, da dieser sein Versicherungsunternehmen viel Geld kostete.

⌘ Never sock a Baby (USA 1939, Dave Fleischer)
Wake-up Twist
Popeyes kleines Kind läuft davon, weil er ihn geschlagen hat; erweist sich als Traum, der sein schlechtes Gewissen repräsentiert («your conscience will get you, says Popeye the sailor man»).
* Kurzfilm, Animationsfilm

⌘ The Wizard of Oz (Der Zauberer von Oz; USA 1939, Victor Fleming)
Wake-up Twist
L. Frank-Baum-Buchvorlage (*The Wonderful Wizard of Oz*, 1900) hat kein *Twist Ending*, sondern lässt die fantastische Oz-Welt intakt; Materialwechsel (sw/Technicolor) markiert hier die Realitätsgrenze; am Ende bezeichnet Aunt(ie) Em das Erlebnis als «bad dream». Artifizialität / fantastische Diegese als Prämisse (vgl. Good Morning, Eve! [1933]).

⌘ Wotta Nightmare (aka Wotta Nitemare) (USA 1939, Dave Fleischer)
Final Plot Twist: Markierter Traum
Popeye-Film; klar markierter Traum (schon im Titel), sogar mit «Zwischenschnit-

ten»; Ende: Popeye verprügelt in der Realität Bluno für das, was er im Traum getan hat.
* Kurzfilm, Animationsfilm

⌘ THE GHOST BREAKERS (USA 1940, George Marshall)
Final Plot Twist: Inszenierung
Inszenierungs-Twist (vgl. andere Verfilmungen des Stoffs: 1914, 1922). Horror-Komödie, die Übernatürliches in Natürliches überführt.

⌘ KING FOR A DAY (USA 1940, Dave Fleischer)
Final Plot Twist: Fehlannahme
Polysemie erzeugt Fehlannahme, die Schlusspointe ermöglicht. Gabby-Film. Eine vermeintliche Morddrohung («I have orders to shoot you») stellt sich als unglückliche Formulierung heraus; gemeint ist ein Fototermin, und die Panik des Königs und seines Platzhalters war völlig umsonst.
* Kurzfilm, Animationsfilm

⌘ THE MILKY WAY (DIE MILCHSTRASSE; USA 1940, Rudolf Ising)
Wake-up Twist: Kinderfantasie.
Film mit den 3 little kittens. «Es war einmal»-Gestus am Anfang (in Form eines Buches) etabliert einen Rahmen, der immer wieder sichtbar wird. Oscargewinner. Die 3 Kätzchen fliegen mit einem Ballon in die Milchstraße, die Reise erweist sich als Kinderfantasie/-spiel.
* Kurzfilm, Animationsfilm

⌘ CITIZEN KANE (CITIZEN KANE; USA 1941, Orson Welles)
Final Plot Twist: Meta-Twist
Hauptprotagonist Kane ist Diskursträger und -interesse des gesamten Films; seine Motivation bzw. sein Charakter wird durch das Ende umgedeutet.

⌘ THE CUTE RECRUIT (USA 1941, Arthur Davis)
Final Plot Twist: Ironische Pointe
Parodie der World-War-II-Cartoons; Army und Navy streiten um einen jungen Rekruten. Als sie am Ende physisch von beiden Seiten an ihm zerren, kommt seine Windel unter seiner Armeekleidung zum Vorschein und seine Mutter holt das Kleinkind ab.
* Kurzfilm, Animationsfilm

⌘ THE ROOKIE BEAR (BARNEY BÄR ALS REKRUT; USA 1941, Rudolf Ising)
Selbstreflexiver Wake-up Twist (Spiel mit der Konvention)
Kommentar der World-War-II-Cartoons. Army-Geschichte (Kriegseinsatz) erweist

sich als Albtraum, Barney Bear wacht erleichtert auf. Dann erhält er einen Brief, dass er eingezogen wird (Traum also prospektiv), dieser kommentiert gar allwissend Barneys Ängste: «PS: And this time, buddy, it ain't no dream!»
* Kurzfilm, Animationsfilm

⌘ Alona on the Sarong Seas (USA 1942, Izzy Sparber)
Wake-up Twist
WKII-Setting, darin Fantasiegeschichte um Popeye und die Südseeprinzessin Alona; das sich anschließende *Happy Ending* erweist sich als Traum, Popeye küsst schlafend Bluno, da er ihn für Alona hält.
* Kurzfilm, Animationsfilm

⋈ The Palm Beach Story (Atemlos nach Florida; USA 1942, Preston Sturges)
Final Plot Twist: Umdeutung der Anfangsszene
Screwball Comedy; die absurde Anfangsszene, in der zwei Doppelgänger die Hochzeit eines Paares verhindern, wird am Ende nachträglich erklärt; der gesamte Binnenplot ist von dieser Umdeutung (Tom und Gerry haben eineiige Zwillinge) nicht betroffen.

❖ The Sheepish Wolf (USA 1942, Fritz Freleng)
Perzeptiver Twist; Sonderfall, vgl. Bimbo's Initiation (1931)
Demaskierung am Ende ergibt: Nicht der eine Wolf ist ein Eindringling, sondern alle Schafe sind lediglich verkleidete Wölfe, was sowohl für den Hund und den ersten Wolf als auch für den Zuschauer überraschend ist. Es deutet zudem die gesamte Handlungsprämisse und sämtliche Motivation der Hauptfiguren um, könnte also als *Twist Ending* gewertet werden.
* Kurzfilm, Animationsfilm

⋈ The Black Raven (USA 1943, Sam Newfield)
Final Plot Twist: Überraschende Auflösung
Verwirrungen und unvermutete Auflösung in der Taverne «The Black Raven».

⋈ Porky Pig's Feat (USA 1943, Frank Tashlin)
Final Plot Twist: Tragische Ironie
Bugs Bunny soll als Retter gerufen werden, ist aber nebenan ebenfalls eingesperrt.
* Kurzfilm, Animationsfilm

⌘ Who Killed Who? (USA 1943, Tex Avery)
Selbstreflexiver Twist
vgl. Kapitel 2.1.4.C
Mörder wird unter den animierten Figuren gesucht, bis am Ende eröffnet wird,

dass der *host* der Eröffnungsszene (eine nicht-animierte Figur) der Mörder ist. Die Real-Ebene der Diegese, die vorher von der animierten Ebene getrennt war, wird also mit ihr zusammengeführt.
* Kurzfilm, Animationsfilm

⌘ Le Corbeau (Der Rabe; F 1944, Henri-Georges Clouzot)
Final Plot Twist: Falscher Verdacht
Dr. Vorzet erweist sich als der Rabe; ihm ist es nahezu gelungen seine eigene Frau einweisen zu lassen, als dies offenbar wird. Er ist zu dem Zeitpunkt bereits von einer schnelleren Ermittlerin als Germain (der die Wahrheit zeitgleich mit dem Zuschauer erfährt) ermordet worden.

❖ The Princess and the Pirate (Das Korsarenschiff; USA 1944, David Butler)
Selbstreflexiver Twist
Als das *Happy Ending* der Hauptfigur (Bob Hope als Sylvester) versagt wird, da sich Marion für Bing Crosby (als Seemann) entscheidet, fällt dieser aus der Rolle (was er bereits in den *opening titles* getan hatte) und sagt, dass dies sein letzter Film für Goldwyn sei (doppelt selbstreflexiv, da er in dem Film einen feigen Schauspieler mimt).

⌘ The Woman in the Window (Die Frau am Fenster; USA 1944, Fritz Lang)
Wake-up Twist
Der Professor bittet den Kellner im Club, ihn um 10:30 zu wecken. Am Ende des Films wird dadurch, dass dies geschieht, deutlich, dass alles, was dazwischen geschah, nur ein Traum war (d.h. der gesamte *Plot* minus die Eingangsszene).

⌘ Dead of Night (Traum ohne Ende; GB 1945, Basil Dearden, Robert Hamer u.a.)
Rahmen-Twist-Ending in Episoden-Horrorfilm: Wake-up Twist mit Loop
vgl. Kapitel 2.1.3.B
Der ganze Rahmen, in den die Horror-Episoden integriert sind, ist ein Traum, der immer wiederkehrt: Der Albtraum wird geloopt.

⌘ If a Body Meets a Body (USA 1945, Jules White)
Remake ohne Twist Ending
Three-Stooges-Film, Remake von The Laurel-Hardy Murder Case (1930), aber ohne *Wake-up Twist*.
* Kurzfilm

⌘ Shape Ahoy (USA 1945, Izzy Sparber)
Final Plot Twist: Der lachende Dritte
Ein Sänger erobert Olive unbemerkt, als Popeye und Bluto sich um sie streiten.

Kurzzeitige selbstreflexive Übertretung, als zwei ‹reale› Hände die animierten Münder beider zwischenzeitlich «zensieren».
* Kurzfilm, Animationsfilm

C Hollywood und Europa zur Nachkriegszeit, Beginn der Neuen Wellen (1946–1967)

⌘ The Great Piggy Bank Robbery (USA 1946, Robert Clampett)
Final Plot Twist: Markierter Traum
Ducky schlägt sich selbst bewusstlos und löst als Duck Twacy im Traum den Fall der «Great Piggy Bank Robbery».
* Kurzfilm, Animationsfilm

⌘ Möte i Natten (S 1946, Hasse Ekman)
Wake-up Twist
Der Film beginnt am 30. April. Alle Ereignisse nach diesem Tag erweisen sich am Ende als geträumt. Ake erwacht am 1. Mai und hat Sune folglich nicht umgebracht.

⌘ Heavenly Daze (USA 1948, Jules White)
Wake-up Twist
Three-Stooges-Film; Shemp träumt von Ereignissen im Himmel, am Ende erweist sich alles als Traum, ein Brand erschrickt Shemp im Traum und weckt ihn in der Realität, fungiert also als Scharnier zwischen den diegetischen Ebenen. Der Titel bezieht sich wohl auf Heavenly Days (USA 1944, Howard Estabrook).
* Kurzfilm

⌘ The Cat and the Mermouse (Tom und die Meermaus; USA 1949, William Hanna, Joseph Barbara)
Wake-up Twist
Tom-and-Jerry-Film: Als Tom ins Wasser fällt, beginnt die lange Traumsequenz, an deren Ende herauskommt, dass Jerry Tom gerettet hat und ihn jetzt künstlich beatmet.
* Kurzfilm, Animationsfilm

❖ Farlig vår (S 1949, Arne Mattsson)
Narrativer Twist: Visualisierte Fiktion
Narrative Rahmung durch das Schreiben: Am Anfang schreibt Bo auf der Schreibmaschine und es wird in Worte gesetzt; am Ende *Twist*, der auf diese Ebene zurückwechselt. Bo und seine Freunde reden über den Kriminalroman, den er verfasst hat; Elemente daraus sind in der «realen» Welt zu finden.

⌘ Heavenly Puss (Zur Hölle mit Tom; USA 1949, William Hanna, Joseph Barbara)
Wake-up Twist
Tom-and-Jerry-Film: Tom stirbt und muss von Jerry Vergebung erlangen, ehe er in den Himmel darf. Dies misslingt und als er in die Hölle kommen soll, erwacht er; alles erweist sich als Albtraum. Der Titel bezieht sich wohl auf Heavenly Days (USA 1944, Howard Estabrook). Vgl. auch Heavenly Daze (1948).
* Kurzfilm, Animationsfilm

⋈ The Third Man (Der dritte Mann; GB 1949, Carol Reed)
Plot Twist: Doch-nicht-tot-Twist
Harry Lime ist nicht tot, wie anfangs suggeriert wird.

◇ Stage Fright (Die rote Lola; GB 1950, Alfred Hitchcock)
Lying Flashback
vgl. Kapitel 2.2.1
Re-Evaluation der am Anfang gezeigten Bilder offenbart neue Variante.

⋈ State Secret (Staatsgeheimnis; GB 1950, Sidney Gilliat)
Final Plot Twist: Umdeutung des Anfangs
Ende, das den Anfang (Rahmenhandlung) re-evaluiert, danach angehängt deus-ex-machina-Rettung bei drohender Exekution der beiden Hauptfiguren.

⌘ The Wearing of the Grin (USA 1951, Charles M. Jones)
Wake-up Twist
Der Großteil des *Plots* ist ein Traum, in den Porky eintritt, nachdem ihm ein Stab auf den Kopf fällt und er das Bewusstsein verliert; nach dem Aufwachen am Ende bleibt ein verunsicherndes Moment zurück.
* Kurzfilm, Animationsfilm

⌘ Bela Lugosi meets a Brooklyn Gorilla (aka Bela Lugosi meets the Gorilla Man aka White Woman of the Lost Jungle; USA 1952, William Beaudine)
Wake-up Twist
Das ganze Abenteuer in Guam inklusive der Anreise erweist sich als Sammys Traum; er und sein Performer-Kollege Duke haben New Jersey niemals verlassen, sondern bereiten lediglich eine Show mit Pazifikelementen vor – die Performer daraus sind alle aus Sammys Traum bzw. der ersten Diegese-Ebene bekannt.

⋈ Full House (Fünf Perlen; USA 1952, Henry Hathaway, Howard Hawks, Henry King, Henry Koster, Jean Negulesco)
Omnibus-Film mit 5 O. Henry-Verfilmungen;
umfasst *The Gift of the Magi* und *The Cop and the Anthem* (s. o.)

⌘ Noita palaa elämään (Gefährlich sind die hellen Nächte; FIN 1952, Roland af Hallström)
Wake-up Twist
Gilt als einer der ersten finnischen Horrorfilme; Fund einer alten Hexenleiche führt dazu, dass eine nackte Frau das Dorf durcheinanderbringt – diese wird für die Reinkarnation der alten Hexe gehalten, jedoch erweist sich alles als ein Traum des Professors, der die Ausgrabungen leitet.

⌘ The Stranger Left No Card (GB 1952, Wendy Toye)
Final Plot Twist: *Set-up Twist* / Andere Identität
Fremder kommt in die Stadt und gibt sich allerorts als Magier aus; als er einen Geschäftsmann «unterhält» und mittels eines Tricks in Handschellen legt, offenbart er seine Identität und dass alles eine Tarnung war, die hierauf zulaufen sollte: seine Rache, da der Mann ihn damals für ein Verbrechen verhaften lassen hat, das er niemals begangen hat.
* Kurzfilm

⌘ Invaders from Mars (Invasion vom Mars; USA 1953, William Cameron Menzies)
Wake-up Twist mit Loop
Der Junge wacht am Ende des Films auf und seine Eltern versichern ihm, dass die (Science-Fiction-)Ereignisse nur ein böser Traum gewesen sind. In seinem Zimmer sieht er jedoch erneut das Ufo, sodass unklar ist, ob es sich um die Loop-Struktur eines wiederkehrenden Albtraums handelt oder ob der Traum seine Vorahnung repräsentiert hat.

⌘ Robot Monster (Robot Monster; USA 1953, Phil Tucker)
Wake-up Twist mit Verunsicherungselement
3-D-Science-Fiction-Film. Der Junge wacht am Ende des Films auf, dieser erweist sich zunächst folglich als Traum. Danach ist zu sehen, wie der Alien-Anführer «The Great Guidance» dreimal nacheinander eine Höhle verlässt, was einen unauflösbaren Querstand produziert (vgl. Invaders from Mars aus demselben Jahr).

⌘ Alfred Hitchcock Presents (Alfred Hitchcock präsentiert; USA 1955–1962, 7 Staffeln)

⌘ «Premonition» (=S01E02; USA 1955, Robert Stevens)
Perzeptiver Twist: Amnesie.
vgl. Kapitel 2.1.5.a
Ein berühmter Pianist kehrt heim und sucht den Mörder seines Vaters. Er findet sich selbst.
* Episode einer TV-Serie

⌘ «An occurrence at Owl Creek Bridge» (=S05E13; USA 1959, Robert Stevenson)
Wake-up Twist: Halluzination/‹Totenbettfantasie›
vgl. Kapitel 3.3.3
Verfilmung von Ambrose Bierce' *An Occurrence at Owl Creek Bridge*.
* Episode einer TV-Serie

⌘ LES DIABOLIQUES (DIE TEUFLISCHEN; F 1955, Henri-Georges Clouzot)
Set-up Twist
vgl. Kapitel 2.1.5.D
Texttafel am Ende verlangt Diskretion (vgl. THE BAT (1926)). Während Christina denkt, dass Nicole und sie den Plot verfolgen, Michel zu ermorden, ist es in Wirklichkeit so, dass Nicole und Michel sie zu einem tödlichen Herzinfarkt bringen wollen. Die Schenkel des Dreiecks werden durch den *Plot Twist* vertauscht und der gesamte Plot erweist sich als Inszenierung (Umdeutung inszeniert/real → inszeniert/inszeniert). Zudem Enttarnung des Übernatürlichen (Michel als Wiedergänger) als natürlich.

⌘ THE FIRST BAD MAN (BRONCO BILLY; USA 1955, Tex Avery)
Narrativer Twist: Erzähler ist ein anderer.
Bgl. Kapitel 3.1.5.2
Die Geschichte des allerersten Bösewichts (Dinosaur Dan) und seiner Gefangennahme wird erzählt und bedient sich der Konventionen einer Retrospektive mit zeitlicher Distanz zur Gegenwart. Das Ende offenbart, dass Dinosaur Dan der Erzähler ist und die zeitliche Distanz zur Gegenwart nicht existiert, da das Gefängnis noch heute in Dallas steht.
* Kurzfilm, Animationsfilm

⌘ THE FLYING SORCERESS (USA 1955, William Hanna, Joseph Barbara)
Wake-up Twist
Tom&Jerry-Cartoon; Tom bekommt über eine Zeitungsannonce einen Job bei einer Hexe, die gesamte Geschichte ab der Zeitung (über der Tom offenbar eingeschlafen ist) erweist sich jedoch als Traum.
* Kurzfilm, Animationsfilm

⌘ BEYOND A REASONABLE DOUBT (JENSEITS ALLEN ZWEIFELS; USA 1956, Fritz Lang)
Final Plot Twist: Set-up Twist
Tom Garrett soll schuldig spielen und von einem Freund entlastet werden, um die Unzuverlässigkeit von Indizien nachzuweisen; dies geht schief, da der Freund stirbt und die Beweise für seine Unschuld vernichtet werden. Als es ihm doch gelingt seine Unschuld nachzuweisen, beweist ein weiterer *Twist* seine reale Schuld, da er das abgesprochene *Set-up* genutzt hat, um sein eigenes *Set-up* (den Mord an seiner Frau) zu verdecken.

⌘ Rocket-Bye Baby (USA 1956, Chuck Jones)
Wake-up Twist
Merry Melodies-Cartoon; Mann wartet auf die Geburt seines Kindes, das sich als Marsianer herausstellt. Zwei Babies (Mot vom Mars und Yob von der Erde) wurden durch einen interplanetaren Zufall vertauscht. Am Ende wacht er im Krankenhaus auf und der Plot erweist sich als Traum; das Kind ist ein Mensch, auf seinem Armband steht «Yob».
* Kurzfilm, Animationsfilm

⌘ Hoofs and Goofs (USA 1957, Jules White)
Wake-up Twist
3-Stooges-Film; Joe denkt pausenlos an seine verstorbene Schwester Bertie, die offenbar als Pferd wiedergeboren ist. Alles erweist sich als Traum, und Bertie lebt.
* Kurzfilm

⌘ Witness for the Prosecution (Zeugin der Anklage; USA 1957, Billy Wilder)
Plot Twist: Falsche Vermutung
Gerichtsdrama mit Schuld-/Unschuld-Dichotomie, die über *Plot Twist* geregelt wird. In den 1990er-Jahren wird diese Form des Gerichtsdramas populär(er).

⌘ Teenage Cave Man aka Out of the Darkness (USA 1958, Roger Corman)
Narrativer Twist: *Frame Shifter*
Bgl. Kapitel 3.1.5.2
Steinzeitfilm wird zu post-apokalyptischem Film und dann zu post-apokalyptischem Steinzeitfilm.

⌘ Vertigo (Vertigo – Aus dem Reich der Toten; USA 1958, Alfred Hitchcock)
Plot Twist: Doch-nicht-tot-Twist
Erster Abschluss der Handlung muss durch Enttarnung der Doppelgänger-Figur Julie re-evaluiert werden. Die Bilder lügen, anders als bei Stage Fright, da sie nicht eine subjektive Falschaussage darstellen, sondern hier einen objektivierten subjektiven Irrtum.

⌘ The Twilight Zone (Unglaubliche Geschichten; USA 1959–1964, 5 Staffeln)

⌘ «Third from the Sun» («Und der Name sei Erde»; = S01, E14; USA 1960, Richard L. Bare)
Narrativer Twist: *Frame Shifter*
Die Handlung spielt nicht auf der Erde, sondern auf einem fremden Planeten.

⌘ «I Shot An Arrow into the Air» («Wie ein Pfeil im Wind»; = S01, E15; USA 1960, Stuart Rosenberg)
Narrativer Twist: *Frame Shifter*
Die Handlung spielt auf der Erde und nicht auf einem fremden Planeten.

⌘ «People Are Alike All Over» («Samuel Conrad und die Reise zum Mars»; = S01, E25; USA 1960, Mitchell Leisen)
Perzeptiver/Narrativer Twist: *Frame Shifter* / Fehleinschätzung der Figur
Der Protagonist ist kein Gast auf dem Mars, sondern ein ‹Ausstellungsstück›.

⌘ «The After Hours» («Goldfingerhut»; = S01, E34; USA 1960, Douglas Heyes)
Perzeptiver/Narrativer Twist: *Frame Shifter* / Fehleinschätzung der Figur
Die Protagonistin findet heraus, dass sie eine Schaufensterpuppe ist.

⌘ «The Invaders» («Invasion der Zwerge»; = S02, E15; USA 1961, Douglas Heyes)
vgl. Kapitel 2.1.5.b
Narrativer Twist: *Frame Shifter*
Der Ort ist nicht die Erde; die «Frau» ist eine außerirdische Riesin.

⌘ «Probe 7, Over And Out» («Adam und Eva»; = S05, E129; USA 1963, Ted Post)
Narrativer Twist: Frame Shifter
Cook und Norda sind Adam und Eva. Der Film spielt in der Vergangenheit, nicht in der Zukunft.

⌘ Hyde and Go Tweet (USA 1960, Fritz Freleng)
Wake-up Twist
Tweety & Sylvester: Tweety findet eine Substanz, die ihn gelegentlich groß und kräftiger als Sylvester macht. Der *Plot* erweist sich als Albtraum, nach dessen Ende Sylvester gleichwohl seine Angst vor Tweety beibehält.
* Kurzfilm, Animationsfilm

⚥ Psycho (Psycho; USA 1960, Alfred Hitchcock)
Final Plot Twist: Dissoziative Identitätsstörung
Umdeutung Übernatürlich → Natürlich auch hier relevant; keine Re-Evaluation sämtlicher diegetischer Prämissen nötig, sondern nur der Opfer-/Täter-Situation. Psychologisierung des Horrorfilms als Kriminalfilm (Genrewechsel).

⚥ L'année dernière à Marienbad (Letztes Jahr in Marienbad; F 1961, Alain Resnais)
Möglicher Plot Twist
Unklarer Status der Diegese: Der ganze Film könnte ein Traum oder eine traumartige Erinnerung sein.

⚥ Homicidal (Mörderisch; USA 1961, William Castle)
Final Plot Twist: Identitäts-*Twist*
Warren und Emily sind dieselbe Person und hat/haben aus Erbschaftsgründen die Morde begangen. Die geschlechtliche Verwirrung kommt daher, dass «Warren» ein Mädchen war, das als Junge erzogen wurde.

⋊ Surogat (Der Ersatz; JUG 1961, Dusan Vukotic)
Final Plot Twist: Selbstreflexive Pointe
Alles in der Welt des Protagonisten ist aufblasbares «Surrogat». Er selbst ist auch aufblasbar, verliert ganz am Ende die Luft.
* Kurzfilm, Animationsfilm

⋊ Taste of Fear (aka Scream of Fear) (Ein Toter spielt Klavier; GB 1961, Seth Holt)
Drei Plot Twists
Bob und Jane sind Komplizen und haben erst Pennys Vater, dann Penny getötet (*Set-up Twist* à la Les Diaboliques), Penny ist jedoch gar nicht Penny, sondern Pennys Freundin Emily (Penny hat längst Selbstmord begangen, was in der ersten Szene des Films zu sehen ist). Sie hat zudem den Anschlag überlebt (Identitäts-*Twist*). Jane setzt sich in Penny/Emilys Rollstuhl und als Bob Penny/Emily sucht, tritt er irrtümlich Jane von der Klippe (Falsche Annahme).

⋊ Premature Burial (Lebendig begraben; USA 1962, Roger Corman)
Final Plot Twist: *Set-up Twist*
Guy Carrell hat Angst davor, während eines Herzinfarkts lebendig begraben zu werden; es kommt dazu, aber er wird durch Grabräuber «befreit» und rächt sich an seiner Ehefrau Emily, die – wie es Guys Schwester Kate von Anfang an geahnt hatte – seine Ängste genutzt hatte um ihn zum Herzinfarkt zu bringen. Modell: Les Diaboliques. Basiert auf einer Geschichte von E. A. Poe.

⌘ The Cabinet of Caligari (Das Kabinett des Dr. Caligari; USA 1962, Roger Kay)
Perzeptiver Twist
Fehlerhafte Wahrnehmung der Hauptfigur war irreführend, da sie selbst Patientin in einer Nervenklinik ist – alles ist anders als es schien, selbst sie ist viel älter als in ihrer Wahrnehmung.

⌘ Carnival of Souls (Tanz der toten Seelen; USA 1962, Herk Harvey)
Perzeptiver Twist
Die Hauptfigur ist eigentlich schon tot bzw. eine Wiedergängerin; am Ende wird sie von den toten Seelen wieder «eingefangen» und somit ihr Status richtiggestellt.

⋊ La Jetée (Am Rande des Rollfelds; F 1962, Chris Marker; Kurzfilm)
Final Plot Twist: Elliptische Erinnerung; Zeitreise-Paradox
Erinnerung der Hauptfigur vom Tod eines anderen erweist sich nach später im Leben erfolgter Zeitreise als sein eigener Tod. Vorlage für Terry Gilliams Twelve Monkeys (USA 1995)
* Kurzfilm; «Photoroman»

⌘ La rivière du Hibou (F 1962, Robert Enrico)
Wake-up Twist: Halluzination/‹Totenbettfantasie›
vgl. Kapitel 3.3.3
Verfilmung von Bierce' «An Occurrence at Owl Creek Bridge».
* Kurzfilm

⌘ What Ever Happened to Baby Jane? (Was geschah wirklich mit Baby Jane?; USA 1962, Robert Aldrich)
Final Plot Twist: Ellipse wird aufgefüllt
Der Autounfall, der Blanche verkrüppelt hat, wurde Jane zugeschrieben, da diese sich an nichts erinnern konnte. Am Ende gesteht Blanche, dass sie selbst ihn verursacht hat und damit eigentlich Jane aus Rache töten wollte.

⌘ Das indische Tuch (BRD 1963, Alfred Vohrer)
Final Plot Twist: Selbstreflexiver Ebenenwechsel
Haunted-House-Erbschaftsgeschichte, bei der am Ende praktisch niemand übrig ist. Edgar-Wallace-Film. Das Erbe geht an Edgar Wallace.

⌘ To Beep or Not to Beep (Beepen oder nicht beepen; USA 1963, Chuck Jones, Maurice Noble)
Final Plot Twist: *Set-up Twist* im Endsegment
Road-Runner-Film, dessen Endsegment einen *Set-up Twist* umfasst: Wile E. Coyote versucht, den Road Runner mithilfe eines Katapults zu töten; dieses hat jedoch zahlreiche Fehlfunktionen, die etliche Male den Road Runner verschonen. Es kommt heraus, dass das Katapult von der Produktionsfirma des Road Runners hergestellt wurde und ihm deshalb keine fehlerhafte, sondern eine kalkulierte Funktionsweise zugrunde liegt.
* Kurzfilm, Animationsfilm

⌘ Hush … Hush, Sweet Charlotte (Wiegenlied für eine Leiche; USA 1964, Robert Aldrich)
Set-up Twist
Charlottes zunehmende Halluzinationen sind nur Teil einer Inszenierung von der einzigen Erbin ihres Vermögens, Miriam, und ihres Arztes, Dr. Bayliss, um sie in eine Nervenklinik einzuweisen (vgl. Les Diaboliques).

⌘ The Third Secret (GB 1964, Charles Crichton)
Final Plot Twist: *Anagnorisis*
Ein Psychiater begeht Selbstmord, was einer seiner vier Patienten nicht glaubt. Seine 14-jährige Tochter glaubt es ebenso wenig und beauftragt den Patienten, der Sache nachzugehen. Dabei kommt heraus, dass die Tochter der fünfte Patient war und den Psychiater ermordet hat, um zu verhindern, dass sie zur Behandlung ihrer Schizophrenie in eine Nervenklinik eingewiesen wird.

⌘ Two Thousand Maniacs! (USA 1964, Herschell G. Lewis)
Narrativer Twist: Beschaffenheit der Welt; Set-up Twist
Einige Nordstaatenbewohner stoßen auf das Südstaaten-Dorf Pleasant Valley, in dem die 2000 Einwohner (vgl. Titel) gerade eine Hundertjahrfeier abhalten. Sie werden eingeladen und fast alle ermordet. Die Flucht der letzten zwei Überlebenden führt sie zur Polizei, die ungläubig reagiert: Nichts von dem Ort, der Straße o. ä. ist aufzufinden, Pleasant Valley wurde im Bürgerkrieg (also vor 100 Jahren) komplett vernichtet. Umschnitt auf Pleasant Valley, wo die nächste Hundertjahrfeier vorbereitet wird (für das Jahr 2065). Die Realität erweist sich als Parallelwelt, in der rachsüchtige Geister eine Falle aufgebaut haben.

⌘ Dr. Terror's House of Horrors (Die Todeskarten des Dr. Schreck; USA 1965, Freddie Francis)
Perzeptiver Twist: Die Hauptfiguren sind alle bereits tot.
Twist Ending in der Rahmenhandlung (vgl. Dead of Night): Alle müssen sterben, um die Schicksale, die die Tarotkarten in den Binnenhandlungen vorausgesagt haben, zu vermeiden. Dr. Schreck erweist sich als der Tod, und alle sind bereits in einem Zugunglück verstorben. (Alles spielt folglich in einer Zwischenwelt).

⌘ A Big Hand for the Little Lady (aka Big Deal at Dodge City) (Höchster Einsatz in Laredo; USA 1966, Fielder Cook)
Set-up Twist
Die anreisende Familie ist keine, sondern eine Gruppe von Trickbetrügern.

⌘ Le Grand Restaurant (Scharfe Kurven für Madame; F 1966, Jacques Besnard)
Final Plot Twist: Set-up Twist
Der Präsident hat seine eigene Entführung vorgetäuscht, um Urlaub zu machen. Louis-de-Funès-Komödie.

⌘ The Professionals (Die gefürchteten Vier; USA 1966, Richard Brooks)
Narrativer Twist: Irrtum
Die entführte Ehefrau möchte gar nicht gerettet werden, da ihr Ehemann der ‹eigentliche Entführer› ist.

⌘ Seconds (Der Mann, der zweimal lebte; USA 1966, John Frankenheimer)
Mittendrin Set-up Twist
Neue Umgebung besteht aus Agenten der «Company», die Hamilton/Wilson überwachen sollen; dystopischer *Final Plot Twist* (vgl. Soylent Green u. a.): «Newborns» erhalten nicht noch einmal eine neue Identität, sondern werden nach ihrem Scheitern getötet und ihre Körper als Leichen für die Fälschung des Todes neuer Kunden verwendet.

Filmografie

⌘ Who's Afraid of Virginia Woolf? (Wer hat Angst vor Virginia Woolf?; USA 1966, Mike Nichols)
Narrativer Twist
Georges und Marthas gemeinsamer Sohn ist nur imaginär, als Maßnahme zum Umgang mit ihrer Unfruchtbarkeit.

⌘ Women of the Prehistoric Planet (Das Steinzeitsyndrom; aka Die Welt des Frauenplaneten; USA 1966, Arthur C. Pierce)
Narrativer Twist: Beschaffenheit der Welt
Die SciFi-Geschichte erweist sich als Vorgeschichte des Planeten Erde – das letzte überlebende Centaurian-Paar beginnt die Erdengeschichte als Adam-und-Eva-Pendant. Vgl. auch die Twilight-Zone-Folge «Probe 7, Over and Out».

⌇ Mad Monster Party? (Frankensteins Monster-Party; USA 1967, Jules Bass)
Final Plot Twist
Puppenanimationsfilm; intertextuelles Gewebe
Felix' Geliebte Francesca kann ihn nicht heiraten, da sie nur eine Puppe ist; er antwortet «nobody is perfect … is perfect … is perfect» und gibt damit preis, dass er auch eine ist. Vgl. E. T. A. Hoffmanns *Der Sandmann*.

D Das New-Hollywood-Kino und seine Erben, europäische B-Movies (1968–1986)

⌘ Planet of the Apes (Planet der Affen; USA 1968, Franklin J. Schaffner)
Narrativer Twist: *Frame Shifter*
Die Handlung spielt nicht auf einem fremden Planeten, sondern auf der post-apokalyptischen Erde.

⌇ La Voie Lactée (Die Milchstrasse; F/I 1969, Luis Buñuel)
Final Plot Twist: *Narrativer Twist*
Der ganze Film handelt – inklusive Titel – nur von der Jakobsweg-Wanderung, von der die beiden Wanderer unmittelbar vor dem Ende abweichen und auch nicht darauf zurückkehren.

⌇ 5 bambole per la luna d'agosto (I 1970, Mario Bava)
Final Plot Twist: Set-up Twist
Eine der Figuren hatte ursprünglich einen ganz anderen Plan, wie am Ende offenbart wird; und sie überlebt, obwohl ihr Tod suggeriert wurde («not-dead-Twist»). Basiert auf *Ten Little Indians* von Agatha Christie.

⋈ **How to Succeed with Sex** (USA 1970, Bert I. Gordon)
Final Plot Twist: Fehlannahme der Figur; *Anagnorisis*
Mann will seine Verlobte zu vorehelichem Sex überreden, aber sie will Jungfrau bleiben; er konsultiert einen Ratgeber und befolgt alle Ratschläge, deren letzter der Besuch einer Prostituierten ist. Diese erweist sich als seine Verlobte, als das Licht angeht.

⋈ **Indagine su un cittadino al di sopra di ogni sospetto** (Ermittlungen gegen einen über jeden Verdacht erhabenen Bürger; I 1970, Elio Petri)
Wake-up Twist im letzten Segment; doppeltes Ende
Inspektor träumt zunächst davon, dass die Polizei ihn findet, wobei er zusammengeschlagen wird; er wacht auf und die Polizei kommt gerade bei ihm an.

⋈ **The Love War** (USA 1970, George McGowan)
Final Plot Twist: Fehlannahme der Figur; *Anagnorisis*
Zwei kriegführende Alienrassen schicken Abgesandte auf die Erde um untereinander zu kämpfen; sie verkleiden sich als Menschen. Kyle verliebt sich in Sandy und merkt erst, als sie ihn überraschend erschießt, dass sie vom verfeindeten Planeten stammt.
* TV-Film

◇ **The Phantom Tollbooth** (Milos ganz und gar unmögliche Reise; USA 1970, Chuck Jones, Abe Levitow, Dave Monahan)
Selbstreflexiver Twist
Wiederholt die Idee von The Wizard of Oz (1939); das Pendant zum Übertritt in die fantastische Welt von Oz ist hier der Wechsel in einen Animationsfilm, der ebenfalls bei der Rückkehr zurückgenommen wird.
* Animationsfilm

⋈ **L'uccello dalle piume di cristallo** (Das Geheimnis der schwarzen Handschuhe; I 1970, Dario Argento)
Perzeptiver Twist: Fehlerhafte Erinnerung
Sam wird Zeuge eines Mordversuchs; am Ende lernt er, dass er diesen falsch interpretiert und Täter und Opfer vertauscht hat – die Anfangsszene wird somit umgedeutet.

⌘ **The Wizard of Gore** aka **House of Torture** (USA 1970, Herschell Gordon Lewis)
Wake-up Twist: Tagtraum
Die gesamte Handlung erweist sich als Tagtraum von Sherry; selbstreflexiv, da der Film mit einer Rede über Realität beginnt, die der Magier Montag hält.

⋈ **4 mosche di velluto grigio** (Vier Fliegen auf grauem Samt; I/F 1971, Dario Argento)
Final Plot Twist: Set-up Twist

Jemand folgt der Hauptfigur und scheint sie in den Wahnsinn treiben zu wollen; am Ende stellt sich heraus, dass es die Frau der Hauptfigur ist, die sich für ein Kindheitstrauma «rächt».

⌘ La coda dello scorpione (Der Schwanz des Skorpions; I 1971, Sergio Martino)
Final Plot Twist: *Set-up Twist*
Giallo, in dem eine Mordserie sich am Ende als Inszenierung des Versicherungspolizisten erweist, der überprüfen sollte, ob eine Witwe die Summe von 1 Million rechtmäßig geerbt hat.

◊ Two-Lane Blacktop (Asphaltrennen; USA 1971, Monte Hellman)
Selbstreflexiver Twist
Der Film endet mit einem Rennen, bei dem das Material «versagt» – erst fällt der Ton aus, dann verlangsamt sich der Film und der Filmstreifen scheint sich im Projektor zu verfangen und zu verbrennen. Es folgt der Abspann.

⌘ La Cabina (La Cabina; E 1972, Antonio Mercero)
Final Plot Twist: *Set-up Twist*
Ein Mann geht in eine Telefonzelle und wird dort eingesperrt; die Telefonfirma holt ihn irgendwann dort ab und fährt ihn in Lagerhaus, wo klar wird, dass ein Konzept hinter diesen Telefon-Entführungen steht, da die gesamte Halle voller Telefonzellen mit Gefangenen ist.
* TV-Kurzfilm

⌘ Home for the Holidays (Unter Mordverdacht; USA 1972, John Llewellyn Moxey)
Final Plot Twist: *Set-up Twist*
Alle Zeichen deuten darauf hin, dass Elizabeth die Mörderin ist – auch, da anfangs der sterbende Vater den Verdacht äußert. Am Ende erweist sich alles als eine Inszenierung von Alex, die Elizabeth ihre eigenen Taten in die Schuhe zu schieben versucht.
* TV-Film

⌘ Sleuth (Mord mit kleinen Fehlern; USA 1972, Joseph L. Mankiewicz)
Kein *Twist Ending*, aber viele interessante Plot Twists.

⌘ Tales from the Crypt (Geschichten aus der Gruft; GB/USA 1972, Freddie Francis)
Perzeptiver Twist: Charaktere sind alle tot
Anthologiefilm nach dem Modell von Dead of Night in der Hinsicht, dass auch hier die Klammer der Episoden das *Twist Ending* beinhaltet. Clues sind über die Handlung verstreut; am Ende sagt der Erzähler den Charakteren, dass die Episoden keine Warnungen gewesen seien, sondern Flashbacks. [Umdeutung Flashforwards => Flashbacks]

❖ Don't Look Now (Wenn die Gondeln Trauer tragen; GB 1973, Nicolas Roeg)
Twist Ending: ‹Totenbettfantasie›
Mögliche Lesart des Endes: Im letzten Moment wird klar, dass die kunstvoll montierten Erlebnisse in Venedig zum Teil zeitlich auseinanderlaufen, weil sie alle subjektivierte Erinnerungen und Vorahnungen der sterbenden Hauptfigur sind.

⚥ L'Événement le plus important depuis que l'homme a marché sur la lune (Die Umstandshose aka Das bedeutendste Ereignis aka Hilfe, mein Mann ist schwanger; F/I 1973, Jacques Demy)
Final Plot Twist
Marco ist angeblich im vierten Monat schwanger und wird zur medizinischen Sensation ausgerufen; beim Röntgen am Ende des Films wird klar, dass ein Irrtum vorlag. => extreme Überdehnung des Realismuskonzepts; zum Schluss Rücknahme.

⚥ A Reflection of Fear (Spiegelbild der Angst; USA 1973, William A. Fraker)
Final Plot Twist: Gender
Ein Mädchen, das bei Mutter und Großmutter aufwächst und offenbar eine geistige Störung hat, die es zum Morden anstiftet, erweist sich am Ende als Junge.

⚥ Sisters (aka Blood Sisters) (Die Schwestern des Bösen; USA 1973, Brian De Palma)
Final Plot Twist: Dissoziative Identitätsstörung; vgl. auch Psycho
Danielle und Dominique sind getrennte siamesische Zwillingsschwestern, die gemeinsam in einer Wohnung leben und sehr verschiedene Temperamente haben. Als Morde geschehen, klärt sich im letzten Drittel des Films auf, dass Dominique den Frühling zuvor verstorben war und Danielle sich gelegentlich in Dominique verwandelt.

⚥ Soylent Green (... Jahr 2022 ... die überleben wollen ...; USA 1973, Richard Fleischer)
Final Plot Twist: Steigerung der Dystopie; partielles *Twist Ending*: Moralischer Diskurs
Detective Thorn findet heraus, dass die omnipräsente Nahrung «Soylent Green» aus Menschen hergestellt wird, die zuvor gezeigt wurden, wie sie von Firmen in Sterbezimmern ‹eingeschläfert› werden. Thorns letzter Monolog beginnt mit den Worten «It's people», was mittlerweile zum geflügelten Wort für *Final Plot Twists* avanciert ist.

⚥ The Sting (Der Clou; USA 1973, George Roy Hill)
Final Plot Twist: *Set-up Twist*
Das tragische Ende der beiden Hauptfiguren ist nur ein Schauspiel und Teil eines

größeren Set-ups, welches das kleinere Set-up beinhaltet bzw. rahmt. Genreprägend für spätere «Heist Movies».

⌘ THE VAULT OF HORROR (aka FURTHER TALES OF THE CRYPT, TALES OF THE CRYPT II) (IN DER SCHLINGE DES TEUFELS; GB/USA 1973, Roy Ward Baker)
Perzeptiver Twist: Charaktere sind alle tot
vgl. TALES OF THE CRYPT, dessen Quasi-Sequel dies ist; Anthologie-Horror-Film mit *Twist Ending* der Rahmenhandlung: Fünf Fremde treffen sich in einem (motivisch bekannten) Fahrstuhl, der automatisch abwärts fährt, und sind ohne Grund in einem Raum gefangen. Alle erzählen Geschichten ihrer Träume, die von ihrem eigenen Tod handeln; am Ende wird klar, dass diese in der Vergangenheit liegen.

⌘ VÉRITÉS ET MENSONGES (F WIE FÄLSCHUNG; F/IRAN/BRD 1973, Orson Welles)
Narrativer Twist mit geringem *Scope*: letzte 17 Minuten sind gelogen (was am Anfang sogar angekündigt worden war: Die erste Stunde sei komplett real).

⌘ THE WICKER MAN (THE WICKER MAN; GB 1973, Robin Hardy)
Set-up Twist
vgl. Kapitel 3.1.2.2
Der Ermittler, der auf die Insel gerufen wurde, war tatsächlich nur ein jungfräuliches Opfer, das am Ende von der heidnischen Population in einer riesigen Weiden-Figur verbrannt wird. Das Mädchen war nicht verschwunden, sondern in die Finte eingeweiht. Die zuvor «unsittlichen» Verführungsversuche erweisen sich im Nachhinein als letzte Überlebenschance des Ermittlers.

◇ BLAZING SADDLES (DER WILDE WILDE WESTEN aka IS' WAS, SHERIFF?; USA 1974, Mel Brooks)
Selbstreflexiver Twist
Im Zuge des Schlusskampfes wird der Film erst in die Gegenwart verlegt, indem einige kämpfende Westernhelden eine Studiowand niederbrechen (die sprichwörtliche «vierte Wand»); dann schauen sich die Männer den Film auch noch im Kino zu Ende an.

⌘ THE CONVERSATION (DER DIALOG; USA 1974, Francis Ford Coppola)
Final Plot Twist: Fehlinterpretation
Die Hauptfigur hat sich in seiner Einschätzung geirrt, auch da er die Betonung einer Tonbandpassage falsch gehört und die Ereignisse daraufhin falsch interpretiert hat; die «Opfer» erweisen sich als die Täter.

⌘ MURDER ON THE ORIENT EXPRESS (MORD IM ORIENT-EXPRESS; USA 1974, Sidney Lumet)
Final Plot Twist: Fehlannahme
Prämisse des klassischen «Whodunnit» stellt sich als falsch heraus: Es gibt nicht einen Täter, sondern alle waren am Mord beteiligt.

⌘ **Monty Python and the Holy Grail** (Die Ritter der Kokosnuss; GB 1975, Terry Gilliam, Terry Jones)
Narrativer Twist; Selbstreflexiver Twist mit zwei Enden
Das «Mittelalter» kollidiert mit der Gegenwart; die Ritter werden von der Polizei festgenommen, dann «reißt» der Filmstreifen.

❖ **Le Orme** (Die Spuren aka Spuren auf dem Mond; I 1975, Luigi Bazzoni)
Doppeltes Twist Ending: *Set-up Twist* und *perzeptiver Twist*
vgl. Kapitel 3.2.4
Alice wird von einem Albtraum geplagt, der von einem Kinoerlebnis (!) herrührt; sie erfährt, dass sie zwei Tage nicht erinnern kann (sie denkt, es sei Dienstag, es ist aber Donnerstag) und beginnt zu ermitteln. In Garma findet sie heraus, dass sie Dienstag mit roten Haaren (sie ist blond) dort war und als «Nicole» bekannt ist. In einem Haus trifft sie einen «Jugendfreund» namens Henry; die Ähnlichkeit zum traumatisierenden Film und ein verdächtiges Telefonat lassen sie vermuten, dass alles eine Verschwörung gegen sie war (*Set-up Twist*); sie tötet Henry, und zwei Astronauten aus dem Kinofilm verfolgen sie an den Strand und fangen sie. Eine Texttafel löst auf: Alice ist schizophren, paranoid und hat eine gespaltene Persönlichkeit. Sie verwechselt Realität und Fiktion sowie Vergangenheit und Gegenwart, wird deshalb – so die Texttafel – am Ende in eine Anstalt eingewiesen. Es bleibt eine Ambiguität zurück; insbesondere in der englischen Version, in welcher die italienischsprachige Texttafel am Ende fehlt.

◇ **Carrie** (Carrie – Des Satans jüngste Tochter; USA 1976, Brian De Palma)
Wake-up Twist mit geringem *Scope*: Sue hat das Ende nur geträumt.

◇ **Le Locataire** (Der Mieter; F 1976, Roman Polanski)
Ambivalentes Ende. Möglicher *perzeptiver Twist*: Trelkovsky war womöglich nur eine von Simone erfundene Figur, es wäre somit ihre Geschichte. Möglicher Set-up Twist: Trelkovsky wurde in den Wahnsinn getrieben.

⌘ **Murder by Death** (Eine Leiche zum Dessert aka Verzeihung, sind Sie der Mörder?; USA 1976, Robert Moore)
Final Plot Twist: Parodie
Parodie des unmotivierten überraschenden *Final Plot Twists*: Twain lädt Spitzendetektive ein und sagt einen Mord voraus. Er selbst wird ermordet. Jeder verdächtigt jeden. Twain lebt doch noch und lacht alle aus. Alle reisen ab, und «Twain» ist in Wirklichkeit die taubstumme Köchin.

⌘ **Schizo** (Amok; USA 1976, Pete Walker)
Final Plot Twist: Dissoziative Identitätsstörung
Wird im Titel schon vorweggenommen, aber der verdächtigte Mörder ist nicht der

Mörder, sondern stattdessen die Hauptfigur. Die Einleitung am Anfang erklärt das Wort «Schizophrenie» (in der landläufigen, falschen Definition).

⌘ SNUFF (BIG SNUFF; ARG/USA 1976, Michael Findlay, Roberta Findlay, Horacio Fredriksson)
Final Plot Twist: Schock des Realen
Das Filmteam zerstückelt am Ende in angeblich authentischen Aufnahmen eine schwangere Frau, was für einen rezeptionshistorischen Skandal sorgte.

⌘ THE HAZING aka THE CURIOUS CASE OF THE CAMPUS CORPSE (USA 1977, Douglas Curtis)
Set-up Twist
Craig und Barney wollen einer Verbindung beitreten und müssen das Initiationsritual überstehen, das darin besteht, dass sie leicht bekleidet durch die verschneiten Berge laufen müssen. Barney stirbt dabei und es wird vertuscht, indem sich zunächst Craig in Seminaren als Barney ausgibt und sie später die Leiche so drapieren, dass es wie ein Skiunfall aussieht. Barney wird gefunden; einige glauben die Geschichte, aber bei der Kriminalpolizei und Barneys Vater bleiben Restzweifel zurück. Auf Barneys Beerdigung stehen plötzlich dessen Augen offen und er setzt sich hin, als Craig an den Sarg tritt. Alles war eine Inszenierung, die Teil der tatsächlichen Initiation war. Barney begrüßt Craig in der Verbindung.

⌘ SCHOCK aka BEYOND THE DOOR II (I 1977, Mario Bava)
Final Plot Twist: Identitäts-*Twist*: Hauptfigur ist selbst die Mörderin
Dora zieht nach ihrer Entlassung aus der Nervenklinik mit ihrem neuen Mann Bruno in ein Haus, wo sie Erinnerungen an den Tod ihres letztes Mannes plagen, wegen dem sie in der Nervenklinik war. Sie findet heraus, dass sie selbst ihn umgebracht hat, nachdem er sie gewaltsam auf Drogen gesetzt hatte. Da Bruno beim Vertuschen geholfen hatte, bringt sie nun ihn und dann sich selbst um.

⌘ THE STRANGE CASE OF THE END OF CIVILIZATION AS WE KNOW IT (SHERLOCK HOLMES ODER DER SONDERBARE FALL VOM ENDE DER ZIVILISATION; GB 1977, Joseph McGrath)
Final Plot Twist: «Der Mörder ist der nächste Mann»-*Twist*
Sherlock-Holmes-Parodie mit John Cleese; Parodie eines misslungenen *Final Plot Twists* (vgl. MURDER BY DEATH): Der Mörder ist ein exakter Doppelgänger von Watson.

⌘ SUOR EMANUELLE (DIE NONNE UND DAS BIEST; I 1977, Giuseppe Vari)
Wake-up Twist
Monica soll ins Kloster gehen, da sie ihre Triebe nicht unter Kontrolle hat. Sie begibt sich im Zug dorthin. Im Kloster verführt sie mehr oder weniger alles und jeden, bevor sie im Zug auf dem Weg zum Kloster aufwacht und sich somit alle Geschehnisse dort als Traum erweisen. Inoffizieller Teil der *Black-Emanuelle*-Reihe.

⌑ Absolution (Absolution; GB 1978, Anthony Page)
Final Plot Twist: *Set-up Twist*
Pater Goddards Lieblingsschüler Benji gesteht ihm den Mord an einem Landstreicher, dann an dem ungeliebten Schüler Dyson. Als Goddard Dysons vermeintliches Grab aufsucht, erschlägt er im Affekt Benji. Dyson nimmt Goddard die Beichte ab und erklärt, dass er bei den vorangegangenen Beichten Benjis Stimme imitiert habe.

⌑ Obyknovennoye chudo (Ein gewöhnliches Wunder; UdSSR 1978, Mark Zakharov)
Selbstreflexiver Twist
Die Fantasiewelt erweist sich als Kulisse. Am Ende werden auch die Möglichkeiten des traurigen und fröhlichen Endes diskutiert.
* TV-Film

⌑ Cheech & Chong's Next Movie (USA 1980, Tommy Chong)
Selbstreflexiver Twist
Wechsel des Repräsentationsmodus: Durch das «ultimate high» am Ende geraten Cheech und Chong in eine animierte Sequenz, die den Film beendet.

⌘ La città delle donne (Stadt der Frauen; I 1980, Federico Fellini)
Wake-up Twist
Alle Ereignisse außerhalb des Zuges sind nur im Traum passiert.

⌑ Dressed to Kill (Dressed to Kill; USA 1980, Brian De Palma)
Final Plot Twist: *Transgender Twist / Wake-up Twist*
Die Mörderin «Bobbi» erweist sich als das weibliche Alter Ego des Psychiaters Dr. Elliott. Psycho-ähnliche Psychologisierung der multiplen Persönlichkeit des Mörders; hier unter Gender-Kriterien. Die Finalsequenz zeigt Bobbi/Elliotts Rache an Liz, die sich als Albtraum erweist.

❖ Stardust Memories (Stardust Memories; USA 1980, Woody Allen)
Selbstreflexiver Twist
«Remake» von Fellinis 8 1/2; erweitert den Film jedoch um eine Ebene (Filmszenen) und endet konsequenterweise damit, dass sich alles als eine Filmaufführung (Film im Film) erweist.

⌑ Xie (int. Titel Hex aka Evil; HK 1980, Chih-Hung Kuei)
Erste Hälfte verwendet den Set-up Twist von Les Diaboliques; in der zweiten Hälfte findet dieser jedoch als Geistergeschichte eine Fortsetzung.

⌘ Dead & Buried (Tot & Begraben; USA 1981, Gary Sherman)

Perzeptiver Twist: Amnesie; I-am-a-Zombie-*Twist*
Ein Sheriff geht Zombies in einem Ort auf den Grund und findet heraus, dass sein ganzer Ort aus Zombies besteht. Am Ende wird sogar klar, dass er selbst ebenfalls einer ist und vor längerer Zeit von seiner Frau ermordet worden war.

⌘ Misterio en la isla de los monstruos (Das Geheimnis der Monsterinsel; E/USA 1981, Juan Piquer Simón)
Set-up Twist
Buchverfilmung von Jules Vernes «Die Schule der Robinsons»; vgl. *Twist Ending* des Buches.

⌘ The Survivor (AUS 1981, David Hemmings)
Perzeptiver Twist
Die Hauptfigur hat den Flugzeugabsturz nicht überlebt, sondern ist ein Wiedergänger, der in der ‹geborgten Zeit› noch die Ermittlungen abschließen darf.

⌘ Time Bandits (Time Bandits; GB 1981, Terry Gilliam)
Potenzielles Twist Ending
ambivalenter *Wake-up Twist*: Elemente der realen Welt scheinen Entsprechungen von Kevins Abenteuer zu sein. Ultimativ wird die Fantasiewelt jedoch als real markiert.

⌘ Under the Rainbow (Geheimauftrag Hollywood; USA 1981, Steve Rash)
Wake-up Twist
vgl. Kapitel 3.1.2.1
Die gesamte Handlung erweist sich als Rollos Traum. Der Film macht zudem eine Art Meta-Ebene zu The Wizard of Oz (1939) auf, in dessen Erscheinungsjahr er spielt.

⌘ Deathtrap (Das Mörderspiel; USA 1982, Sidney Lumet)
Erste Hälfte: Diaboliques-*Twist* mit zwei Männern, die eine Frau durch Vortäuschung eines Mordes zum Herzinfarkt bringen, weil sie heimlich ein homosexuelles Paar sind; am Ende: Es geht im Film um das Stück «Deathtrap», das jeder für sich gewinnen möchte; der Film kulminiert am Ende in der Aufführung des Stücks, das von der Filmhandlung handelt.

⌘ The Last Horror Film aka Fanatic (Love to Kill; USA 1982, David Winters)
Narrativer Twist: Film im Film
Zuerst *Set-up Twist*: Bret hat die ganzen Morde begangen und alles so aussehen lassen, als wäre es Vinnys Schuld gewesen. Vinny schafft es Bret zu töten und dann kommt das eigentliche *Twist Ending*: Die ganze Story war ein Film im Film, der darstellt, was Vinny in Cannes gedreht hat.

⌘ Les maîtres du temps (Herrscher der Zeit; USA 1982, René Laloux; Animationsfilm)
Narrativer Twist: Zeitebenen
vgl. Kapitel 3.1.5.3
Der Junge Piel wartet auf dem Planeten Perdida auf ein Raumschiff, das auf dem Weg zu ihm ist. Er ist allein und hat nur ein Mikrophon zum Kontakt mit dem Raumschiff. Dieses erlebt eine Reihe von Abenteuer und führt u. a. den älteren Mann Silbad mit sich. Kurz vor der Ankunft auf Perdida havariert das Schiff und die Besatzung gelangt auf eine Raumstation. Dort wird klar, dass Silbad der ältere Piel ist und die «Herrscher der Zeit» Perdida 60 Jahre in die Vergangenheit versetzt haben, um ihn besser besiedeln zu können.

⌘ The Slayer (USA 1982, J. S. Cardone)
Wake-up Twist mit Loop
Die Ereignisse auf der Insel erweisen sich als der Traum eines kleinen Mädchens; da sie jedoch in ihren Träumen die Zukunft sehen kann, wird damit suggeriert, dass sie als kleines Mädchen bereits die Ereignisse auf der Insel geträumt und vorweggenommen hat. Daraus entwickelt sich eine Zeitschleife: Das Mädchen träumt die Ereignisse und das Erleben der Ereignisse wird wiederum als Traum des Mädchens enden.

⌘ Timerider: The Adventure of Lyle Swann (Timerider – Die Abenteuer des Lyle Swann; USA 1982, William Dear)
Zeitreise-*Anagnorisis*
Lyle reist in die Vergangenheit und findet am Ende heraus, dass er dadurch sein eigener Großvater ist.

⌘ Somewhere, Tomorrow (USA 1983, Robert Wiemer)
Wake-up Twist
vgl. Kapitel 3.1.2.1
Terry ist kein Geist, sondern Lori hat alles geträumt. Interessante Variation, da hier okkult → realistisch als Umdeutung etabliert wird.

◇ Body Double (Der Tod kommt zweimal; USA 1984, Brian De Palma)
Final Plot Twist: *Set-up Twist*
vgl. Kapitel 3.2.3
Der B-Movie-Schauspieler Jake Scully wurde als Zeuge eines Verbrechens instrumentalisiert, um den verkleideten Täter zu entlasten. Das höfliche *set-up* (i. S. v. Rundum-Versorgung) des Täters erweist sich als durchtriebene Inszenierung (ebenfalls *set-up*).

⚥ Rats – notte di terrore (Riffs III – Die Ratten von Manhattan; I 1984, Bruno Mattei)
Final Plot Twist: Demaskierung
Surprise Ending, das eine Art Kultstatus als lächerliches «Twist Ending» innehat;

eine Figur, die am Ende die Leben einiger Menschen vor den Ratten gerettet hat, ist ein Rattenmensch.

⌘ Alice in Wonderland (Alice im Wunderland; USA 1985, Harry Harris)
Mischung aus beiden *Alice*-Büchern; komplett als Fantasy-Übergang angelegt. Kein Traum, kein *Twist*.
* TV-Produktion

❖ Brazil (Brazil; GB 1985, Terry Gilliam)
Wake-up Twist
Eskapistische Halluzination mit geringer Reichweite. Sam entflieht in seinem Kopf der Folter, welcher er ausgesetzt ist und erträumt ein *Happy Ending*, das durch den *Final Plot Twist* als subjektive Realität erkennbar wird.

⌘ Quiet Earth (Quiet Earth – Das letzte Experiment; NZ 1985, Geoffrey Brown)
Möglicher Narrativer Twist
Am Ende gibt es Indizien dafür, dass die Hauptfigur in einem Paralleluniversum angekommen ist.

⌘ Clue (Alle Mörder sind schon da; USA 1985, Jonathan Lynn)
Alternative Enden
Bekannt für alternative Enden, die im Kino zirkuliert wurden und auf DVD nacheinander montiert sind.

⌘ April Fool's Day (Die Horror-Party; USA 1986, Fred Walton)
Set-up Twist
Der Film erweist sich als Horrorkomödie und alles als Schauspiel/Inszenierung. Ein *Final Plot Twist* am Ende spielt nochmal mit diesem Status.

⌘ Babes in Toyland (Abenteuer im Spielzeugland; USA 1986, Clive Donner)
Wake-up Twist
Alles war nur ein Traum der kleinen Lisa.
* TV-Produktion

⌘ Slaughter High (Die Todesparty; USA 1986, Mark Ezra, Peter Litten, George Dugdale)
Wake-up Twist
Marty hat die Rachemorde an seinen Mitschülern nur geträumt und ist in Wirklichkeit in einer Nervenklinik. Partieller *Twist*.

⌘ Wisdom (Wisdom – Dynamit und kühles Blut; USA 1986, Emilio Estevez)
Wake-up Twist
Alles war ein Tagtraum von John Wisdom.

E Der Weg zur Konventionalisierung (1987–1998)

⌘ Angel Heart (Angel Heart; USA 1987, Alan Parker)
Perzeptiver Twist; Narrativer Twist; Set-up Twist
vgl. Kapitel 2.1.7.F, 2.2.4 und 3.1.6
Harold Angel erweist sich selbst als der gesuchte Johnny Favorite (*perzeptiver Twist*); Louis Cyphre wusste das von Anfang an und hat ihn nicht als Ermittler in fremder, sondern in eigener Sache inszeniert (*narrativer Twist, Set-up Twist*).

⌘ No Way Out (No Way Out – Es gibt kein Zurück; USA 1987, Roger Donaldson)
Narrativer Twist
Tom Farrell wird durch eine Verkettung von Zufällen für den Sowjet-Spion «Juri» gehalten und versucht seine Unschuld – scheinbar legitimerweise – zu beweisen. In einem letzten *Twist* wird deutlich, dass er tatsächlich Juri ist. Remake von The Big Clock (Spiel mit dem Tode; USA 1948, John Farrow).

⌘ Return to Horror High (Return to Horror High; USA 1987, Bill Froehlich)
Selbstreflexives *Twist Ending*
Twist Ending im *Twist Ending*: Der Mörder schreibt das Drehbuch zu dem Film, den er selbst ‹inszeniert›.

⌘ Siesta (Siesta; USA 1987, Mary Lambert)
Perzeptiver Twist: ‹Totenbettfantasie›
Die Hauptfigur ist bereits die ganze Zeit tot. Vgl. Carnival of Souls.

⌘ The Last Slumber Party (USA 1988, Stephen Tyler)
Wake-up Twist
Alles ist ein Traum.

⌘ Non aver paura della zia Marta (I 1988, Mario Bianchi)
Perzeptiver/Wake-up Twist
Alles erweist sich am Ende als Illusion der Hauptfigur; der Mann ist nicht mit seiner Familie zu Tante Marta gefahren, sondern diese ist in einem Autounfall längst gestorben, bei dem er der einzige Überlebende war.

⌘ The Telephone (Telefon Terror; USA 1988, Rip Torn)
Perzeptiver Twist
Die fokalisierte Hauptfigur Vashti Blue ist immer in ihrem Appartement und telefoniert dort fast die ganze Zeit über. Am Ende kommt ein Telefonmann, der erklärt, dass das Telefon seit Monaten nicht angeschlossen sei. Als Vashti dadurch auf ihre Halluzination angesprochen wird, ermordet sie ihn im Affekt.

- ❖ Lᴀ ᴄᴀsᴀ ɴᴇʟ ᴛᴇᴍᴘᴏ (Dɪᴇ Uʜʀ ᴅᴇs Gʀᴀᴜᴇɴs; I 1989, Lucio Fulci)
Wake-up Twist: Halluzinogene Drogen
Das Trio hat dieselbe surreale Vision gesehen, die am Ende auf die Einnahme halluzinogener Drogen zurückgeführt wird.

- ❖ Sᴛᴜғғ Sᴛᴇᴘʜᴀɴɪᴇ ɪɴ ᴛʜᴇ Iɴᴄɪɴᴇʀᴀᴛᴏʀ aka Iɴ Dᴇᴀᴅʟʏ Hᴇᴀᴛ (USA 1989, Don Nardo)
Set-up Twist: Spiel
Alles erweist sich nur als ein sadistisches Spiel, nachdem alle Charaktere gestorben sind.

- ❖ Iɴᴠᴀsɪᴏɴ Fᴏʀᴄᴇ (USA 1990, David A. Prior)
Selbstreflexiver Twist: Film im Film
Das gesamte Geschehen wird von einem Filmteam inszeniert; Verweis auf den Beginn des Films, an dem ein Film im Film gezeigt wird (→ Film im Film im Film).

- ⌘ Jᴀᴄᴏʙ's Lᴀᴅᴅᴇʀ (Jᴀᴄᴏʙ's Lᴀᴅᴅᴇʀ – Iɴ ᴅᴇʀ Gᴇᴡᴀʟᴛ ᴅᴇs Jᴇɴsᴇɪᴛs; USA 1990, Adrian Lyne)
Wake-up Twist: ‹Totenbettfantasie›
vgl. Kapitel 3.1.2.2
Fast alle Ereignisse haben nur in Jacobs Kopf während seines Todeskampfes stattgefunden.

- ⌘ Pʀᴇsᴜᴍᴇᴅ Iɴɴᴏᴄᴇɴᴛ (Aᴜs Mᴀɴɢᴇʟ ᴀɴ Bᴇᴡᴇɪsᴇɴ; USA 1990, Alan J. Pakula)
Doppelter Final Plot Twist
Ganz am Ende ist ein doppelter *Plot Twist* gesetzt, nachdem die Hauptperson doch überraschend freigesprochen wurde: Er findet die Mordwaffe in einem Werkzeugkasten, wodurch erst wahrscheinlich ist, dass er es doch war (einige Andeutungen zuvor tragen ebenfalls dazu bei); dann kommt seine Frau hinzu und gesteht alles. Interessant dabei: kein *Flashback Tutorial*, sondern ihr Geständnis erzählt die gesamte Geschichte aus der 3. Person in der neuen Fassung nach. Kein *Twist Ending*, da der *Plot Twist* nur die *whodunit*-Frage vom Anfang beantwortet.

- ❖ Rᴏʟʟᴇʀ Cᴏᴀsᴛᴇʀ Rᴀʙʙɪᴛ (Rᴏɢᴇʀ ɪᴍ Rᴀᴜsᴄʜ ᴅᴇʀ Rᴀsᴇʀᴇɪ; USA 1990, Rob Minkoff)
Wechsel des Repräsentationsmodus
Am Ende der Achterbahnfahrt passiert Roger ein Einbahnstraßen-Schild und landet in einem realen Film-Studio.
* Kurzfilm, Animationsfilm

- ❖ Tᴏᴛᴀʟ Rᴇᴄᴀʟʟ (Tᴏᴛᴀʟ Rᴇᴄᴀʟʟ – Dɪᴇ ᴛᴏᴛᴀʟᴇ Eʀɪɴɴᴇʀᴜɴɢ; USA 1990, Paul Verhoeven)
Potenzieller Wake-up Twist
Es bleibt unklar, ob die Ereignisse real waren. Dies liegt an der Möglichkeit der Erinnerungsimplantation (REKALL), welche die gesamte Diegese in Frage stellt.
vgl. Aʙʀᴇ ʟᴏs ᴏᴊᴏs bzw. Vᴀɴɪʟʟᴀ Sᴋʏ.

◇ Mortal Thoughts (Tödliche Gedanken; USA 1991, Alan Rudolph)
Narrativer Twist: Partielle Lüge aus Amnesie
Cynthia erinnert sich erst am Ende, dass sie selbst James ermordet hat und will daraufhin ein zweites Mal aussagen. Ein Segment war gelogen, aber nicht alles.

⌘ Le porte del silenzio (I 1991, Lucio Fulci)
Perzeptiver Twist: ‹Totenbettfantasie›
Nahtoderfahrung aus erster Szene erweist sich als Todesmoment; Hauptfigur ist den gesamten Film über tot. Anfang und Ende werden über Musik (New-Orleans-Begräbniskapelle) gekoppelt. Am Ende lässt ein Leichenwagen den drängelnden Protagonisten nicht passieren; als er ihn vorbeilässt, geschieht der Unfall (letzte von vielen symbolischen Überformungen des Themas). Die Frau, die zu Beginn auf dem Friedhof den Protagonisten beobachtet, erweist sich als ‹ultimative femme fatale›: der Tod (ihr Nummernschild: D. E. A.T.H).

⌘ Shattered (Tod im Spiegel; USA 1991, Wolfgang Petersen)
Perzeptiver Twist: Amnesie
Ermittelnder findet sich selbst als Leiche; durch Amnesie sind zwar narrative Lücken von Beginn an klar und verschiedene Verdachtsmomente werden inszeniert, jedoch ist das wohl der entscheidende Punkt: Er findet sich selbst und lernt, dass alles, was er (und der Zuschauer) nach dem Unfall gelernt hat, falsch war, da er Jack Stanton ist und nicht Dan Merrick. Seine Frau gibt es daraufhin zu und löst alles auf. Jack nimmt folglich die Rolle von Dan an, da es kriminalistisch gesehen klüger ist.

⋈ What Ever Happened to Baby Jane? (USA 1991, David Greene)
Remake; vgl. den gleichnamigen Film von 1962
* TV-Produktion

⋈ The Crying Game (The Crying Game; GB/J 1992, Neil Jordan)
Middle Plot Twist: *Gender Plot Twist*
Dil erweist sich als Transvestit.

⌘ Mindwarp (Brainslasher; USA 1992, Steve Barnett)
Wake-up Twist
Mehrere Stufen von virtueller Realität markieren von Anfang an, dass alles ein Traum sein mag; ein doppelter *Wake-up Twist* am Ende sorgt für ein potenziell offenes Ende (vgl. Abre los ojos).

◇ Blown Away (Blown Away – Ausgelöscht; CAN 1993, Brenton Spencer)
Set-up Twist
Megan und Wes sind heimlich Geliebte und fast alles war nur ein *Plot*, um den verhassten Rich aus dem Weg zu räumen (vgl. Les Diaboliques).

Filmografie

⌘ BOXING HELENA (BOXING HELENA; USA 1993, Jennifer Chambers Lynch)
Wake-up Twist
Der gesamte Teil der Handlung nach Helenas Unfall erweist sich als Dr. Nicks Traum.

◇ MALICE (MALICE – EINE INTRIGE; USA 1993, Harold Becker)
Set-up Twist / Middle Plot Twist
Im 2. Drittel des Films wird suggeriert, dass alles ein *Set-up* war. Dr. Lillianfield erweist sich als Dr. Hill und die Frau der Hauptfigur als Betrügerin.

◇ CHINA MOON (CHINA MOON; USA 1994, John Bailey)
Grenzfall: Set-up Twist
Alles erweist sich zwischenzeitlich als eine Intrige von Rachel und Dickey, um ihren Ehemann loszuwerden. Der Ermittler Kyle Bodine soll als Sündenbock herhalten.

⋇ IN THE MOUTH OF MADNESS (DIE MÄCHTE DES WAHNSINNS; USA 1994, John Carpenter)
Selbstreflexive Wendungen
Verunklarung der fiktionalen Grenzen in der Fiktion: Die Inhalte von Sutter Canes Büchern werden weltweit Realität (vgl. Borges, Lovecraft). Am Ende muss der Ermittler John Trent bei einem Kinobesuch feststellen, dass er tatsächlich – wie von Cane suggeriert – nur eine von ihm erfundene Figur ist.

⌘ PAST TENSE (PAST TENSE – ABGRÜNDE DER LEIDENSCHAFT aka TÖDLICHE VERGANGENHEIT; USA 1994, Graeme Clifford)
Wake-up Twist: Komatraum
Gene lag 13 Monate lang im Koma und hat aus richtigen und fehlerhaften Erinnerungen unterbewusst die Narration erzeugt, die bis zu seinem Aufwachen zu sehen ist.
* TV-Produktion

⋇ THE SHAWSHANK REDEMPTION (DIE VERURTEILTEN; USA 1994, Frank Darabont)
Final Plot Twist
Andy hatte jahrelang an einem Tunnel gearbeitet und ist plötzlich verschwunden.

⌘ UNA PURA FORMALITÀ (EINE REINE FORMALITÄT; I/F 1994, Giuseppe Tornatore)
Perzeptiver Twist: ‹Totenbettfantasie›
Der gesamte Film ist nur der Totentraum eines Selbstmörders.

⋇ HAUNTED (DAS HAUS DER GEISTER; GB 1995, Lewis Gilbert)
Perzeptiver Twist
Die drei Geschwister, die auf dem Anwesen leben, sind bereits seit fünf Jahren tot und spuken nur noch als Geister auf dem Edbrook-Anwesen (vgl. THE OTHERS).

⌘ Never Talk to Strangers (Never Talk to Strangers – Spiel mit dem Feuer; USA/CAN/D 1995, Peter Hall)
Perzeptiver Twist
Sarah hat eine dissoziative Identitätsstörung, und der geheimnisvolle Verfolger war sie selbst. Sie erinnert sich, dass sie ihre Mutter umgebracht hat und von ihrem Vater häufig sexuell missbraucht worden war. In Panik richtet sie erst ihren Freund und dann ihren Vater; am Ende vertuscht sie alles und kommt davon – ungeheilt.

ℋ Se7en (Sieben; USA 1995, David Fincher)
Final Plot Twist: Set-up Twist
Der Serienmörder John Doe erreicht die Ausführung seiner letzten beiden Morde, indem er sich selbst und den Ermittler Mills mit einbezieht. Er selbst tötet die Ehefrau von Mills und verkörpert damit den Neid (Sünde 6), woraufhin Mills ihn aus Zorn (Sünde 7) erschießt.

⌘ Tales from the Hood (USA 1995, Rusty Cundieff)
Perzeptiver Twist: Charaktere sind tot
Nach dem Modell Tales from the Crypt: Anthologie-Horrorfilm, in dem drei junge Drogendealer für einen Deal in ein Bestattungsinstitut kommen. Es werden vier Geschichten erzählt, deren letzte dazu überleitet, dass die drei Dealer bereits tot sind und sich in der Hölle befinden. Der Totengräber ist tatsächlich Satan.

◇ Three Wishes (Das Geheimnis der drei Wünsche; USA 1995, Martha Coolidge)
Perzeptiver Twist
Der geheimnisvolle Clochard/Wohltäter Jack McCloud ist bereits seit 1944 tot und war während der gesamten Handlung ein Wiedergänger.

ℋ Twelve Monkeys (12 Monkeys; USA 1995, Terry Gilliam)
Zeitreise-Film: Auffüllung einer Ellipse
Das Flashback aus Coles Erinnerung erweist sich als Flashforward, da Cole als kleiner Junge seinen eigenen Tod als Mann beobachtet hat. Adaption von Chris Markers Photoroman La Jetée (1962).

⌘ The Usual Suspects (Die üblichen Verdächtigen; USA 1995, Bryan Singer)
Narrativer Twist: Lüge
Verbal Kint ist selbst Keyser Söze und hat den Ermittler Dave Kujan mit seiner Zeugenaussage nur getäuscht (vgl. Kapitel 2.2.2).

⌘ Darklands (GB 1996, Julian Richards)
Set-up Twist
Wurde als «walisischer Wicker Man» rezipiert; eine obskure Sekte hat das Leben

von Ermittler Frazer seit seiner Geburt beobachtet und mitgesteuert, da sie genau seine genetische Disposition benötigt.

⌘ Diabolique (Diabolisch; USA 1996, Jeremiah S. Chechik)
Set-up Twist
Remake von Les Diaboliques mit leicht variiertem Ende

◇ Primal Fear (Zwielicht; USA 1996, Gregory Hoblit)
Narrativer Twist
vgl. Kapitel 3.1.5.1
Aaron hat die dissoziative Identitätsstörung nur vorgetäuscht, und seine Zeugenaussage und Selbstinszenierung waren von Anfang an gelogen.

⋈ La Salla (CAN 1996, Richard Condie)
Frame im *Frame*
Der Protagonist sitzt in einer Box, die von einem identischen Zimmer gerahmt wird usw.
* Kurzfilm, Animationsfilm

⌘ Abre los ojos (Öffne die Augen; E 1997, Alejandro Amenábar)
Wake-up Twist
vgl. Kapitel 3.1.2.1
César hat sich in eine Traumwelt versetzen lassen, aus der er gegen Ende erwacht. Am Ende wird eine potenzielle Zeitschleife etabliert, da nicht klar wird, ob César endgültig aufgewacht oder wieder in einer Traumwelt gefangen ist.

◇ Contact (Contact; USA 1997, Robert Zemeckis)
Möglicher Wake-up Twist
Es wird suggeriert, dass alle Ereignisse nur eine Halluzination Ellies gewesen sein mögen. Indizien deuten darauf hin, dass sie als wahr markiert wird.

⌘ The Devil's Advocate (Im Auftrag des Teufels; USA 1997, Taylor Hackford)
Wake-up Twist / Multiple *Twists*
vgl. Kapitel 3.1.7
Die Verschwörung des ‹Teufels› John Milton gegen die Hauptfigur Kevin Lomax erweist sich als Traum bzw. als Möglichkeit.

⌘ The Game (Das Spiel aka The Game – Das Geschenk seines Lebens; USA 1997, David Fincher)
Set-up Twist
vgl. Kapitel 3.1.3.3
Nicholas Van Orton wird in ein anscheinend tödliches Spiel verwickelt, das sich als Selbstfindungsmaßnahme seines Bruders Conrad erweist.

E Der Weg zur Konventionalisierung (1987–1998)

⌘ Lost Highway (Lost Highway; USA 1997, David Lynch)
Möbius-Band
Von Paradoxien durchsetzter Film, der zwei scheinbar unverbundene Geschichten miteinander verknüpft und am Ende eine Zeitschleife konstituiert (= *Final Plot Twist*). Eine Deutungsmöglichkeit ist, dass alles die ‹Totenbettfantasie› eines zum Tode verurteilten Mörders ist; der vereindeutigende *Wake-up Twist* bleibt allerdings aus, deshalb ist nicht zu klären, ob diese oder eine der anderen zahlreichen Deutungen akkurat ist.

❖ The Spanish Prisoner (Die unsichtbare Falle; USA 1997, David Mamet)
Set-up Twist
Der junge Erfinder Joe Ross wird von Jimmy Dell auf seine Seite gezogen und dadurch zum Opfer eines großangelegten Betrugsschemas. Der Betrug wird nicht erst am Ende offenbar, sodass Joe versucht, seine Unschuld zu beweisen. In der finalen Konfrontation kommt heraus, dass Joes eigener Chef Mr. Klein hinter dem gesamten *Set-up* steht.

◇ Starship Troopers (Starship Troopers; USA 1997, Paul Verhoeven)
Wechsel des Repräsentationsmodus
Der Film endet mit einem Propagandaclip, der suggeriert, dass das Vorangegangene als Werbefilm gedeutet werden könnte; der Zuschauer wird aufgefordert zum Militär zu gehen.

⌘ Dark City (Dark City; USA 1998, Alex Proyas)
Narrativer Twist: *Frame Shifter*
Die Annahme über den Ort ist falsch: «Dark City» ist ein Planspiel von Aliens, die Menschen darin Versuchskaninchen. (vgl. The Truman Show, aber mit anderer Fokalisierung; ähnlicher Plot, selbes Jahr plus beide stoßen am Ende der Kunstwelt auf eine Wand)

◇ Dead Man's Curve aka The Curve (Mörderische Freunde; USA 1998, Dan Rosen)
Set-up Twist
Die Personenkonstellation der Verschwörer ändert sich (vgl. Les Diaboliques); z. T. offenes, weil elliptisches Ende.

⌘ Fallen (Dämon aka Fallen – Trau keiner Seele!; USA 1998, Gregory Hoblit)
Narrativer Twist
Der Voice-Over-Erzähler ist Azazel und nicht – wie anfangs suggeriert – John Hobbes. Der Dämon überlebt, die Hauptfigur stirbt; der Anfang funktioniert ähnlich wie ein ‹lying flashforward›, obwohl es eher die Erzählstruktur verundeutlicht als tatsächlich zu ‹lügen›.

Filmografie

⌘ RINGU (RING aka RING – DAS ORIGINAL; J 1998, Hideo Nakata)
Cliffhanger-Ende
Die Auflösung ist gleichzeitig ein Cliffhanger, da, um den Fluch abzustreifen, dieser weitergegeben werden muss. Gelegentlich auf *Twist-Ending*-Listen zu finden, aber vollkommen anders strukturiert.

⌘ TRAIN DE VIE (ZUG DES LEBENS; F/B/NL/ISR/ROM 1998, Radu Mihaileanu)
Narrativer Twist
vgl. Kapitel 3.1.5.1
Die gesamte Geschichte oder große Teile davon erweisen sich als Lüge bzw. Märchen.

F Nach der Konventionalisierung (1999–2009)

⌘ THE 13TH FLOOR (THE 13TH FLOOR – BIST DU WAS DU DENKST? aka ABWÄRTS IN DIE ZUKUNFT; USA 1999, Josef Rusnak)
Narrativer Twist
Nicht nur 1937 ist eine Computersimulation, sondern auch 1998. Der Film spielt im Jahre 2024 – oder noch zu einer anderen Zeit? Remake von WELT AM DRAHT (BRD 1973, Rainer Werner Fassbinder).

⌘ eXistenZ (eXistenZ; USA 1999, David Cronenberg)
Narrativer Twist: *Frame Shifter*
Der gesamte Film erweist sich als Spiel im Spiel; in letzter Szene sogar mit der Möglichkeit Spiel im Spiel im Spiel.

⌘ FIGHT CLUB (FIGHT CLUB; USA 1999, David Fincher)
Perzeptiver Twist: Dissoziative Identitätsstörung
vgl. Kapitel 2.2.2
Tyler Durden ist dieselbe Person wie der «Namenlose».

❖ OUDISHON (AUDITION; J 1999, Takashi Miike)
Wake-up Twist
Alles war möglicherweise nur ein Traum, der Aoyamas Bindungsängste in Form eines Folterhorrorfilms thematisiert. Rücknahme des *Wake-up Twists* sorgt für Verunsicherung.

⌘ THE SIXTH SENSE (SIXTH SENSE; USA 1999, M. Night Shyamalan)
Perzeptiver Twist: Protagonist ist tot.
vgl. Kapitel 2.1.8.G

Malcolm ist beim Attentat zu Beginn des Films getötet worden. Cole kann ihn als einziger sehen, weil er eine besondere Fähigkeit hat tote Menschen wahrzunehmen.

◇ Sofies Verden (Sofies Welt; N 1999, Erik Gustavson)
Narrativer Twist
Sofie findet heraus, dass sie eine Figur in einem Roman ist.

⌘ American Psycho (American Psycho; USA 2000, Mary Harron)
Perzeptiver Twist: Die Hauptfigur halluziniert; Narrativer Twist: Die Hauptfigur lügt. Die gezeigten Morde waren nur Halluzinationen der Hauptfigur Patrick Bateman. Verfilmung des gleichnamigen Romans von Bret Easton Ellis.

♓ Frequency (Frequency; USA 2000, Gregory Hoblit)
Zeitreise-Film
Die Zeitlinien beeinflussen sich gegenseitig und bewirken so eine Umdeutung der jeweiligen Diegese-Ebenen.

◇ Memento (Memento; USA 2000, Christopher Nolan)
Perzeptiver Twist; Narrativer Twist
Leonards Erinnerung ist stark beeinträchtigt, sodass er sich alles, was er erlebt, mittels Polaroid-Fotos und Tätowierungen einprägt. Seine Ermittlungen führen ihn zu der Erkenntnis, dass er Teddy (zu Beginn des Films) zu Unrecht erschossen und er seine eigene Geschichte schon öfter modifiziert hat (*narrativer Twist*). Der Film ist zweigleisig erzählt: Schwarz-weiß-Szenen erzählen quasi «korrekt», Farbszenen rückwärts; insgesamt verläuft der Film umgekehrt chronologisch. Leonard projiziert seine eigene Störung zudem auf einen seiner früheren Kunden.

◇ Nueve Reinas (Nine Queens aka Die neun Königinnen; ARG 2000, Fabián Bielinsky)
Set-up Twist
Alle Beteiligten waren Komplizen eines Komplotts gegen Marcos, der um den Preis der teuren Briefmarken betrogen wurde.

◇ Unbreakable (Unbreakable – Unzerbrechlich; USA 2000, M. Night Shyamalan)
Set-up Twist
Price hat alles arrangiert um sein genaues Gegenteil – den Superhelden David Dunn – ausfindig zu machen. Der Film spielt anfangs stark mit dem ‹Totenbettfantasie›-Script, das aber schließlich zugunsten einer fantastischen Diegese-Ebene verlassen wird.

◇ A Beautiful Mind (A Beautiful Mind – Genie und Wahnsinn; USA 2001, Ron Howard)
Middle Plot Twist: Schizophrenie-*Twist* (*perzeptiv*)
vgl. Kapitel 3.4
John Nash hat sich einige der Personen in seiner Umgebung und seinen neuen Beruf nur eingebildet.

⌘ Donnie Darko (Donnie Darko - Fürchte die Dunkelheit; USA 2001, Richard Kelly)
Perzeptiver Twist
Donnie ist bereits tot und als Wiedergänger unterwegs. Auch *Wake-up Twist*, weil es sich à la Jacob's Ladder / Bierce um die letzten Minuten handelt. Alternativ Zeitreise-Film, da Donnie durch eine Zeitreise ‹geborgte Zeit› in einem Paralleluniversum erhalten hat.

⚥ Frailty (Dämonisch; USA 2001, Bill Paxton)
Narrativer Twist: Erzähler ist ein anderer
Fenton zeigt seinen Bruder Adam an; er ist aber eigentlich Adam, der Fenton getötet hat und sich jetzt als Adam ausgibt.

❖ Human Nature (Human Nature aka Human Nature - Die Krone der Schöpfung; USA 2001, Michel Gondry)
Set-up Twist / Narrativer Twist
Puff hat nur vorgegeben in den Wald zurückkehren zu wollen. Tatsächlich lässt er sich mit dem Auto abholen und wieder in die Zivilisation bringen. Möglicher größerer *Scope* des *Twists*: Puff war von Anfang an ein Hochstapler und niemals ein «Wolfskind».

❖ Mulholland Drive (Mulholland Drive - Strasse der Finsternis; USA 2001, David Lynch)
Wake-up Twist
Der Großteil des Films erweist sich als Traum von Diane Selwyn, was jedoch nur einen Aspekt des Films abdeckt.

⌘ The Others (The Others; E/F/I/USA 2001, Alejandro Amenábar)
Perzeptiver Twist
vgl. Kapitel 3.1.4.2
«The Others» sind die Hauptfiguren, die längst tot sind und als Geister in dem Haus leben. Sie nehmen die lebendigen Menschen irrtümlich ihrerseits als Geister wahr, sodass am Ende komplementär die Diegese-Ebenen vertauscht werden.

⚥ Planet of the Apes (Planet der Affen; USA 2001, Tim Burton)
Zeitreise-Twist
vgl. Kapitel 3.3.3
Der Anführer der Affen ist in der Zeit zurückgereist und hat in der Vergangenheit die Erde unterworfen, sodass eine parallele Zeitachse entsteht. Remake von Planet of the Apes (1968).

❖ Session 9 (Session 9; USA 2001, Brad Anderson)
Perzeptiver Twist
Gordon war von dem bösen Geist Simon besessen, der eine Art dissoziative Per-

sönlichkeitsstörung hervorruft und seinen Wirtskörper zum Morden zwingt. Folglich war Gordon (als Simon) der Mörder seiner Kollegen; zudem hat er seine Frau und seine Tochter umgebracht.

⌘ SOUL SURVIVORS (SOUL SURVIVORS; USA 2001, Stephen Carpenter)
Wake-up Twist
Der ganze Film war ein Koma-Traum von Cassie.

⌘ VANILLA SKY (VANILLA SKY; USA 2001, Cameron Crowe)
Wake-up Twist
Remake von ABRE LOS OJOS. David hat sich in eine Traumwelt versetzen lassen, aus der er gegen Ende erwacht. Am Ende wird eine potenzielle Zeitschleife etabliert, da nicht klar wird, ob David endgültig aufgewacht ist oder wieder in einer Traumwelt gefangen ist.

◇ WAKING LIFE (WAKING LIFE; USA 2001, Richard Linklater)
Wake-up Twist
Ambivalentes Ende: Bedeutet das Ende das endgültige – also hierarchisch höhergestellte – Aufwachen aus einem Traum oder nur ein weiteres bedeutungsloses Aufwachen? Es ist zudem unklar, ob der Protagonist am Ende stirbt.
* Animationsfilm

◇ À LA FOLIE...PAS DU TOUT (WAHNSINNIG VERLIEBT; F 2002, Laetitia Colombiani)
Middle Plot Twist: *Perzeptiver Twist*
vgl. Kapitel 3.4
Nach der Hälfte wird klar, dass Angelique liebeskrank ist und tatsächlich nie eine Beziehung mit Loïc geführt hat. Nach einem Moduswechsel wird alles noch einmal aus seiner Perspektive erzählt.

♓ DRAGONFLY (IM ZEICHEN DER LIBELLE; USA/D 2002, Tom Shadyac)
Set-up Twist
Die tote Ehefrau lockt mit mysteriösen Zeichen Joe Darrow nach Venezuela, damit er seine vor ihrem Tod geborene Tochter findet.

❖ FEMME FATALE (FEMME FATALE; USA 2002, Brian De Palma)
Wake-up Twist
Ein großer Teil der Erzählung ist Laures Traum, die in der Badewanne eingeschlafen ist.

♓ SIGNS (SIGNS – ZEICHEN; USA 2002, M. Night Shyamalan)
Final Plot Twist
Ein Alien hat sich im Haus versteckt, und der Protagonist überlebt aufgrund seines Asthmas dessen Angriff.

◇ Spider (Spider; CAN/GB 2002, David Cronenberg)
Narrativer Twist
Mehrere Zeitebenen überlagern sich in der Wahrnehmung des schizophrenen Dennis «Spider» Cleg; am Ende wird aufgelöst, was tatsächlich passiert ist.

⌘ Anger Management (Die Wutprobe; USA 2003, Peter Segal)
Set-up Twist
vgl. Kapitel 3.1.3.1
Alle Figuren sind Beteiligte an einem therapeutischen Komplott, das Dave von seiner Angststörung heilen soll.

◇ Basic (Basic – Hinter jeder Lüge steckt eine Wahrheit; USA/D 2003, John McTiernan)
Narrativer Twist
Der gesamte Sinn der Trainingseinheit wird umgedeutet; es handelte sich um eine geheime Anti-Drogen-Initiative, wie in diversen Offenbarungen herauskommt.

⌘ The Brown Bunny (The Brown Bunny; USA/J/F 2003, Vincent Gallo)
Perzeptiver Twist / Wake-up Twist
Bud halluziniert seine Ex-Freundin Daisy in Gesprächen und sexuellen Handlungen mit ihr; in Wirklichkeit ist sie bereits lange gestorben.

⌘ Dead End (Dead End; F/USA 2003, Jean-Baptiste Andrea, Fabrice Canepa)
Wake-up Twist; ‹Totenbettfantasie›
Nach einem Unfall überlebt nur die Tochter; alle Ereignisse, die folgen, erweisen sich als Traum aus ihrer Perspektive. Am Ende wird durch einen Zettel, der dem Traum entstammt, eine kleine Verunsicherung eingebaut.

⌘ Haute Tension (High Tension; F 2003, Alexandre Aja)
Perzeptiver Twist
Dissoziative Identitätsstörung. Marie bildet sich den Mörder nur ein und hat alle Untaten selbst begangen; sie endet in der Psychiatrie. Die Situation der Rahmenhandlung wird im Nachhinein verständlich. Die Geschichte war ein langes Flashback aus Maries Perspektive.

⌘ Identity (Identität; USA 2003, James Mangold)
Wake-up Twist; Perzeptiver Twist: Multiple Persönlichkeitsstörung
Mehrfacher *Twist*; relativ gegen Ende werden alle Protagonisten als multiple Persönlichkeiten des Mörders Malcolm Rivers und der gesamte intradiegetische Plot als Planspiel offenbart; Der Tod der Persönlichkeit «Mörder» resultiert im Freispruch von Malcolm, ein *Final Plot Twist* widerspricht dem wiederum und

zeigt, dass eigentlich die Persönlichkeit des kleinen Jungen (Timothy) der Mörder war.

⌘ Janghwa, Hongryeon (Zwei Schwestern; SKR 2003, Kim Jee-Woon)
Perzeptiver Twist: Dissoziative Identitätsstörung/Schizophrenie
Die Hauptfigur bildet sich ihre Schwester bloß ein bzw. wird gelegentlich zu ihr. vgl. The Uninvited (2009).

⋈ The Life of David Gale (Das Leben des David Gale; USA 2003, Alan Parker)
Set-up Twist
David Gale opfert sich selbst als Protest gegen die Todesstrafe. Er ist für seinen eigenen *Set-up* verantwortlich und hat die Journalistin nur als Sprachrohr benutzt.

⌘ The Number 23 (Number 23; USA 2003, Joel Schumacher)
Perzeptiver Twist
Die Amnesie der Hauptfigur hat seine Erinnerung an den von ihm begangenen Mord ausgelöscht. In dem unter einem Pseudonym erschienenen Buch «Number 23» hat er sein Geständnis abgelegt und findet am Ende heraus, dass er selbst der Autor und somit der Mörder ist. Er gesteht dies bei der Polizei und wird festgenommen.

◇ Oldboy (Oldboy; SKR 2003, Park Chan-Wook)
Set-up Twist
Dae-Su wird jahrelang gefangen genommen und erfährt den Grund erst nach seiner Freilassung. Er wurde für Inzest-Gerüchte bestraft, die er zu Schulzeiten über Woo-jin verbreitet hatte; dieser hat ihn hypnotisiert sich in seine Tochter zu verlieben und vice versa. Als Dae-Su die klassischste Form der *Anagnorisis* erlebt, schneidet er sich die Zunge heraus um nicht mehr lügen zu können.

⌘ Swimming Pool (Swimming Pool; F/GB 2003, François Ozon)
Narrativer Twist
Die Ereignisse haben nur in der Fantasie der Autorin Sarah Morton stattgefunden und stellen ihr aktuelles, dieser Fantasie entsprungenes Buch dar.

◇ Tricks (Matchstick Men; USA 2003, Ridley Scott)
Set-up Twist
Der betrogene Betrüger. Ein falscher Psychiater und ein Mädchen, das nicht wirklich Roys Tochter ist, berauben ihn seines Vermögens.

⌘ Dead Man's Shoes (Blutrache – Dead Man's Shoes; GB 2004, Shane Meadows)
Narrativer/Perzeptiver Twist
Richards Bruder Anthony ist schon längst tot, da er sich damals nach dem Mobbing

anderer erhängt hat. Im Film begleitet er Richard nach wie vor, dieser bildet sich seinen Bruder offenbar nur ein.

⌘ THE FORGOTTEN (DIE VERGESSENEN; USA 2004, Joseph Ruben)
Das Mysterium der verschwundenen und vergessenen Kinder erweist sich als Alien-Experiment.

⌘ THE I INSIDE (THE I INSIDE – IM AUGE DES TODES; USA/GB 2004, Roland Suso Richter)
Wake-up Twist: ‹Totenbettfantasie›
Die zwei Minuten, in denen Simon Cables Reanimierung nach einem Unfall gelingt, sind der Zeitraum, in dem sich seine Totenbettfantasie abspielt. Der Zeitsprung zwischen den Jahren 2000 und 2002 wird am Ende als Differenz der Uhrzeiten (20:00 = Beginn der Wiederbelebung; 20:02 = Todeszeit) lesbar.

⌘ THE MACHINIST (THE MACHINIST aka DER MASCHINIST; USA 2004, Brad Anderson)
Perzeptiver Twist
vgl. Kapitel 3.1.4.3
Trevors Schuldgefühle wegen eines von ihm verursachten Verkehrsunfalls haben seine Wahrnehmung stark verändert und mit Halluzinationen und unmarkierten Erinnerungen durchsetzt. Seine Schlaflosigkeit resultiert ebenfalls daraus. Am Ende wird die Ursache für diese Wahrnehmungsstörung deutlich. Trevor stellt sich am Ende der Polizei um die Tagträume zu beenden.

⌘ NOVEMBER (NOVEMBER; USA 2004, Greg Harrison)
Wake-up Twist / Perzeptiver Twist: ‹Totenbettfantasie›
Sophie, die Hauptfigur, ist bei dem Überfall zu Beginn erschossen worden. Der Film bebildert ihre ‹Totenbettfantasie›.

⌘ SAW (SAW; USA 2004, James Wan)
Final Plot Twist: Fehlannahme
Genre-begründender Horrorfilm mit 6 Fortsetzungen; Twist am Ende: Die vermeintliche Leiche am Boden lebt und ist der Jigsaw-Killer.

⌘ SECRET WINDOW (DAS GEHEIME FENSTER; USA 2004, David Koepp)
Perzeptiver Twist
Mort Rainey und John Shooter sind dieselbe Person (von zwei Schauspielern verkörpert). Mort ist an dissoziativer Identitätsstörung erkrankt, hat sich selbst erpresst und seine eigene Frau umgebracht.

⌘ THE VILLAGE (THE VILLAGE – DAS DORFM USA 2004, M. Night Shyamalan)
Narrativer Twist: Zeitliches Setting

vgl. Kapitel 3.1.5.2
Die Handlung spielt in einer Enklave im 21. Jahrhundert und nicht Mitte des 19. Jahrhunderts, wie anfangs suggeriert wird.

◇ THE DARK HOURS (DARK HOURS; CAN 2005, Paul Fox)
Perzeptiver Twist
Alle Geschehnisse waren entweder Halluzinationen der Hauptfigur oder durch ihre Wahrnehmung verfremdet.

◇ THE DESCENT (THE DESCENT – ABGRUND DES GRAUENS; GB 2005, Neil Marshall)
Wake-up Twist / Perzeptiver Twist
Eine Ambiguität bleibt bestehen, ob der Horror-Aspekt des Films nur in der Imagination der Hauptfigur Sarah existent war und sie selbst die Morde begangen hat. Das Sequel von 2009 löst diese Ambiguität vollständig auf. Außerdem: *Wake-up Twist* mit geringem *Scope*: Am Ende erträumt Sarah ihr Entkommen aus der Höhle; dieses Ende wird zurückgenommen und durch das *Sad Ending* ersetzt.

◇ FINGERSMITH (GB 2005, Aisling Walsh)
Set-up Twist: Die betrogene Betrügerin

⌘ FLIGHTPLAN (FLIGHTPLAN – OHNE JEDE SPUR; USA/D 2005, Robert Schwentke)
Set-up Twist / Perzeptiver Twist
Kyles Tochter wird entführt, um sie selbst als Erpresserin dastehen zu lassen; sie zweifelt allmählich an der Existenz ihrer Tochter (angedeuteter *perzeptiver Twist*), der Film hat allerdings ein *Happy Ending*.

⌘ HIDE AND SEEK (HIDE AND SEEK; USA 2005, John Polson)
Perzeptiver Twist
David, die Hauptfigur, hat eine dissoziative Identitätsstörung. Als «Charlie» hat er seine Frau und später seine Freundin ermordet; seine Tochter Emily berichtet zwar von Anfang an über Charlie, er wird jedoch anfangs als imaginärer Freund gewertet. David/Charlie wird am Ende erschossen. Alternative Epiloge: a. Emily hat selbst DIS (malt sich selbst mit zwei Köpfen); b. Emily ist in einer psychiatrischen Klinik; c. Emily ist normal (*Happy Ending*); d. Emily hat selbst DIS II (redet mit ihrem Spiegelbild bzw. spielt mit ihm verstecken).

⌘ LA HORA FRÍA (THE COLD HOUR; E 2005, Elio Quiroga)
Narrativer Twist: *Frame Shifter*
Die Erde wurde gänzlich zerstört und die isolierte Kolonie, in welcher die Filmhandlung spielt, liegt auf dem Mond.

◇ The Jacket (The Jacket; USA/D 2005, John Maybury)
Wake-up Twist / Perzeptiver Twist / Zeitreise-Paradox
Der Irak-Veteran Jack Starks überlebt einen Kopfschuss, der ihn eigentlich töten müsste. Am Ende des Films wird suggeriert, dass dies doch nicht der Fall gewesen sein könnte (vgl. Jacob's Ladder, Twelve Monkeys u.a.). Nach einem ihm angehängten Mord wird er in eine Psychiatrie eingewiesen. Durch experimentelle Drogen kann er in die Zukunft reisen und somit aktuelle Ereignisse beeinflussen.

⌘ Naboer (Next Door – Manche Türen sollten nie geöffnet werden ...; N/DK/S 2005, Pål Sletaune)
Perzeptiver Twist
Die Hauptfigur hat sich die Nachbarinnen und alles, was mit ihnen zusammenhängt, nur eingebildet.

◇ Pretty Persuasion (High School Confidential – Der Teufel trägt Minirock; USA 2005, Marcos Siega)
Set-up Twist
Kimberly hat alles aus persönlicher Rache inszeniert.

⌘ Stay (Stay; USA 2005, Marc Forster)
Wake-up Twist / Perzeptiver Twist: ‹Totenbettfantasie›
Alles erweist sich als ‹Totenbettfantasie› von Henry.

⋇ All the Boys love Mandy Lane (All the Boys love Mandy Lane; USA 2006, Jonathan Levine)
Set-up Twist
Die Bedrohung von außen erweist sich als abgesprochene Mordserie der scheinbar verfeindeten Mandy Lane und Emmet. In einem *Final Plot Twist* betrügt Mandy jedoch auch ihn und geht mit Garth davon.

⌘ The Illusionist (The Illusionist; USA 2006, Neil Burger)
Set-up Twist
Eisenheim und Sophie haben eine Inszenierung erarbeitet, nach der Elisabeth angeblich stirbt, damit beide gemeinsam davonlaufen können. Der Ermittler Uhl hat am Ende die *Anagnorisis*, was mit einem *Flashback Tutorial* verdeutlicht wird.

⋇ Inland Empire (Inland Empire; USA 2006, David Lynch)
Verunklarung der fiktionalen Grenzen in der Fiktion
Nikki kann ihre eigene Identität nicht mehr ausmachen und es wird unklar, ob sie sich im Film-im-Film oder in der Realität bewegt. Nikki und Sue verschwimmen z. T. zur selben Figur/Person (vgl. Mulholland Drive). Es ist möglich, den Film

am Ende als Halluzination zu lesen, aber diese Deutung bereichert ihn nicht bzw. macht ihn nicht verständlicher.

⌘ Lucky Number Slevin (Lucky Number Slevin; USA 2006, Paul McGuigan)
Set-up Twist
Alles war ein Racheplan von Slevin, der die beiden Syndikate gegeneinander ausspielt und am Ende offenbart, dass er mit beiden eine Rechnung offen hat.

⌘ The Prestige (Prestige – Die Meister der Magie; USA 2006, Christopher Nolan)
Set-up Twist / Narrativer Twist
Set-up Twist: Angier ist mittels der Tesla-Apparatur «gestorben» und Borden wurde dafür hingerichtet. Und *narrativer Twist*: Alfred Borden und Bernard Fallon sind Zwillingsbrüder (man beachte das Fast-Anagramm der Namen); sie haben sich für den Trick verdoppelt.

⌘ Thr3e (Thr3e aka Thr3e – Gleich bist du tot; USA/POL 2006, Robby Henson)
Perzeptiver Twist
Kevin hat drei Persönlichkeiten – sich selbst, seine Jugendfreundin Samantha und den Killer. *Final Plot Twist*: Der Rätselmörder ist doch ein anderer (ein Hotdog-Verkäufer).

⌘ The Wicker Man (The Wicker Man aka Wicker Man – Ritual des Bösen; USA/CAN/D 2006, Neil LaBute)
Set-up Twist
Remake von The Wicker Man (1973); auch hier wird die Hauptfigur unwissend auf eine fremde Insel gelockt, um in einem heidnischen Ritual verbrannt zu werden. Neu ist ein Epilog, der zeigt, dass das Treiben der Inselheiden sich nach dem Tod der Hauptfigur fortsetzt.

⌘ Atonement (Abbitte; GB 2007, Joe Wright)
Narrativer Twist
Das Buch «Atonement» zeigt ein *Happy Ending* der Liebenden, das in der Realität niemals stattgefunden hat. Die Erzählung erweist sich als Brionys Buch.

❖ Next (Next; USA 2007, Lee Tamahori)
Wake-up Twist, partiell
Actionfilm, dessen letzter Teil nur einen Traum oder eine Vision darstellte. Cris Johnson wacht im Motelbett auf und zieht seine Schlüsse aus der Traumerfahrung.

◇ El Orfanato (Das Waisenhaus; MEX/E 2007, Juan Antonio Bayona)
Chronologische Verzerrungen
Lauras Kindheit dringt in das Haus ein; am Ende findet sie ihren verlorengegange-

nen Simón wieder, durch einen *Twist* wird jedoch klar, dass er bereits seit Monaten tot ist und sie ihn selbst versehentlich im Keller eingesperrt hat, in dem früher das missgebildete Kind Tomás gewohnt hatte.

⌘ PERFECT STRANGER (VERFÜHRUNG EINER FREMDEN; USA 2007, James Foley)
Alternative Enden
Es gibt drei Versionen des Films, bei denen jeweils eine andere Person als MörderIn offenbart wird. Und *Set-up Twist*: Rowena selbst ist die Mörderin (Variante 1) und hat die Tat einem anderen untergeschoben.

⌘ SAW IV (SAW IV; CAN/USA 2007, Darren Lynn Bousman)
Final Plot Twist: Chronologische Einordnung
Midquel von SAW III; beginnt mit Jigsaws Autopsie; am Ende ist plötzlich Hoffman der Gehilfe von Jigsaw gewesen, obwohl er selbst in einer Falle saß (vgl. Teil 1). Am Ende wird deutlich, dass die Autopsie nach den Ereignissen des Films stattfindet und somit der gesamte Film eine Analepse war. → chronologische Veränderung.

◇ YELLA (D 2007, Christian Petzold)
Perzeptiver/Wake-up Twist: ‹Totenbettfantasie›.
Yella und Ben sind bei dem Unfall zu Beginn ums Leben gekommen; alles, was danach kam, entspringt ihrer Fantasie. Quasi-Remake von CARNIVAL OF SOULS (1962).

◇ GRAN TORINO (GRAN TORINO; USA 2008, Clint Eastwood)
Final Plot Twist: Gewaltloses Opfer
vgl. Kapitel 3.2.5
Der moralische Diskurs der Filmdiegese wird durch das Ende umgedeutet.

⌘ PASSENGERS (PASSENGERS; USA 2008, Rodrigo García)
Perzeptiver Twist
Claire ist selbst bei dem Flugzeugabsturz ums Leben gekommen und in den letzten Wochen nur Geistern begegnet.

❖ AFTER.LIFE (AFTER.LIFE; USA 2009, Agnieszka Wojtowicz-Vosloo)
Perzeptiver Twist: Anna ist (möglicherweise) tot.
Lange ist unklar, ob Anna wirklich tot ist. Am Ende wird es dadurch deutlich, dass ihr Verlobter Paul denselben Sterbezyklus durchläuft. Möglichkeit: Der Friedhofswärter hält sie gefangen und will sie lebendig begraben; Ende: Sie ist wirklich tot.

⌘ DARK COUNTRY (DARK COUNTRY; USA 2009, Thomas Jane)
Zeitschleife
Paradoxon, das etwa so abläuft: Dick überfährt fast einen Fremden, kämpft mit

ihm, tötet und begräbt ihn; am Ende des Films ist er dieser Fremde auf seiner eigenen Rückbank.

⌘ GET OUT (F 2009, Charlotte Boisson, Julien Fourvel, Pascal Han-Kwan, Tristan Reinarz, Fanny Roche)
Narrativer Twist / Perzeptiver Twist / Wake-up Twist
vgl. Kapitel 3.1.2.1
Metaphorisches *Twist Ending*. Die Situation eines im Sanatorium sitzenden Mannes mit Schwellenangst wird in den letzten Sekunden als Geburtsfantasie deutbar. Innovative Variation der ‹Totenbettfantasie›.
* Kurzfilm, Animationsfilm

⌘ HAUNTING OF WINCHESTER HOUSE (USA 2009, Mark Atkins)
Perzeptiver Twist
Bewohner sind tot und wissen es nicht (vgl. THE OTHERS).
* Videofilm

◇ MOON (MOON; GB 2009, Duncan Jones)
Middle Plot Twist: Narrativer Twist / Perzeptiver Twist
vgl. Kapitel 3.4
Sam ist nur einer von zahllosen Klonen, die auf dem Mond stationiert wurden; der reale Sam ist längst tot und seine Familie hat nichts mit ihm zu tun. Er wird niemals auf die ‹Erde› zurückkehren können, die er imaginiert hat.

⌘ PEDRO (Philippinen 2009, Regeene Ho)
Perzeptiver Twist / Wake-up Twist
Ambrose-Bierce-Verfilmung (*An Occurrence at Owl Creek Bridge*)
* Kurzfilm

⌘ SERIOUS MOONLIGHT (SERIOUS MOONLIGHT; USA 2009, Cheryl Hines)
Set-up Twist
Louise will nicht, dass ihr Mann sie verlässt und fesselt ihn; während er wehrlos zu Hause ist, wird das Haus ausgeraubt; als sie zurückkehrt, werden beide gefangen (schließlich sogar seine Geliebte noch dazu); er beschließt am Ende bei seiner Frau zu bleiben und sehr viel später wird in einem letzten Bild klar, dass sie alles inszeniert hat.

⌘ THE UNINVITED (DER FLUCH DER 2 SCHWESTERN; USA 2009, Charles Guard, Thomas Guard)
Perzeptiver Twist: Dissoziative Identitätsstörung/Schizophrenie
vgl. Kapitel 3.1.4.1

Alex existiert nur noch in der Wahrnehmung von Anna.
Remake von JANGHWA, HONGRYEON (2003)

⌘ WITHOUT (GB 2009, Natalia Andreadis)
Wake-up Twist
vgl. Kapitel 3.1.2.1
Eine Frau ist gefangen, ein Dobermann überwacht sie. Als sie fast entkommen ist, öffnet ein Kind die Tür; *Wake-up Twist*, es war der Albtraum einer Schwangeren, der Dobermann liegt neben ihr auf dem Bett.
* Kurzfilm

G Status quo (2010–2012)

❖ LA CASA MUDA (THE SILENT HOUSE; URU 2010, Gustavo Hernández)
Mögliche Deutung: Perzeptiver Twist
Demnach: Horror ist nur im Kopf der Hauptfigur; schizophrene, psychologisch externalisierte Verarbeitung der Kindheitsmisshandlungen.

❖ CATFISH (USA 2010, Henry Joost, Ariel Schulman)
Sonderfall: Dokumentation mit umdeutendem Plot Twist
vgl. Kapitel 3.1.8.b
Aus einer Internetbeziehung wird plötzlich die Entklitterung eines Lügengeflechts, in deren Verlauf eine vollkommen andere Geschichte ans Licht kommt.
* Dokumentarfilm

❖ LEARNING (USA 2010, Sean Nichols Lynch)
Multiple Twists: Setup, perzeptiv
Eine Frau betrügt den Freund eines Bekannten, der sich mit ihr daraufhin anfreundet; in Wirklichkeit aber sinnt er auf Rache und vertauscht ihre Anti-Baby-Pille mit Vitaminen (*Set-up Twist*). Sie wird schwanger und weiß nicht, was sie tun soll. Ein anderer Bekannter ruft an und löst auf, dass sie ihren Freund niemals betrogen hat. Dieser leidet nämlich unter Schizophrenie und hat nicht mitbekommen, dass sie bereits einen Monat vorher die Beziehung beendet hatten (*perzeptiver Twist*). Ein *Flashback Tutorial* stellt die Bilder vom Anfang richtig bzw. ergänzt sie.
* Kurzfilm

◇ REMEMBER ME (REMEMBER ME – LEBE DEN AUGENBLICK; USA 2010, Allen Coulter)
Narrativer Twist / Schock des Realen
Als am Ende Tyler Hawkins das World Trade Center betritt, wird deutlich, dass er dies am 11. September 2001 tut.

⌘ REPO MEN (REPO MEN; CAN/USA 2010, Miguel Sapochnik)
Wake-up Twist, partiell
Modell ABRE LOS OJOS, ab einem bestimmten Punkt lebt eine der Hauptfiguren in einem (Toten-)Traum, was ganz zum Schluss offenbart wird. Zumindest partielles *Twist Ending*.

⌘ SHUTTER ISLAND (SHUTTER ISLAND; USA 2010, Martin Scorsese)
Perzeptiver Twist / Set-up Twist
vgl. Kapitel 2.1.9.H und 2.2.4
Der Ermittler Teddy Daniels ist eigentlich der Patient Andrew Laeddis, der auf Shutter Island einsitzt. Scorseses Film spielt mit Verunsicherungssignalen und verundeutlicht damit das Ende.

⌘ THE WARD (THE WARD – DIE STATION; USA 2010, John Carpenter)
Perzeptiver Twist: Multiple Identitätsstörung
Alice hat aufgrund von erfolgten Misshandlungen verschiedene andere Identitäten ausgebildet, die sie auch wahrnimmt (Schizophrenie).

❖ THE AMATEUR'S GUIDE TO SOULE'S CHAPEL (USA 2011, Zach Bales)
Narrativer Twist: Textsortenwechsel
Eine große Erwartungshaltung wird aufgebaut (Ghost Story), die Pointe wird ausgespart, stattdessen erfolgt der Hinweis auf ein Buch, das man bei Amazon beziehen könne. => Phänomen der narrativen Irreführung => es ist kein Dokumentarfilm, es ist ein Werbefilm!
* Kurzfilm, Dokumentarfilm

⌘ BABYCALL (BABYCALL aka THE MONITOR; NOR/D/SVE 2011, Pål Sletaune)
Perzeptiver Twist
Die Mutter Anna imaginiert das meiste, was ihr widerfährt.

⌘ THE HUMAN CENTIPEDE II – THE FULL SEQUENCE (NL/GB/USA 2011, Tom Six)
Wake-up Twist
Das Ende suggeriert, dass alle Gewalthandlungen nur dem ersten Teil entsprungene Fantasien sein mögen – medienreflexiver *Wake-up Twist* aus einem unmarkiertem «Tagtraum».

⌘ PANIC BUTTON (PANIC BUTTON; GB 2011, Chris Crow)
Set-up Twist
Alles ist als Racheaktion des «Alligators» inszeniert, weil die Protagonisten seine Tochter in den Tod getrieben haben.

Filmografie

❖ Silent House (Silent House; USA/F 2011, Chris Kentis, Laura Lau)
Perzeptiver Twist
Remake von La Casa Muda; externalisierter Horror stellt sich als internalisierte Aufarbeitung der Familiengeschichte (häusliche Gewalt) heraus.

⌘ The Soldier (USA 2011, Zach Bales, Kurzfilm)
Perzeptiver Twist
vgl. Kapitel 2.2.2
Der Soldatenberuf war nur eingebildet. Ein langes *Flashback Tutorial* am Ende offenbart die geistige Umnachtung der Hauptfigur.
* Kurzfilm

⌘ The Task (USA 2011, Alex Orwell)
Set-up Twist; Final Plot Twist
Reality-Horror-Show in einem Gefängnis; erster *Twist*: einige sind gar nicht tot und sagen der Fernsehmitarbeiterin, dass die Show ein *Set-up* war und sie die Mitspielerin; zweiter *Twist*: Der echte Wärter geht wirklich herum und tötet Leute; also nur partiell eine Show: einige Morde waren vorgetäuscht, einige waren echt.

⌘ Os Últimos Dias (POR 2011, Francisco Manuel Sousa)
Set-up Twist
Filmhochschul-Abschlussfilm. Die 14-jährige Sofía lernt Filipe im Internet kennen, die beiden wollen zusammen durchbrennen; er sagt, er habe noch ein paar Leute zu ermorden, dann träfen sie sich am Bahnhof. Sofía bringt ihrerseits ihre Lehrer und Eltern um, wartet dann am Bahnhof. *Twist*: Filipe existiert nicht, etliche Mädchen warten am Bahnhof. Dies initiiert Sofías *Anagnorisis*. Nach einem Schnitt sieht man den Schöpfer von «Filipe», der aus der Distanz mit zwei Freunden das Geschehen beobachtet und als Sozialexperiment deklariert. Wenn eine von ihnen jemanden umbringen würde, wie er das deklariert hat (was er nicht glaubt), wäre das «großartig».
* Kurzfilm

⌘ Kahaani (Indien 2012, Sujoy Ghosh)
Narrativer Twist
Thriller mit *Final Plot Twist* in Bezug auf die Identität der Hauptfigur: keine schwangere Frau, sondern Racheengel (vgl. No Way Out).

❖ Savages (Savages; USA 2012, Oliver Stone)
Wake-up Twist (partiell)
Ende wird zuerst erträumt (Shoot-Out und Überdosis aller beteiligten Personen), dann als reales Ende nachgereicht (*Happy Ending*, alle werden freigelassen und entkommen). Unkonventionelle Abfolge, würde man eher andersherum erwarten.

Literaturverzeichnis

Adamson, Joe (1985) *Tex Avery: King of Cartoons. The Man Who Created Bugs Bunny, and the Story Behind Those Lunatic Looney Tunes.* New York, NY: Da Capo Press.

Adorno, Theodor W./Eisler, Hanns (1949) Komposition für den Film. Berlin: Henschel.

Adorno, Theodor W. (1986) *Die musikalischen Monographien.* 5. Auflage. Frankfurt a.M.: Suhrkamp.

Ahearn, William (2012) *The Cabinet of Dr Caligari (1920).* URL: http://www.williamahearn.com/caligari.html (Stand: 9.7.2013).

Allon, Yoram / Cullen, Del / Patterson, Hannah (2001) *Contemporary British and Irish Film Directors. A Wallflower Critical Guide.* London: Wallflower.

Aristoteles (2008) *Poetik* (= Werke in deutscher Übersetzung, Bd. 5), hrsg. v. Hellmut Flashar. Berlin: Akademie Verlag.

Armstrong, Richard / Charity, Tom / Hughes, Lloyd / Winter, Jessica (2007) *The Rough Guide to Film.* London: Rough Guides.

Austin, Thomas (2002) *Hollywood Hype and Audiences. Selling and Watching Popular Film in the 1990s.* Manchester: Manchester University Press.

Benfey, Christopher (2008) *American audacity: Literary essays North and South.* Ann Arbor, MI: University of Michigan Press.

Benjamin, Walter (1963) *Das Kunstwerk im Zeitalter seiner technischen Reproduzierbarkeit. Drei Studien zur Kunstsoziologie,* Frankfurt a.M.: Suhrkamp.

Bell, James Scott (2004) *Write Great Fiction – Plot & Structure.* Cincinnati, OH: Writer's Digest.

Bierce, Ambrose (2003) *An Occurrence at Owl Creek Bridge.* An Annotated Critical Edition. Hrsg. v. Robert C. Evans. West Cornwall, CT: Locust Hill.

Bildhauer, Katharina (2007) *Drehbuch reloaded. Erzählen im Kino des 21. Jahrhunderts.* Konstanz: UvK.

Blaser, Patric / Braidt, Andrea B. / Fuxjäger, Anton / Mayr, Brigitte (Hrsg.) (2007) *Falsche Fährten in Film und Fernsehen.* Wien u. a.: Böhlau.

Bloom, Harold (1999) *O.Henry.* New York, NY: Infobase.

Booth, Wayne C. (1961) *Rhetoric of Fiction.* Chicago, IL: University of Chicago Press.

Booth, Wayne C. (1974) *Die Rhetorik der Erzählkunst.* Bd. 2. Heidelberg: Quelle & Meyer.

Bordwell, David (1982) Happily Ever After, Part II. In: *Velvet Light Trap,* 19, S. 2–7.

Bordwell, David (1985) *Narration in the Fiction Film.* London: Methuen & Co.

Bordwell, David (1997) *On the history of film*

style. Cambridge, MA: Harvard University Press.
Bordwell, David / Thompson, Kristin (2008) *Film art. An Introduction*. 8. Auflage. New York, NY: McGraw-Hill.
Branigan, Edward (1992) *Narrative comprehension and film*. London u.a.: Routledge.
Brion, Patrick [and Avery, Tex] (1986) *Tex Avery*. Herrsching: Schuler.
Brooker, Will (2005) *Batman Unmasked: Analysing a Cultural Icon*. New York, NY: The Continuum.
Brown, Julie (2010) Carnival of Souls and the Organs of Horror. In: *Music in the Horror Film: Listening to Fear*. Hrsg. v. Neil Lerner. New York, NY: Routledge, S. 1–20.
Brütsch, Matthias (2011) Von der ironischen Distanz zur überraschenden Wendung. Wie sich das unzuverlässige Erzählen von der Literatur- in die Filmwissenschaft verschob, in: *kunsttexte.de*, Nr. 1. URL: http://www.kunsttexte.de (Stand: 9.7.2013).
Brunner, Philipp (2012) Selbstreflexion. In: *Lexikon der Filmbegriffe*. URL: http://filmlexikon.uni-kiel.de/index.php?action=lexikon&tag=det&id=5440 (Stand: 9.7.2013).
Bulman, Colin (2007) *Creative Writing: A Guide and Glossary to Fiction Writing*. Cambridge: Polity.
Buñuel, Luis (1982) *Mi último suspiro*. Barcelona: Plaza & Janés.
Burtwell, S.T. (1943) The Art of the Short Shorts [= Rezension von Kamerman 1942]. In: *The Saturday Review*, Feb 6, 1943, S. 9f.
Chatman, Seymour (1990) *Coming to Terms. The Rhetoric of Narrative in Fiction and Film*. Ithaca, NY: Cornell University Press.
Christen, Thomas (2001) *Das Ende im Spielfilm. Vom klassischen Hollywood zu Antonionis offenen Formen*. Marburg: Schüren.
Clark, Cody (1999) [Filmrezension] Train of Life. In: *Mr. Showbiz*, URL: http://mrshowbiz.go.com/reviews/moviereviews/movies/TrainofLife_1999.html (Offline, nur noch nachvollziehbar unter URL: http://www.metacritic.com/movie/train-of-life/critic-reviews (Stand: 9.7.2013).
Clover, Carol J. (1992) *Men, women, and chain saws: gender in the modern horror film*. Princeton, NJ: Princeton University Press.
Coldwell, C. Carter (1981) Where is happiness? A study in film closure. In: *Journal of the University of Film Association*, vol. 33, 1, Winter 1981, S. 39–48.
Cox, Ailsa (2005) *Writing Short Stories. A Routledge Writer's Guide*. New York, NY: Routledge.
Currie, Gregory (1995) Unreliability Refigured: Narrative in Fiction and Film. In: *The Journal of Aesthetics and Art Criticism* 53, S. 19–29.
Destrée, Pierre (2009) Die Komödie (Kap. 5), In: *Aristoteles: Poetik*. Hrsg. v. Otfried Höffer. Berlin: Akademie Verlag, S. 69–86.
Ebert, Roger (2010) *Roger Ebert's Movie Yearbook 2010*. Kansas City, MS: McMeel.
Eco, Umberto (1979) *The Role of the Reader: Explorations in the Semiotics of Texts*. Bloomington, IN: Indiana University Press.
Eder, Jens (1999) *Dramaturgie des populären Films. Drehbuchpraxis und Filmtheorie* (= Beiträge zur Medienästhetik und Mediengeschichte 7). Münster/Hamburg: Lit.
Eig, Jonathan (2003) A beautiful mind(fuck): Hollywood structures of identity. In: *Jump Cut. A review of contemporary media*, 2003/46; URL: http://www.ejumpcut.org/archive/jc46.2003/eig.mindfilms/index.html (Stand: 9.7.2013).
Eisner, Lotte H. (1969) *The Haunted Screen. Expressionism in the German Cinema and the Influence of Max Reinhardt*. Berkeley, CA: University of California Press.
Elkins, Charles (1992) *Robert Silverberg's many trapdoors. Critical essays on his science fiction*. Westport, CT: Greenwood.
Ellenbruch, Peter (2012) point of revelation. In: *Lexikon der Filmbegriffe*. URL: http://filmlexikon.uni-kiel.de/index.php?action=lexikon&tag=det&id=7676 (Stand: 9.7.2013).
Elsaesser, Thomas (2004) Was wäre, wenn

du schon tot bist? Vom ‹postmodernen› zum ‹post-mortem›-Kino am Beispiel von Christopher Nolans Memento. In: *Zeitsprünge. Wie Filme Geschichte(n) erzählen.* Hrsg. v. Christine Rüffert / Irmbert Schenk / Karl-Heinz Schmid. Berlin: Bertz+Fischer, S. 115–125.

Elsaesser, Thomas (2009) The Mind-Game Film. In: *Puzzle Films. Complex Storytelling in Contemporary Cinema.* Hrsg. v. Warren Buckland. Chichester: Wiley-Blackwell, S. 13–41.

Farrell, Edmund J. (1976) *Reality in Conflict: Literature of Values in Opposition.* Glenview, IL: Scott Foresman & Co.

Ferenz, Volker (2005) Fight Clubs, American Psychos und Mementos. The Scope of Unreliable Narration in Film. In: *New Review of Film and Television Studies* 3.2, S. 133–159.

Field, Syd (2005 [1979[1]]) *Screenplay: The Foundations of Screenwriting.* Revised Edition. New York, NY: Random House.

Flory, Dan (2010) Cinematic Presupposition, Race, and Epistemological Twist Films, in: *The Journal of Aesthetics and Art Criticism* 68,4, Fall 2010, S. 379–387.

Fusco, Richard (1994) *Maupassant and the American short story: the influence of form at the turn of the century.* University Park, PA: Pennsylvania State University Press.

Fuxjäger, Anton (o. J. [1999]/2003) Was zum Teufel ist ein ‹Plot Point›? Zur filmwissenschaftlichen Anwendbarkeit eines Begriffs von Syd Field. Zuerst veröffentlicht in: *Maske und Kothurn* 43/1–3, (o. J. [1999]), S. 149–162. URL (2003): http://homepage.univie.ac.at/anton.fuxjaeger/texte/field.pdf (Stand: 9.7.2013).

Fuxjäger, Anton (2007) Diegese, Diegesis, diegetisch. Versuch einer Begriffsentwirrung. In: *montage AV*, 16/2/2007, S. 17–38.

Geimer, Alexander (2006) *Der mindfuck als postmodernes Spielfilm-Genre. Ästhetisches Irritationspotenzial und dessen subjektive Aneignung untersucht anhand des Films The Others.* URL: http://www.jumpcut.de/mindfuck1.html (Stand: 9.7.2013).

Genette, Gérard (1993) *Palimpseste. Die Literatur auf zweiter Stufe.* 1. Auflage. Frankfurt am Main: Suhrkamp.

Genette, Gérard (2010) *Die Erzählung.* 3. Auflage. Paderborn: Fink.

Gold, Judith Taylor (1999) *Monsters and Madonnas: The Roots of Christian Antisemitism.* Syracuse, NY: Syracuse University Press.

Gottlieb, Sidney (Hrsg.) (2003) *Alfred Hitchcock: Interviews.* Jackson, MS: University Press of Mississippi.

Grodal, Torben (2000) *Moving Pictures. A New Theory of Film Genres, Feelings, and Cognition.* 2. Auflage. Oxford: Oxford University Press.

Große, Siegfried (1962) Beginn und Ende der erzählenden Dichtungen Hartmann von Aues. In: *PBB* 83, 1962/63, S. 137–156.

Häcker, Hartmut O./Stapf, Kurt-H. (Hrsg.) (2009) *Dorsch Psychologisches Wörterbuch.* 15., überarbeitete und erweiterte Auflage. Bern: Huber.

Hartmann, Britta (2005) Von der Macht erster Eindrücke. Falsche Fährten als textpragmatisches Krisenexperiment. In: *Was stimmt denn jetzt? Unzuverlässiges Erzählen in Literatur und Film.* Hrsg. v. Fabienne Liptay und Yvonne Wolf. München: edition text+kritik, S. 154–174.

Hartmann, Britta (2007) Diegetisieren, Diegese, Diskursuniversum. In: *montage AV*, 16/2/2007, S. 53–70.

Helbig, Jörg (2005) „Follow the White Rabbit!" Signale erzählerischer Unzuverlässigkeit im zeitgenössischen Spielfilm. In: *Was stimmt denn jetzt? Unzuverlässiges Erzählen in Literatur und Film.* Hrsg. v. Fabienne Liptay und Yvonne Wolf. München: edition text+kritik, S. 131–146.

Heldt, Guido (2012) Die Lieder von gestern. Filmmusik und das implizite Imperfekt. In: *Film und Musik als multimedialer Raum.* Hrsg. v. Tarek Krohn und Willem Strank. Marburg: Schüren. S. 26–41. Zuerst veröffentlicht in: *Kieler Beiträge zur Filmmusikforschung* 1, 2008, S. 10–25.

Heller, Dan (o. J.) *Movie Plot Twists: An Analysis*. URL: http://www.danheller.com/Movies/plot-twists.html (Stand: 9.7.2013).

Henry, O. [= Porter, William Sidney] (1953) *The Complete works of O.Henry*. In zwei Bänden. Garden City, NY: Doubleday.

Herget, Sven (2009) *Spiegelbilder. Das Doppelgängermotiv im Film*. Marburg: Schüren.

Höltgen, Stefan (2012) Selbstreferenz. In: *Lexikon der Filmbegriffe*. URL: http://filmlexikon.uni-kiel.de/index.php?action=lexikon&tag=det&id=5167 (Stand: 9.7.2013).

Horton, Andrew (1994) *Writing the character-centered screenplay*. Berkeley, CA: University of California Press.

Iran-Nejad, Ashgar (1989) A nonconnectionist schema theory of understanding surprise-ending stories. In: *Discourse Processes* 12, S. 127–148.

Johnson, Kathryn / Westcott, Pamela (2004) *Writing Like Writers: Guiding Elementary Children Through a Writer's Workshop*. Waco, TX: Prufrock Press.

Jolles, Charlotte (1967) „Gideon ist besser als Botho". Zur Struktur des Erzählschlusses bei Fontane. In: *Festschrift für Werner Neuse*. Berlin: Die Diagonale, S. 76–93.

Kamerman, Sylvia E. (Hrsg.) (1942) *Writing the short short story*. Boston, MA: The Writer.

Kapsis, Robert E. (1992) *Hitchcock: The Making of a Reputation*. Chicago, IL: University of Chicago Press.

Kaul, Susanne / Palmier, Jean-Paul / Skrandies, Timo (Hrsg.) (2009) *Erzählen im Film. Unzuverlässigkeit, Audiovisualität, Musik*. Bielefeld: transcript.

Kay, Judith / Gelschenen, Rosemary (2001) *Discovering Fiction Student's Book 2: A Reader of American Short Stories*. Cambridge: Cambridge University Press.

Kennedy, Philip F./Lawrence, Marylin (Hrsg.) (2009) *Recognition – the poetics of narrative*. (= Studies on Themes and Motifs in Literature. 96). New York, NY: Peter Lang.

Kessler, Frank (1997) Etienne Souriau und das Vokabular der filmologischen Schule. In: *montage AV*, 6/2/1997, S. 132–139.

Kessler, Frank (2007) Von der Filmologie zur Narratologie. Anmerkungen zum Begriff der Diegese. In: *montage AV*, 16/2/2007, S. 10–16.

Kirchmann, Kay / Wiedenmann, Nicole (2010) Vom Ende her gedacht. Beobachtungen zur narrativen und reflexiven Funktion der Fotografie in populären Zeitreise-Filmen. In: *Freeze Frames. Zum Verhältnis von Fotografie und Film*. Hrsg. v. Stefanie Diekmann und Winfried Gerling. Bielefeld: transcript.

Koebner, Thomas (2005) Was stimmt denn jetzt? ‹Unzuverlässiges Erzählen› im Film. In: *Was stimmt denn jetzt? Unzuverlässiges Erzählen in Literatur und Film*. Hrsg. v. Fabienne Liptay und Yvonne Wolf. München: edition text+kritik, S. 19–38.

Korte, Barbara (1985) *Techniken der Schlussgebung im Roman. Eine Untersuchung englisch- und deutschsprachiger Romane*. Frankfurt u. a.: Lang.

Kracauer, Siegfried (1984) *Von Caligari zu Hitler. Eine psychologische Geschichte des deutschen Films*. Frankfurt a. M.: Suhrkamp.

Kracauer, Siegfried (1985) *Theorie des Films. Die Errettung der äußeren Wirklichkeit*. Hrsg. v. Karsten Witte. Frankfurt a. M.: Suhrkamp.

Krakowski, Magdalena (i.V.) Zwischen Liebeswahn und Bettgeflüster. Argentinischer Humor, mexikanischer ‹Final Twist› und die neuen Wege nach Hollywood. In: Hollywood reloaded? Das Spiel mit Genrekonventionen nach der Jahrtausendwende. Hrsg. v. Jennifer Henke, Magdalena Krakowski, Benjamin Moldenhauer und Oliver Schmidt. Marburg: Schüren.

Kronsbein, Bernd (2011) Das Leben vor meinen Augen (Atom Egoyan), in: *Das Science Fiction Jahr 2011*. Hrsg. v. Sascha Mamczak, Sebastian Pirling und Wolfgang Jeschke. München: Heyne. Keine Seitenzahlen.

Krützen, Michaela (2004) *Dramaturgie des*

Films. Wie Hollywood erzählt. Frankfurt: Fischer.

Kukoff, David (2005) *Vault Guide to screenwriting careers*. New York, NY: Vault.

Kupfer, Diana (2012) Neue Musik und Neo-Noir: Martin Scorseses Shutter Island. In: *Kieler Beiträge zur Filmmusikforschung* 8, 2012, S. 200–230. URL: http://www.filmmusik.uni-kiel.de/KB8/KB8-Kupfer.pdf (Stand: 9.7.2013).

Lahde, Maurice (2005) Der unzuverlässige Erzähler in The Usual Suspects. In: *Was stimmt denn jetzt? Unzuverlässiges Erzählen in Literatur und Film*. Hrsg. v. Fabienne Liptay und Yvonne Wolf. München: edition text+kritik, S. 293–306.

Lavik, Erlend (2006) Narrative Structure in The Sixth Sense: A New Twist in ›Twist Movies‹? In: *Velvet Light Trap* 58 (Fall 2006), S. 55–64.

Liptay, Fabienne / Wolf, Yvonne (Hrsg.) (2005) *Was stimmt denn jetzt? Unzuverlässiges Erzählen in Literatur und Film*. München: edition text+kritik.

Longyear, Barry B. (2002) *Science Fiction Writer's Workshop I: An Introduction to Fiction Mechanics*. 2. Auflage. Lincoln, NE: iUniverse.

Lotman, Jurij M. (1972) *Die Struktur literarischer Texte*. München: Fink.

Luhmann, Niklas (1997) *Die Gesellschaft der Gesellschaft.* 2 Bände. Frankfurt a.M.: Suhrkamp.

MacFarlane, John (2000) Aristotle's Definition of Anagnorisis. In: *American Journal of Philology,* Volume 121, Number 3 (Whole Number 483), Fall 2000, S. 367–383.

Mahler, Gustav / Ružička, Peter (1973) *Klavierquartett* (1876): *1. Satz und Skizze eines Scherzo-Satzes*. Hamburg: Sikorski.

Martin, Silke (2010) *Die Sichtbarkeit des Tons im Film. Akustische Modernisierungen des Films seit den 1920er Jahren*. Marburg: Schüren.

Martínez, Matias / Scheffel, Michael (2005) *Einführung in die Erzähltheorie*. 6. Auflage. München: Beck.

Martínez-Bonati, Félix (1981) *Fictive Discourse and the Structures of Literature. A Phenomenological Approach*. Ithaca, NY: Cornell University Press.

Maupassant, Guy de (1950) *La Parure*. Dortmund: Lambert Lensing.

McGowan, Todd (2004) Lost on Mulholland Drive: Navigating David Lynch's Panegyric to Hollywood. In: *Cinema Journal* 43, S. 67–90.

McKenzie, Alyce M. (2010) *Novel Preaching. Tips from Top Writers on Crafting Creative Sermons*. Louisville, KY: Westminster John Knox.

Meder, Thomas (2005) Erzählungen mit schwarzen Löchern. In: *Was stimmt denn jetzt? Unzuverlässiges Erzählen in Literatur und Film*. Hrsg. v. Fabienne Liptay und Yvonne Wolf. München: edition text+kritik, S. 175–187.

Merlin, Didi (2010) Diegetic Sound. Zur Konstituierung figureninterner und -externer Realitäten im Spielfilm. In: *Kieler Beiträge zur Filmmusikforschung* 6, S. 66–100. URL: http://www.filmmusik.uni-kiel.de/KB6/KB6-Merlinarc.pdf (Stand: 9.7.2013).

Metz, Christian (1968) *Essais sur la signification au cinéma* (= Collection d'esthétique, 3). Paris: Klincksieck.

Metz, Christian (1972) *Semiologie des Films*. München: Wilhelm Fink.

Miller, Frederic P./Vandome, Agnes F./John, McBrewster (2010) *Twist Ending*. Saarbrücken: VDM.

Moore, Reginald (Hrsg.) (1943) *Modern Reading* 8. London: Wells, Gardner, Darton & Co.

Myers, Jack / Wukasch, Don C. (2003) *Dictionary of Poetic Terms*. 2. Auflage. Denton, TX: University of North Texas Press.

Myrsiades, Kostas (1974) *Takis Papatsonis* (= Twayne's world authors series, Bd. 313). New York, NY: Twayne.

Neupert, Richard (1995) *The End. Narration and Closure in the Cinema*. Detroit, MI: Wayne State University Press.

Odin, Roger (1980) L'Entrée du spectateur dans la fiction. In: *Théorie du film*. Hrsg.

v. Jacques Aumont und Jean-Louis Leutrat. Paris: Albatros, S. 198–213.

Odin, Roger (2000) *De la fiction*. Bruxelles: De Boeck.

Orth, Dominik (2010) Der Blick auf die Realität. Fokalisierung und narrative Wirklichkeit in Wicker Park, À la folie…pas du tout und Rashômon. In: *Rabbit Eye. Zeitschrift für Filmforschung*, 1, 2010. URL: http://www.rabbiteye.de/2010/1/orth_blick_auf_realitaet.pdf (Stand: 9.7.2013).

Palmer, Jerry (1987) *The Logic of the Absurd. On Film and Television Comedy*. London: BFI.

Perutz, Leo (1988) *Zwischen neun und neun*. Reinbek: Rowohlt.

Pirie, David (1973) *A heritage of horror. The English Gothic cinema, 1946–1972*. New York, NY: Aperture.

Pissang, Adeline (2005) *Die Surprise Ending Short Story – Struktur und Komposition*. Dresden, M. A.

Plantinga, Carl (2009) Frame Shifters: Surprise Endings and Spectator Imagination in The Twilight Zone. In: *Philosophy in The Twilight Zone*. Hrsg. v. Noël Carroll und Lester H. Hunt. Chichester: Wiley-Blackwell, S. 39–57.

Platon (1989) *Der Staat. Über das Gerechte*. Übersetzt und erläutert von Otto Apelt (= Philosophische Bibliothek, Bd. 80). 11. Auflage. Hamburg: Meiner.

Prince, Gerald (1988) *A dictionary of narratology*. Aldershot: Scholar Press.

Prouty, Harold (1984) *The Alfred Hitchcock Teleguide*. Unveröffentlichtes Manuskript. West Hollywood, CA.

Ružička, Peter (1978) *Die Problematik eines «ewigen Urheberpersönlichkeitsrechts»*. Berlin: Schweitzer.

Scheffel, Michael (1997) *Formen selbstreflexiven Erzählens. Eine Typologie und sechs exemplarische Analysen*. Tübingen: Niemeyer.

Schöpe, Maria (2007) *Traumsequenzen. Ästhetik sequenzieller Imagination im Film*. Diplomarbeit, HFF „Konrad Wolf" Potsdam-Babelsberg. URL: http://opus.kobv.de/hff/volltexte/2007/39/pdf/SchApeDipl.pdf (Stand: 9.7.2013).

Schulz-Buschhaus, Ulrich (1998) Funktionen des Kriminalromans in der postavantgardistischen Erzählliteratur. In: *Der Kriminalroman. Poetik – Theorie – Geschichte* (= UTB 8147). Hrsg. v. Jochen Vogt. München: Fink, S. 523–548.

Schwanebeck, Wieland (i.Dr.) ‹All that murdering and fucking, and no sons!› Martin Scorseses The Departed (2006) als Tragödie der Männlichkeit. In: *Hollywood Reloaded? Das Spiel mit Genrekonventionen nach der Jahrtausendwende*. Hrsg. v. Jennifer Henke, Magdalena Krakowski, Benjamin Moldenhauer und Oliver Schmidt. Marburg: Schüren.

Seabrook, Jack (1993) *Martians and misplaced clues: the life and work of Fredric Brown*. Bowling Green, OH: Bowling Green State University.

Server, Lee (2002) *Encyclopedia of Pulp Fiction Writers*. New York, NY: Facts on File.

Shmoop (2010) *The Necklace by Guy de Maupassant. A Lively Learning Guide by Shmoop*. Los Altos, CA: Shmoop University.

Smith, C. Alphonso (2004) *O. Henry Biography*. Whitefish, MT: Kessinger.

Souriau, Etienne (1951) La structure de l'univers filmique et le vocabulaire de la filmologie. In: *Revue Internationale de Filmologie* 2, 7–8, S. 231–240.

Souriau, Etienne (1997) Die Struktur des filmischen Universums und das Vokabular der Filmologie. In: *montage AV*, 6/2/1997, S. 140–157.

Stam, Robert (1985) *Reflexivity in Film and Literature: From „Don Quixote" to Jean-Luc Godard*, New York, NY: UMI.

Stenzl, Jürg (2010) *Jean-Luc Godard – musicien. Die Musik in den Filmen von Jean-Luc Godard*. München: edition text+kritik.

Sternberg, Meir (1978) *Expositional Modes and Temporal Ordering in Fiction*. Baltimore, MD: Johns Hopkins University Press.

Strank, Willem (2009) *Christliche Elemente in den späteren Filmen Luis Buñuels*. Kiel, M.A.

Strank, Willem (2013[1]) Markierungen des Irrealen. In: *Der Soundtrack unserer Träu-*

me. Hrsg. v. Konrad Heiland und Theo Piegler. Gießen: Psychosozial, S. 115–125.

Strank, Willem (2013²) Wenn die Gondeln Trauer tragen. In: *Filmgenres. Thriller.* Hrsg. v. Thomas Koebner und Hans Jürgen Wulff. Stuttgart: Reclam, 186–190

Strank, Willem (2013³) No Way Out. In: *Filmgenres. Thriller.* Hrsg. v. Thomas Koebner und Hans Jürgen Wulff. Stuttgart: Reclam, S. 315–318.

Suerbaum, Ulrich (1998) Der gefesselte Detektivroman. Ein gattungstheoretischer Versuch. In: *Der Kriminalroman. Poetik – Theorie – Geschichte* (= UTB 8147). Hrsg. v. Jochen Vogt. München: Fink, S. 84–96.

Taylor, Ella (1999) [Filmrezension] Train of Life,in:*LA Weekly*,URL:http://www.laweekly.com/film/film_results.php3?showid=944 (Offline, nur noch nachvollziehbar unter URL: http://www.metacritic.com/movie/train-of-life/critic-reviews (Stand: 9.7.2013).

The Author and the Journalist (1943), Bd. 28–29.

The Writer (1940), Bd. 53.

Thompson, Kristin / Bordwell, David (2002) *Film History. An Introduction.* 2. Auflage. New York, NY: McGraw-Hill.

Tieber, Claus (2012) mindfuck movies. In: *Lexikon der Filmbegriffe.* URL: http://filmlexikon.uni-kiel.de/index.php?action=lexikon&tag=det&id=4501 (Stand: 9.7.2013).

Turco, Lewis (1999) *The Book of Literary Terms. The Genres of Fiction, Drama, Nonfiction, Literary Criticism, and Scholarship.* Hanover, NH: University Press of New England.

Turner, M. J. (1998) *The Study of English Literature.* North Saanich: Ardmore.

Vancheri, Barbara / Weiskind, Ron (2004) Messing with the mind: Several movies are zeroing in on the loss of memory and its effects, in: *Pittsburgh Post-Gazette*, Feb 3, 2004; URL: http://old.post-gazette.com/movies/20040203mindgames0203fnp2.asp (Stand: 9.7.2013).

Verevis, Constantine (2006) *Film Remakes.* Edinburgh: Edinburgh University Press.

Wartenberg, Thomas E. (2007) *Thinking on Screen. Film as Philosophy.* New York, NY: Routledge.

Whitesell, Lloyd (2010) Quieting the Ghosts in The Sixth Sense and The Others. In: *Music in the Horror Film: Listening to Fear.* Hrsg. v. Neil Learner. New York, NY: Routledge, S. 206–224.

von Wilpert, Gero (2001) *Sachwörterbuch der Literatur.* 8., verb. und erw. Auflage. Stuttgart: Kröner.

Wilson, George (2006) Transparency and twist in narrative fiction film. In: *Thinking through cinema: film as philosophy* (= The Journal of Aesthetics and Art Criticism 64). Hrsg. v. Murray Smith und Thomas Wartenberg. Oxford/New York, NY: Blackwell Publishing, S. 81–95.

Wulff, Hans Jürgen (1997) Filmtraum als soziale Imagination. Mit einigen Bemerkungen zur Traumsequenz aus Chaplins The Kid. In: *9. Film- und Fernsehwissenschaftliches Kolloquium / Weimar '96.* Hrsg. v. Britta Neitzel. Weimar: Universitätsverlag der Bauhaus-Universität Weimar, S. 213–211. URL: http://www.derwulff.de/2-71.pdf (Stand: 9.7.2013).

Wulff, Hans Jürgen (2005) „Hast du mich vergessen?" Falsche Fährten als Spiel mit dem Zuschauer. In: *Was stimmt denn jetzt? Unzuverlässiges Erzählen in Literatur und Film.* Hrsg. v. Fabienne Liptay und Yvonne Wolf. München: edition text+kritik, S. 147–153.

Wulff, Hans Jürgen (2007) Schichtenbau und Prozesshaftigkeit des Diegetischen: Zwei Anmerkungen. In: *montage AV*, 16/2/2007, S. 39–52.

Wulff, Hans Jürgen (2009) Der Schock des Realen: Einige Bemerkungen zur ästhetischen und politischen Wirkungsdramaturgie von Ari Folmans Waltz with Bashir (2008). In: *tà katoptrizómena – Magazin für Kunst, Kultur, Theologie und Ästhetik*, 61, 2009, URL: http://www.theomag.de/61/hjw9.htm (Stand: 9.7.2013).

Neuerscheinung

Irmbert Schenk
Film und Kino in Italien
Studien zur italienischen
Filmgeschichte
176 S. | Pb. | € 19.90
ISBN 978-3-89472-883-0
Marburger Schriften zur
Medienforschung Bd. 49

Italienische Filmklassiker sind einem breiten Publikum bekannt.
Irmbert Schenk legt in seinen Beiträgen zur italienischen Filmgeschichte den Focus auf Abschnitte der italienischen Filmgeschichte, die symptomatisch für die Entwicklung von 1895 bis heute sind, von der Stumm-film-Ära über den Neorealismus bis zum modernen Autorenfilm.

Universitätsstr. 55 · D-35037 Marburg
Fon 06421/63084 · Fax 06421/681190
www.schueren-verlag.de

Neuerscheinung

Berswordt-Wallrabe/Fahle (Hg.)
Abbas Kiarostami
Die Erzeugung von Sichtbarkeit
152 S. Einige Abb. € 19,90
ISBN 978-3-89472-887-8
Marburger Schriften zur
Medienforschung Bd. 50

Abbas Kiarostami zählt zu den bedeutendsten zeitgenössischen Filmemachern. Sein Werk, das für eine ganze Generation jüngerer iranischer Regisseure stilbildend wirkte und neben herausragenden Filmen auch Fotografien und experimentelle Videos umfasst, wurde international seit den 1990er Jahren mit zahlreichen Auszeichnungen gewürdigt und weltweit in wichtigen Museen ausgestellt.

Universitätsstr. 55 · D-35037 Marburg
Fon 06421/63084 · Fax 06421/681190
www.schueren-verlag.de

Neuerscheinung

ERZÄHLSTIMMEN IM AKTUELLEN FILM
Strukturen, Traditionen und Wirkungen der Voice-Over-Narration

Christina Heiser
Erzählstimmen im aktuellen Film
Strukturen, Traditionen und
Wirkungen der Voice-Over-Narration
400 S. |Pb. | einige Abb. | € 38,00
ISBN 978-3-89472-877-9
Marburger Schriften zur
Medienforschung Bd. 48

Christina Heiser lenkt in ihrer Arbeit den Blick auf ein bisher wenig beachtetes Erzählphänomen des Films, nämlich die Voice-over Narration, die in den letzten 15 Jahren in vielen Filmen als gestalterisches Mittel eingesetzt worden ist, wie z. B. in *Memento, Adaptation, Le Fabuleux Destin d'Amélie Poulain, Stranger Than Fiction* oder *The Curious Case of Benjamin Button*.

Universitätsstr. 55 · D-35037 Marburg
Fon 06421/63084 · Fax 06421/681190
www.schueren-verlag.de

Neuerscheinung

KINEMATOGRAPHISCHE ZEITMONTAGEN
Zur Entwicklungsgeschichte des Kinos

Vanessa Aab
Kinematographische Zeitmontagen
Zur Entwicklungsgeschichte des Kinos
240 S., Pb. € 24,90
ISBN 978-3-89472-876-2
Marburger Schriften zur
Medienforschung Bd. 47

Um 1900 wurde der Aufstieg eines neuen Mediums gefeiert, das seinen Zuschauern etwas nie Dagewesenes präsentierte: das bewegte Bild der Kinematographie. Das Neue kreierte sich jedoch nicht nur aus sich selbst heraus, sondern führte Traditionen vorfilmischer Künste weiter; es weist ästhetische und strukturelle Kongruenzen auf zu Medien des Proto-Films sowie zu Nachbarmedien, so zur Malerei, zum Theater und zu populären Schaukünsten.

Universitätsstr. 55 · D-35037 Marburg
Fon 06421/63084 · Fax 06421/681190
www.schueren-verlag.de